개정 2판
2026
차량손해사정사 2차 시험대비

이패스
자동차
구조 및 정비
이론과 실무

기본이론서

윤조현 편저

손해사정사 2차 시험 완벽대비
최신 기출문제 출제경향 및 유형별 심층 분석
다양한 그림 및 사진을 활용한 필수개념 숙지
핵심이론을 문제에 응용·적용할 수 있도록 이해를 돕는 수험서
년도별 기출문제 모범답안 수록(2018년~2025년)
www.sonsakorea.com 저자 직강 온라인 동영상 진행

epasskorea

머리말

이패스 자동차 구조 및 정비이론과 실무

차량손해사정사 시험을 준비하는 수험생 여러분, 반갑습니다.

여러분이 공부하게 될 본 과목은 2차 시험 과목 중에서도 가장 높은 점수를 얻을 수 있는 과목이지만, 그 구조와 원리를 제대로 이해하지 못한다면 결코 쉽게 서술할 수 없는 과목이기도 합니다.

최근 전 세계적으로 내연기관 자동차의 운행을 줄이고, 유해가스가 배출되지 않는 무공해(Zero Emission) 자동차의 개발과 보급이 활발히 이루어지고 있습니다. 이러한 변화의 중심에는 대기환경 문제의 심각성이 있습니다. 특히 2022년 11월 10일 발표된 「유로 7(Euro 7)」 기준은 질소산화물(NOx) 배출 한도를 가솔린과 디젤 구분 없이 60mg/km으로 통일하였으며, 유럽 그린딜(European Green Deal) 정책의 일환으로 더욱 강화된 배출가스 규제가 도입되고 있습니다. 이 기준은 2026년부터 단계적으로 적용되어, 2030년 7월 1일부터는 전면 시행, 2031년 7월 1일부터는 상용차에도 확대될 예정입니다.

비록 2025년 시험에서는 환경 관련 문제가 직접적으로 출제되지는 않았으나, 친환경 자동차 관련 내용은 최근 몇 년간 각종 국가시험에서 꾸준히 매년 2~3문제 이상 출제되고 있습니다.

친환경 자동차 파트는 자동차의 기본 구조와 원리를 이미 공부한 수험생에게조차 새로운 용어와 개념의 이해가 쉽지 않은 부분입니다. 또한 차체 판금 및 도장에 관한 내용 역시, 자동차 관련 전공자라 하더라도 시험의 서술형 문제 수준이 높아 결코 만만치 않습니다.

이에 본 교재는 핵심 위주로 내용을 정리하고, 수험생의 이해를 돕기 위해 다양한 삽화, 이미지, 실제 현장 사진을 수록하였습니다. 최근 8년간의 출제경향을 분석한 결과, 시험은 기초적인 내연기관, 섀시, 차체 판금·도장 이론부터 유해 배기가스 제어, 동역학, 고전압 시스템, 그리고 첨단기술에 이르기까지 폭넓게 출제되고 있음을 확인할 수 있습니다.

따라서 고득점을 위해서는 기본이론에 충실하면서도, 친환경 자동차 및 첨단기술 시스템의 원리를 체계적으로 이해해야 합니다. 또한 어떤 문제가 나오더라도 논리적으로, 구체적 사실을 서술할 수 있는 능력(시뮬레이션 능력)을 갖추는 것이 중요합니다.

외워야 할 부분은 반드시 반복 학습을 통해 스스로 익히고, 단순 암기에 그치지 말고 이해 중심의 학습을 해야 합니다. 저는 강의를 통해 여러분이 자연스럽게 복습하고 암기할 수 있도록 돕겠습니다. 기본이론을 충분히 익힌 후, 기출문제 중심 실전 문제 풀이와 첨삭 모의고사를 통해 지식을 체계적으로 정리해 나간다면, 여러분은 저와 함께 고득점(85점이상)을 향한 목표에 한 걸음씩 다가설 것입니다.

저 역시 차량손해사정 업무를 총괄·운영하며 실무를 경험한 바 있습니다. 그 과정에서 깨달은 것은, 자동차 손해사정이란, 단순한 기술이 아니라 이론적 기반과 공학적 사고가 결합된 전문 분야라는 점입니다. 손해사정서를 어떤 논리로 작성하느냐에 따라 문서의 가치가 달라지며, 그 차이가 실무 능력을 좌우하기도 합니다.

우리 시험의 핵심 과목인 「자동차 구조 및 정비 이론과 실무」는 전체 문제 중 절반 이상이 판금·도장과 미래 친환경 자동차 영역에서 출제되고 있습니다. 이는 곧 시험 합격뿐만 아니라 실무 현장에서 즉시 활용 가능한 지식을 익힐 수 있는, 가장 실용적인 과목이기도 합니다.

특히 판금·도장 파트는 필자가 직접 현장을 방문하여 실제 공구와 장비를 사진으로 담아, 수험생이 현장감 있는 학습을 할 수 있도록 구성했습니다. 또한 친환경 자동차 파트는 필자의 전공 분야로, 매년 출제 비중이 커지고 있는 영역입니다. 신차 중심으로 최신화된 내용을 반영하면서, 고전압 시스템과 친환경 자동차의 핵심 원리를 누구나 이해할 수 있도록 쉽게 설명하였습니다.

끝으로, 교재 출간까지 함께해 주신 이패스코리아 유상무님과 최팀장님, 그리고 자동차공학계의 선·후배님들께 진심으로 감사드립니다.

여러분의 합격을 진심으로 응원하며, 최고의 강의와 교재로 기대에 보답하겠습니다.

감사합니다.

2025년 11월

저자 윤조현 올림

시험안내

이패스 자동차 구조 및 정비이론과 실무

손해사정사

보험사고 발생 시 손해액 및 보험금의 산정업무를 전문적으로 수행하는 자로서 보험금 지급의 객관성과 공정성을 확보하여 보험계약자나 피해자의 권익을 침해하지 않도록 해주는 일, 즉 보험사고 발생 시 손해액 및 보험금을 객관적이고 공정하게 산정하는 자가 손해사정사이며, 보험의 시작과 마지막을 함께 하는 자이다.

손해사정사 전망

손해사정사의 현재 시장현황을 살펴보면 예년에 비하여 정부는 손해사정사인의 합격자 수를 늘리고 있으며, 실무수습기간을 2년에서 6개월로 단축시켜 가면서 손해사정사를 확충하고 있으며 한국직업정보시스템의 통계자료로 손해사정사의 직업 유망성을 살펴보면 71%로 높은 수치를 나타내고 있어 그 전망이 밝다고 하겠다.

손해사정사 업무 및 혜택

- 손해발생 사실의 확인
- 보험약관 및 관계법규 적용의 적정여부 판단
- 손해액 및 보험금의 사정
- 손해사정업무와 관련한 서류작성, 제출 대행
- 손해사정업무 수행관련 보험회사에 대한 의견 진술

▶ 취업 및 진출분야

보험회사는 대개 공채를 실시하는데 손해사정사 자격증 취득자에게 가산점을 반드시 부여하고 있으므로 자격증을 취득하는 것이 취업에 유리하다. 손해사정법인이나 보험회사에서 관련 업무 경력을 쌓은 후 자격을 취득하여 손해사정사 보조인이 되기도 하며, 손해사정사 자격증을 취득하게 되면 자동차보험, 화재보험, 생명보험, 해상보험 등 각종 보험회사와 손해사정법인체에 취업하거나 개인사무소를 운영할 수 있다. 보험회사에서도 일반 법인체나 개인사무소에 사건을 의뢰하는 경우가 많기 때문에 자격증을 취득하면 보험회사에 입사하는데 매우 유리하다.

▶ 승진 및 경력개발

보험회사에 입사하여 보상팀 등에서 근무하다 손해사정사 자격을 취득하는 사람도 많다. 자격증을 취득하면 별도의 자격수당이나 인사고과에 반영되고 있기 때문에 연봉책정, 승진인사 등에 매우 유리하며, 고용손해사정사는 일정한 경력을 쌓은 후 개업을 할 수 있다. 보험사에서 손해사정사 자격증 합격자를 적극적으로 채용하고 있다는 현실만으로도 보험사 취업을 생각하는 취·준·생의 경우에도 이 자격에 도전할 필요가 있다고 본다. 입사 후 관련업무를 위해서는 반드시 취득해야 하기 때문이다. 또한 현재 손해사정사의 평균 초봉이 4,450만원 정도로 매우 안정적 직업임을 알 수 있다.

▶ 2026년 손해사정사 시험일정

구 분	제1차 시험	제2차 시험
시험실시 공고	2026년 1월 초 시험실시공고	
응시원서 접수기간	2026. 3월 초순	2026. 6월 중순
접수방법 및 장소	• 인터넷 접수 : 보험개발원 홈페이지(www.insis.or.kr) • 결제방법 : 계좌이체 또는 신용카드	
시험일자	2026. 4월 경 예정	2026. 7월 경 예정
장소공고	2026. 4월 경 예정	2026. 7월 경 예정
시험방법	선택형(객관식 4지선택형 택1)	논문형(약술형 또는 주관식 풀이형)

※ 본 교재는 2025년 10월에 제작이 되었으므로 2026년 시험일정 및 장소는 시험실시 공고 후 반드시 이패스코리아 및 보험개발원 쪽에서 확인 해 주시길 바랍니다.

▶ 시험구성 및 배점

구 분	재물	차량	신체
1차	• 보험업법 • 보험계약법(상법 중 보험편) • 손해사정이론 • 영어	• 보험업법 • 보험계약법(상법 중 보험편) • 손해사정이론	• 보험업법 • 보험계약법(상법 중 보험편) • 손해사정이론
2차	• 회계원리 • 해상보험의 이론과 실무 • 책임·화재·기술보험 등의 이론과 실무	• 자동차보험의 이론과실무 　(대물배상 및 차량손해) • 자동차 구조 및 정비이론과 실무	• 의학이론 • 책임보험·근로자재해보상보험 • 제3보험의 이론과 실무 • 자동차보험의 이론과 실무

응시자격

- 1차 : 응시제한 없음
- 2차 : ① 당해년도 및 직전년도 해당분야 손해사정사 제1차시험에 합격한 자('95년 이전 제1차 시험 합격자 포함)
  ② 보험업법시행규칙 제47조의 규정에 의한 기관(금융감독원, 보험회사, 보험협회, 보험요율산출기관(보험개발원), 농업협동조합중앙회)에서 해당분야의 손해사정업무에 5년 이상 종사한 경력이 있는 자
  ③ 타 종목의 손해사정사 자격을 취득한 자(재물, 차량, 신체) (다만, 차량손해사정사 또는 신체손해사정사가 재물손해사정사 시험에 응시하려는 경우 제2차 시험 접수 전에 영어시험 성적표 제출)
  ④ 종전 규정에 따른 손해사정사(1종~4종)
  　　- 합격 기준 1차 : 각 과목 40점 이상, 전 과목 평균 60점 이상 득점자
  　　　　　　　 2차 : 각 과목 40점 이상, 전 과목 평균 60점 이상 득점자(절대평가, 최소선발예정인원에 미달하는 경우 상대평가)
  　　- 응 시 료 : 1차 : 30,000원, 2차 : 50,000원

▶ 합격자 공고

제1차 시험	제2차 시험
일자 : 2026. 6월 초순 예정	일자 : 2026. 9월 말 예정
방법 : 서울신문, 금감원 홈페이지(www.fss.or.kr) 및 보험개발원 홈페이지(www.insis.or.kr)	

※ 본 교재는 2025년 10월에 제작이 되었으므로 2026년 합격자 공고는 시험실시 공고 후 반드시 이패스코리아 및 보험개발원쪽에서 확인 해 주시길 바랍니다.

출제경향분석

이패스 자동차 구조 및 정비이론과 실무

출제경향분석

최근 8년간의 출제경향을 보면, 기관(12.5%), 전기·전자(8.9%), 섀시(23.2%), 판금·도장(25.0%), 미래 친환경 자동차(30.4%)와 같은 분포를 보이고 있다.

즉 판금·도장, 미래 친환경자동차 부분에서 50% 이상(55.4%) 출제 빈도를 보이고 있으며, 앞으로 지속적인 높은 출제 비율을 차지할 것이라 판단된다.

그에 반해 기관과 전기·전자 부분의 출제는 다소 하락세를 보이고 있는데, 이는 친환경차 비중이 높아지면서 기존 내연 기관과 관련한 문제가 첨단화 기술로 흡수되어 출제되고, 전기·전자 부분 또한 친환경 자동차 신기술과 접목되어 출제되기 때문으로 분석된다.

그러나, 문제의 난이도가 점점 높아지고 있는 것으로 보이고, 자동차 분야의 최고 어렵다는 국가자격시험인 차량기술사 시험과 대등한 문제들도 출제되고 있어 출제 범위를 단언하기 어려운 것이 사실이다. 즉 범위가 매우 넓고, 높은 수준의 문제로 출제되어 범위를 좁히기가 쉽지 않다.

연도	PART 01 기관	PART 02 전기전자	PART 03 섀시	PART 04 판금도장	PART 05 미래 친환경	계
2025	1	–	2	1	3	7
2024	1	–	3	1	2	7
2023	1	–	1	3	2	7
2022	–	2	1	2	2	7
2021	1	1	1	2	2	7
2020	–	–	2	2	3	7
2019	2	1	1	1	2	7
2018	1	1	2	2	1	7
계	7	5	13	14	17	56
6년 평균	12.5%	8.9%	23.2%	25.0%	30.4%	100%
합산 평균		44.6%			55.4%	100%

2025년에는 전기 및 도장 문제가 출제되지 않았다. 판금, 섀시, 미래친환경차에서 총 7개의 문제 중 무려 5개의 문제가 출제되었다. 특히 도장 문제가 전년도에 이어 출제되지 않은 점이 특이한 점이다.

지난 8년간 출제 문항을 살펴보면, 미래 친환경 문제는 주행 중 첨단 운전 보조장치인 ADAS, 자율주행, 보행자 안전 문제와 수소차 및 전기자동차의 고전압배터리 부분과 관련된 사항이 출제되었다. 자율주행 자동차 및 친환경자동차 부분에서 나왔다고 보면 된다. 하이브리드 자동차, 순수 전기자동차, 연료전지(수소차) 자동차인 친환경 자동차에서 다음 시험에서는 어떤 내용이 나올지 면밀히 검토하여 학습에 임해야 놓치는 점수를 최소화할 수 있다. 그러면서 판금·도장의 기본 공정에 관하여 철저히 외우고 이해하고 있어야 하며, 섀시는 8년간 매년 평균 2문제씩, 총 11문항이 출제되었다. 다소 높은 출제 비중의 섀시는 주행 중에 발생할 수 있는 동역학적 부분과 제동 시스템과 관련한 ECS, EBD, TCS 등 차체 자세제어 기술, 차체 진동, 소음 등 어렵고 난해한 부분을 꼼꼼히 체크해야 할 것이다.

좀 더 자세한 내용 및 수험정보 등은 당사 홈페이지(www.sonsakorea.com) 참조

학습전략

학습방법

1. **미래 친환경 자동차 기술을 습득하자.**
   계속 강조하고 있다. 더 강조해도 과하지 않다. 전 세계적인 추세이고, 국내 역시 자동차 분야에서 유해 배출가스를 줄이는 것이 지구 온난화 현상을 늦추는 최선의 방법임을 알고 있기에 친환경 자동차에 관한 문제 출제는 지속될 것이다.

2. **판금 및 도장의 공정을 이해하고 철저히 숙지하자.**
   차량손해사정은 정상적인 고장으로 인한 손해사정이 아니다. 자동차가 운행 중 각종 충돌, 추돌 사고로 인한 외판과 주요 골격에 관한 손해가 가장 크다. 우리 과목은 그래서 판금에 관하여 꾸준한 문제 출제가 되고 있고, 원형복원에 가까운 수리를 진행할 때 작업공정은 매우 중요시될 수밖에 없다.

3. **전혀 생소한 문제가 나와도 당황하지 않고 응용 서술할 수 있는 능력을 키우자.**
   우리 시험은 서술이다. 주어진 지문 속에서 선택하여 고를 수 있는 객관식이 아니다. 전혀 생소한 지문이 나왔을 때 앞이 노랗다면 그냥 망한 거다. 그러나 잠시 노랗다가 무언가 비슷한 용어가 생각나거나, 비슷한 상황, 비슷한 이미지가 생각난다면 50%는 쓸 수 있다. 그런 응용 능력은 한순간의 재치로 생기지 않는다. 시험 전에 많이 써보고, 많이 상상해 보고, 많은 전문기술을 윤독한 사람이 응용하여 서술할 수 있는 것이다.

4. **실제 차량손해사정 실무를 하듯 신기술 보도 자료 읽기에 부지런 하자.**
   차량손해사정 2차 시험 「자동차 구조 및 정비 이론과 실무」 서술형 시험은 시험으로 끝나는 것이 아니라, 차량손해사정사로 일을 해서 밥을 먹고 살 게 될 우리 밥줄이다. 공부하면서 좋은 밥을 짓는다 생각해야 한다. 시험에 합격하면 버려지는 것이 아니고, 실무에 바로 적용되는 것이다. 실무 능력을 향상시킨다는 마음으로 힘들지만 즐겁게 공부해야 지치지 않고 공부할 수 있다. 매일 쏟아지는 자동차 신기술과 관련한 보도 자료 읽는 것을 게을리해서는 안 된다.

5. **매일 1시간 이상 책과 문제를 접하자.**
   공부만 하는 수험생은 거의 없다. 대학 수능시험 때 외엔 없다. 만약 공부만 할 수 있는 환경에 있다면 무한 감사하되, 어떤 상황에서도 1차 시험전부터, 2차시험에 관한 준비로 매일 1시간은 책과 문제를 봐야 한다. 감을 잃으면 시험장에 가서도 감을 찾을 수 없다. 단 한 문제를 보더라도 반드시 써봐야 한다. 1차 시험이 끝나고 2차 서술시험을 준비한다는 것은 안 될 일이다. 같은 내용을 보더라도 매일 읽고 생각해 봐야 시험장에서 자신의 능력을 모두 표출하고 개운한 정신으로 나올 수 있다.

좀 더 자세한 내용 및 수험정보 등은 당사 홈페이지(www.sonsakorea.com) 참조

이 책의 구성과 특징

이패스 자동차 구조 및 정비이론과 실무

STEP 1 핵심이론

① 출제범위가 다소 많은 분야를 사진, 삽화 등으로 최대한 알기 쉽게 제시하였습니다.

② 각 파트별로는 출제 경향에 따른 핵심 이론으로 구성하였고, 적절한 Tip과 강의중 메모가 가능하도록 편의성을 재고하였습니다.

③ 핵심이론을 기본으로 광범위한 자동차 구조 및 정비이론과 실무 관련 문제를 응용·적용할 수 있도록 연구하여 집필하였습니다.

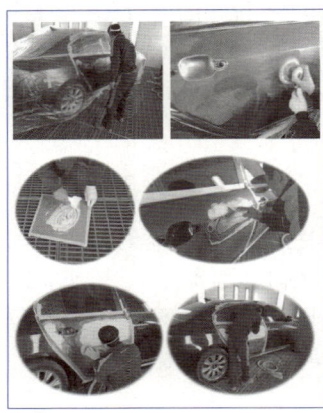

STEP 2 현장실무형

① 판금·도장 현장실무 사진을 통하여 중요한 개념을 쉽게 이해할 수 있도록 있게 합니다.

② 판금·도장 공정을 실무 사진과 함께 제시하여 공정에 대한 이해와 숙지가 어렵지 않게 하였습니다.

③ 집필자의 현장정비 실무 경험과 함께 모든 파트 강의 시 적용될 수 있도록 강의를 구성하였습니다.

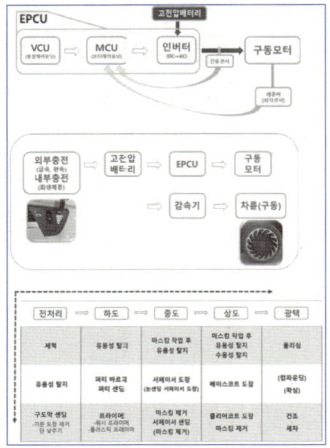

STEP 3 암기를 위한 도식화

① 어려운 친환경 자동차 시스템을 쉽게 이해하고 암기할 수 있도록 도식화하였습니다.

② 실전 시험에서 바로 연상이 가능하도록 학습과 함께 암기될 수 있는 도식으로 구성하였습니다.

③ 공정에 대한 어려운 수식어들을 제거하고 핵심부분으로 도식화하였습니다.

머리말	3
출제경향분석	6
학습전략	7

PART 1 자동차 기관

제1장 엔진 일반 — 18
1. 엔진의 작동원리 — 18
2. 엔진과 열역학 — 19
3. 기관 성능 — 23
4. 엔진 형식과 구조 — 24

제2장 기관 구조 — 29
1. 기관 본체 구조 — 29
2. 실린더헤드, 실린더 블록 — 30
3. 연소실, 밸브류 — 32
4. 피스톤, 피스톤핀, 피스톤 링 — 35
5. 크랭크축과 베어링, 커넥팅로드, 플라이휠 — 36

제3장 윤활 — 39
1. 윤활의 종류와 목적 — 39
2. 윤활의 작용과 기관의 마찰·마모 — 40
3. 윤활 방식 — 41
4. 오일펌프, 오일 냉각기 — 42
5. 기관 오일 점검 — 42

제4장 냉각 — 43
1. 냉각 방식과 목적 — 43
2. 냉각팬과 팬벨트, 기타 냉각부품 — 44
3. 부동액 — 45

차례

이패스 자동차 구조 및 정비이론과 실무

제5장 수퍼차저와 터보차저, 인터쿨러 47
    1. 구조와 작동 47
    2. 진단과 정비 47
    3. 가변용량형 터보 과급기 47
    4. 인터쿨러 48

제6장 디젤기관 49
    1. 디젤기관 연소실과 연소방식 49
    2. 디젤연료 50
    3. 디젤노크 50
    4. 기계식 디젤기관 51
    5. 전자제어 디젤기관 52

제7장 가솔린 및 LPG기관 55
    1. 가솔린 연료와 연소, 점화 55
    2. 가솔린 연료라인 및 연료분사 장치 55
    3. LPG, 압축천연가스 57
    4. 가솔린 노크 57
    5. 전자제어 가솔린기관 59
    6. 직접 분사 방식 가솔린 기관 60

PART 2 자동차 전기 · 전자

제1장 기초 전기·전자 64
    1. 자동차 전기의 특성 64
    2. 전기의 3요소(전압, 저항, 전류) 64
    3. 배터리(축전지) 67
    4. 반도체 70
    5. 다이오드와 트랜지스터 71

제2장 자동차 전기회로 — 74
1. 회로 일반 — 74
2. 전압 강하 — 75
3. 키르히호프의 법칙 — 75
4. 회로 기호 — 76
5. 회로도 판독 실무 — 79

제3장 조명과 계기 장치 — 82
1. 조명과 계기 일반 — 82
2. 감광식 룸 램프 — 83
3. 오토 헤드라이트 — 84
4. 방향지시등, 제동등, 후진등 — 86
5. 계기 장치(연료계, 온도계, 엔진 경고등, 속도계) — 87

제4장 시동·점화·충전 장치 — 89
1. 시동 전동기 구조와 명칭 — 89
2. 직류 직권 전동기 — 91
3. 트랜지스터 방식 점화장치 — 91
4. 전자 배전 점화장치(DLI) — 92
5. 교류(AC)발전기 — 94

제5장 안전·신호·정보제어 — 98
1. 에어백, 레인 센서, 후진 경보음 — 98
2. ADAS(Advanced Driver Assistance System) — 100
3. 자동차 통신 제어(K-Line, LIN, CAN, FlexRay) — 102
4. 기타 안전·편의·등화 장치 — 105

차례

이패스 자동차 구조 및 정비이론과 실무

PART 3 자동차 섀시

제1장 동력전달 장치(구동 시스템) — 110
1. 구동축, 구동 액슬 클러치, 차동기어 — 110
2. 수동 변속기 — 119
3. 자동 변속기 — 121

제2장 조향 장치(스티어링 시스템) — 126
1. 조향 일반(개요, 조향기구, 조향각, 애커먼장토식, 최소회전 반경, 조향기어비) — 126
2. 동력 조향 장치 — 129
3. 전자제어 동력 조향 장치 — 130
4. 4륜 조향(4 Wheel Steering) — 131
5. 차륜 정렬(휠 얼라인먼트) — 132

제3장 현가장치(서스펜션 시스템) — 136
1. 현가 일반(개요, 스프링, 쇽업소버, 스테빌라이져, 볼 조인트, 토션바) — 136
2. 공기식 현가장치 — 140
3. 전자제어식 현가장치 — 141
4. 스프링 위 무게 진동(바운싱, 피칭, 롤링, 요잉)과 스프링 아래 무게 진동 — 144
   (휠 홉, 휠 트램프, 포엔에프터 쉐이크, 사이드 쉐이크, 와인드업, 조)

제4장 제동장치(브레이크 시스템) — 145
1. 제동 일반(개요, 저동력, 제동거리, 베이퍼 록, 페이드 현상, 브레이크 오일) — 145
2. 드럼식 브레이크와 디스크 브레이크 — 147
3. 유압식 브레이크와 공기식 브레이크 — 148
4. 제동 배력장치, 감속 제동 — 151
5. ABS : 전자제어 제동장치 — 152
6. EBD : 전자제어 제동력배분 시스템 — 153
7. TCS : 구동력 제어 장치 — 153
8. 주차 브레이크(전자식, 기계식)와 보조 브레이크 — 154
9. 기타 브레이크 제어 시스템 — 154

제5장	휠 및 타이어	155
	1. 휠 및 타이어 일반(개요, 구조, 기능)	155
	2. 타이어 표시·분류·수명	156
	3. 타이어 트래드 패턴의 종류	157
	4. 휠 특성과 평형의 중요성	158

제6장	소음·진동·주행저항·동력성능	160
	1. 소음	160
	2. 진동	162
	3. 주행 안정성과 승차감, 동력성능	163

PART 4 자동차 판금·도장

제1장	자동차 차체·판금	168
	1. 자동차 차체 구조와 자동차 강판	168
	2. 차체 수리 공구	171
	3. 차체 손상(파손)	173
	4. 패널 수정과 교환	175
	5. 용접	179
	6. 방청(차체 부식 방지)	185

제2장	자동차 도장	188
	1. 도장 일반(도장의 목적, 구성, 분류, 도료 제조)	188
	2. 자동차 보수도장(수용성 도료)	191
	3. 도장 설비와 기자재	195
	4. 색의 3속성(색채)	197
	5. 조색과 도장 공정(하도, 중도, 상도, 특수 공정)	198
	6. 도막의 결함	206

차례

이패스 자동차 구조 및 정비이론과 실무

PART 5 미래 친환경 자동차

제1장 전기 자동차 — 214
1. 전기차 일반 — 214
2. 전력 변환 시스템 — 215
3. 구동 시스템 — 215
4. 제동 시스템 — 216
5. 공조 시스템 — 217

제2장 하이브리드 자동차 — 220
1. 하이브리드 일반(개요, HEV, PHEV, 병렬형, 동력분기형) — 220
2. 하이브리드 동력(모터, 엔진)의 흐름 — 221
3. HSG(Hybrid Starter Genertor) — 223

제3장 수소 연료전지 자동차 — 224
1. 수소 연료전지 자동차 정의 — 224
2. 주행 특성(등판주행, 평지주행, 강판 주행) — 224
3. 연료전지 스택(Fuel Cell Stack)의 원리와 구성·기능 — 225
4. 수소 연료 탱크와 감지 센서 — 226
5. 공급 시스템(수소 공급과 산소 공급) — 227
6. 냉각 시스템 — 227
7. 전력 변환과 구동·제동 시스템 — 228
8. 환경 보존과 수소 연료전지 자동차 — 229

제4장 고전압 배터리 — 230
1. 고전압 개요(위험성, 감전영향, 화학 전지의 구분) — 230
2. EV와 HEV의 고전압 흐름도 — 233
3. 고전압 차단(고전압 무력화) — 233
4. 고전압 배터리 교환(셀밸런싱, 냉각라인·배터리팩 기밀 테스트, 냉각수 보충·후 공기빼기) — 234
5. 고전압 충전(완속충전, 급속충전, 회생제동 충전) — 236

제5장 자율주행 자동차 … 238
1. 자율주행 자동차 일반(개요, 단계 정의, 필요성, 동향) … 238
2. 자율주행 자동차 구성 요소와 동작 원리(라이다, 레이더, 카메라, 초음파, V2X) … 239
3. 인지·판단·제어 기술 … 240
4. 사이버 보안 … 242
5. ADAS 종류(스마트 크루즈 컨트롤, 전방 충돌방지 보조, 차로 중앙 주행 보조, 고속도로 주행 보조, 차로 이탈 방지 보조) … 244

제6장 신재생 에너지와 바이오·에탄올·천연가스 자동차 … 248
1. 신재생 에너지 … 248
2. 바이오 자동차 … 249
3. 에탄올 자동차 … 251
4. 천연가스 자동차 … 251

APPENDIX 부록

1. 최근 기출문제 … 254
2. 최근 기출문제 모범답안 … 268

참고문헌 … 307

PART 01

자동차 기관

이패스 자동차 구조 및 정비이론과 실무

자동차 기관

제1장 엔진 일반

1. 엔진의 작동원리

오늘날의 기본적인 자동차 엔진은 4개의 행정으로 작동된다. 즉 흡입, 압축, 폭발, 배기 순으로 피스톤이 주어진 실린더 내에서 상하 왕복운동을 하며 작동된다. 피스톤이 실린더 내에서 가장 위쪽에 위치한 경우를 "<u>상사점(TDC:top dead center)</u>"이라 하고 가장 아래에 위치한 경우를 "<u>하사점(BDC:bottom dead center)</u>"이라고 한다.

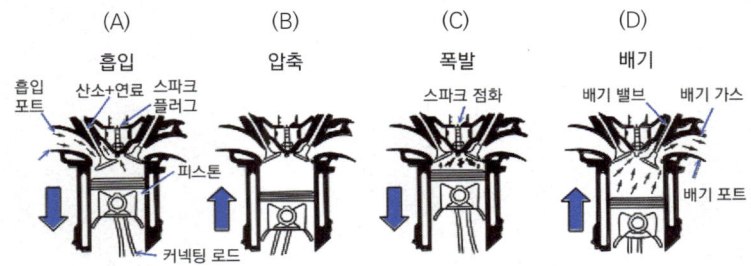

위 그림은 가솔린 기관의 예로써, 왕복운동 중인 피스톤이 아래로(A) 움직이고 있고, 흡기 밸브는 열린다. 이때 열려진 흡기밸브를 통해 대기압의 공기를 실린더 내로 밀어 넣게 되고, 연료와 공기가 혼합하게 된다.

피스톤이 하사점을 지나고 위로 이동하기 시작할 때 흡기 밸브는 닫히며(B) 이와 같이 피스톤이 실린더 내에서 가장 아래에 위치했을 때를 하사점이라고 한다.

피스톤이 위로 이동함에 따라 연소실에서 공기와 연료가 혼합·압축되고, 피스톤이 거의 상사점에 도달하면 점화 플러그에 아크(스파크)가 발생하면서 점화(C)·연소를 하게 된다.

이때 <u>혼합기의 연소 온도는 약 3300℃</u>까지 상승한다. 이로 인해 실린더 내에 약 600psi의 높은 압력이 발생되고, 이 압력의 힘으로 피스톤을 하강하게 하며, 아래 방향의 힘은 커넥팅로드로 전달되어 크랭크축을 회전시켜 각종 전기장치 및 구동 계통으로 힘을 전달하고 자동차를 움직이게 한다.

실린더(cylinder)
- 공학에서는 내연기관에서 피스톤 운동이 일어나는 원통이나 자기디스크의 트랙을 묶어서 이르는 말. 혹은 압력(유압 등)을 활용하여 물체를 유압을 통해 밀어내거나, 잡아당기는 역할을 하는 기구
- 피스톤은 상하운동을 하는 움직이는 부품이고, 실린더는 그 안에서 피스톤이 움직이는 통로 같은 원통. 피스톤을 보호하는 역할과 지지하는 역할을 하는 것이 실린더이기도 하다.

피스톤이 하사점을 지나 위로 다시 이동하기 시작하면서 연소된 가스는 실린더를 빠져나가게 되고(D) 배기관을 통해 대기 중으로 배출하게 된다.

점화 플러그에 아크 발생과 같이 엔진은 시동 시와 가동 중에 전기를 필요로 한다. 시동모터로 엔진을 크랭킹(cranking)함에 있어 전기 에너지가 필요하고, 전류는 점화 플러그에 불꽃을 발생하게 하는 최소 전류를 공급하며, 각종 전기·전자 제어 시스템에 적정 전압을 공급하여 각종 센서를 작동하게 한다. 자동차 전기에 관하여는 PART 02에서 다루기로 한다.

2. 엔진과 열역학

자동차 기관은 열역학을 응용한 기계 장치로써 엔진의 효율적인 설계를 할 수 있게 하는 기계공학 분야의 필수 과목이다. 에너지 전달 및 변환이 발생하는 열사이클의 기초가 되며, 자동차 내연기관뿐만 아니라, 증기 기관, 가스터빈, 냉동장치인 냉장고 등 공조 장치의 원리를 이해하는 데 필요한 것이다. 우리는 여기에서 자동차 기관과 관계있는 3가지 기본 사이클과 그 원리만을 이해하도록 한다.

가. 열역학 제1법칙

열은 본질상 일과 같이 에너지의 일종으로서, 일은 열로 전환할 수도 있고 역전환도 가능하다. 이때 열과 일 사이에 비는 항상 일정하다. 즉, 열역학 제1법칙은 어떤 계의 내부 에너지의 증가량은 계에 더해진 열에너지에서 계가 외부에 해준일을 뺀 양과 같다.

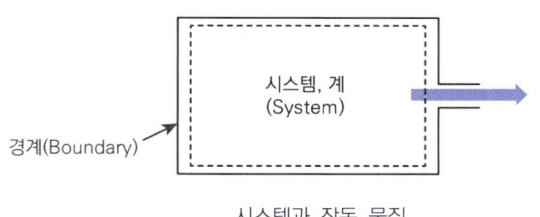

시스템과 작동 물질

나. 열역학 제2법칙

가정에서 믹서기에 물을 넣고 돌리면 믹서기의 회전력에 의해 온도가 상승할 것은 예상할 수 있다. 그러나 반대로 믹서기에 뜨거운 물을 붓는다고 믹서기가 회전하진 않는다. 이처럼 믹서기의 회전 에너지는 쉽게 열로 변화하지만, 반대로 열을 일(믹서기 회전)로 바꾸는 것은 어렵다. 이와 같은 사실에 의해 열을 기계적 일로 전환하는 열기관을 논하는 데는 열역학 제1법칙만으로는 부족하여, 제2법칙이 필요한 것이다.

열역학 제2법칙은 열과 기계적 일 사이에 방향적 관계를 명시한 것으로 이 법칙의 근본을 연구한 사디 카르노(Sadi Carnot)는 증기 기관에서 들어가는 온도보다 배출되는 온도가 낮은 것을 착안, 열을 연속적으로 기계적 일로 변화시키려면 반드시 온도 차가 있어야 한다는 것을 발견하였다. 온도 차가 없으면 아무리 많은 열이라 할지라도 일로 바꿀 수 없다는 결론을 얻은 것이다.

---

psi(Pound per Square Inch)
- 압력의 단위
  1평방 인치 당의 파운드(중량)
  1in = 2.5400cm
  $1in^2$ = $6.4516cm^2$
  1lb = 453.592g

열역학(熱力學, thermodynamics)
- 에너지, 열, 일, 엔트로피와 과정의 자발성을 다루는 물리학 분야

사디 카르노(Sadi Carnot)
- 프랑스물리학자, 열은 높은 온도로부터 낮은 온도로 옮겨질 때에만 힘을 얻을 수 있고, 그와 반대의 경우에는 밖으로부터 힘을 주지 않으면 안 된다는 사실을 증명하였다.

"열기관에서 동작 유체에 일을 시키려면 이것보다 더 저온인 물체가 필요하고, 자연계에 아무런 변화를 남기지 않고 어떤 열원의 열을 지속적으로 일로 바꿀 수는 없다."(Kelvin)

"열은 그 자신으로는 다른 물체에 아무 변화도 주지 않고, 저온의 물체로부터 고온의 물체로 이동하지 않는다."(Clausius)

다. 열역학적 사이클에 의한 분류

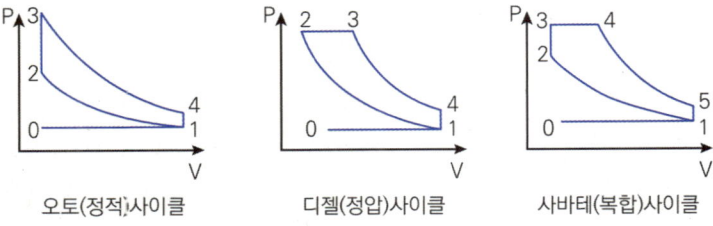

오토(정적)사이클 　　　디젤(정압)사이클 　　　사바테(복합)사이클

- 오토(정적)사이클(constant volume cycle engine)

  일명 오토 사이클(Ottocycle) 기관이라 하며, 스파크 점화기관을 말하고, <u>압축비가 클수록 효율이 높고</u>, 기관의 크기와 진동이 커지며, 비정상적인 연소(노킹)가 자주 발생하게 된다.

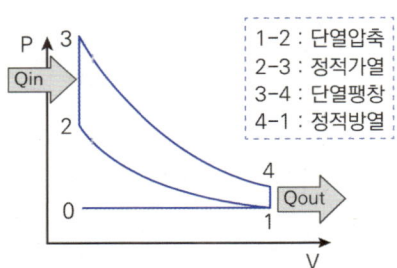

1-2 : 단열압축
2-3 : 정적가열
3-4 : 단열팽창
4-1 : 정적방열

$$\eta_{th} = 1 - \left(\frac{1}{\varepsilon}\right)^{k-1}$$

$$\varepsilon = \frac{V_1}{V_2}$$

진동수(振動數, frequency)
- 주기적인 현상이 단위시간 동안 몇 번 일어났는지를 뜻하는 말. SI단위로는 헤르츠(Hz)를 쓴다. 1 Hz는 1초에 1번 주기적인 현상이 일어나는 것이다.
- $\varepsilon = \dfrac{V_{cyl}}{V_c} = \dfrac{V_c + V_s}{V_c} = 1 + \dfrac{V_s}{V_c}$　E, ε(그리스어: $\varepsilon\psi\iota\lambda o\nu$ 엡실론)은 그리스 문자의 다섯 번째 글자이며, 엡실론으로 부른다.

❏ 디젤(정압)사이클(constant pressure cycle engine)
일명 디젤사이클(dieselcycle) 기관이라고 하며, 피스톤의 속도가 느린 저속 디젤기관에 적용된다.

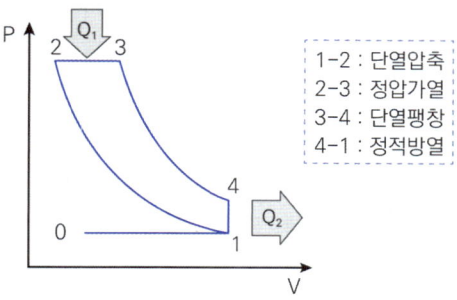

1-2 : 단열압축
2-3 : 정압가열
3-4 : 단열팽창
4-1 : 정적방열

$\varepsilon = \dfrac{V_1}{V_2}$: 압축비

$\sigma = \dfrac{V_3}{V_2}$: 정압팽창비

디젤사이클은 오토 사이클과 비교할 때 조기 착화 및 노킹의 염려가 없으며 높은 효율을 나타내고, 평균 유효압력이 높다.

❏ 사바테(복합)사이클(sabathe cycle = combined cycle engine)
연료의 연소시간을 충분히 주기 위해서 연료분사를 피스톤이 상사점 전에 연료의 일부를 분사시켜 정적 하에서 연소시키고, 연료의 일부를 상사점 후에 분사하여 정압 하에서 연소하게 하는 피스톤의 속도가 빠른 고속디젤기관에 적용된다.

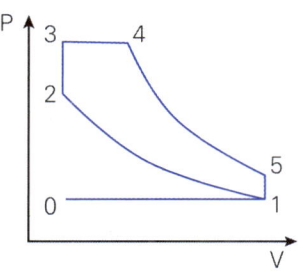

$\eta_{th} = 1 - \dfrac{\sigma^k \rho - 1}{\varepsilon^{k-1}[(\rho-1) + k\rho(\sigma-1)]}$

$\rho=1$: , $\sigma=1$: 오토사이클

• 루돌프 율리우스 에마누엘 클라우지우스(Rudolf Julius Ema-nuel Clausius, 1822년 1월 2일 ~ 1888년 8월 24일)는 독일의 물리학자이다.

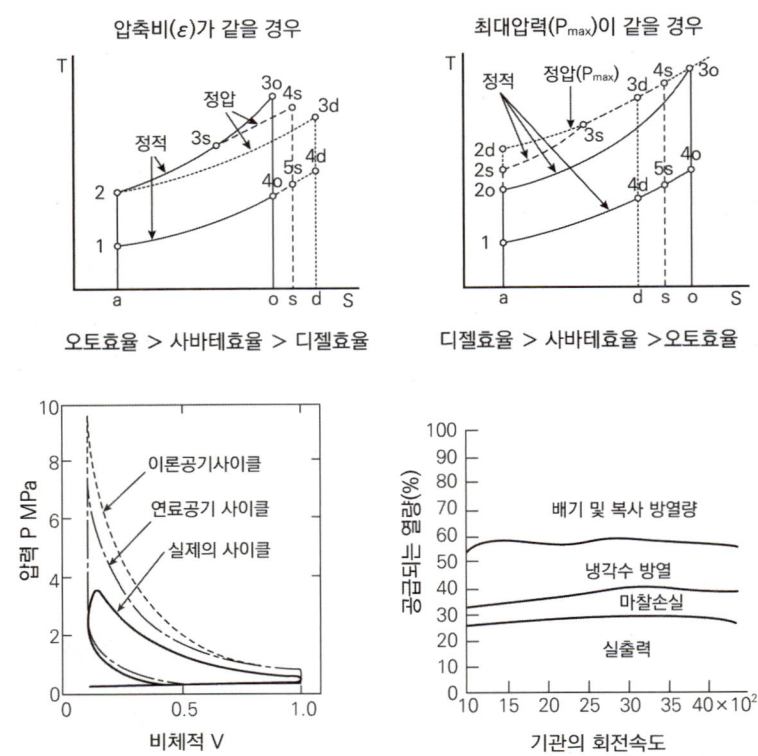

□ 실제 사이클 손실 요인

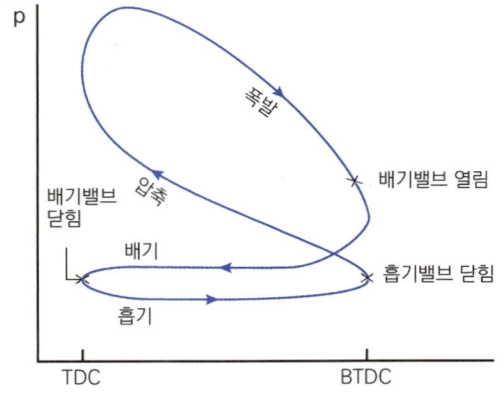

구 분	유효일(%)	배기손실(%)	냉각손실(%)	기계손실(%)	복사손실(%)
가솔린 엔진	25 ~ 28	30 ~ 35	25 ~ 30	5 ~ 10	1 ~ 5
디젤 엔진	30 ~ 34	25 ~ 32	30 ~ 31	5 ~ 7	1 ~ 5

열 손실
- 물체가 외부로 잃어버린 열량으로 물체의 일부가 누설되어 보유하고 있는 열량이 손실하는 등의 경우(전도, 방사, 대류)

잔류가스와 새로 유입되는 신기의 열 교환으로써, 연료의 기화 에너지로 완전한 단열이 아닌 폴리트로픽 변화를 이용하여 계산된 것이다.

연소 속도가 유한하기에 완전한 정적 연소는 일어나지 않으며, 엔진에서는 상사점 전에 혼합기에 점화되고, 상사점 후에 연소가 종료되도록 점화시기를 결정한다.

3. 기관 성능

가. 정미 마력(총마력)

부수 장치(냉각수 펌프, 연료펌프 등)를 제외한 엔진 구동에만 해당되며, 구동축과 변속기로 전달되는 마력이다. 즉, 지시마력에서 기계적 마찰 손실을 제외한 마력을 말한다.

정미마력 = 지시(도시)마력 × 기계효율

※ 기계효율 = $\dfrac{\text{제동마력}}{\text{지시마력}} \times 100$

나. 지시(도시)마력

실린더 내에서 연소하는 동안 연소실 내부에서 발생한 동력으로서, 폭발 압력으로부터 직접 구한 마력이다. 항상 제동 마력보다 크다.

지시마력 = $\dfrac{\text{PALRN}}{75 \times 60 \times 100}$

[P : 평균 유효 압력(kgf/㎠), A : 실린더 단면적(㎠), L : 피스톤 행정(cm)

R : 엔진회전속도(단, 4행정 엔진은 $\dfrac{R}{2}$, 2행정 엔진은 R), N : 실린더 수]

다. 제동(축)마력

크랭크축에 전달된 마력으로 실제로 사용할 수 있는 마력

제동마력 = $\dfrac{2\pi RT}{75 \times 60} = \dfrac{TR}{716}$

[T : 엔진의 회전력, R : 엔진의 회전속도(rpm)]

※ 토크(kgf·m) : 힘(kgf) × 거리(m)

라. SAE마력 : 실린더 수와 실린더 안지름으로 산출

① 실린더 안지름이 mm인 경우 : SAE마력 = $\dfrac{D^2 N}{1613}$

② 실린더 안지름이 inch인 경우 : SAE마력 = $\dfrac{D^2 N}{2.5}$

[D : 실린더 안지름, N : 실린더 수]

• 마력은 영국의 기준으로 1 hp (horsepower) = 745.7W이며, 독일의 기준으로는 1 ps (pfer-destärke) = 735.5W이다.

마. 연료마력

연료가 연소 시 발생하는 열에너지를 마력으로 환산한 것

연료마력 = $\dfrac{CW}{10.5t}$

[C : 연료의 저위 발열량, W : 연료의 중량[부피 × 비중], t : 시험 시간(분)]

바. 소요(필요)마력 : 자동차를 필요한 속도로 달리게 하는데 요구되는 마력

소요(필요)마력 = $\dfrac{\text{힘(kgf)} \times \text{속도(m/s)}}{75}$

사. 속도, 가속도

① 속도 : 단위 시간 동안에 이동한 거리

속도(m/s) = $\dfrac{\text{이동거리(m)}}{\text{소요시간(s)}}$

② 가속도 : 단위 시간 동안의 속도의 변화량

가속도(m/s^2) : $\dfrac{\text{속도변화량(m/s)}}{\text{소요시간(s)}}$

아. 피스톤 평균 속도 = $\dfrac{2RL}{60}$

[R : 엔진 분당 회전수(rpm), L : 피스톤 행정(m)]

4. 엔진 형식과 구조

엔진은 사용되는 연료, 냉각방식, 실린더와 밸브 배열에 따라 분류되는데, 주로 어떤 연료를 사용 하느냐에 따라 가솔린·LPG 엔진과 디젤 엔진으로 구분한다. 냉각 방식에 따라 공랭식과 수냉식으로 나누어지나, 현재 운행되는 자동차는 거의 대부분 수냉식 냉각방식의 엔진을 사용하고 있다. 또한 엔진 실린더의 배열에 따라 직렬 또는 V형으로 구분하고, 밸브 배열 상태에 따라 L형, I형, F형, T형으로 구분한다.

직렬형 엔진은 실신더내의 피스톤 행정 배열이 나란히 이어진 것을 말하고, V형 엔진은 좌·우로 실린더가 나누어진 것을 말한다. 그 행정의 길이(피스톤이 움직이는 거리)가 길고 짧음에 따라 단행정, 장행정 엔진으로 구분한다. 이에 관하여 좀 더 자세히 살펴본다.

• 저위 발열량은 열로서 이용할 수 없는 수증기 증발의 잠열을 뺀 값으로, 실제로 사용되는 연료의 발열량을 나타낸다하여 순발열량이라고 불림

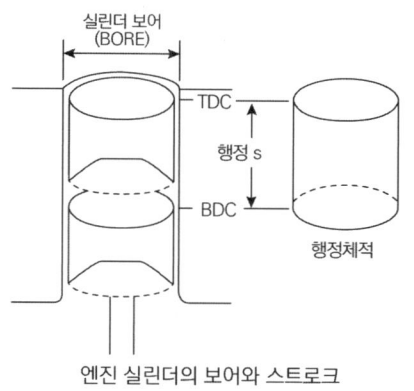

엔진 실린더의 보어와 스트로크

가. 행정(Stroke)

피스톤이 실린더 내에서 왕복운동 하는데, 상사점과 하사점 간의 거리를 말한다.

1) **단 행정**(오버 스퀘어)엔진 : 행정이 실린더 내경 보다 짧은 엔진
   ① 회전속도는 증가하나, 회전력이 작아진다.
   ② 측압이 증대된다.
   ③ 피스톤의 평균속도를 올리지 않고 회전수를 높일 수 있다.

2) **정방 행정**(스퀘어) 엔진 : 행정과 실린더 내경의 길이가 거의 동일한 엔진

3) **장 행정**(언더 스퀘어)엔진 : 행정이 실린더 내경길이 보다 긴 엔진
   ① 회전속도 느리나, 회전력이 증가한다.
   ② 측압이 적지만 엔진의 높이가 높아진다.

나. 엔진은 흡입–압축–폭발–배기를 반복하는데 이를 1사이클(Cycle)이라고 한다. 디젤 엔진은 압축된 공기에 연료를 분사하면서, 연료를 <u>자연 착화</u>시켜 폭발하여 자동차를 구동할 수 있는 에너지를 만든다. 이는 압축 착화 방식의 기본원리이고, <u>가솔린과 LPG, CNG 엔진은 별도의 스파크를 일으켜 연료를 태울 수 있는 장치를 둔 <u>불꽃 점화 방식</u>이다.

① 흡입
   실린더 내에 혼합기(공기)가 들어가는 과정
② 압축
   들어온 혼합기나 공기를 압축하는 과정
③ 폭발
   점화플러그 불꽃으로 압축된 혼합기를 연소시켜 폭발하는 과정(동력 발생)
④ 배기
   배기장치를 통하여 머플러로 연소가스가 빠져나가는 과정

다. 2행정 1사이클 엔진

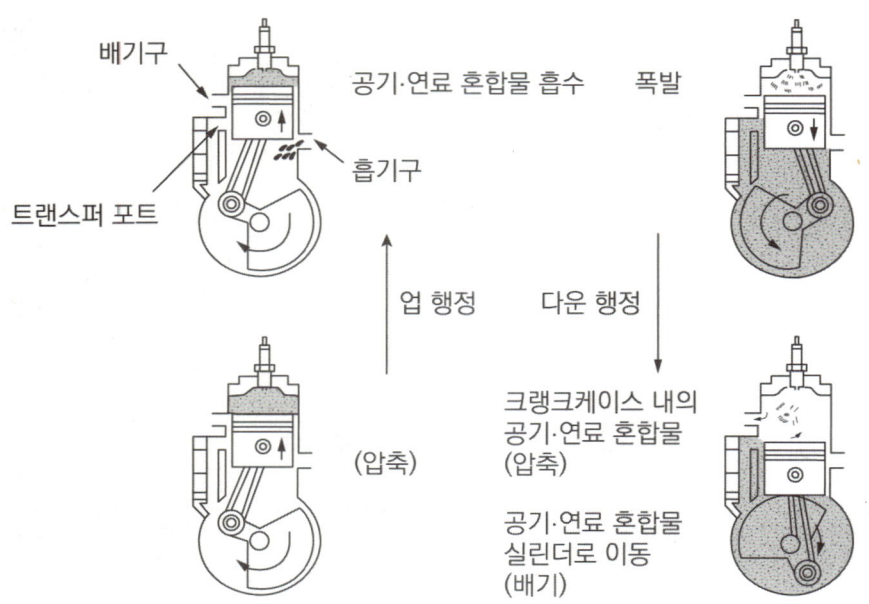

2행정 엔진은 엔진 속도(rpm)가 4행정 엔진보다 두 배의 팽창 행정을 수행하나 두 배의 동력을 발생시킨다는 의미는 아니다. 흡입 - 압축 - 폭발 - 배기의 1사이클이 피스톤의 2행정으로 완성된다.

라. 4행정 1사이클 엔진

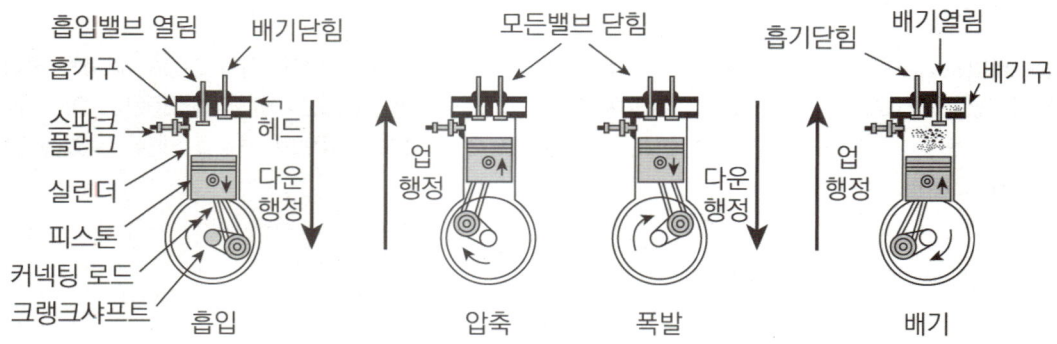

흡입-압축-폭발-배기의 1사이클이 피스톤의 4행정으로 완성되며, 현재의 내연기관 자동차 엔진이다.

□ 2행정과 4행정 엔진 비교

구분	2행정 기관	4행정 기관
행정 구분	모호하다.	확실하다.
흡입 연료	작다.	크다.
열효율	작다.	크다.
연료 소비율	크다.	작다.
회전 범위	저속 회전이 어렵다.	넓다.
출력	1.6 ~ 1.7배	작다.

마. 직렬형과 V형 엔진

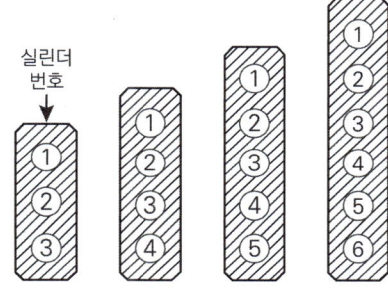

실린더가 직렬로 이루어진 엔진 형식으로 4기통 엔진과 6기통 엔진이 주로 쓰이고, 6기통 엔진의 경우에는 주로 대형 버스, 화물 자동차로써, 추진축을 동반하여 구동하는 원리이다.

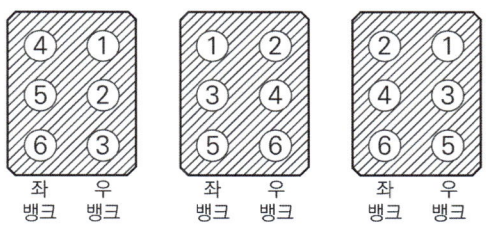

주로 대형 승용에 적용되고 있으며, 실린더가 3개씩 좌·우(좌뱅크, 우뱅크)로 나누어져 있는 형식이다.

열효율(thermal efficiency, n_{th})
• 주어진 열에너지 중 유효하게 이용된 열량의 비율

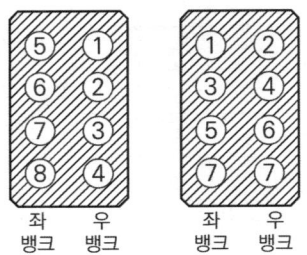

대배기량 엔진으로 여유로운 출력과 부드러운 주행 성능으로 한때 인기를 끌었으나, 엔진 다운사이징 열풍과 급격한 전동화 시대로 전환되면서 지금은 사라지고 있다. 실린더가 총 8개로 구성된 엔진을 말하고, 미국 시장에서 활발한 생산이 이루어진 형식이다.

제2장 기관 구조

1. 기관 본체 구조

승용 디젤 CRDi(common rail direct injection) 엔진을 예로 살펴보려 한다. 현재 운행되는 승용 자동차의 경우 가솔린과 디젤 자동차의 본체 구조는 실린더 블록과 실린더헤드(연소실)의 구조로 되어있다. 단 가솔린 기관에 있는 점화장치가 빠져 있을 뿐, 디젤 CRDi 엔진의 경우는 CRDi 용어에서와 같이 연료를 분사해 주는 인젝션(injection)이 각 실린더에 설치되어있어, 본체 구조는 매우 흡사하다.

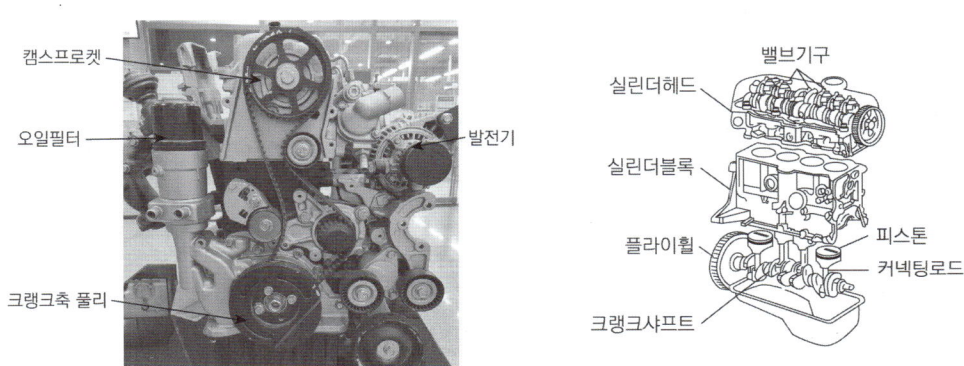

2. 실린더헤드, 실린더 블록

가. 실린더 헤드

실린더헤드는 실린더 블록 위에 설치되어있으며, 다소 복합한 형상을 하고 있다. 그 형상은 엔진 형식에 따라 다르지만, 밸브 구동 시스템과 흡기 포트(Intake Port), 배기 포트(Exhaust Port), 실린더 블록에서 이어지는 냉각수 순환 통로(워터재킷)로 구성되어있는 것은 공통적인 실린더헤드의 구조이다. 재질은 보통 주철이나 알루미늄 합금을 많이 쓰고 있는데, 알루미늄 합금은 열전도가 우수하고 연소실의 온도를 낮게 유지하는 데 유리하여 엔진의 체적효율(volumetric efficiency)을 향상시킬 수 있다.

실린더헤드 가스켓

실린더헤드(아랫부분_블록과 맞닿은 면)

□ 실린더 헤드 가스켓

실린더헤드와 실린더블록 사이에 끼워져 접합면의 밀착성을 유지하는 부품으로써, 기밀 유지와 냉각수 및 엔진오일의 누수·누유를 방지하는 역할을 한다. 보통 얇은 구리판, 강철판으로 석면(asbesto)으로 만들고 두께는 점점 얇아지는 추세에 있다. 부품 제작 시 헤드 가스켓 부분에 접착제가 도포되어 생산되는 경우가 많아 정비 편의성을 향상시키고 있다.

나. 실린더 블록

실린더 블록은 기관의 가장 큰 부분을 차지하는 것으로써, 기관의 가장 기초가 되는 것이며, 블록의 내부에는 피스톤이 왕복운동을 하는 실린더와 각종 냉각수와 엔진오일이 지나가는 통로가 만들어져 있다. 실린더 블록은 알루미늄 합금 또는 특수 주철로 만들어지는데 규소, 망간, 니켈, 크롬 등을 포함하여 일체형으로 주조되어 있다. 실린더 블록은 엔진 작동 시 약 2000℃의 연소 열과 약 30kg/㎠의 고압을 받게 되고 압축 및 동력 행정시 측압을 받아 피스톤이나 피스톤 링의 마찰열 발생에도 대비하여 최적화 상태로 제작되어 있다.

Engine Downsizing
- 엔진의 배기량 또는 실린더 수를 줄여 연비를 좋게 하면서도 터보차저나 연료 직분사 방식 등의 기술을 결합함으로써 낮은 배기량의 엔진이 보다 높은 등급의 성능을 낼 수 있도록 하는 것

volumetric efficiency
- 유체의 실제 배출량과 이론상의 배출량의 비율

실린더 블록 측면

실린더 블록 상부와 피스톤 헤드부

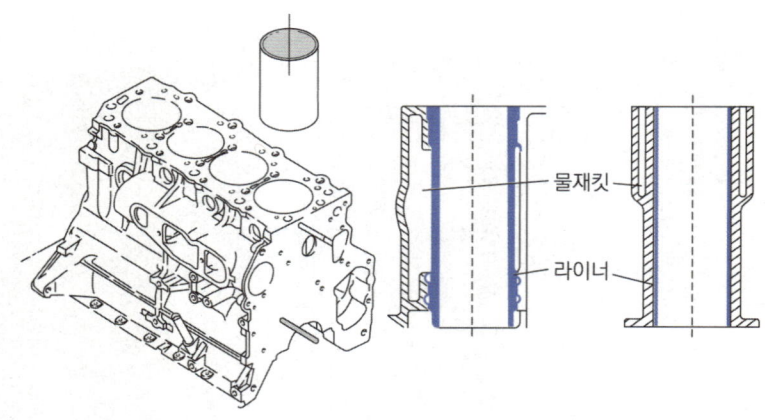

실린더 블록, 실린더 슬리브

실리더 슬리브는 크게 건식과 습식으로 구분된다. 슬리브는 강제, 주철제, 특수 주철제의 원통형으로 되어있으며, 습식 슬리브는 실린더 자체가 슬리브로써, 물 재킷으로 되어 냉각수와 직접 접촉하게 되어있으며, 슬리브 상하 2개소는 실린더 블록에 끼워지고 열팽창에 의한 실린더의 변형과 냉각수 누출 방지를 위해 내유성 실링이 끼워져 있다.

3. 연소실, 밸브류

가. 연소실

연소실의 구비조건은 다음과 같다.

① 밸브 구동이 쉽게 움직일 수 있는 비교적 간단한 구조여야 한다.
② 노크 방지를 위한 적당한 와류를 일으킬 수 있는 구조여야 한다.
③ 열효율 증가 및 노크 방지를 위하여 화염전파 거리가 짧아야 하고, 가열되기 쉬운 돌기부·공극(dead space)은 없어야 한다.
④ 노크 방지를 위하여 엔드가스(end gas)영역에서 냉각 면적을 두어 가스 온도를 낮출 수 있어야 한다.
⑤ 체적 효율 증가를 위하여 실린더로 전달되는 열량은 가급적 적게 할 수 있는 구조여야 한다.

연소실 내의 밸브 위치에 따라 오버헤드 밸브식(I헤드 밸브식)과 사이드 밸브식, F헤드 밸브식으로 구분되며, 주로 충진 효율이 좋은 오버 헤드 밸브식을 사용하며, 오버 헤드 밸브식은 구조는 복잡하나 가장 이상적으로 압축비를 높일 수 있어 체적효율 및 열효율을 높여 출력 향상에 유리하고, 밸브 면적 또한 크게 할 수 있다는 장점이 있다. 오버헤드 밸브식 연소실의 형상은 욕조형, 쐐기형, 반구형, 다구형(루프형=지붕형)이 있다.

실린더 라이너[cy inder liner]
- 실린더 슬리브 라고도 하며, 주철이나 알루미늄의 블록을 원통형으로 깎아 만든 실린더가 피스톤과의 마찰로 마모되는 것을 방지하기 위해 실린더 안쪽에 끼운 금속 통

데드스페이스 [dead space]
- 이용되지 않는, 혹은 이용 가치가 없는 공간이나 틈

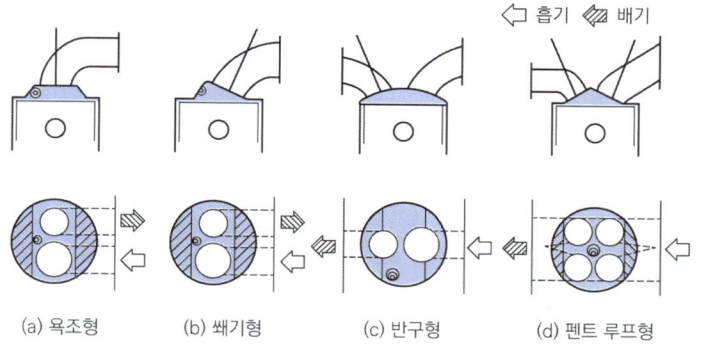

(a) 욕조형 (b) 쐐기형 (c) 반구형 (d) 펜트 루프형

연소실 종류는 다음과 같다.

1) 직접 분사실 식 : 연소실이 1개이며 연소실에 직접 연료를 분사하는 방식
   ① 열효율이 가장 높다.
   ② 연료 소비율이 작다.
   ③ 노즐의 수명이 짧다.
   ④ 분사 압력이 높고 사용 연료에 민감하다.
   ⑤ 노크 발생이 쉽다.

2) 복실 식 : 주 연소실 외에 부 연소실이나 공기실을 만들어 연소를 촉진하는 방식

나. 밸브류

밸브는 엔진의 동력 행정에 필요한 연료와 공기를 실린더 내로 흡입하고 연소가스를 밖으로 배출되도록 하는 역할을 한다. 실린더 1개당 각각의 흡·배기 밸브가 설치되어있으며, 흡기 밸브는 흡입 행정이 시작되기 전에 열려서 연료와 공기의 혼합기가 실린더 내로 유입될 수 있도록 하고, 배기 밸브는 배기 행정이 시작되기 직전에 열려 연소가스가 실린더 밖으로 배출될 수 있도록 한다.

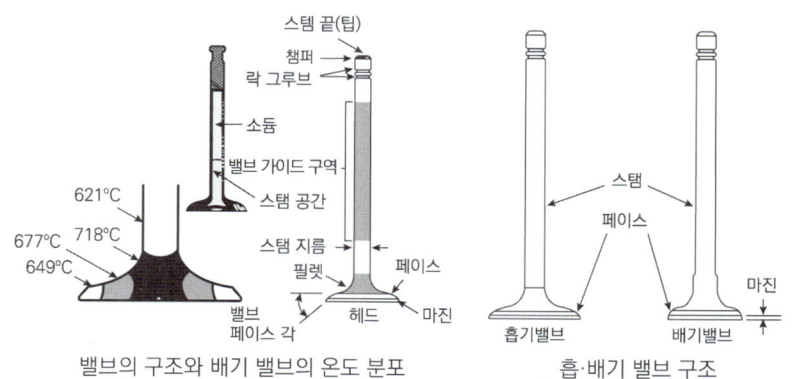

밸브의 구조와 배기 밸브의 온도 분포 · 흡·배기 밸브 구조

연소실(Combustion chamber)
- 공기와 가스 터빈을 사용하여 일정한 온도에서 연료를 연소시키고 공기를 팽창시켜 전기를 생성하는 내연 기관의 일부를 말한다.

흡기 밸브가 열릴 때 혼합기를 실린더 내로 유입시키는 근본적 원리는 대기압으로 시작되었기에 흡기 밸브는 배기 밸브와 비교할 때 일반적으로 더 크게 제작된다. 요즘은 수퍼차저, 터보차저와 같은 부수적 장치를 부착하여 흡기 매니폴드의 압력을 증가시켜 엔진출력을 증가시키는 엔진도 많이 생산되고 있다.

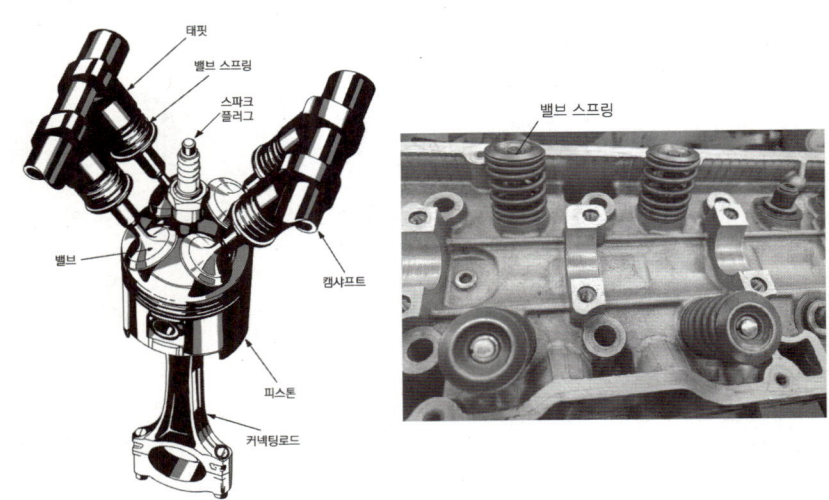

4기통 엔진 DOHC 밸브와 캠축   밸브 스프링, 밸브 스템엔드(TIP), 밸브 가이드 고무

엔진의 출력 증가, 즉 엔진의 흡입력을 높이기 위해 최근 대부분의 엔진이 실린더마다 4개의 밸브를 두고 있다. 사진에서와 같이 밸브는 밸브 스프링과 결합되어 실린더헤드부에 장착된다. 밸브 스템 가이드 영역을 감싸고 있는 가이드 고무는 실린더 헤드부에 있는 엔진오일이 실린더 내로 유입되지 않도록 하는 중요한 역할을 한다. 밸브 가이드 고무의 손상으로 엔진 오일이 실린더 내로 유입되어, 비정상적으로 소모되는 경우는 차령(車齡, vehicle age)이 오래된 엔진일수록 많이 발생한다.

1) 밸브의 구비 조건
   - 고온 고압에 견딜 수 있을 것
   - 열전도가 양호할 것
   - 가능한 가벼워야 한다.
   - 내구성이 클 것

2) 밸브 스프링의 서징현상
   - 캠에 의한 강제 진동과 스프링 자체의 고유 진동이 공진하여 심한 소음과 진동이 발생되는 현상

3) 밸브 스프링의 서징 방지 대책
   - 원추스프링을 사용
   - 부등 피치 스프링을 사용
   - 이중 스프링을 사용
   - 스프링 정수가 큰 스프링을 사용

4) 밸브 스프링의 점검요소 (장력, 자유고, 직각도)
- 장력 : 15% 이상 감소 시 교환
- 직각도 : 규정 높이에서 3% 이상 변형되면 교환
- 자유고 : 규정 높이에서 3% 이상 감소되면 교환

5) 밸브의 오버랩
- 흡기와 배기 밸브가 동시에 열려있는 구간
- 오버랩을 두는 이유는 흡기와 배기 효율을 증대하기 위함이다.

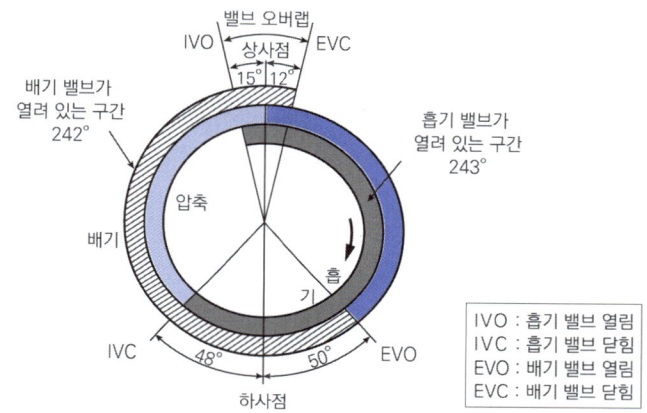

4. 피스톤, 피스톤핀, 피스톤 링

피스톤의 구비조건을 간단히 정리하면

- 고온·고압에 견딜 수 있어야 하며,
- 열 전도율이 좋고, 열팽창은 적어야 하고,
- 중량이 가볍고 블로바이가스(Blow by Gas)가 없어야 한다.

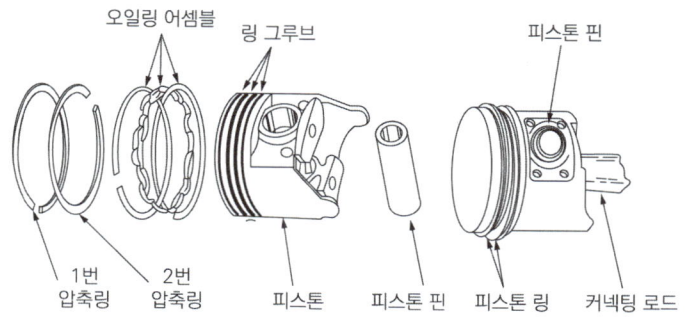

overlap of valve
- 보통 고속 기관일수록 크고, 디젤 기관, 특히 과급(過給)을 하는 경우에는 더욱 크다.

블로 바이 가스(Blow by Gas)
- 엔진의 압축, 연소 과정에서 피스톤과 실린더의 틈새를 통해 크랭크 케이스로 누출되어 버리는 혼합기 및 연소되는 가스

피스톤의 직경은 실린더 내에서 상하 운동을 할 수 있도록 실린더 직경보다 약간 작게 제작되는데 이러한 것을 슬라이딩 피트(sliding fit, 미끄럼 끼워 맞춤)라 한다.

피스톤이 실린더보다 작다는 것은 피스톤과 실린더 벽 사이에 틈새가 생긴다는 것이다. 이것을 피스톤 간극(clearance)이라 하는데, 이 틈은 반드시 밀폐되어야 크랭크 케이스로 공기 및 연료가 누설되지 않아, 과도한 블로바이가스(Blow by Gas)를 막고 엔진출력 저하를 막을 수 있다. 피스톤은 알루미늄 합금으로 제작되고 피스톤의 중량은 대략 0.454kg(1 lb)이다.

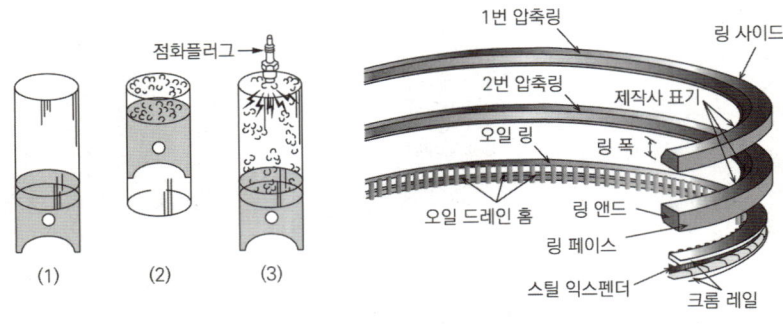

실린더 내부와 피스톤, 혼합기(연료+공기)   피스톤 링의 구조(압축링, 오일링)

피스톤 링의 3대 주요 기능은 기밀작용, 열전도 작용, 오일 제거 작용이며, 링 절개부 간극으로 열팽창을 고려하였고, 링 조립 시 피스톤핀 설치 방향을 벗어나 링 절개부 방향이 서로 120도~180도 되도록 서로 어긋나도록 조립하여야 한다.

5. 크랭크축과 베어링, 커넥팅로드, 플라이휠

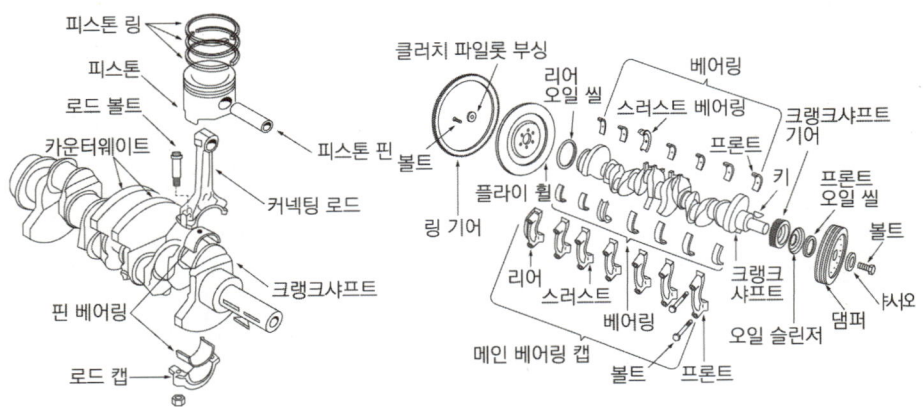

clearance
- 끼워맞춤에 있어서 구멍이 축의 지름보다 큰 경우 그 차이를 틈새라 한다. 기어에 있어서 맞물린 이끝과 이뿌리 밑바닥 사이의 틈새, 즉 이끝 틈을 클리어런스라고 한다.

추진축(propeller shaft)
- 회전력을 전하는 모든 축. 보통 자동차에서는 앞쪽에 있는 기관·클러치·변속기 따위에서 뒤차축에 회전력을 전달하는 축을 말한다.

원추형

커넥팅 로드(connecting rod)를 중심으로 실린더 상부 쪽에 있는 피스톤의 피스톤핀에 연결된 커넥팅 로드는 하부 쪽에 있는 저널(journal) 베어링을 감싸고 크랭크축(crank shaft)에 연결된다. 엔진 연소실의 압력으로 피스톤이 상하로 움직이면 저널은 원을 그리며 움직이게 되고, 이에 따라 크랭크축도 회전하게 된다.

크랭크축의 형식은 실린더 수, 실린더 배열, 메인 저널의 수, 점화 순서를 다르게 하고 실린더 수가 많아짐에 따라서 각 실린더의 폭발 순서에 맞도록 크랭크 핀은 일정 각도로 정렬되어야 한다.

4행정 엔진의 경우에는 크랭크 축이 2회전 하는 동안 1 사이클(흡입,압축,폭발,배기)를 완료하여 모는 실린더는 1회의 동력 행정을 얻어야 한다. 즉 1번과 4번 실린더는 동일 크랭크 각(위상이 같음)이며, 2번과 3번 실린더가 동일 크랭크 각으로써, 4개의 실린더 엔진은 크랭크축이 2회전 하는 동안에 4차례 폭발이 일어난다.

아래와 같이 주로 많이 쓰이는 점화 순서를 참고한다. 물론 여러 엔진 실린더 수와 행정 상황에 따라 점화순서는 여러 가지로 표현될 수 있다.

구분	4행정 기관 점화 순서	6행정 엔진 점화순서
직렬형 기관	1 - 2 - 4 - 3	(우수식) 1 - 5 - 3 - 6 - 2 - 4
	1 - 3 - 4 - 2	(좌수식) 1 - 4 - 2 - 6 - 3 - 5
V형 기관	-	1 - 6 - 5 - 4 - 3 - 2
	-	

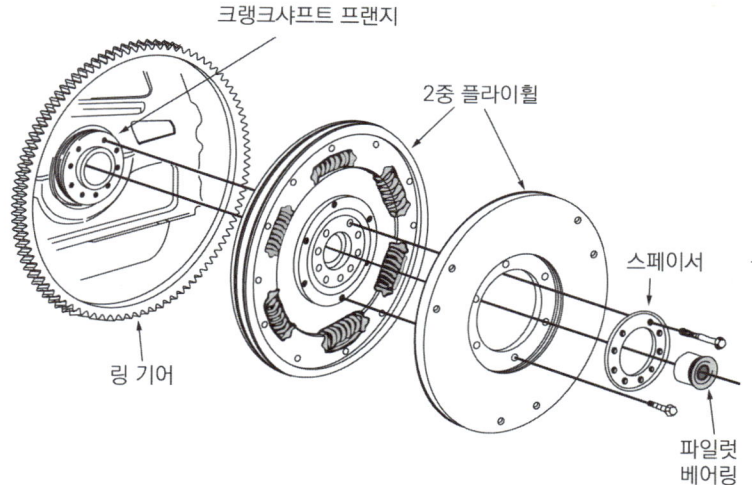

엔진 가동 시 실린더 내의 폭발 충격력이 부분적으로 겹치면 피스톤에서 크랭크축으로 전달되는 동력이 부드럽지 않고, 각 팽창 행정시마다 크랭크축에 갑작스런 충격을 전달하고 이것이 곧 크랭크축의 비정상적인 속도를 증가시키게 된다. 크랭크축의 각 끝단인 앞쪽에서는 댐퍼가, 뒤쪽에서는 플라이휠의 질량이 부드러운 회전을 가능하게 해 준다. 특히 수동 변속기의 경우에는 플라이휠의 외부 링기어가 시동모터의 작은 피니언 기어와 맞물려 크랭크축을 회전시켜 엔진 시동 역할도 하기때문에 링기어는 250℃~300℃로 가열하는 열박음을 한다. 어떤 엔진은 위 그림과 같이 이중 질량의 플라이휠을 가지고 있는 경우도 있다.

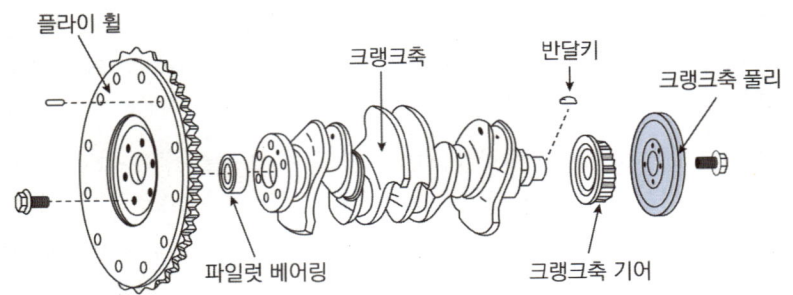

플라이휠은 회전 중 관성이 커야 하고 중량은 가벼워야 하기 때문에 플라이휠의 중심부는 비교적 얇고, 주위 두께는 두껍게 만든다. 플라이휠의 역할을 다시 한번 간단히 정리하면 이렇다.

- 회전관성을 이용 크랭크축의 회전을 원활하게 한다.
- 엔진의 첫 시동을 위해 필요하다.
- 변속기와 엔진 사이에서 엔진의 동력을 클러치를 지나 변속기로 전달한다.

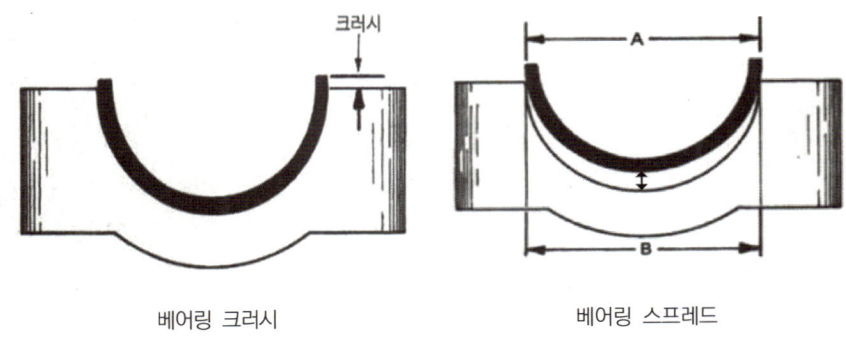

밀착성 향상을 위해 크러시와 스프레드를 두며, 크러시가 너무 크면 베어링이 찌그러지게 된다.

① 베어링 크러시(bearing crush) : 베어링과 하우징의 길이 차이
② 베어링 스프레드(bearing spread) : 베어링 외경(A)과 하우징 내경(B)의 차이
③ 베어링 간극(오일간극) 측정 : 플라스틱 게이지, 텔레스코핑 게이지+외경 마이크로미터

제3장 윤활

1. 윤활의 종류와 목적

가. 윤활유의 종류

석유 계열의 광물성 윤활유와 피마자유(캐스터 오일_castor oil)계열의 식물성 윤활유가 있다. 우리가 알고 있는 내연 기관에는 광물성 윤활유를, 경주용 기관에는 식물성 캐스터 오일을 사용하는 것이 일반적이다.

1) 윤활유의 구비조건

① 점도가 적당할 것
② 청정 능력이 좋을 것
③ 열과 산에 대하여 안정성이 있을 것
④ 비중이 적당할 것
⑤ 카본 생성이 적을 것
⑥ 인화점과 발화점이 높을 것
⑦ 응고점이 낮을 것
⑧ 기포 발생이 적을 것

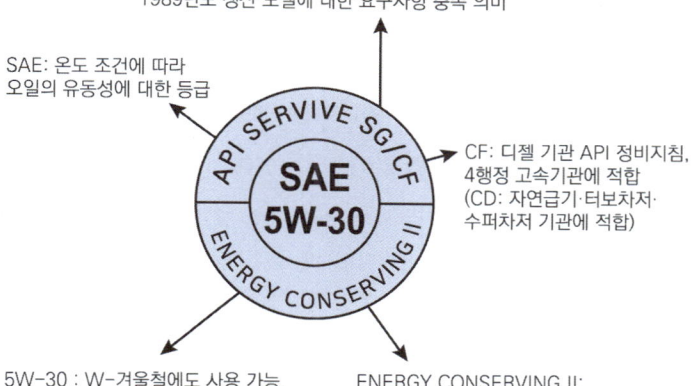

나. 윤활의 목적

① 마모 방지 : 움직이는 부품의 마모(마멸) 줄여, 엔진의 동력 손실을 감소(동력 성능 향상)시킨다.
② 냉각 작용 : 움직이는 부품의 마찰열 감소시켜 부품 수명 연장, 오일이 흐르는 경로의 엔진 열을 흡수한다.
③ 밀봉 작용 : 실린더 내의 피스톤 링과 실린더 벽과의 유막 형성, 가스 누설을 방지하여 기밀을 유지한다.

윤활(潤滑, lubrication)
1. 기름기나 물기가 있어 뻑뻑하지 아니하고 매끄러움
2. 베어링 따위와 같이 두 개의 고체 사이에 상대 운동이 이루어질 때 그 접촉면에 유막(油膜)을 만들어 마찰로 인한 마모, 발열 따위를 감소시키는 일

유막(油膜)
• 기름으로 된 얇은 막

④ 세척 작용 : 큰 입자의 불순물은 오일 팬에 쌓이게 하고, 작은 입자의 불순물은 오일 필터를 지나면서 걸러지도록 한다.
⑤ 충격 흡수 : 회전하는 크랭크축과 저널 베어링 사이의 간극을 채워, 회전 중 무거운 하중이 가해질 때 충격을 흡수한다.
⑥ 마찰 감소, 소음 방지 : 움직이는 부품의 마찰 소음을 감소시키면서, 부품의 수명을 연장한다.
⑦ 방청 작용 : 화학 성분을 첨가하여 카본 생성과 산화 작용을 막는다.

2. 윤활의 작용과 기관의 마찰·마모

윤활의 목적 중에서 중요한 사항으로, 부품의 수명 연장과 연비와 직접적인 연관성이 있는 것이 마찰과 마모에 관한 윤활 기능이다. 여기에서 중요한 요소가 윤활유의 점도 특성이다. 점도란 오일의 흐름을 방해하는 정도인데, 점도가 높은 오일은 천천히 흐르고, 점도가 낮은 오일은 묽어서 빨리 흐르게 된다. 움직이는 동적 부품들은 너무 묽어도 안 되고, 너무 높아도 안 된다. 특히 너무 묽은 오일을 사용하는 것은 바람직하지 못하다. 점도가 너무 낮은 오일은 부품들 사이의 간극을 채울 수 없고(밀봉작용), 빨리 흘러 유막 형성이 되지 않아 부품 마모를 촉진시킨다. 마모가 빨라지면서 소음도 증가하고, 부품들 사이의 마찰열을 동반하게 되어 오일의 냉각기능을 상실케 한다. 다시 말해 오일의 온도도 증가하여 윤활유의 수명도 짧아지게 된다.

반대로 오일의 점도가 너무 높아도 좋지 않다. 특히 겨울철에 오일의 점도가 너무 높으면 오일의 흐름은 더욱 늦게 되고, 장시간 시동을 끈 상태에서 다시 시동을 걸었을 때, 오일의 흐름이 늦어지면서 부품의 마찰에 이어 마모가 일어나게 된다.

점도 지수와 점도 번호에 따라 겨울철, 사계절, 여름철 오일을 잘 구분하여 쓰는 것이 중요하고, 다른 오일류보다 열에 잘 견디고, 슬러지와 카본 생성이 적은 합성유를 써보는 것도 바람직하다.

마찰의 형태는 건조 마찰과 유체 마찰, 경계 마찰로 나눌 수 있다.

① **건조** 마찰 : 고체 물질 간의 마찰로써, 대기 중에 깨끗한 고체 표면 간의 마찰이라 이해하면 된다.
② **유체** 마찰 : 고체 물질에 유체막이 형성된 상태에서 유체 윤활 중에 일어나는 마찰이다.
③ **경계** 마찰 : 고체 표면에 액체 또는 기체의 막이 형성된 상태에서 일어나는 마찰로써, 건조 마찰과 비교할 때 매우 양호한 것이다.

또한 마모의 종류는 응착 마모(adhesive wear, 스커핑, 스코링, 소착), 부식 마모(corrosive wear, 미동 마모), 연삭 마모(adrasive wear, 스크래칭), 피로 마모(얼룩 마모, fatigue wear)가 있다.

---

scuff
1. (딱딱한 것에 긁혀) 흠을 내다
2. 발, 발뒤꿈치 등을 질질 끌다[끌며 걷다]

인화점(引火點)
• 일정한 조건 아래에서 휘발성 물질의 증기가 다른 작은 불꽃에 의하여 불이 붙는 가장 낮은 온도

발화점(發火點)
• 공기나 산소 속에서 물질을 가열할 때 스스로 발화하여 연소를 시작하는 최저 온도

광물성 오일(mineral lubricating oil)
• 주로 원유에서 제조한다. 원유를 온도 차이에 의해 분류할 때 중유와 아스팔트 사이에서 정제된다. 광물성 윤활유로는 스핀들유, 다이너모유, 머신유, 실린더유 등이 가장 널리 사용된다.

윤활유의 구비 조건(requisites)	윤활유의 기능(function)
• 인화·발화점 높을 것	• 마찰 감소, 마멸 방지 작용
• 점도·비중이 적당할 것	• 냉각 작용
• 카본·기포 발생이 작을 것	• 소음·충격 완화 작용
• 응고점이 낮을 것	• 방청(부식방지) 작용
• 열·산에 안정성이 있을 것	• 기밀 유지·세척 작용

3. 윤활 방식

윤활 방식과 여과 방식을 구분하여 이해하여야 한다. 윤활 방식은 "기관 내에서 오일이 어떤 방식으로 각 부품에 뿌려지고, 흐르느냐?"이고, 여과 방식은 "각 부품에 뿌려진 오일의 불순물을 여과하는 필터(여과기)가 어떤 방법으로 설치되어 있느냐?"이다. 즉, 윤활유의 윤활 방식은 오일의 흐름과 관계되고, 여과 방식은 오일의 여과(필터)기능과 관계된 것이다. 용어의 뜻은 아주 단순하다.

윤활유의 윤활 방식	윤활유의 여과 방식
비산식 : 커넥팅로드 대단부의 오일디퍼(oio dipper, 오일주걱)로 오일팬에 모여 있는 엔진오일을 크랭크축이 회전할 때 회전하면서 퍼내면서 뿌려주는 방식	분류식 : 일부는 바로 부품으로 공급되고, 일부는 여과기를 거쳐 오일팬으로 모이는 방식
압송식 : 오일 펌프가 장착되어 엔진 가동시 흡입·압송시키는 방식	전류식 : 오일 여과기를 거친 후 각 부품으로 공급되는 방식
비산압송식 : 비산식과 압송식이 동시에 이뤄지는 방식	복합식(션트식_shunt) : 분류식과 전류식을 결합한 방식으로 일부는 여과기를 거치고, 일부는 여과기를 거치지 않고 각 부품으로 공급되는 방식

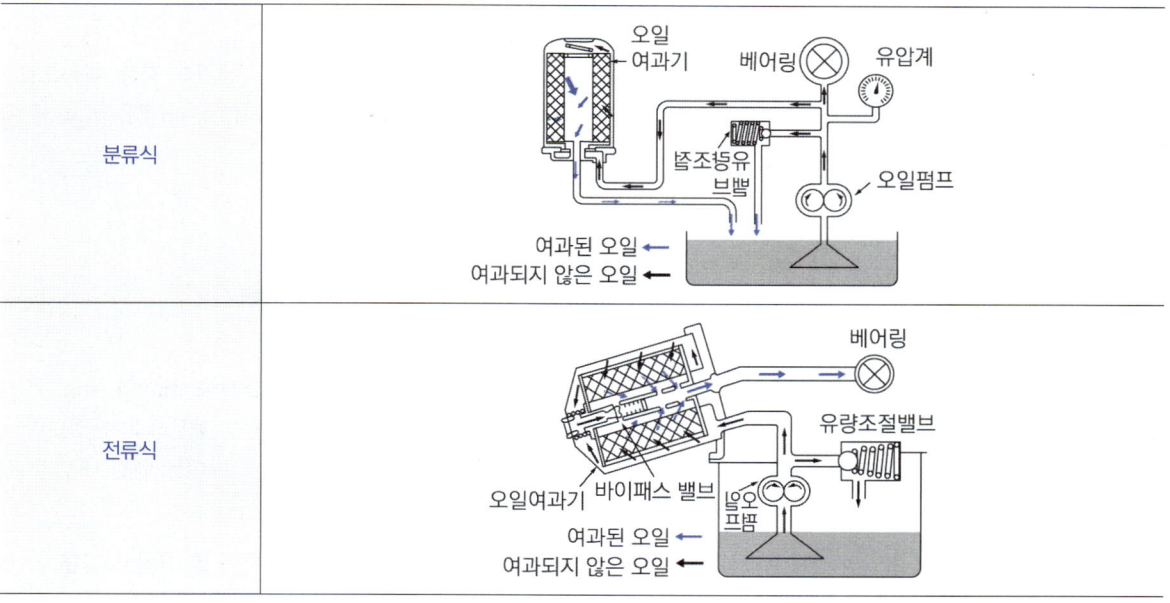

복합식(션트식shunt)	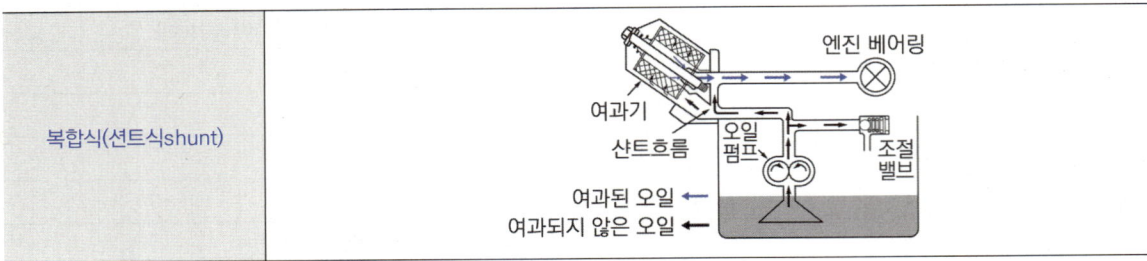

4. 오일펌프, 오일 냉각기

가. 오일 펌프는 크게 로터식과 기어식으로 두 가지로 구분된다. 오일펌프는 캠축의 헬리컬 기어로, 오버헤드 캠축의 끝단으로, 별도의 구동축으로 구동되는 등 여러 형태로 구동된다. 주로 오일팬에 모여 있는 오일을 흡입, 압송시키는 역할을 한다.

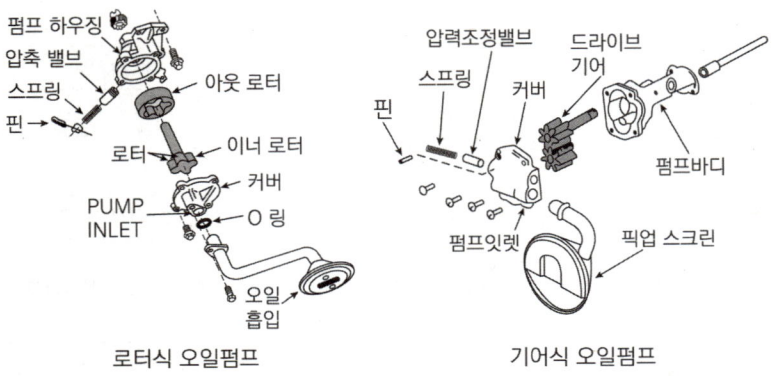

나. 오일 냉각기는 뜨거운 오일의 과열을 막음과 동시에 적정 온도로 유지 시켜줌으로써, 엔진의 각종 부품으로 인한 손실을 저감시킨다. 오일 필터로부터 나온 별도의 오일 관을 통하여, 흐르는 오일을 냉각시키는 역할을 하고, 공랭식과 수냉식이 있으며, 구조에 따라 다판식 또는 관식으로 나누어진다.

5. 기관 오일 점검

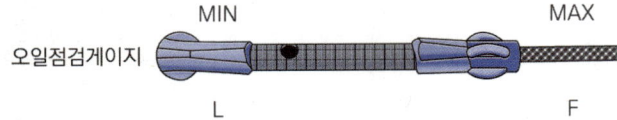

오일 레벨 점검 봉은 오일 팬에 모여 있는 오일의 양을 측정할 수 있도록 제작되며, 보통 max와 min, F(full)와 L(low)로 표현되고, 일부 차종은 상단점(•)과 하단점(•) 으로 표현되어 중간에 위치하면 정상으로 판정한다. 특히 이 점검 봉의 윗부분에는 외부 공기가 엔진 크랭크 케이스, 피스톤 하단부로 유입되거나, 반대로 엔진 내부의 유해가스가 외부로 방출되는 것을 방지하기 위해 고무(rubber)튜브로 감싸져 끼워지게 되어있다.

오일 레벨 점검 봉으로 오일의 양도 측정하지만, 정비사는 오일의 점도를 점검하여 오일의 오염 및 교환 시기를 판단한다.

점도(Viscosity)
• 유체 (기체 또는 액체)가 흐를 때 발생하는 내부적인 마찰이나 저항을 의미

제4장 냉각

1. 냉각 방식과 목적

가. 냉각 방식

냉각 방식에는 크게 두 가지로 나눌 수 있다. 하나는 가장 많이 쓰이고 있는 수(水)냉식 방식이며, 다른 하나는 자연적인 외부 공기와의 마찰로 냉각하는 공랭식(Air cooling type, 空冷式)이다.

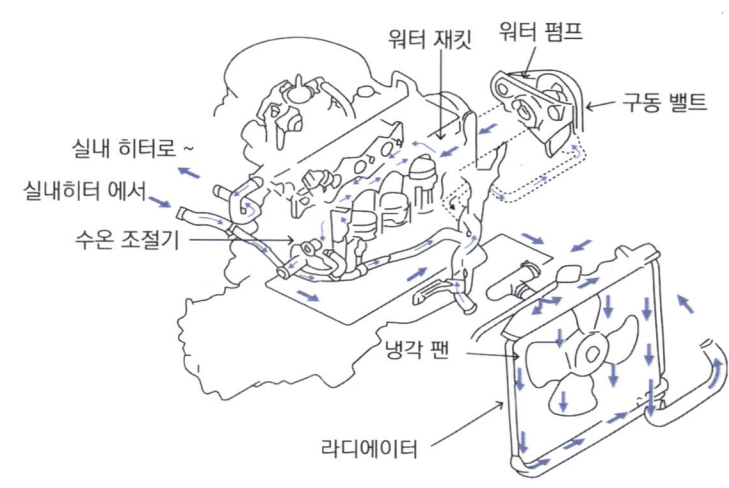

수냉식은 냉각수(coolant, cooling water)를 엔진 내부로 흐르게 하여, 엔진을 냉각하는 방식으로써, 냉각 순환 부품(워터펌프)을 이용하여 강제로 순환시켜 사용되고 있다.

나. 냉각 장치의 목적

냉각 장치(cooling system)의 목적은 엔진 내부에서 연료의 연소와 기계 작동으로 인한 마찰로 인하여 발생하는 기본적인 열매체의 과열을 방지하여 엔진의 손상을 주는 것을 차단하기 위함이다. 이는 엔진 가동시 적정한 온도를 유지함으로써 과도한 열로 인한 윤활유의 비정상적인 분해와 이상 연소가 일어나지 않도록 하여 노킹(knocking) 및 조기 점화(pre-ingnition)를 방지한다.

실린더 내부의 공기와 연료의 혼합기는 약 2000℃가 넘기 때문에, 우리가 생각하는 상식 이상의 고온으로 매우 뜨겁다. 연소실 내부에서 발생되는 열의 약 30~35%를 냉각장치에서 제거하고 있다.

또한 적정 온도를 유지하는 것도 매우 중요하다. 너무 지나치게 냉각되면 냉각으로 손실되는 열량이 커서 열효율이 떨어지고, 연비도 나빠지게 된다.

이렇게 냉각장치는 엔진 온도를 적정하게 유지(과열·과냉 방지)하는데 목적이 있는 것이다.

혼합기(混合器)
- 공기와 연료의 비율. 보통 무게비로 나타내며, 연료를 완전 연소 하는데 필요한 최소공기량과 연료와의 비를 이론 공연비라 한다.

2. 냉각팬과 팬벨트, 기타 냉각부품

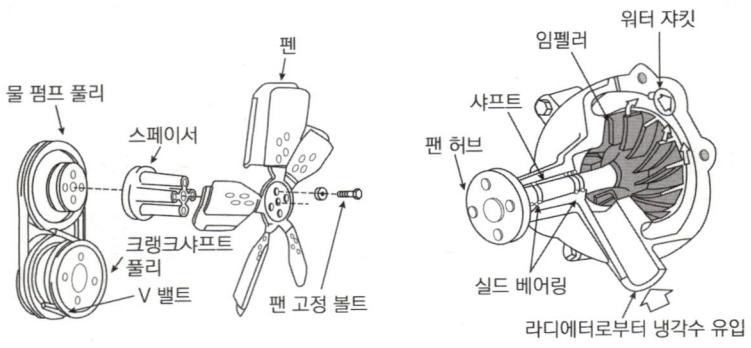

냉각팬(cooling fan), 팬벨트(fan belt, V belt)   워터 펌프(water pump)

대부분의 냉각팬은 라디에이터(radiator) 뒤편에 장착되어 외부 공기를 라디에이터(radiator)에 강제로 통하게 하는 흡입식이며, 과열된 냉각수를 빠르게 냉각시키는 중요한 역할을 하고 있다. 그림에서와 같이 기계식 팬도 쓰고 있으나, 일정 온도 이상 상승함에 따라서 회전하는 전기식 팬이 많이 사용되고 있다.

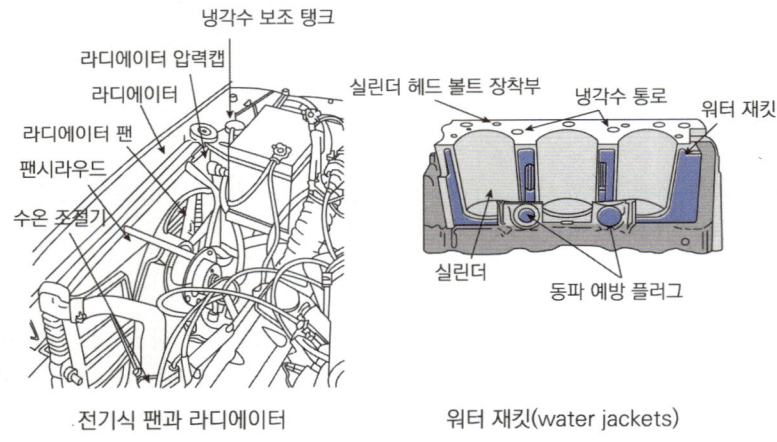

전기식 팬과 라디에이터   워터 재킷(water jackets)

워터 재킷(water jackets, 냉각수 통로)은 실린더 벽과 실린더 블록 사이의 냉각수가 흐르는 통로로써, 워터펌프에서 보내지는 냉각수가 엔진의 워터 재킷을 통해 흘러 엔진 열을 흡수하여 라디에이터(radiator)로 보내져 냉각되게 된다. 라디에이터는 라디에이터 코어(core), 입구 탱크(inlet tank), 출구 탱크(outlet tank) 세 부분으로 구성되어 있는데 탱크는 주로 플라스틱 또는 금속으로 만들어져 있으며. 코어에 있는 튜브관과 알루미늄 핀으로 고온의 냉각수가 보내지면, 핀 사이로 흐르는 외부 공기가 빠르게 냉각수 온도를 저온화 시키게 된다.

다시 말해, 이러한 모든 냉각수의 흐름을 강제적으로 순환시키는 것이 워터펌프(water pump)이고, 냉각수를 빠르게 식히는 역할을 하는 것이 라디에이터(radiator)라고 보면 된다.

현재 신형 자동차들은 이 워터펌프가 팬벨트를 통해 구동하지 않는 전기식 워터 펌프(EWP. electric water pump)를 사용하는 차량이 늘고 있으며, 특히 친환경차는 거의 대부분 전기식 워터펌프를 사용한다. EWP에 관하여는 PART 05 미래 친환경 자동차에서 다루기로 한다.

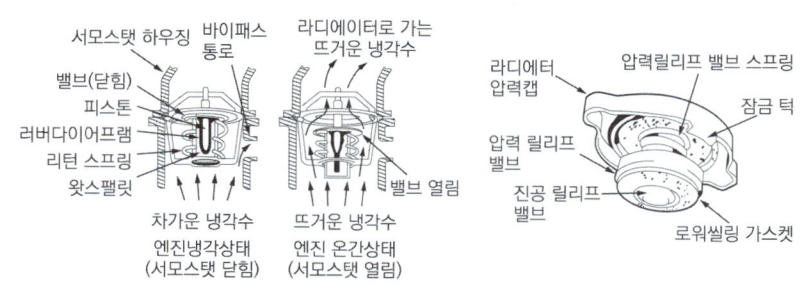

서모스텟(thermostat)　　　라디에이터 캡(radiater cap)

마지막으로 냉각 통로에 설치되어 냉각수의 흐름을 온도에 따라 직접 제어하는 서모스텟(thermostat, 수온조절기)과 냉각장치 내의 압력을 적정하게 유지하여 비등점을 상승시키는 역할을 하는 라디에이터 캡(radiator cap)이다. 서모스텟은 열에 의해 작동되는 밸브로써, 냉각수 온도에 따라 개·폐 되면서 냉각수의 흐름을 제어하여, 엔진이 차가워지면 닫혀 라디에이터로 흐리지 못하게 하고, 뜨거워지면 열려 냉각수를 라디에이터로 흐르게 한다. 라디에이터 캡은 냉각수의 증발 손실을 감소시킴과 동시에 냉각수의 비등점을 상승시켜 냉각수의 효율을 좋게 한다. 정상 대기압에서 물은 100℃에서 끓는다. 그러나 대기압이 상승(냉각라인의 압력 상승)한다면 비등점, 즉 끓는 점도 상승하게 된다. 1 psi의 상승은 물의 비등점을 약 1.8℃ 상승시켜, 라디에이터 캡이 약 10~15 psi 압력 상승을 가져온다면 냉각수의 끓는 점은 100℃가 아닌 118~127℃가 되는 것이다.

3. 부동액

부동액(不凍液)은 말 그대로 "얼지 않는 액"이다. 대부분의 부동액은 에틸렌 글리콜과 물을 혼합하여 쓰고 있으며, 고규산염 에틸렌 글리콜을 많이 쓰고 있다. 이 고규산염은 실린더헤드 등과 같은 알루미늄 부품의 손상을 막아 냉각 통로(워터재킷 등)에서 알루미늄 박편과 같은 이물질이 라디에이터 코어 핀과 냉각 계통 미세관들의 막힘을 방지한다.

부동액의 구비조건	엔진 과열 원인
물과 혼합 원활	냉각 장치의 냉각수 누수 또는 냉각수 부족
비등점(비점)은 높고 응고점, 빙점은 낮을 것	워터 펌프 불량
침전물 발생이 없을 것	서모스텟(수온조절기) 닫힌 채로 고장
휘발성이 없고 냉각 계통에서 순환성이 좋을 것	워터 재킷의 막힘
내 부식성이 크고 팽창 계수가 작을 것	라디에이터 코어 막힘, 손상 누수

EWP(Electric Water Pump)
- BLDC Motor와 이를 구동하는 Driver로 구성되어 있는 워터펌프로서, 주로 하이브리드, 전기자동차 및 연료전지자동차에 적용되어 전장부품, 배터리, 연료전지스택 등의 냉각장치에 사용되어 저소음과 반영구적 내구성을 실현한다.

비등점(끓는점 - 點, boiling point)
- 액체 물질의 증기압이 외부 압력과 같아져 끓기 시작하는 온도

에틸렌 클리콜(Ethylene glycol)
- 화학식은 $C_2H_4(OH)_2$, 2가 알코올 중 가장 간단한 형태의 화합물, 무색의 끈끈한 액체, 끓는점은 197℃, 20℃에서의 비중 1.11 55, 어는점 -13℃, 생성열은 -111.1kcal/mole, 연소열은 282.2kcal/mole, 흡습성이 있음

그림의 왼쪽은 일반 내연기관에 쓰이는 부동액이며, 오른쪽은 전기차 전용 부동액이다. 앞서 언급한 것과 같이 내연기관 부동액은 물과 희석하여 쓰지만, 전기차 전용 부동액 고전압 배터리 시스템에 특화된 부동액으로써 물과 희석하여 쓰면 안 된다.

제5장 수퍼차저와 터보차저, 인터쿨러

1. 구조와 작동

수퍼차저(supercharger)와 터보차저(turbocharger)는 공기를 압축하여 엔진에 공급한다는 근본적 원리는 같으나, 구조와 작동원리가 다르다. 수퍼차저는 엔진 동력을 이용하여, 즉 기계적으로 엔진 캠축에서 밸트, 체인으로 작동되고, 터보차저는 배기가스의 압력을 이용하여 터빈 작동된 이후 터빈의 회전에 따라 작동된다. 터보차저는 항공기 엔진에서 쓰이다가 점차 디젤엔진과 가솔린 엔진에 장착되기 시작했다.

대기환경 문제로 내연기관의 배기가스 규제는 더욱 엄격해져 연료 공기공급 문제와 함께 흡입 공기의 온도 저하도 중요한 역할을 하고 있어 터보차저와 인터쿨러(intercooler. 공기공급 냉각 방법)사용이 권장되고 있다.

구분	수퍼차저	터보차저
장점	• 설치가 비교적 용이하다. • 저회전 시에도 출력효율이 좋다. • 운전자의 악셀링(스로틀개도량) 반응에 좋다.	• 순간 고출력을 얻기 좋다. • 열에 대응이 좋다.
단점	• 비용이 비싸다. • 엔진 동력과 기계적으로 직접 연계되어 구동 되어야 하기에 연비에 나쁘다.	• 별도의 냉각이 필요하다. • 적정 RPM에 이를 때까지 작동에 시간이 걸린다(터보래그(turbo lag)가 있다.).

2. 진단과 정비

3. 가변용량형 터보 과급기

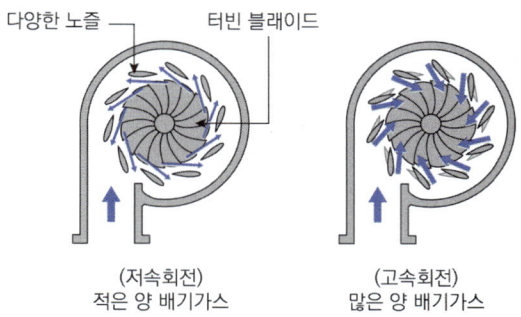

(저속회전)
적은 양 배기가스

(고속회전)
많은 양 배기가스

VGT(Variable Geometry Turbocharger)라고 불리며 현재 전자제어 디젤기관에서 많이 쓰이고 있다. 배기 터빈의 입구 면적을 가변적으로 변경할 수 있도록 하여 엔진의 저속 구간의 성능 개선 방식으로써 저속 엔진 구동 시 배기

---

supercharger
• 과급기 방식 중의 하나. 원래는 배기 터빈식(터보차저)을 포함한 과급기 전반을 가리키는 용어였지만, 지금은 오로지 크랭크 샤프트의 동력에 의해서 구동되는 과급기를 말한다. 또한 차량의 성능이 향상되며 차의 성능을 고출력으로 높일 수 있다.

VGT
• 기존에는 일반적인 방식의 웨이스트 게이트 터보 혹은 고정 형상 터보를 사용했는데, 터보랙 때문에 배기가스 또한 검출이 많이 되어 VGT는 이를 해결하고자 개발되었다. 덕분에 터보랙 역시 줄어들고 유로 3-4 배기가스 규제를 만족시킬 수 있었다. 가솔린 엔진엔 VGT가 잘 쓰이지 않으며 디젤 엔진전용이라고 봐도 된다.

유량이 크지 않아 과급기 작동을 할 수 없기 때문에 노즐 면적을 축소하여 배출가스 속도를 증가시킨다. 배출가스 속도가 증가하면 터빈 회수에너지가 크게 되고, 과급 압력이 높아진다.

가변용량형 터보 과급기(VGT)가 작동되지 않는 상황·조건은 많으나 주로 작동하지 않는 경우는 아래와 같다.

- 엔진 RPM(분당회전수)이 정상보다 낮을 때
- 냉각 수온이 약 0℃ 이하인 경우
- 가변 용량형 액추에이터가 고장난 경우
- EGR 관련 부품이 고장난 경우
- 부스터 압력·흡입공기량·스로틀 플랫이 고장(불량)난 경우

4. 인터쿨러

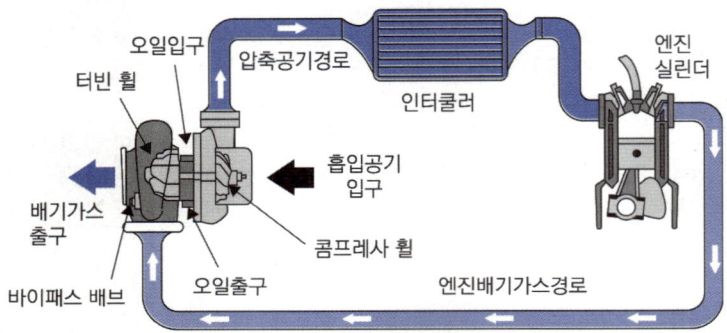

인터쿨러(intercooler. 공기공급 냉각 방법)는 자동차 주행 시 발생하는 공기를 사용하여 흡기온도를 약 50℃ 정도 낮추어 주고, 급기 온도와 연소온도를 낮추고, NOx 발생을 저감 시키는 역할과 함께 배기 온도 역시 낮추어 기관의 열적 부하를 경감시킨다.

EGR(Exhaust Gas Recirculation, 배기가스 재순환 장치)
- 내연기관에서 발생하는 대기오염 물질을 줄이기 위해 만들어진 장치, 배기 가스 일부분을 냉각시켜 일반 공기와 함께 엔진의 연소실로 주입하는 기능, 현대적 EGR은 1973년 미국의 크라이슬러에서 처음 선보였으며, 현재는 주로 디젤 엔진에서 발생하는 질소 산화물(NOx)의 발생량을 줄이기 위해 사용, 질소 산화물은 산성비와 미세먼지의 원인이되, 질소 산화물을 줄여주는 EGR의 사용은 필수이다.

제6장 디젤기관

1. 디젤기관 연소실과 연소방식

디젤기관의 연소실은 단실식과 부실식으로 구분된다. 직접 분사실식이 단실식에 해당 되고, 예연소실식, 와류실식, 공기실은 부실식으로 분류한다. 여기에서 직접 분사실식이 연소실 형태는 가장 간단한 형상이면서 열손실이 가장 적다. 또한 2단계 연소가 이뤄지는 예연소실식이 매연 발생에 관하여는 가장 양호하다.

또는 직접분사실식과 복실식으로 분류하여 연소실의 종류별 특징을 아래와 같이 구분할 수 있다.

① 직접 분사실 식

연소실이 1개이며 연소실에 직접 연료를 분사하는 방식이다.
㉠ 열효율이 가장 높다.
㉡ 연료소비율이 작다.
㉢ 노즐의 수명이 짧다.
㉣ 분사 압력이 높고 사용 연료에 민감하다.
㉤ 노크 발생이 쉽다.

② 복실 식

주 연소실 외에 부 연소실이나 공기실을 만들어 연소를 촉진하는 방식이다.

가. 디젤기관의 특징

① 열효율이 높고 연료 소비량이 적다.
② 넓은 회전속도 범위에서 회전력이 크다.
③ CO, HC 배출량이 적으나, 매연(PM) 배출이 많다.
④ 중량이 무겁고 진동과 소음이 크다.
⑤ 리터 당 출력이 낮다.
⑥ 압축비는 15~22 : 1이다.

나. 연소과정

디젤기관의 연소과정은 「착화지연 - 화염전파 - 직접연소 - 후기연소」이다. 착화지연 기간이 길어지면 노킹이 발생되므로 짧을수록 유리하며, 연소실은 다음과 같은 조건이어야 한다.

- 디젤 노크가 적고, 시동이 쉬워야 한다.
- 연료 소비율이 적어야 하고, 평균 유효 압력이 높아야 한다.
- 고속회전에서 연소상태가 양호하여야 한다.
- 짧은 시간에 분사된 연료를 완전연소 시켜야 한다.

2. 디젤연료

디젤연료의 착화성에 대한 정도를 세탄가(cetane value)라 하는데, 이는 가솔린 연료의 옥탄가와는 반대의 개념으로, 세탄가가 클수록 착화성이 우수하여 디젤 노크가 발생하지 않는다.

디젤연료의 분무에 필요조건은 미세화, 관통력, 분포도로써 크게 3가지로 나누어 볼 수 있다. 미세화는 연료입자가 작을수록 연소가 잘 되고, 가열 시간이 짧아지는 것이고, 관통력이란 미세화된 연료가 공기와 혼합하여 연소가스 내로 진입할 수 있는 힘을 말하고, 분포도란 연소실 내에서 전체적으로 넓게 분무되는 것을 말한다. 연료입자가 연소실 내에서 어느 한 곳에 너무 많이 분포되면 공기가 부족하여 불완전연소가 일어나면서 검은 연기를 배출하게 된다.

$$세탄가(Cetane\ Number) = \frac{세탄}{세탄 + \alpha - 메틸나프탈렌} \times 100$$

3. 디젤노크

디젤 노크(Diesel Knock) 디젤 엔진의 실린더 내에서 압축 행정시 연료가 분사되고 착화(점화)될 때까지 정상적인 시간보다 길어지면서(착화지연) 분사되는 연료의 양이 증가하고, 증가된 연료가 점화되면서 정상 연소 때보다 비정상적인 압력이 발생하여 엔진 소음(실린더 벽을 피스톤이 두들기는 금속음 같은 것)을 일으키는 것을 말한다. 이러한 디젤 노크 현상의 발생 원인은 크게 3가지로 요약할 수 있다.

① 세탄가가 낮은 연료를 사용할 경우
② 과다한 연료의 분사
③ 연소실 온도 및 압축비 저하

또한 디젤 노크(Diesel Knock) 현상을 예방하기 위해서는 위 ①, ②, ③의 경우에 반하는 조치를 하면 되는데, 덧붙여 설명하면 아래와 같다.

①에 반하여, 세탄가가 높은 연료를 사용하여 착화성을 좋게 하고, ②에 반하여, 연료계통(분사노즐, 분사펌프 등)의 최적화를 통해 연료분사 초기에 분사량을 적게 하고, ③에 반하여, 냉각수 온도 및 압축비를 높여 연소실 벽의 온도와 실린더 내의 압력과 온도를 상승시킨다.

오늘날의 디젤 노크는 불완전 연소로 인한 유해 배출 가스의 급격한 증가를 가져 올 수 있어 철저히 관리되어야 한다. 유럽 그린 딜(European Green Deal)정책은 현재 「유로6」를 기준, 질소산화물(NOx) 배출 기준이 가솔린 기관은 60mg/km, 디젤기관에서는 80mg/km로 제한되어 있으나, 2022년 11월 10일 발표된 「유로7」에서는 가솔린과 디젤기관 구분 없이 모두 60mg/km로 제한하여 더욱 환경을 해치는 유해 배기가스에 대한 규제가 강화되고 있어 정상적인 엔진 관리는 기본이다. 「유로 7」 기준은 현재 「유로 6」 보다 더욱 강화되어, '26년부터 순차 적용, '30년 7월1일부터 전면 시행 확대, '31년 7월 1일부터 상용차로 적용된다.

세탄가(Cetane Number)
- 디젤기관의 착호성을 정량적(定量的)으로 나타내는 데 이용되는 수치. 이 값이 큰 연료일수록 디젤노크(Diesel knock)를 일으키기 어렵다.

옥탄가 또는 옥테인가(octane rating, octane number)
- 휘발유의 노킹 정도를 측정하는 값

4. 기계식 디젤기관

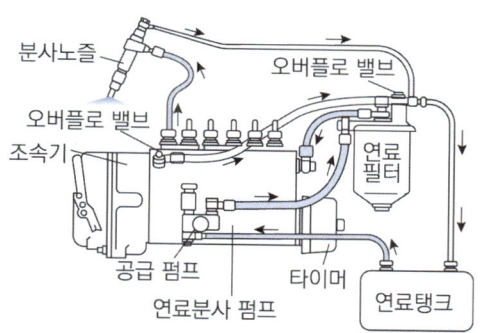

기계식 디젤 엔진은 오늘날 전자제어식 디젤기관과 비교할 때는 소음, 작동 감각 등 여러 면에서 첨단 전기·전자 기술 측면에서는 다소 떨어지나, 엔진 기계공학의 역사를 이뤄낸 결코 간과할 수 없는 자동차 엔진의 산물이다. 디젤연료를 사용한 엔진의 특성처럼 연소실 안에서 연료의 분무, 관통력, 분포 등은 연소실의 형태와 패턴을 결정하고, 엔진의 크기와 성능을 결정 짓는다.

기계식 디젤 엔진은 앞서 언급한 바와 같이, 실린더 내에 공기를 흡입하여 고온, 고압으로 압축하여 연료를 분사하여 연소시키는 자연 착화식 엔진이다.

가. 조속기(mechanical governor)

조속기는 크게 기계식과 공기식으로 구분할 수 있다. 분사펌프의 회전속도 변화에 따라 변화하는 플라이 웨이트(fly weight)의 원심력 변화량을 이용한 것으로써, 즉 엔진의 회전수에 따라서 분사량을 조절해 주는 장치이다. 또한 기계식 조속기는 전속도(all speed)와 고·저속 조속기로 구분한다.

나. 분사 펌프(injection pump)

기계식 디젤 엔진의 각 실린더에 연료를 분사하는 연료 분사 펌프는 열형, 분배형이 있으며, 엔진에서 각 실린더로 공급하는 연료 분사량의 차이가 생기면 기관의 나쁜 영향을 주면서 진동을 동반하게 된다. 이러한 균등한 분사량의 척도를 측정하고 규정된 분사량을 검사하는 것을 불균율 검사라 하는데, 분사펌프의 조정 플런저를 돌려 분사량을 조정할 수 있다(시계방향으로 돌리면 분사량 감소, 반시계 방향으로 돌리면 분사량 증가).

다. 여과기(fuel filter)

여과기의 순기능「연료의 불순물 제거」는 물론이고, 엔진 가동 중 연료탱크, 연료 라인 내에서 발생하는 공기를 배출해 주는 중요한 역할을 한다. 종이와 면포로 여과망을 제작하기에 3,000km(종이)~5,000km(면포)에서 교환한다.

라. 분사 파이프, 노즐

분사펌프 플런저에서 압송되는 연료를 분사노즐로 공급하는 것이 분사 파이프이며, 실린더 내의 압축된 고온 고압의 공기 속으로 연료를 분사하는 것이 분사노즐이다. 특히 분사노즐은 다음과 같은 조건으로 연소실 내에 연료를 분사하여야 한다.

- 미세한 연료 입자로 분사하여야 한다(자기 착화 용이).
- 분사 후, 분사노즐 끝에 후적(연료 맺힘 현상)이 없어야 한다.
- 균일한 분사각도와 분사량으로 연소실 내에서 공기와 잘 혼합되도록 분사되어야 한다.

마. 예열 장치

겨울철 시동성 향상을 위한 장치로써 외기 온도가 낮을 때 기관의 급격한 냉각 상태로 인한 연소실의 공기 압축열이 실린더 및 실린더헤드에 손실(흡수)되어 착화 상태를 위한 고온화가 어렵게 된 연소실의 온도를 사전에 가열하는 장치이다. 흡기 가열 방식과 예열 플러그 방식이 있는데, 주로 예열 플러그 방식이 많이 쓰이고 있으며, 예열 플러그 방식은 코일형(직렬 결선)과 시일드형(병렬 결선)으로 구분되고 시일드형이 많이 쓰인다.

5. 전자제어 디젤기관

전자제어 디젤기관(인젝터, 고압 펌프, 레일 압력 센서)

4차 산업혁명 이후 대기 환경 오염으로 인한 지구 온난화 현상은 심각한 수준에 있다. 디젤 엔진의 완전연소를 실현하여 유해 배기가스를 저감시키고, 디젤 엔진의 열효율을 높이고자 개발된 것이 전자제어 디젤 기관이다. 우리가 흔히 알고 있는 CRDi(Common Rail Direct Injection) 엔진을 말한다. 기계식 디젤기관의 분사 방법은 캠의 구동력을 활용하여 속도 증가에 비례한 연료 분사량 증가 방식으로써, 분사압력이 다소 낮은 방식을 사용해 왔다. 그에 반해 전자제어 CRDi(Common Rail Direct Injection) 엔진의 분사량 제어는 분사 압력 형성과 분사 방식이 별도로 이루어져 고압의 분사 압력을 확보하면서, 각 연소실에 연료를 분사하는 분사 시기를 빠르게 제어하며 연료분사를 할 수 있게 되었다.

가. 연료 공급 순서

CRDi(Common Rail Direct Injection) 엔진의 기본적인 연료 분사 시스템은 저압 라인과 고압 라인, 제어로 구성되고, 연료의 공급(흐름)은 **연료탱크, 저압라인, 연료필터, 고압 라인, 커먼레일, 인젝터, 연소실** 순이다. 여기서 연료필터는 수분과 이물질을 여과하는 기능과 함께 연료 히팅 시스템이 있어, 겨울철 냉각 상태에서 연료를 가열하여 시동을

레일압력센서(Rail Pressure Sensor : RPS)
- 커먼레일의 중앙부에 설치, 키 ON시 연료압력센서의 출력전압은 약 500㎷ 정도, 엔진의 회전수가 상승함과 동시에 출력 전압도 높아지며, 아이들시 (800 rpm 부근) 약 1.2V 정도의 전압이 출력되고, 커넥터 탈거시 약 5V의 전압이 엔진 ECU로 공급, 만약 연료압력센서의 신호가 엔진 ECU로 입력되지 않을 경우, D엔진 차량은 엔진의 최고 회전수를 제한 하고, A엔진 차량은 시동이 꺼지는 현상(연료량=0)이 나타남

원활하게 하는 매우 중요한 장치이다. 위 그림의 커먼레일에 있는 레일 압력 센서에 의해 연료 압력에 측정되어 압력 값 유지를 하게 된다. 이 레일압력센서는 피에조 압전소자 방식으로 제작되어 고장 시 림프(Limp) 모드로 진입, 압력이 고정(약 400bar) 되게 되어있다.

전자제어 디젤기관 연료 필터의 연료 히팅 장치

나. 전자제어 디젤 엔진의 고압펌프와 인젝터

기계식 디젤기관과 비교할 때 전자제어 디젤기관의 가장 큰 특성은 연료계통의 부품의 변화로, 그중 가장 대표적인 부품이 고압 펌프와 고압 인젝터이다. 기계식에서 연료분사 목적으로 사용된 분사노즐을 대신하여 전자제어 디젤기관에서는 인젝터를 부착한 것이며, 빠른 제어를 위한 연료 분사 압력을 확보하기 위한 고압펌프가 부착되어 있다.

 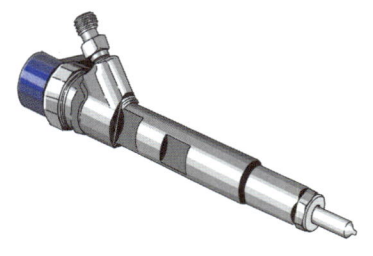

전자제어 디젤기관 고압 펌프(D엔진형식)   전자제어 디젤기관 인젝터

예열(Pre-Heating)
- 기관을 기동하기 전에 기동을 용이하게 하기 위하여 미리 가열하거나 또는 객차에 난방관을 미리 가열시키는 것

피에조 압전소자(Piezoelectric Element, Piezoelectric Device)
- 압전 소자는 힘 (압력)을 가함으로써 전압을 발생 (압전 효과)시키거나, 전압을 가함으로써 변형 (역압전 효과)시키는 디바이스이다. 압전소자(피에조소자)란 1880년 프랑스의 자크 퀴리(Jacque Curie)와 피에르 퀴리(Pierre Curie) 형제가 처음으로 발견한 것으로, 기계적인 외력이 가해지면 전압이 발생하거나 반대로 전압이 걸리면 기계적인 변형(일그러짐)이 발생하는 소자를 말함

피에조형 압력 센서(piezoelectric pressure sensor)
- 압전형 압력 센서라고도 말한다. 압력에 의하여 탄성체에 발생한 변위나 변형을 압전소자에 가하여 응력에 의해서 발생한 전압을 검출. 압전소자 재료로서는 수정과 로셀염, 티탄산 바륨 ($BaTiO_3$), PZT(지르콘·티탄산계 세라믹스) 및 PVDF(폴리불화 비닐리덴) 등이 사용됨

고압 연료라인의 핵심 부품인 고압펌프는 저압 연료라인에서 오는 연료를 고압으로 압축하여 커먼레일로 공급하고, 커먼레일에서는 각 실린더에 배치된 인젝터로 적정 압력을 유지하면서 분배하는 역할을 한다.

인젝터는 엔진 컴퓨터 유닛(ECU)으로 제어되며, 고압으로 연료를 실린더 내 연소실로 미립화하고, 매우 높은 압력으로 빠르게 제어하며 분사하는 역할을 한다. 인젝터의 고유번호가 ECU에 입력되어, ECU에서 분사 순서에 따라 제어하게 된다.

다. 전자제어 디젤 엔진과 기계식 디젤 엔진의 비교

구분	전자제어 디젤 엔진	기계식 디젤 엔진
최종 분사 장치	인젝터	분사노즐
인젝터와 노즐 개방 압력	약 1,350 bar 이상	115 ~ 135 bar
분사후 연소과정 구분	예비·주·사후분사	착화지연, 화염전파·직접연소·후연소
배기가스제어	산화촉매 + 배기가스재순환장치(EGR)	배기가스재순환장치(EGR)
분사후 연소과정 구분	예비·주·사후분사	착화지연, 화염전파·직접연소·후연소
사용 연료	디젤(경유)	디젤(경유)
배기가스 규제 적정성	적정	비적정
부품가(연료계통)	고가	저가
겨울철 시동성	좋음	나쁨
연료 청정도 반응	민감	둔감

라. 가속패달 위치 1, 2 센서

가속페달 센서(APS. Accelerator pedal Position Sensor)는 1, 2로 구분되는데, 센서 1은 주 센서로서 연료량과 분사기기를 결정하고, 센서 2는 센서 1을 감시하여, 급출발 방지 센서이다. 가속페달 센서 고장 시 주행 안전을 위해 림프(Limp) 모드로 진입, RPM이 약 1,200(rpm)으로 고정되어 이상 작동으로 인한 운전자 안전 확보와 엔진·변속기를 보호하게 되어있다.

제7장 가솔린 및 LPG기관

1. 가솔린 연료와 연소, 점화

연료는 불에 타는 가연물이다. 연료와 공기가 만나 연소하고, 그 연소열을 이용하여 내연 기관의 열효율을 발생시키고 엔진이 가동되는 힘을 얻게 된다.

연료는 고체, 액체, 가스체로 구분되고, 내연기관에서 주로 쓰이는 액체와 가스 연료 중에서 액체연료는 다시 석유계(가솔린, 경유, 중유)와 석탄계(벤졸과 석탄으로 가공한 가솔린, 석유, 경유)로 나누고, 가스체는 메탄, LP(프로판, 아세틸렌), CNG, LNG로 나눈다.

액체 연료는 파라핀계, 올레핀계, 나프텐계, 방향계가 있는데 모두 탄화수소가 주성분이다.

가솔린이 내연기관 연료로 쓰이기 위해서는

- 적당한 휘발성과 인화점이 낮아야 하며, 공기와도 잘 혼합되어야 한다.
- 부식되지 않아야 하고, 가격이 저렴하고 보급이 원활하여야 한다.
- 연소상태가 안정적이고 연소 후 퇴적물이 많지 않아야 하고, 동시에 발열량이 클수록 좋다.

2. 가솔린 연료라인 및 연료분사 장치

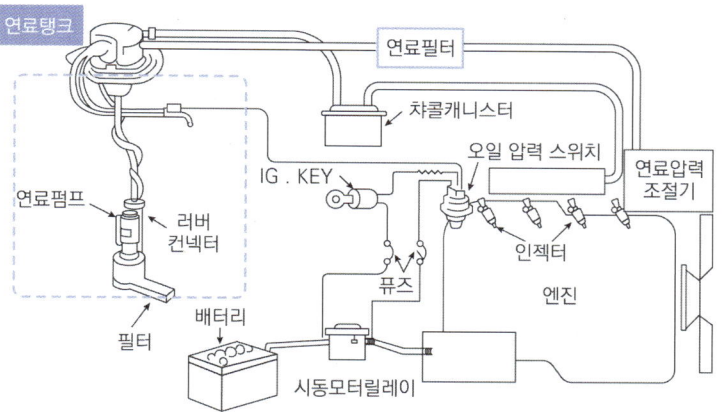

가솔린 연료 라인 공급순서를 살펴보면 가솔린 연료가 지나갈 수 있는 연료라인(fuel pipe 플라스틱, 고무, 철 재질)으로 연결되어 연료를 저장하는 **연료탱크**를 시작으로 **연료펌프, 연료필터, 연료압력조절기, 인젝터**로 공급된다. 강판으로 만들어진 연료 탱크는 내면에 주석이나 아연으로 도금하여 녹이 슬지 않도록 하였으며, 자동차의 경량화 실현을 위해 복합소재 플라스틱의 모듈형 연료 탱크를 많이 적용하고 있다. 연료 라인(연료 파이프 fuel pipe)은 정비의 용이성을 위해 이음매를 활용하여 부분 연결 되어있으며, 엔진 부분의 심한 진동이 있는 부분에는 유연성이 있는 고무제 호스(플렉시블 호스 flexible hose)로 연결하고 있다.

플렉시블(flexible)
- '구부리기 쉬운'이란 뜻으로 특성의 손실없이 제 기능을 발휘하도록 유연한 재료를 사용하는 경우를 말한다.

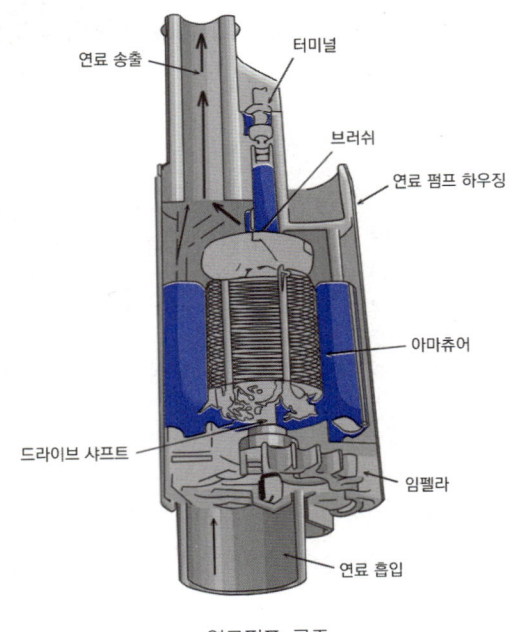

연료펌프 구조

연료 펌프(fuel pump)sms 보통 연료탱크 내부에 장착되어 전기 구동에 의한 전자식 또는 모터식 펌프가 사용된다.

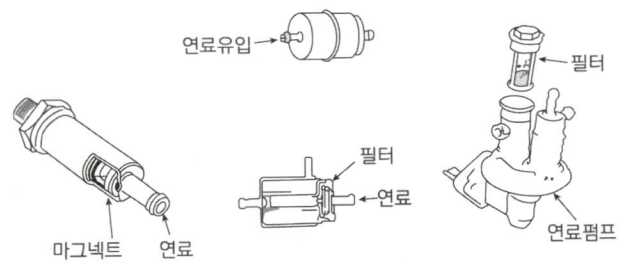

연료필터의 여러 형태

연료필터(fuel filter)는 연료의 흐름을 방해하는 외부로부터 들어온 먼지, 이물질과 연료 내부 또는 주변 온도 차로 생성된 물을 여과한다. 여과재료는 금속망, 거름종이 등으로 제작되어 일반적으로 40,000 ~ 50,000km 주행 후 교환한다.

Fuel pipe
- 지름 5~8mm인 구리 또는 강제(鋼製) 파이프

3. LPG, 압축천연가스

가. LPG

프로판과 부탄을 주성분으로 구성된 LP가스는 현재 내연기관에 LPG라는 이름으로 많이 쓰이고 있다.

LPG는 천연가스와 가솔린의 중간 성질로써 석탄 채굴 시 천연가스, 원유 등이 함께 채굴되었으나 과거에는 천연가스와는 전혀 달라 사용하지 않다가 현재는 많이 사용되고 있다. 그 특징을 요약해 보면 다음과 같다.

1) 프로판과 부탄이 주성분이며 공기보다 무겁다.
2) 가솔린, 디젤에 비하여 대기오염이 적고 위생적이다.
3) 가격이 저렴하고 무색, 무취, 무미이다.
4) 엔진오일의 오염이 적고, 연소 효율이 높으며 엔진수명을 길게 한다.
5) 가열·감압에 의해 쉽게 기화되며, 냉각·가압에 의해 액화된다.

나. 압축천연가스(CNG)

메탄올을 주성분으로 한 가연성 가스이며, 석탄을 100으로 봤을 때 천연가스는 57로써 지구 온난화에 영향을 가장 적게 주는 액화천연가스로 전처리(먼지, 황, 탄소, 습도 등)하여 액화시킨다. 주성분은 천연가스와 거의 같으나 에너지로는 더욱 우수하게 만들어 사용된다. 천연가스 연료의 특징을 살펴보면 다음과 같다.

1) 천연가스의 주성분인 메탄(CH_4)은 비점이 -162℃으로 상온에서 기체이다. 수송 연료로써 액체인 가솔린, 경유와 차이가 있으며, 디젤과 비교할 때 단위 에너지당 연료 체적이 높다.(CNG로는 3.7배, LNG로는 1.65배)
2) 옥탄가는 높고, 세탄가는 낮아 디젤 엔진에는 부적합하다.
3) 극저온(-20 ~ -30℃)에서도 가스상이기 때문에 혼합기 형성이 쉽고, 희박 연소가 가능하다.
4) 탄소량 비율이 낮아 발열량당 CO_2발생량이 적다.
5) 유황분의 불순물이 없어 아황산가스(SO_2) 배출을 하지 않는다.

압축천연가스 자동차(CNGV, Compressed Natural gas vehicle)는 200bar 이상의 고압으로 천연가스를 압축하여 연료로 사용하는 자동차로써, 저장 용기의 무게, 부피는 증가하지만, 단위 에너지당 연료체적이 높고 기술적 적용 어려움이 낮으며, 디젤과 가솔린과 비교할 때 유해가스 배출이 적어 도심 환경에 쾌적성을 높게 하는 효과가 있어 광역도시, 시내버스 등 현재 많이 사용되고 있다.

4. 가솔린 노크

가솔린의 노크 방지성(anti knocking property)을 표시하는 옥탄가(octan number) 수치는 이소옥탄(iso-octane)을 옥탄가 100으로 하고 노멀헵탄(normal heptane 정헵탄)을 옥탄가 0으로 하여 이소옥탄의 함량에 따라 수치가 결정된다. 예를 들어 옥탄가 70의 연료란 이소옥탄 70%, 노멀헵탄 30%로 이루어진 노크 방지성을 지닌 것을 의미한다.

$$옥탄가(ON) = \frac{이소옥탄(C_8H_{18})}{이소옥탄(C_8H_{18}) + 노멀헵탄(C_7H_{16})} \times 100$$

아황산가스(SO_2)
- 황산화물(SO_x)의 대표적인 가스상 대기오염물질로 불쾌하고 자극적인 냄새가 나는 무색의 불연성 기체이다. 주요 인위적 배출원은 발전소, 금속제련공장, 난방장치, 석유정제, 황산제조와 같은 산업공정 등이며, 자연적으로는 화산, 온천 등에 존재한다.

불꽃 점화 방식인 가솔린엔진의 경우, 스파크 플러그(spak plug)에서 시작된 불꽃이 연소실 내에서는 빠를수록 좋다. 그러나 너무 과하게 빠르게 되면 연소실 내의 압력이 급격히 상승되어, 피스톤이 실린더 벽을 때리는 고주파 진동과 소음이 발생하는 것을 노킹(knocking)이라 한다.

다시 말해 가솔린 노크 원인은 비정상적인 폭발 현상으로 정상 점화보다 빨리 조기 점화되는 것이다. (디젤 노크는 정상 착화보다 지연 착화 되는 현상)

가. 노크 센서(Knock Sensor, Vibration Sensor)

노킹에 의하여 발생하는 엔진 진동을 가속도계나 압전소자 원리로 감지하는 센서로써, 엔진의 이상 진동을 감지하여 고장 신호를 ECU로 보내 심각한 결함으로 인한 엔진 손상을 예방하고, 점화시기를 조정한다.

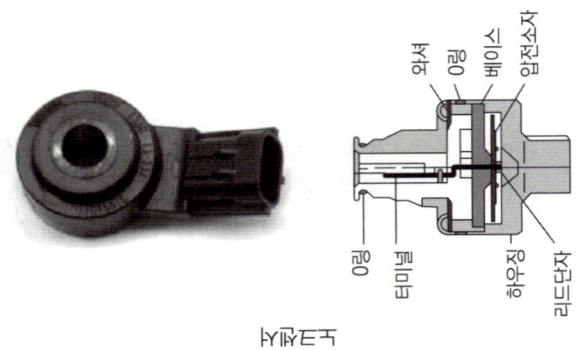

노크센서

나. 가솔린 노크의 원인

1) 냉각 계통의 이상으로 엔진 실린더 온도가 높아질 경우(엔진과열)
2) 점화시기가 맞지 않을 경우(타이밍 불량)
3) 흡기 온도가 높을 경우
4) 압축비, 흡기 압력이 높을 경우
5) 혼합비가 맞지 않을 경우

조기 점화로 인한 가솔린 노킹은 연소실 내의 엔드 가스가 자연 발화하는 현상이라고 말할 수 있는데, 가솔린 노킹 방지책은 엔진을 과열시키지 않도록 하면서 점화시기를 지연하는 것이다. 또한 압축비 및 흡기 압력, 혼합비를 적정하게 유지하는 것이라 할 수 있다.

5. 전자제어 가솔린기관

전자제어 가솔린 기관

전자제어식 가솔린 기관이란 연료분사가 각종 센서에 의해 측정·보정된 정보와 신호를 주고받아 연료 공급량을 ECU(엔진제어컴퓨터)로 제어하여 엔진 작동에 따라 결정되는 방식의 엔진을 말한다. 특히 실린더, 연소실에 부착된 각개의 인젝터 제어를 통하여 흡기다기관에 순차적으로 연료를 분사하는 방식은 기존의 기화기 방식과는 확연한 차이가 있다.

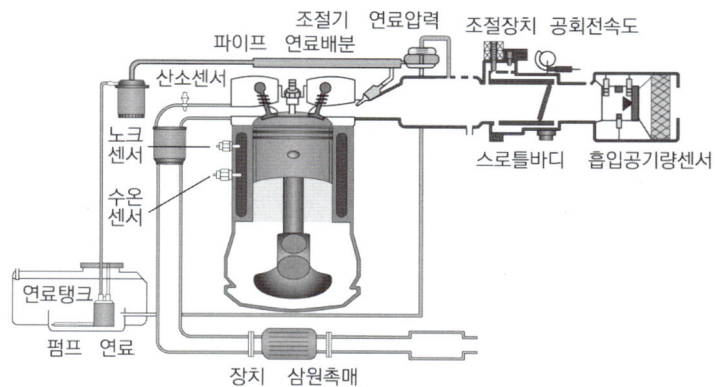

가. 기계식 가솔린 기관과 비교한 전자제어 가솔린 기관의 특징

- 기관의 출력이 향상되고, 전자제어로 인한 연료 소비율이 감소된다.
- 배출가스 유해 물질이 감소된다.

---

compressed natural gas
- 천연가스자동차는 1930년대에 처음 제작되었으며, 1970년대 이후 에너지 절약수단으로 보급되었고, 1990년대에 들어서면서부터 대기오염을 예방하는 수단으로 보급되고 있다. 한국에서 2000년부터 보급되기 시작한 천연가스버스는 CNG를 연료로 쓰기 때문에 CNG버스라고도 불리며, 세계 상당수의 대도시도 CNG버스를 확대 보급하고 있다.(네이버 두산백과)

- 실린더마다 유사한 양의 연료 공급이 된다(연비향상).
- 흡입 계통의 공기 누설 및 비정상적 흡입은 기관 성능에 좋지 않은 영향을 준다.

나. 분사장치 주요 3계통

전자제어 연료 분사 장치는 **흡입·연료·제어**계통의 3가지 주요 부분으로 구성되어있으며, 일정 압력으로 연료를 흡기 다기관 내에 분사하고 흡입 공기량 센서(AFS.에어플로워센서) 측정값에 따라 일정시간 동안 인젝터를 열어 연료를 분사하는 장치이다.

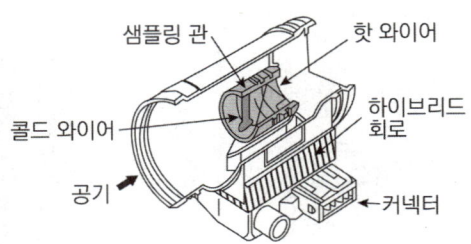

흡입 계통의 공기량 전자식 센서의 종류 3가지를 살펴보면, 먼저 칼만와류식이 있다. 칼만와류식((karman vortex)은 흡기 체적에 비례하는 주파수 형식으로 정밀성이 우수하고, 신호 처리가 쉬운 장점이 있는 반면, 대기압 보정이 필요하다. 핫 필름·핫 와이어식은 흡기 질량에 비례한 전압 형식으로 질량유량 검출로 인해 신뢰성이 우수한 반면, 오염에 의한 측정오차가 크고, 맵 센서식은 흡기관 압력에 비례하는 전압 형식으로 소형이면서 저가이고, 장착성이 용이하여 널리 쓰이고 있다. 그러나 엔진 특정 변화에 대응이 곤란하다.

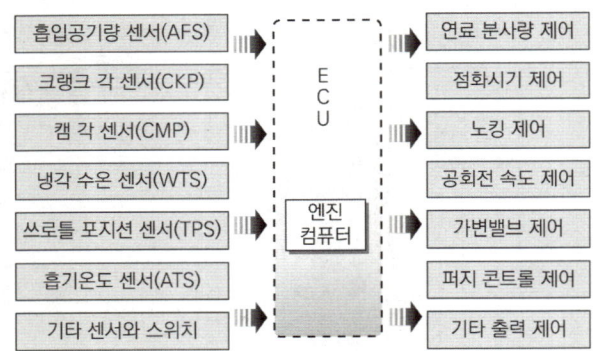

가솔린 분사장치의 입·출력 요소

6. 직접 분사 방식 가솔린 기관

일반적으로 GDI(Gasoline Direct Injection) 엔진이라고 부르는데, GDI 엔진의 이론은 약 100년 전 1925년 스위스 엔지니어 조나스 헤셀멘이 개발하였다. 기존 전자제어는 흡입구에 간접 분사되는 방식으로 연료가 연소실로 유입되기 전에 공기와 혼합되어 한계가 있는 것이었다. 그러나 GDI 직접 분사 방식 엔진은 고압 연료 분사 방식으로 연소실 내부에 직접 분사하는 것으로써 유해 배출가스 저감과 더불어 이상적인 연비 향상 및 고부하에서의 고출력을 실현하였다.

GDI 시작
- 보쉬에서 1952년 처음 적용, 1955년 벤츠 300SL 모델 장착, 1996년경 미쓰비시 일반 승용차용 엔진에 적용하면서 양산 시작

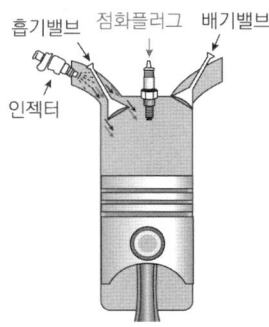
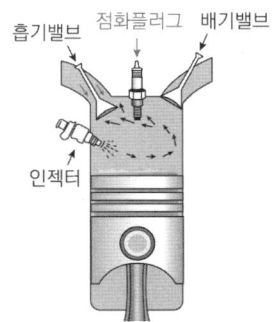

흡입구 간접분사 일반엔진   연소실 내부에 직접분사 GDI엔진

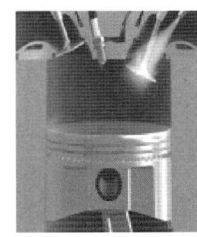
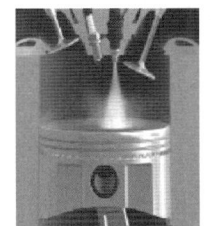

흡입구 간접분사 일반엔진   연소실 내부에 직접분사 GDI엔진

디젤기관과 같이, 실린더 내에 가솔린을 직접 분사하는 것으로써, 초희박 공연비로도 연소가 가능하여 연비 향상에 도움이 된다. 연료 공급압력은 일반 전자제어 연료 분사방식의 경우 약 $3 \sim 6 kgf/cm^2$와 비교할때 약 $50 \sim 100 kgf/cm^2$으로 매우 높으며, 실린더 내의 유동을 제어하는 직립형 흡입포트, 연소를 제어하는 바울형 피스톤(bowl type piston), 고압 연료 펌프, 스월 인젝터(swirl injector) 등이 사용된다.

SECURITY

FINANCIAL PROTECTIONS

VEHICLE INSURANCE

FORMS

UNDERWRITING

HEALTH INSURANCE

HOMEOWNER'S INSURANCE

INSURANCE LAW

PART 02

자동차 전기 · 전자

자동차 전기·전자

제1장 기초 전기·전자

1. 자동차 전기의 특성

전기란 전자들의 이동으로 생기는 에너지로써, 우리가 가정에서 쓰는 단순히 없으면 어둡고 불편한 정도의 것이 아닌 자동차가 움직이지 못하게 되는 없어서는 안 될 요소이다. 그 이동하는 전하를 전류라고 하는데, 기계적 요소들로 자동차를 움직여 왔던 과거 내연기관과는 달리 정밀한 시스템 구성과 제어를 차량에 적용케 한 중요 에너지이다. 자동차에 먼저 도입된 전기장치 부품으로는 충전과 등화 장치였으며, 지금은 유해 배출가스 저감, 정밀한 섀시제어로 승차감과 주행 안전성 향상, 친환경 자동차(전기차, 하이브리드차, 수소차 등) 개발의 핵심 부품 구성에도 빼놓을 수 없는 필수 적용 요소이다.

자동차 전기는 DC(직류, direct current), AC(교류, alternating current)를 모두 사용하고 있으며, 전기자동차 시스템에서는 고전압 3상 AC(3-phase alternating current)도 사용되고 있다.

자동차 전기는 사람과 비교해 보면 신경계와 같다. 자동차의 심장 엔진에서부터, 바디, 섀시, 심지어 타이어까지 전기·전자 에너지가 신호를 주고받으며 통신제어를 통해 자동차를 기동하게 한다.

2. 전기의 3요소(전압, 저항, 전류)

가. 전압

전기의 중요한 3요소는 전압, 저항, 전류이다. 전압(E)은 도체와 접지, 선과 선간의 전위 차이를 말하는데, 단위는 볼트(Volt)를 사용한다. 저항(R)은 전자의 흐름을 방해하는 정도로써, 단위는 옴(Ohm)을 사용하고, 전류(I)는 전자의 이동으로, 단위는 암페어(Ampere)를 쓴다.

정리하면,

구분	전압(E)	저항(R)	전류(I)
단위	볼트(V; Volt)	옴(Ω; Ohm)	암페어(A; Ampere)

전기(electricity)
- 하의 존재 및 흐름과 관련된 물리현상들의 총체로써, 번개, 정전기, 전자기 유도, 전류 등 일상적인 효과들의 원인이다.

직류(direct current)
- 시간에 따라 흐르는 극성(방향)이 변하지 않는 전류, 시간에 따라 극성은 변하지 않으나 크기가 변하는 DC를 맥류(Ripple current) 라고 함

암페어의 유래
- 프랑스의 물리학자 앙드레마리 앙페르의 이름에서 유래(전하의 단위인 C(coulomb)은 프랑스 물리학자 쿨롱의 이름에서 유래)

전압(V), 전류(I), 저항(R) 사이의 관계를 설명하는 법칙을 옴의 법칙(Ohm's law) 이라 한다. 그 관계식은 다음과 같다.

$$V(E) = I \times R, \quad I = \frac{E}{R}, \quad R = \frac{E}{I}$$

전압은 일정한 전기장 내에서 전하(electric charge)를 어느 일정 지점에서 다른 곳으로 이동시키는데 필요한 에너지를 말하는데, 전기회로 내에서 전류(Ampere)를 흐르게 하는 힘이라고도 말할 수 있다.

나. 전류

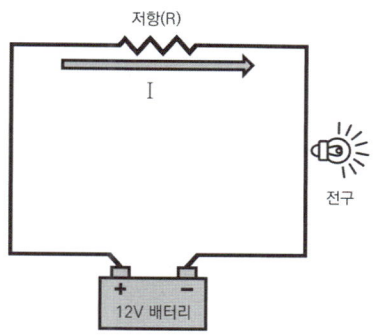

우리가 흔히 아는 막대자석의 원리를 보면, 같은 극은 서로 밀어내고(척력), 다른 극끼리는 서로 잡아당기는(인력) 현상이 있음을 잘 알고 있는데, 여기에는 양전하와 음전하가 존재한다. 이러한 양전하와 음전하가 존재하는 전자기장 내에서 전기현상을 일으키는 것을 전하(electric charge)라고 하며, 전하가 이동하는 현상을 전류(electric current)라고 한다.

전류와 전자의 흐름은 반대로써, 전류는 양(+)에서 음(-)으로 흐르고, 전자는 음(-)에서 양(+)으로 흐른다. 전류는 전하를 띤 입자들의 흐름으로써 물이 위에서 아래로 흐르듯이 전위가 큰 양(+)에서 전위가 낮은 음(-)으로 흐르는 것과 같다. 여기서 전위(electric potential)란 시간에 따라 변하지 않고 일정하게 유지되는 전기장에서 어느 한 점의 전하가 가지는 전기적 에너지를 말한다.

전류의 3대 중요 작용으로는 발열, 화학, 자기작용으로써, 전류의 3대 작용과 관련하여 자동차 부품에 적용되고 있는 예는 다음과 같다.

- **발열**작용 : 시트 열선, 예열플러그
- **화학**작용 : 고전압 배터리, 납산 배터리
- **자기**작용 : 시동모터(기동전동기), 발전기, 솔레노이드류

전하(電荷, electric charge)
- 전자기장 내에서 전기현상을 일으키는 주체적인 원인, 특히 공간에 있는 가상의 점이 갖는 전하를 점전하라 하고, 전하의 양을 전하량(Q)이라 한다. 전하의 국제단위는 쿨롬이며, 단위기호는 C이다. 약 6.25×10^{18}개의 전자나 양성자들의 전하량이다. 반대로, 전자 또는 양성자 한 개의 전하량은 $1.6021773349 \times 10^{-19}$쿨롬이며, 이를 기본 전하라고 부른다. 또한, 전하는 음의 전하와 양의 전하가 있다. (이는 질량과 같이 양의 값만 있는 다른 물리량과 다르다.) 통상적으로 양성자나 양전자 따위의 전하를 양으로, 전자 등의 전하를 음으로 놓는다. 이렇게 전하를 띄는 물체를 대전체(帶電體)라 부른다.

다. 저항

저항은 물체의 고유 저항과 도체 길이에 비례하고 단면적에 반비례한다. 즉 도선의 길이가 길수록 저항값이 커져 전류가 흐르기 어렵고, 도선의 굵기가 클수록 저항값은 작아져 전류는 흐리기 쉽다. 이것을 식으로 나타내면 다음과 같다.

$$R = \rho \times \frac{L}{A}$$

ρ 고유저항, L 도체의 길이, A 도체의 단면적

① 직·병렬 합성저항

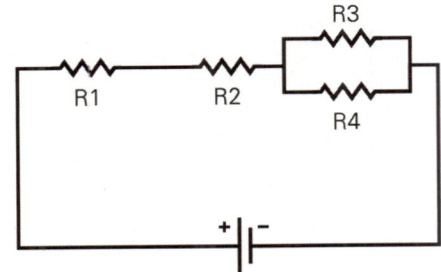

$$R_t = R1 + R2 + \frac{R3 \times R4}{R3 + R4}$$

② 직렬 합성저항

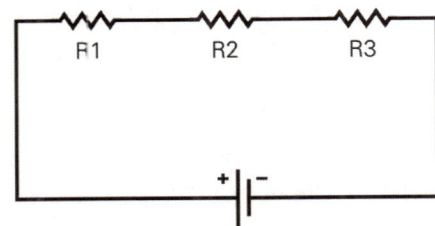

$$R_t = R1 + R2 + R3$$
(전체 저항 값이 증가)

③ 병렬 합성저항

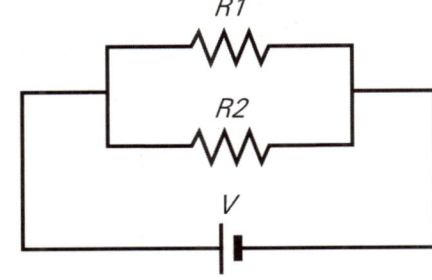

$$R_t = \frac{R_1 \times R_2}{R_1 + R_2}$$
(전체 저항값 감소)

옴의 법칙(Ohm's law)을 다시 정리해 보면,

① 전압(E) : 도체와 접지 사이 또는 선 사이의 전위 차이를 말한다. 단위는 볼트(Volt)

② 저항(R) : 전자의 흐름을 방해하는 요소이다. 단위는 옴(Ohm)

③ 전류(I) : 전자의 이동이다. 단위는 암페어(Ampere)

3. 배터리(축전지)

자동차의 배터리는 가장 기초적인 에너지 저장고이다. 자동차가 움직일 수 있는 에너지부터 운전자가 편리하게 쓸 수 있는 선택적 에너지까지, 사람의 신경계와 같이 자동차 내부에서 매우 다양하게 전기에너지가 움직일 수 있도록 전기의 충분한 용량을 보관하고, 전기적 트러블(trouble)을 안정화시키는 역할을 한다.

리튬 폴리머 배터리(lithium polymer battery)
- 안정성이 높고 에너지 효율이 좋은 고체 또는 젤 상태의 고분자를 전해질로 사용하는 리튬 이차 전지를 가리킨다. 전지가 파손되어도 발화하거나 폭발할 위험이 거의 없고, 무게를 기존 전지의 31%까지 줄일 수 있으며, 특히 제조 공정이 간단하여 대량 생산이 가능하다. 휴대 전화기, 노트북 컴퓨터, 캠코더 따위의 소형 기기에 주로 사용한다. 이러한 성질에서 재충전이 용이하며 중합체(폴리머)를 사용한 것이 리튬 이온 전지이다.

내연기관 자동차에 주로 쓰이는 납산 배터리이며, 친환경 자동차에 쓰이는 고전압 배터리는 아직 까지는 리듐이온 폴리머 배터리가 많이 쓰이고 있다. 크기와 에너지 밀도 등은 다르나 납산 배터리와 리튬이온 폴리머(Li-ion Polymer) 배터리의 공통점은 충전과 방전이 가능한 2차전지에 속한다. 다시 말해 2차전지는 납축전지(산성계), 리튬이온 폴리머(리듐계), 알칼리계로 나눌 수 있다. 또한 우리가 실생활에 쓰고 있는 원통형 1.5V 건전지는 주로 전기를 쓰고 나면 버려야 하는 것으로써, 쓰기만 하는(방전만 가능) 전지를 1차 전지라고 한다. 마지막으로 연료전지(fuel cell)이다. 연료전지는 충·방전이 가능하다는 것에서 2차전지 이며, 3차 전지로 구분하기도 한다.

연료전지(fuel cell)는 연료와 산화제의 전기화학 반응으로 전기를 만드는 것으로써, 수소전기차가 있다. 수소전기차에서 수소(수소 탱크에 저장된 연료)와 산소(대기 중에 있는 공기)를 전기화학 반응시켜 운행 중에 지속적으로 전기를 생성해 낸다. 위에서 말한 2차전지는 주로 외부 전력으로 충전하는 방식인데, 연료전지는 그렇지 않다는 데에서 2차전지와는 다른 3차 전지이다.

정리해 보면 아래 표와 같다.

구분	1차전지	2차전지	연료전지(3차전지)
충전여부	충전불가	충전가능	수소(연료)+산소(산화제)로 충전가능
종류	가정용 건전지	• 리듐이온폴리머 • 납축전지 • 알칼리계	수소전지차 (스택 Stack)
배터리 기능	전원공급	• 기관 시동 시 전원공급 • 주행중 발전량에 대한 충전과 방전량에 대한 전력 보상 • 비상시(시동불가) 최소한의 전원 공급	

리튬 폴리머 배터리(lithium polymer battery)
- 안정성이 높고 에너지 효율이 좋은 고체 또는 젤 상태의 고분자를 전해질로 사용하는 리튬 이차 전지를 가리킨다. 전지가 파손되어도 발화하거나 폭발할 위험이 거의 없고, 무게를 기존 전지의 31%까지 줄일 수 있으며, 특히 제조 공정이 간단하여 대량 생산이 가능하다. 휴대 전화기, 노트북 컴퓨터, 캠코더 따위의 소형 기기에 주로 사용한다. 이러한 성질에서 재충전이 용이하며 중합체(폴리머)를 사용한 것이 리튬 이온 전지이다.

가. 납산 배터리의 구조와 역할

납산 배터리 구조는 (+)극판과 (-)극판이 격리 판을 사이에 두고 설치되어있고 음극판이 양극판보다 1장 더 많다. 셀 당 전압이 2.1~2.3V의 6개의 셀이 직렬로 연결되어 있다.

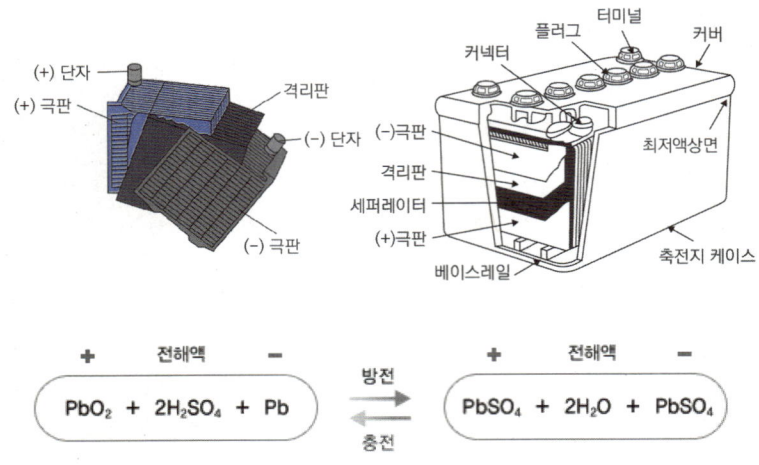

납축전지 구조와 충·방전 화학반응식

1) 격리 판

  ① 양극판과 음극판의 단락을 방지한다.
  ② 격리 판의 구비조건
   • 전해액에 부식되지 않을 것
   • 비전도성일 것
   • 다공성이며 기계적인 강도가 있을 것
   • 전해액의 확산이 잘 될 것

2) 터미널

   배터리의 단자이며 (+)와 (-)단자가 있으며 (+)단자가 더 굵다.

3) 밴트 플러그

   전해액 보충이나 비중 측정 시 개봉하여 사용하며, 무보수(MF)배터리는 플러그가 없다.

4) 전해액

   대체로 물 70% 정도와 황산 30% 정도가 섞여 있는 묽은 황산($2H_2SO_4$)으로 충·방전 화학작용을 한다.

  ① 전해액 제조 시 주의사항
   • 질그릇을 이용한다. (철제 그릇 사용 불가)
   • 물에 황산을 조금씩 부어 가면서 혼합(황산이 물보다 비중이 큼)

도핑(doping)
• 규소(Si) 같은 진성 반도체에 불순물(dopant)을 첨가하여 외인성 반도체(extrinsic semicon-ductor)로 만드는 것

- 온도가 약 45°c 이상 상승하지 않도록 주의한다.

② 완전 충전 시 전해액의 표준 비중은 1.260 ~ 1.280이며, 온도가 올라가면 비중은 떨어진다.

5) 배터리 용량

용량을 결정하는 요소 : 극판의 크기, 극판의 수, 전해액의 양

나. 배터리 단위

① 20시간율 : 일정한 전류로 방전 시 방전 종지전압까지 방전할 수 있는 전류의 총량
② 25A율 : 25A의 전류로 연속 방전 시 방전 종지전압까지 도달할 때 소요된 시간
③ 냉간율 : 0°F에서 300A의 전류로 방전하여 셀 당 전압이 1V 강하하기까지 소요 시간

다. 방전 종지 전압과 설페이션 현상

① 방전 종지 전압 : 충전이 불가능해지는 방전 한계 전압이며, 1셀 당 전압이 1.7~1.8V
② 설페이션(sulfation) 현상 : 극판이 영구 황산납이 되는 현상으로 주요 원인은 내부 단락, 과다 방전, 전해액 부족이다.

라. 배터리 충전

1) 충전 방법

① 정 전압 충전 : 일정 전압(V)으로 충전하는 방법(발전기에서 배터리로 충전)
② 정 전류 충전 : 배터리 용량의 약 10% 정도로 일정한 전류(A)로 충전하는 방법
③ 급속충전 : 배터리 용량의 약 50%로 정도로 충전하는 방법(1시간 이내 충전 완료를 권함)

2) 충전 시 주의사항

① 전해액 온도 45°c 이상 상승 금지
② 자동차에 장착 상태에서 충전 시 차량에 연결된 (+), (-)케이블 제거 후 실시
③ (-)극에서 수소가스 발생으로 인한 폭발 위험 주의
④ 환기가 잘 되는 곳에서 실시

마. 리튬이온 폴리머 고전압 배터리

친환경 자동차에 쓰이는 고전압 배터리는 리튬이온 폴리머 배터리이다. 크기와 에너지 밀도 등은 다르나 납산 배터리와 리튬이온 폴리머(Li-ion Polymer) 배터리의 공통점은 충전과 방전이 가능한 2차전지에 속한다는 것이다. 외부에서 충전하여 사용하기도 하지만, 내연 기관과 같이 주행 중에 충전이 되는 회생제동 시스템이 적용되어 있다.

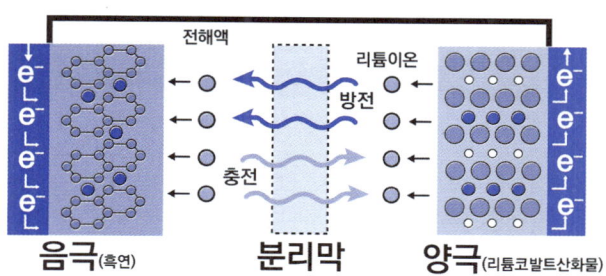

리튬이온 폴리머(Li-ion Polymer) 축전지 충·방전

4. 반도체

반도체(Semiconductor)란 전기 흐르는 도체와 전기가 흐르지 않는 부도체의 중간 정도 물질의 총칭하는 것이다. 반도체는 저온에서는 부도체에 가깝다가 온도가 높아지면 전도성(傳導性)이 높아지고, 순물질로 규정된 것만으로 이루어진 진성반도체(intrinsic semiconductor)와 불순물이 함유된 외인성 반도체(extrinsic semiconductor)로 구별하고, 이 외인성 반도체를 다시 N형(Negative Type)반도체와 P형 반도체(Positive Type)로 구분한다. 불순물을 첨가한 외인성 반도체의 불순물을 도펀트(Dopant)라고 한다. 자동차에는 안전, 편의를 위한 전자 장치 제어를 위해 아주 다양하게 반도체가 사용되고 있으며, 자동차의 뜨거운 엔진 열과 빠른 속도로 주행하면서 사람의 안전이 확보되어야 하기에 고품질의 반도체가 요구된다.

반도체의 특징으로는
① 소형이며 가볍고 열에 약하다.
② 기계적으로 강하고 수명이 길다.
③ 예열시간이 필요 없다.
④ 높은 전압에서는 손상되기 쉽다.
⑤ 내부의 전력 손실이 적다.

자동차 한 대당 평균 200개 이상의 많은 반도체가 필요하고, 자동차의 센서, 제어, 구동장치 같은 핵심 부품에 주로 사용되고 있기에 컴퓨터 등에 쓰이는 것보다 훨씬 높은 수준의 내구성을 갖춘 반도체여야 한다. 자동차에 적용되는 반도체 중 안전과 관계된 시스템의 예를 들어보면, ABS(Anti-Lock Brake System), ACC (Active Cruise Control, 차량 거리 제어), TPMS(Tire Pressure Monitoring System, 타이어 압력 감지) 시스템이 있으며, 그 밖에도 고급형 차량에 적용되는 주차 시 영상 패턴을 인식하고 신호를 계산하여 운전자에 주차 편의를 제공하고 있는 가이드 라인 반도체, HUD(Head-Up Display, 차량 전방 표시장치) 등이 있다.

Head-Up Display

- 완전한(perfect) 진성반도체는 결합되어 있던 전자가 결합에서 벗어나 자유전자가 됨에 따라 그 빈 자리인 정공 역시 같은 숫자로 생성되기 때문에 전자와 정공의 농도가 같을 수밖에 없다. 그 농도는 전자의 총분포밀도(Population Density, 페르미 디락 분포 관련)를 전도띠 영역에서 적분하여 얻을 수 있다.

HUD(Head-Up Display)
- 단순히 전방 시현기는 인간의 시야에 직접 정보를 비추는 수단

5. 다이오드와 트랜지스터

가. 다이오드

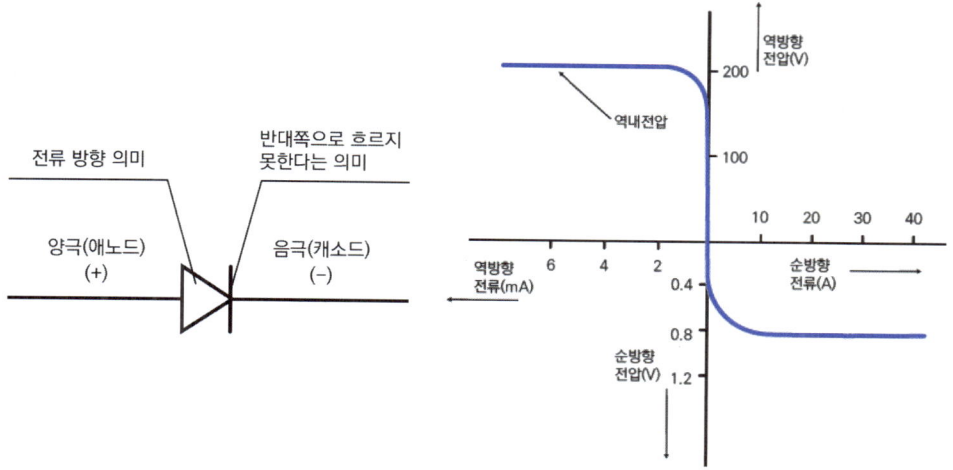

다이오드는 전류를 한쪽 방향으로만 흐르게 한다는 것이 가장 큰 특징이다. 다이오드는 순방향일 때 양단의 전압차가 약 0.7V 이상 되면 전류가 급격히 흐르고, 역방향일 때는 낮은 전압에서 전류가 흐르지 못하다가 전압이 상승하면서 급격하게 전류가 흘러(약 고전압에 도달) 다이오드가 파괴되는데, 이것을 항복 전압, 제너전압이라 한다. 한쪽 방향으로만 전류가 흐르는 특성 때문에 주로 정류 회로나, 서지 방지 회로 등의 다양한 회로에 쓰이고 있다. 최초에 전자를 방출하는 캐소드(음극)와 전자를 흡수하는 애노드(양극)로 구성된 2개의 플레이트 전극을 가지고 있는 진공관을 뜻하는 것이었다. 토마스 에디슨이 백열전구 실험을 하다가 필라멘트에서 금속판(플레이트)으로 전류가 흐르는 것을 보고 발견한 에디슨 효과를 이용하여 탄생한 최초의 형식이 다이오드의 시작 진공관 개념이다.

우리가 생각하는 자동차용 다이오드는 정류기(rectifier)라고도 부르는 반도체 다이오드와 발광다이오드(LED, Light Emitting Diode)일 것이다.

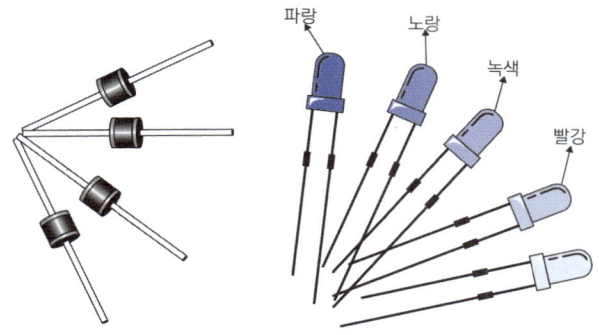

반도체다이오드와 발광다이오드

반도체 다이오드는 2극 정류관과 같이 양극(anode)에서 음극(cathode)으로만 전류가 흐르는 소자를 뜻하며, 구조가 반도체로 되어있는 것이다.

또한 발광다이오드(LED)는 자동차 분야뿐만 아니라 형광등과 같은 조명 시장에 매우 중요한 부품으로 쓰이고 있으며, 작은 전류로 오랜 수명 유지한다는 장점이 있다. 전기 효율이 백열등보다 몇 배 이상 높아 형광등보다 훨씬 효율적이며, PN 접합 구조로 만들어져 사용하는 원소의 종류, 에너지의 양의 차에 따라 빛의 파장 길이와 색을 달리 할 수 있다. 빨간색은 주로 갈륨비소(GaAs), 초록색과 파란색은 주로 질화갈륨(GaN)를 기반으로 한다. 초록색은 갈륨인(GaP)으로 만들지만 실제로는 질화갈륨(GaN)에 알루미늄(Al)이나 인듐(In) 등의 도핑을 다르게 해서 사용하는 경우가 많다.

그 밖에 교류를 직류 전기로 변환·정류작용을 하는 「실리콘 다이오드」와 역방향 전압이 브레이크 다운(brake down) 전압이 되면 역방향으로도 전류를 흐르게 하는 「제너다이오드(zener diode)」, 발광다이오드와는 반대 개념인 빛을 받으면 전기를 발생시키는 「포토다이오드」가 있다.

나. 트랜지스터(Transistor=Trans+Resistor)

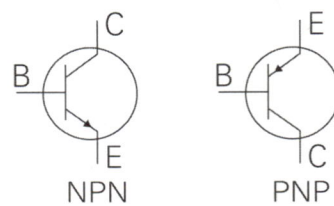

※ 베이스(Base) - 단자제어, 이미터(Emiter) - 접지, 컬렉터(Collecter) - 전원입력

N형 반도체와 P형 반도체를 PNP 또는 NPN 형태로 접합한 구조의 반도체 소자이다. 전류의 흐름 등을 조절할 수 있어 자동차 회로 구성에 있어서 중요한 반도체 소자이다. 주요한 세 가지 기능은 스위칭, 발진, 증폭 기능으로써 모든 전자 시스템에 여러 가지 형태로 사용된다.

1) 트랜지스터의 3대 기능

① 스위칭 기능 : 전원의 차단·연결하는 기능
② 발진 기능 : 흐르고 있는 전류를 지속시키는 기능
③ 증폭 기능 : 미세한 신호를 큰 신호로 증폭시켜주는 기능

질화갈륨(GaN, Gallium Nitride)
- 질소와 갈륨의 화합물. LED 업계의 성배로 불리던 청색 LED와 청색 레이저를 만드는 재료, 실리콘 보다 우수한 반도체가 될 수 있는 이유는 전자의 밴드갭이 커 전자-결합 에너지가 크기 때문에 청색이나 자외선 발광이 가능하고 전자 이동도도 높으며, 저항이 낮고 실리콘 보다 녹는 점도 높아 고온에도 안정적으로 반도체 성질을 유지할 수 있는 특성이 있다.

트랜지스터(Transistor)
- 'Transfer resistor_변화하는 저항'에서 유래된 합성어이며 작고, 가볍고, 소비전력이 적어 편리하며 트렌지스터에 반도체, 다이오드 기능을 포함시키면 증폭, 발진, 스위칭, 정류, 검파 등의 기능으로 이용이 가능하다.

게이트	기호	의미
AND	A B →⊃— Y	입력신호가 모두 1일 때 1 출력
OR	A B →⊃— Y	입력신호 중 1개만 1이어도 1 출력
NOT	A —▷∘— Y	입력신호 정보를 반대로 변환하여 출력
BUFFER	A —▷— Y	입력신호 정보를 그대로 출력
NAND	A B →⊃∘— Y	NOT + AND, 즉, AND의 부정
NOR	A B →⊃∘— Y	NOT + OR, 즉 OR의 부정
XOR	A B →⊃— Y	입력신호가 모두 같으면 0, 한 개라도 틀리면 1 출력
XNOR	A B →⊃∘— Y	NOT + XOR, 즉 XOR의 부정

논리회로

2) 전계 효과 트랜지스터(FET, Field Effect Transistor)

FET(Field effect transistor, 전계효과트랜지스터)는 일반 접합 트랜지스터와 외관은 유사하나 내부구조와 동작원리는 전혀 다르다. FET는 각종 고급 전자기계와 측정 장비, 자동 제어회로 등에 이용되며, FET를 구조에 의해 분류하면 J-FET와 MOS-FET의 두 종류가 있다.

P형 반도체로 된 P 채널형은 정공이 전류를 운반하는 것으로 PNP형 트랜지스터와 비슷하고, N 채널형은 전자가 전류를 운반하는 것으로 NPN형의 트랜지스터와 유사하다.

전계 효과 트랜지스터
(FET, Field Effect Transistor)

JEEF		MOSFEET (Insulated Gate FET)			
Depletion – mode		Depletion – mode		Enhancement – mode	
N Channel	P Channel	N Channel	P Channel	N Channel	P Channel

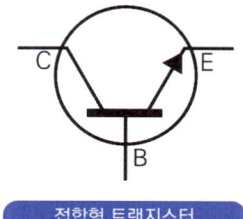
접합형 트랜지스터

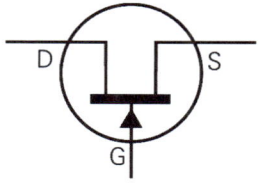
전계효과 트랜지스터 (FET)

※ 게이트(Gate), 드레인(Drain), 소스(Source)

제2장 자동차 전기회로

1. 회로 일반

제1절 자동차 전기의 특성과 제2절 전기의 3요소에서 자동차는 DC(직류, direct current), AC(교류alternating current)를 사용하고, 전압(E)의 단위는 볼트(Volt)를, 저항(R)의 단위는 옴(Ohm)을 사용하고, 전류(I)는 전자의 이동으로, 단위는 암페어(Ampere)로 한다고 배웠다.

이러한 요소들이 우리 자동차에 무수히 많이 장착되어 각종 신호를 주고 받거나, 기계적 작동을 하게 하는 전기가 움직이는 길을 만들어주는 것을 전기회로(electrical circuit)라 한다. 다양한 전기적 소자들이 전기 전도체인 전선을 통하여 연결되어, 폐회로 상에서 전원(배터리, 발전기), 전선, 저항, 작동부품으로 나란히 연결된 것이 전기회로의 가장 기본적인 예이다.

공급되는 전기가 교류이냐 직류이냐에 따라 교류회로, 직류회로라고 말할 수 있으며, 친환경 자동차에서는 고전압 회로라는 새로운 용어가 나오고 있다.

가. 회로도와 전기회로

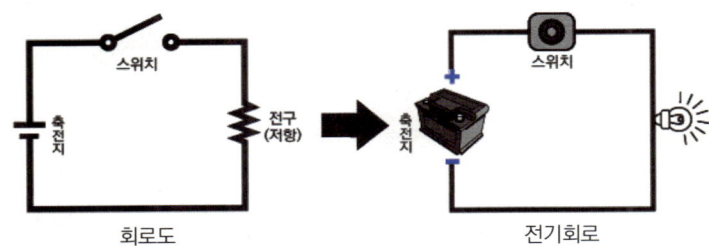

회로도란 각 부품 및 소자들을 약속된 표준 기호를 사용하여 표현한 도면으로, 전기의 흐름과 각 부품의 명칭, 통신체계 등의 체계를 쉽게 볼 수 있도록 한 것이다.

나. 저항 읽기

띠 색상	첫째숫자	둘째숫자	셋째숫자	허용오차(%)
검정색	0	0	1Ω	
갈색	1	1	10Ω	±1%(F)
빨간색	2	2	100Ω	±2%(G)
주황색	3	3	1KΩ	
노란색	4	4	10KΩ	
초록색	5	5	100KΩ	±0.5%(D)
파란색	6	6	1MΩ	±0.25%(C)
보라색	7	7	10MΩ	±0.10%(B)
회색	8	8		±0.05%
흰색	9	9		
금색			0.1	±5%(J)
은색			0.01	±10%(K)

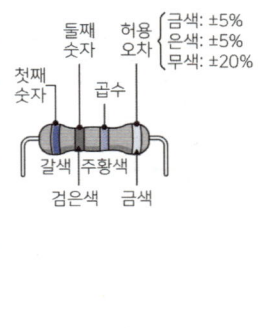

(저항값 계산) 갈색1 × 검정색10 × 주황색1,000 → 10,000Ω ± → 10KΩ

2. 전압 강하

전압 강하란 동일한 전원의 특성을 가진 전기회로(배선)에서 임의의 어느 점에서 또 다른 임의의 점까지 나타나는 전압의 차이이다.

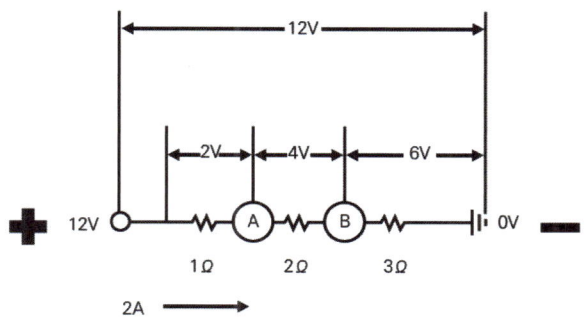

위 그림에서와 같이 전압 강하는 좌측 12V(+)에서 출발하여 우측 접지 0V(-)로 흐르면서 전력 손실이 생기는 현상이다. 저항을 거치면서 전압이 약해지는 것이다. 직렬로 연결된 합성저항은 모두 6Ω이므로, 좌에서 우로 흐르는 전류(A)의 값은 2A(V = I × R, 12 = I × 6Ω)이다. 1Ω, 2Ω, 3Ω의 저항을 거치면서 2A 전류는 그대로 흐르지만 전압 손실은 2V, 4V, 6V로 순차적으로 전압 강하가 생기는 것이다.

3. 키르히호프의 법칙

가. 키르히호프의 법칙

1) 제1 법칙 : 회로 내에서 임의의 한 점으로 입력되는 전류의 총합은 출력되는 전류의 총합과 같다.

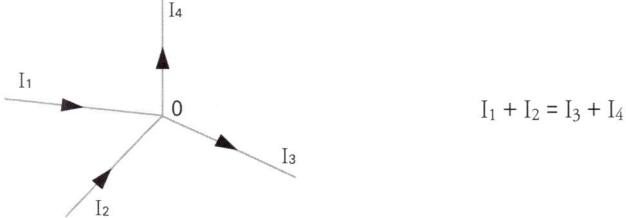

$$I_1 + I_2 = I_3 + I_4$$

2) 제2 법칙 : 임의의 폐회로에서 기전력과 전압 강하의 총합은 같다.

※ 전압은 저항을 거치면 전압의 크기가 낮아(down)진다.

나. 앙페르의 오른나사의 법칙

전류의 단위 암페어(A)는 앙페르의 이름에서 온 것이다. 프랑스 물리학자 앙페르(André-Marie Ampère, 앙드레마리 앙페르 1775.1.20.~1836.6.10.)는 「전자기 유도 현상」과 「전기 역학」연구에 공헌하였다. 자동차공학에서는 전류의 방향을 오른나사의 죄임 방향(진행 방향)과 일치 시키면 자력선의 방향은 나사가 회전하는 방향으로 작용한다는 「앙페르의 오른나사 법칙」이 만들어졌다.

키르히호프
- 독일의 물리학자 구스타프 키르히호프(Gustav Kirchhoff, 1824~1887)이름에서 만들어진 이 법칙으로 키르히호프는 전하량 보존 및 에너지 보존에 기초하여 유도된다는 것을 정립하였다.

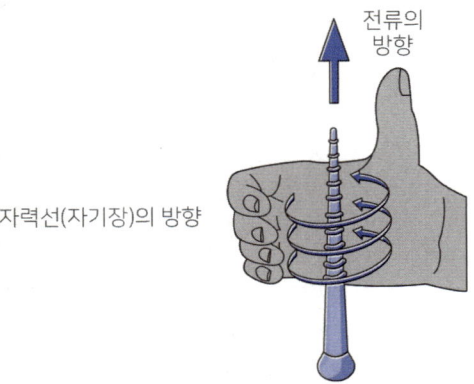

전류의 방향

자력선(자기장)의 방향

4. 회로 기호

구분	심볼	내용	구분	심볼	내용
구성부품	▢ (실선)	실선으로 표시된 구성부품은 전체 해당 구성품을 의미한다.	커넥터	10↗M05-2↘ 수커넥터/암커넥터	구성 부품위치 색인표 상에서 참조용으로 각 커넥터의 이름을 나타낸다. 해당단자의 번호가 표시된다. (해당 회로도에서 관계되는 단자만 표시된다.)
	▢ (점선)	점선으로 표시된 구성부품은 해당되는 필요 부분만 표시 된 것을 의미한다.		R YL 3↑--1↑ E35 R YL	점선은 각각의 두개의 와이어가 동일한 커넥터(E35)상에서 접속됨을 의미한다.
		커넥터가 구성 부품에 직접 연결	와이어	B∿	물결무늬 선은 끊어져 있지만 이전 또는 다음 페이지에 연결되어 계속된다.
				Y/R	노란 바탕의 적색 줄무늬 선. (2가지 색 이상으로 피복된 선)
		구성 부품에 커넥터가 리드선으로 연결		좌측 페이지에서 △A / 우측 페이지에서 △A	전류 흐름이 내부에 같은 문자를 갖는 같은 페이지 혹은 다른 페이지의 화살표로 연결됨. 화살표 방향 전류 흐름의 방향임.
		구성 부품 자체의 스크류 단자를 의미함.		R↓ 회로도 이동	다른 회로와 공유하는 부분임을 표시함. 화살표가 지시하는 회로에 서 와이어가 다시 나타남
				자동변속기 G 수동변속기 G G	선택사양 혹은 다른 차종에 대한 와이어의 흐름을 표시한다. (해당 사양에 기준한 회로를 판별토록 지시한다.)
	⏚	이 접지 심볼은 부품의 하우징이 직접 차량의 금속 부위에 붙혀진다는 의미.	와이어 조인트	L• L	조인트는 선에 점을 찍어서 나타내며 차량에서의 실제적인 위치와 연결은 변화 할 수 있다
	헷드등스위치 P.12 C.10-2	구성 부품의 명칭: 상단부에는 해당 구성 부품의 이름을 나타낸다. 구성 부품 위치도의 사진 번호와 커넥터 정보 페이지를 나타낸다.	접지	⏚ G06	이는 차량의 금속 부분에 접속되는 와이어의 끝선을 나타냄

구분	심볼	내용	구분	심볼	내용
실드 와이어		와이어에 전파 차단 보호막에 둘러싸여 있는 것을 나타내며, 항상 접지상태에 된다. (주로 엔진 및 T/M을 컨트롤하는 센서측에 사용된다.)	램프		더블 필라멘트 싱글 필라멘트
조인트 커넥터		커넥터 내부에서 와이어가 조인되는 커넥터임.	다이오드		다이오드 - 한 방향으로만 전류를 통과시킨다. 발광 다이오드 - 전류가 흐를 때 빛을 발생한다. 발광 다이오드 - 역방향으로 한계이상의 전류를 흘리면 순간적으로 도통한다.
슬로우 블로우		전원 공급 상태 엔진룸 퓨즈&릴레이 박스 명칭 용량	TR		스위칭 또는 증폭작용을 한다.
퓨즈		전원이 이그니션 OMF 상태에서 공급되는 것을 의미함. 실내 퓨즈&릴레이 박스 다른 퓨즈와 연결되어 있다는 뜻 퓨즈 명칭 퓨즈 용량	일반 부품 심볼		스위치(2개) - 연결된 점선으로 스위치는 동시에 작동되며 가는 점선은 스위치 사이의 기계적 관계를 나타낸다. 스위치(1개 접점) 히터
파워 커넥터		배터리 상시 전원 제어			

구분	심볼	내용	구분	심볼	내용
일반부품심볼		센서	일반부품심볼		콘덴서
		센더			스피커
		인젝터			혼, 경음기, 부제, 사이렌
		솔레노이드	릴레이		코일을 통한 전류의 흐름이 있을때 스위치가 접속됨.
		모터			코일을 통한 전류의 흐름이 없을 때의 릴레이를 나타냄. 코일을 통해 전류가 흐르면 스위치는 점속됨.
					다이오드 내장 릴레이
		배터리			저항 내장 릴레이

5. 회로도 판독 실무

정지등 회로

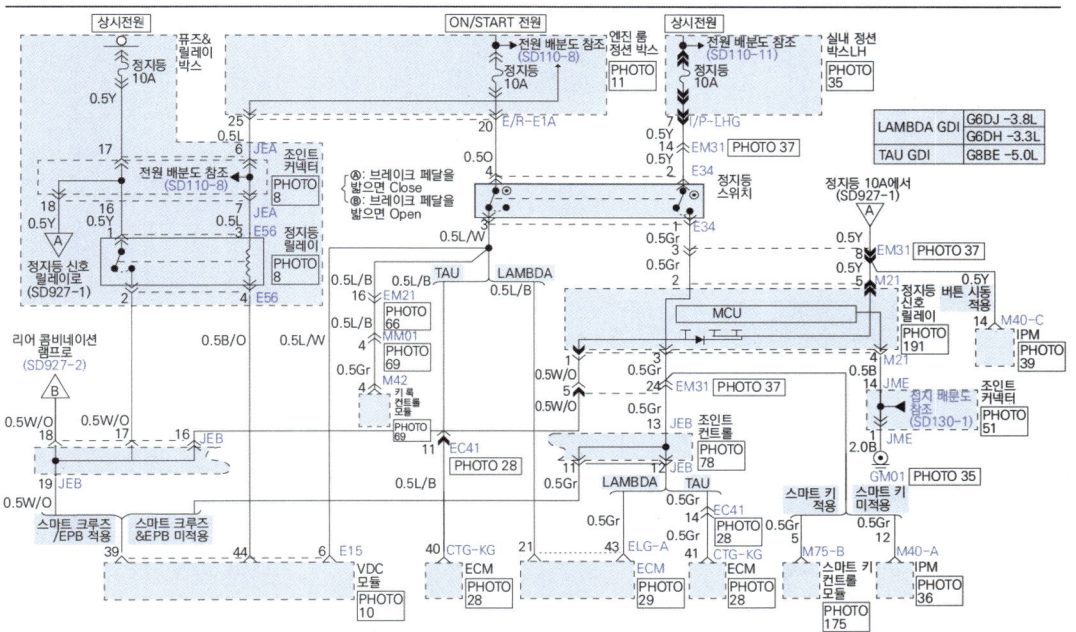

와이퍼 & 와셔회로

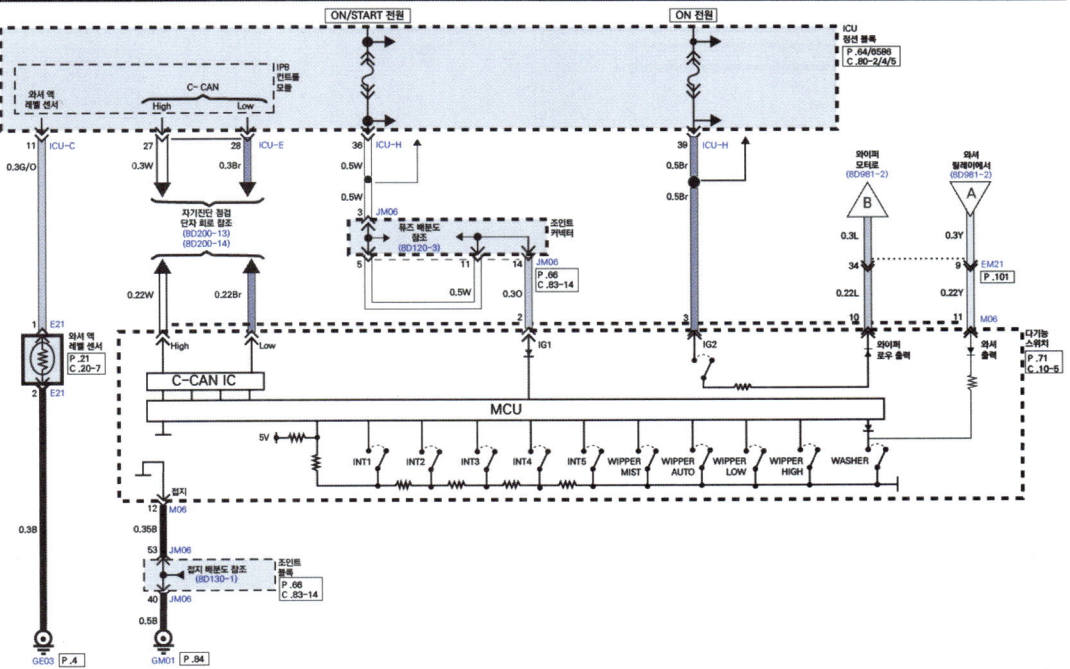

차속 회로

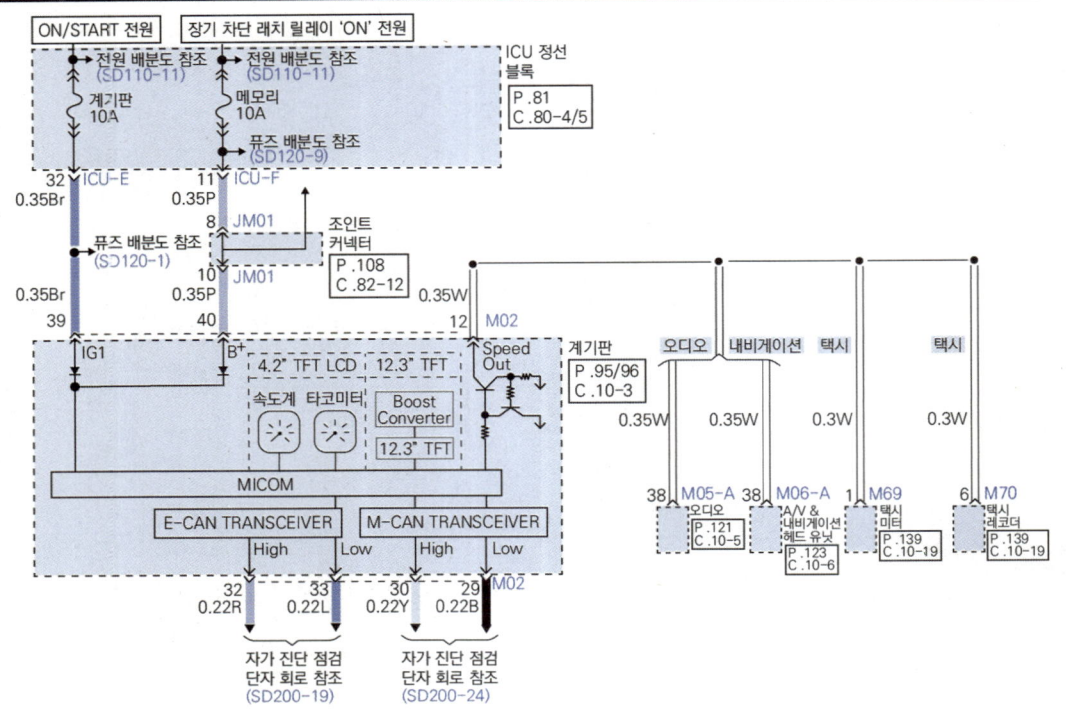

충전 회로

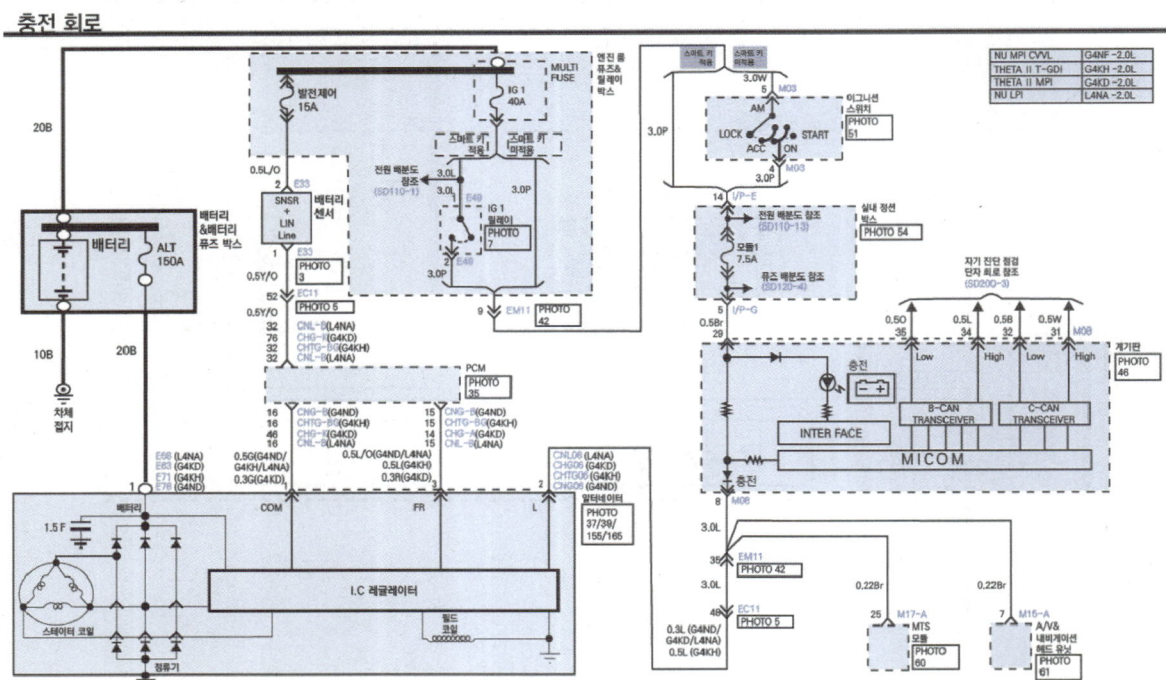

충전 회로

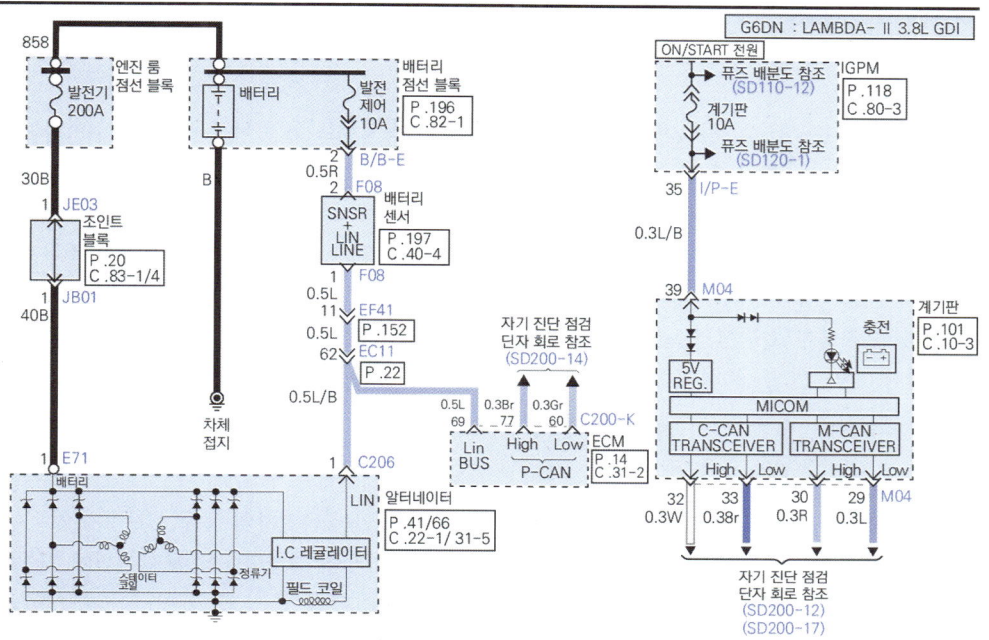

엔진 컨트롤 회로(G6DS : G6DIII 3.5 FR T-GDI)

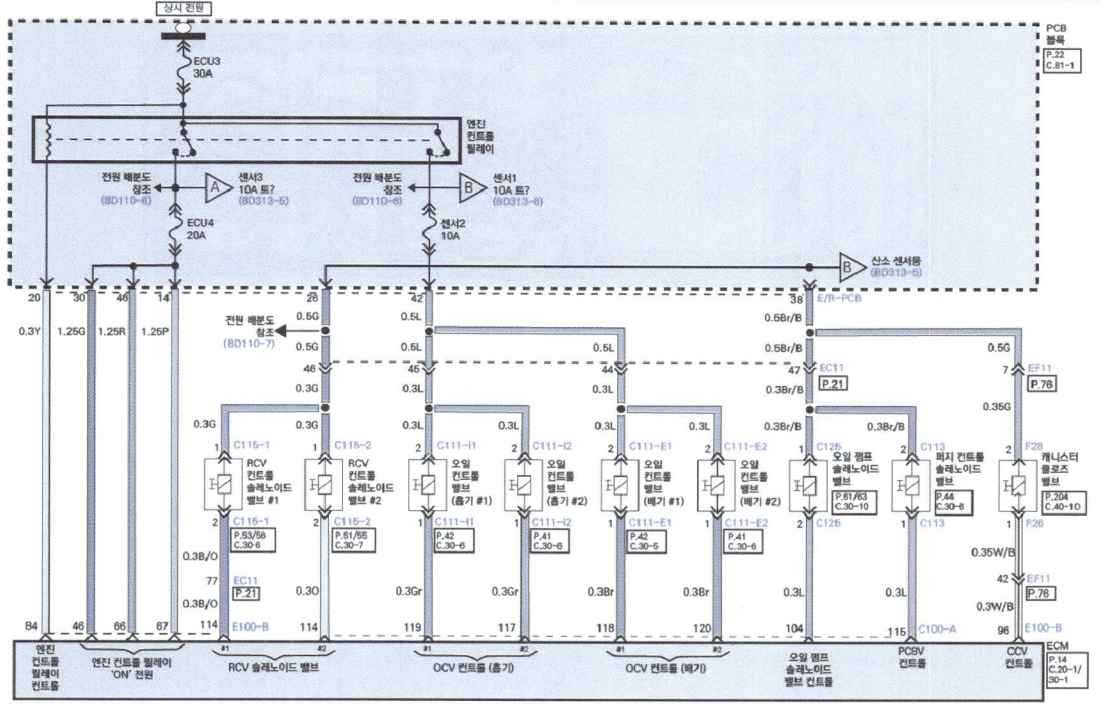

와이링 하네스
- 배선의 총 집합체, 각종 스위치 및 센서로부터 발생되는 다양한 정보를 해당 부품에 전달시켜 주는 중간 전기통로 다발

제3장 조명과 계기 장치

1. 조명과 계기 일반

자동차의 조경은 야간 주행 중 반드시 필요한 기능이다. 특히 헤드라이트(전조등)는 야간 주행 시 없어서는 안 될 기능으로 많은 헤드라이트의 신기술들이 접목되어 출시되고 있다. 조명용으로 쓰일 뿐 아니라, 신호 및 지시, 각종 표시용으로 전기의 기본 회로 구성에 안전과 간헐적 제어를 위한 릴레이도 추가하여 장착된다. 계기판(計器板) 또는 우리가 흔히 말하는 대시보드(dashboard)는 자동차 실내에서 운전자 바로 앞에 위치하여 차량 운전의 조작 및 제어 현황을 계기판을 통해 운전자에게 알림으로써, 자동차 고장 시 각종 경고 메시지를 띄워 안전 확보를 위한 위험한 상황을 사전에 예고하고, 자동차의 주행 속도와 유량 및 엔진 온도 등 사전에 지식을 습득한 운전자가 각종 정보를 확인할 수 있도록 한다.

영어 낱말 '대시보드'는 원래 말을 모는 사람을 흙이나 기타 잔해로부터 보호하기 위해 만들어진, 나무나 가죽으로 된 장벽을 가리켰다.

오늘날의 계기판에는 측정기 및 정보, 기후 제어, 엔터테인먼트 시스템도 있어 운전자의 눈에는 보이지 않는 계기판 뒤에는 무수히 많은 전선과 컨넥터, 조명들로 가득 차 있다. 이런 복잡한 배선의 간소화를 위해 계기판에 인쇄기판을 적용하여 다양한 표시등과 표시에 공급되는 전류를 되도록 간결하게 연결하고 있다. 마치 하나의 컴퓨터 기판과 같이 연결돼있는 것이다.

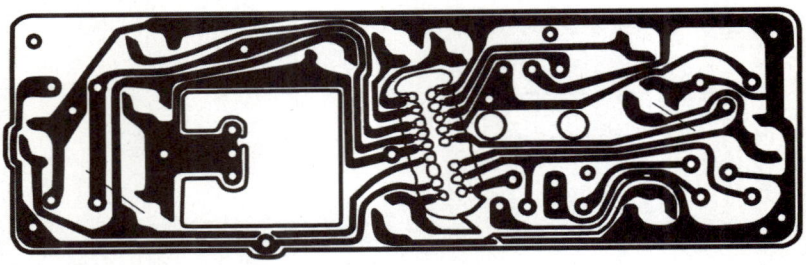

인쇄기판으로 연결된 계기판 후면

크래쉬패드(Crash Pad)
- 대시보드는 크래시 패드(crash pad)라고도 불리는데, 이는 단어 뜻 그대로 충돌 사고 시 발생하는 충격을 흡수해 탑승자를 보호한다는 기능적 의미를 내포하고 있다. 자동차 실내에서 운전자 전면에 펼쳐지는 가장 큰 부품으로, 자동차의 실내 분위기를 결정짓는 주요 디자인 요소이다.

인포테인먼트(infotainment)
- 정보를 의미하는 인포메이션(information)과 다양한 오락거리를 일컫는 '엔터테인먼트(entertainment)'의 개념을 결합한 통합 멀티미디어 시스템. 내비게이션이, 오디오, 자동차가 제공하는 각종 정보 확인 기능을 조작하기 위한 장치가 장착되어 있다.

2. 감광식 룸 램프

제어방식에 따라 일반형 룸램프와 감광식 룸램프로 분류하는데, 룸램프는 자동차의 실내를 조명하는 장치로써, 할로겐 전구와 LED 전구를 사용하여 대부분 실내 천장에 위치하고, On-Off 자동 조명(Auto lighting) 기능이 있다.

자동차 룸램프는 운전자의 스위치 설정에 따라 차 문 개·폐시 자동으로 작동하며, 일반 룸램프 기능에 운전자가 편리하게 내리고 탈 수 있도록 룸램프의 밝기가 단계별 밝기로 서서히 꺼지도록 한 기능이다. 탑승자의 시각을 더욱 편하게 한 장치가 감광식 룸램프인데, 안전과 시야 확보의 편의를 제공하는 취지로 개발되었으며 도어가 열릴 때 점등되어 도어가 닫힐 때 즉시 75% 감광한 뒤 서서히 감광하여 4~6초 뒤에 완전히 소등되는 것이 일반적이다.

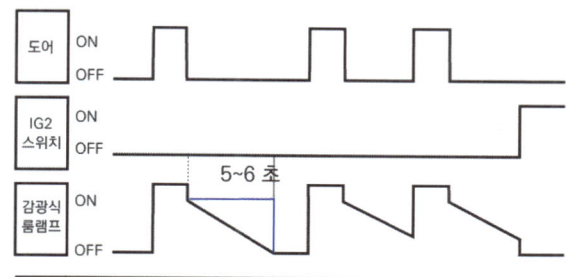

감광식 룸 램프 작동 곡선
- 도어 열림 시 램프 점등, 도어 닫힘 시 약 75% 감광 후 5~6초간 서서히 감광되다가 완전히 꺼짐
- 감광식 램프 작동 중에도 운전자가 시동 스위치2(IG2) ON의 경우 룸램프는 바로 꺼짐

할로겐
- 기율표의 오른쪽에 위치한 17족 원소(비금속 원소), 상온에서 물질의 4가지 상태(고체, 액체, 기체 및 플라즈마) 중 3가지 상태(고체, 액체, 기체)로 존재할 수 있는 원소를 포함하는 유일한 원소 그룹

3. 오토 헤드라이트

오늘날 도시 환경은 각종 조명시설이 뛰어나 운전자가 야간 주행 상황 시 주변의 밝기를 고려하지 못하여 헤드라이트를 끄고 다니는 경우가 종종 발생한다. 이는 타 차량과의 접촉사고를 유발할 수 있는 아주 위험한 것이다. 또한 주간에도 터널 진입 시 헤드라이트를 켜지 않아 앞차와의 거리 유지 판단이 어렵고, 선행 차량으로 하여금, 후방 차량에 대한 시야 확보가 어려워 부득이한 차선변경 시 추돌 사고로 이어질 수도 있다. 이러한 여러 상황들을 고려하여 자동차에 내장된 오토 라이트 기능은 주변에 밝기에 따라 자동으로 헤드라이트를 점등, 소등하여 운전자의 편의를 향상시키고, 안전사고 예방에도 기여하고 있다.

가. AHLS(Auto Head-lamp Leveling System, 오토 헤드램프 레벨링 시스템)

야간 주행시 맞은 편 교행 차량의 헤드라이트로 시야가 좁아지고, 주변 상황이 다소 어두운 도심 외곽지역의 운행에는 어려움이 많다. 특히 코너링에서의 시야 확보는 어려워 이러한 문제점을 보완하여 코너링 시에도 내 차가 가고자 하는 방향으로 헤드라이트 각도가 변하여 비춰주는 안전장치이다. 특히 차체의 기울기에 변화에 따라 헤드램프 빔의 상하 각도 변화에 따라 보상해 주는 것이 AHLS의 특징이다.

AHLS(Active Hood Lift System)
- 차량과 보행자 충돌 시 보행자의 머리상해 감소를 위하여 후드 후방을 상승시키는 시스템(엔진룸 부품과의 2차 충돌 예방 및 충격 완충 효과)

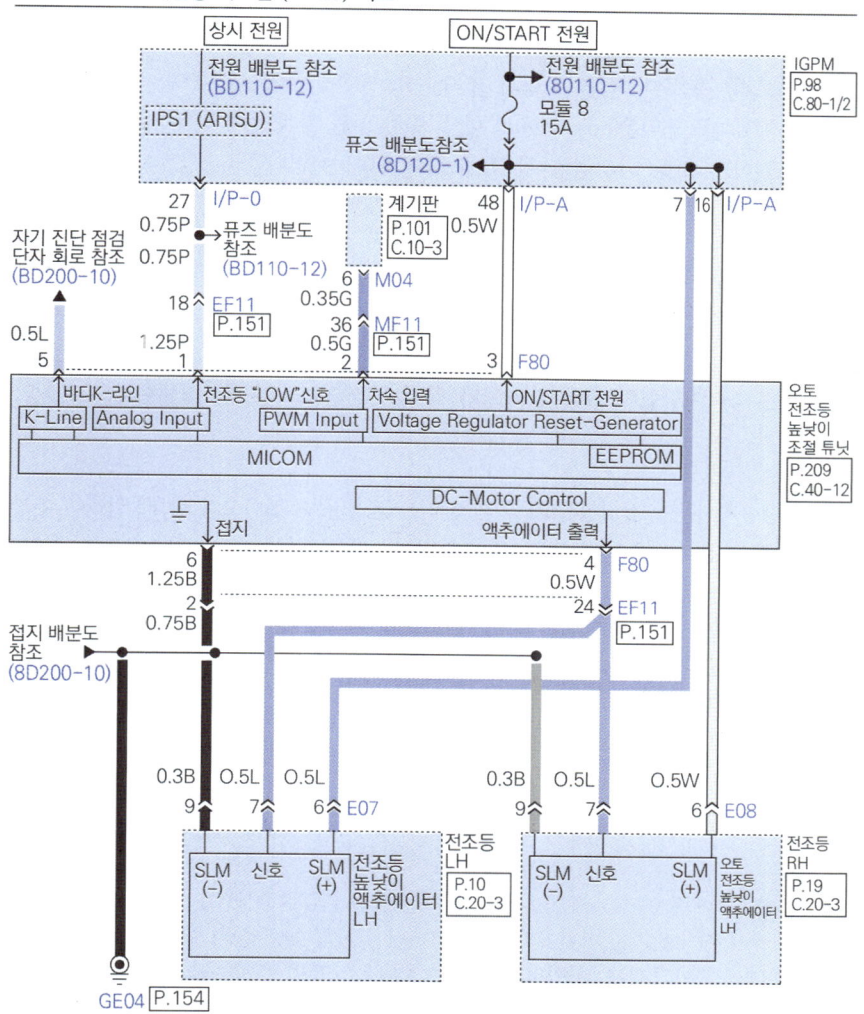

나. DBL(dynamic bending light, 다이나믹 밴딩 라이트)

헤드램프의 좌우 각도를 조절하여 진행 방향의 시야를 확보해 주는 오토 라이트 시스템으로써, 스태틱 코너링의 한계를 극복한 것이다.

자동차의 부하 변화에 따라 서스펜션의 각도 역시 변화하고, 이 변화량에 따라 적절한 신호를 헤드램프 레벨링 디바이스에 보내어 오토라이트 액추에이터를 구동하여 코너링 주행 시야를 확보하게 된다.

다. AFLS(adaptive front lighting system, 가변형 전조등)

AHLS와 DBL 합쳐 놓은 형태라고 보면 된다. 가변형 전조등이라는 이름에 걸맞게 상하, 좌우의 각도 변화가 이뤄지면서 가장 넓은 시야 확보를 하는 오토라이트이다. 핸들 방향과 조작 속도에 따라 헤드라이트를 좌우로 조절하며, 주행 시 급 브레이크 작동으로 인한 차체의 노즈다운(nose down) 현상, 승차 인원 및 화물의 적재 시 차체의 기울기에 따라 헤드라이트를 상하 각도를 조절하며 주행 안정성을 한 차원 높게 끌어 올렸다.

라. 스태틱 밴딩 라이트(코너링 램프)

헤드램프 옆에 또 다른 보조 헤드램프를 장착하여 운전자의 스티어링 휠의 회전방향에 따라 점등되는 방식으로 다이나믹 밴딩 라이트와 비교할 땐 한 단계 아래인 오토라이트 시스템이다. 스태틱 밴딩 라이트는 주행 속도에 따라 점등 조건이 달라지기도 하는데, 저속(10km/h이하)에서는 스티어링 휠의 코너링 각도가 커야 작동하고(약 100도 일 때), 그 외 속도(10km/h이상)에서는 스티어링휠의 코너링 각도가 작아도(약 35도 일 때) 작동한다.

4. 방향지시등, 제동등, 후진등

자동차가 좌우 진행 방향을 알리는 방향지시등과 정지하려고 할 때 알리는 제동등, 후진하고자 할 때 알리는 후진등에 관한 법률적 규칙에 관한 것은 자동차 안전기준에 관한 규칙 제44조 방향지시등, 제43조 제동등, 제39조 후진(퇴)등 명시되어있다. 방향지시등, 제동등, 후진등은 우리가 모르는 바가 아니다. 그러나 주행 중 안전사고에 많은 영향을 주는 규칙은 법에 어느 부분에 있는지는 알고 있어야 한다. 다시 정리해 보면 이렇다. 자동차 안전기준에 관한 규칙 > 제2장 자동차 및 이륜자동차의 안전기준 > 제1절 자동차의 안전기준 > 제44·43·39조에 명시되어있다. 내용은 아래와 같다.

가. 방향지시등

제44조(방향지시등) 자동차에는 다음 각호의 기준에 적합한 방향지시등을 설치하여야 하며, 보조 방향 지시등을 설치할 수 있다.
1. 자동차의 앞·뒷면(피견인자동차의 경우에는 앞면을 제외한다) 양쪽 또는 옆면에 차량중심선을 기준으로 좌우대칭이 되고, 등화의 중심점은 공차상태에서 지상 35센티미터이상 200센티미터 이하의 높이가 되게 할 것. 다만, 옆면에 보조 방향 지시등을 설치 할 경우에는 길이가 600센티미터 미만의 자동차에 있어서는 자동차의 가장 앞에서 200센티미터이내, 길이가 600센티미터 이상의 자동차에 있어서는 자동차의 가장 앞에서 자동차 길이의 60퍼센트이내의 위치에 설치하여야 한다.
2. 차량중심선과 평행한 등화의 중심점을 기준으로 자동차 외측의 수평각 45도에서의 1등당 투영 면적이 12.5제곱센티미터 이상일 것 (이하 생략)

나. 제동등

제43조(제동등) ① 자동차의 뒷면 양쪽에는 다음 각호의 기준에 적합한 제동 등을 설치하여야 한다.
1. 제15조 제8항 및 제9항에 따라 작동될 것
2. 등광색은 적색으로 할 것 (이하 생략)

---

nose down
- 차량의 제동 작용 시 바퀴는 정지하고 차체는 관성에 의하여 진행 방향으로 이동하려는 성질을 가져 앞 범퍼 부분이 아래로 내려가고 뒷 범퍼 부분이 위로 올라가는 현상

제동등

다. 후진등

> 제39조(후퇴등) 자동차의 뒷면에는 다음 각호의 기준에 적합한 후퇴등을 설치하여야 한다.
> 1. 2개 이하로 설치할 것
> 2. 등광색은 백색 또는 황색으로 하고, 등화의 중심점은 공차상태에서 지상 25센티미터 이상 120센티미터 이하의 높이에 설치할 것(이하 생략)

5. 계기 장치(연료계, 온도계, 엔진 경고등, 속도계)

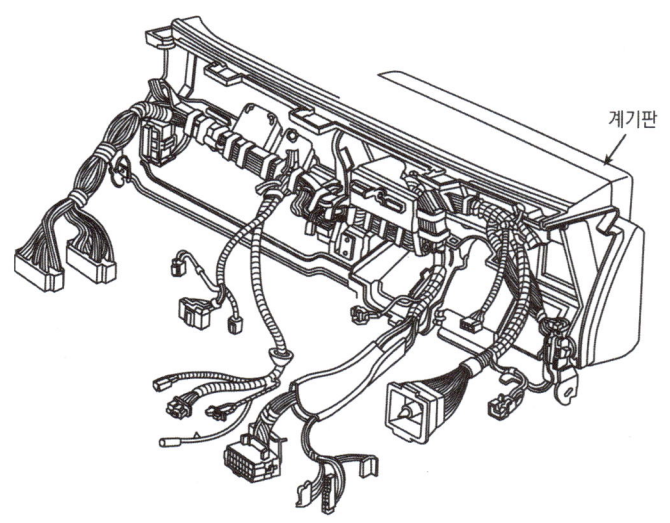
계기판

계기 장치는 조명과 계기 일반에서 언급한 바와 같이 운행 중 운전자에게 자동차의 상태 정보를 제공하는 장치로써, 운전자 안전 확보에 도움을 주고 차량 고장 징후 시 신속한 정비 조치를 하여 더 큰 고장이 발생 예방할 수 있는 장치이다.

그중 가장 중요한 정보는 연료계, 온도계, 엔진 경고등, 속도계 정보 표시로써 연료의 충만 상태와 주입된 연료로 주행 가능한 거리 산출 등을 알려 주는 것이 **연료계**이다.

또한 엔진 및 변속기, 기타 부품들의 적정 온도 유지의 중요성은 전반적인 열효율을 극대화하고, 과다 열로 인한 부품 손상을 방지하고, 심각한 화재 사고 예방을 지원하는 것이 **온도계**이다.

엔진 경고등은 전반적인 자동차 상태를 모니터링하고 고장 진단 결과를 표출하는 것으로써, 종합 컨트롤 타워의 메시지라고 볼 수 있다.

마지막으로 주행 상황에서 도로 여건과 악천후 시 안전 속도를 유지하고, 적정 변속단에 따른 속도 변화를 운전자가 판단할 수 있도록 하는 **속도계**가 있다.

제4장 시동·점화·충전 장치

1. 시동 전동기 구조와 명칭

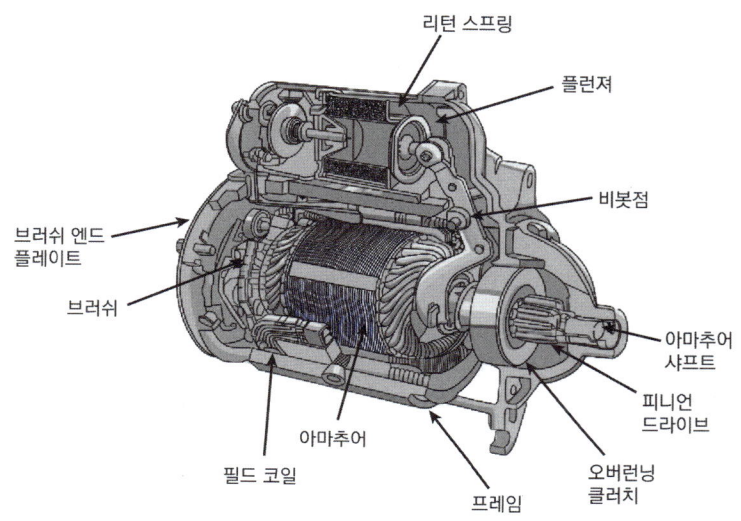

- 하우징(Housing) : 모터의 외형을 감싸는 부품
- 전기자(armature)코일과 계자코일 : 전류를 주면 자기장이 상호작용으로 회전하는 부품
- 계철(Yokes) : 코일의 고정, 자력 손실 방지
- 정류자(commutator) : 전류의 방향을 일정하게 유지 시키는 역할
- 브러시(brush) : 정류자에 접촉되어 코일에 전류 공급
- 오버 러닝(over running) 클러치 : 엔진 동력의 전달, 단속 시 시동모터 보호(무부하 유지)
- 피니언 기어(Pinuon gear) : 전기자의 회전을 엔진 플라이휠에 전달
- 솔레노이드 스위치(Solenoid switch)
  ① 내부 : 플런저와 리턴 스프링, 풀인 코일(Pull-in)과 홀드인(Hold-in) 코일
  ② 외부 : 스타팅 신호 S단자, 배터리 (+)전원 B단자, 모터의 브러쉬와 연결된 M단자
  ③ 점화스위치를 돌리면 S단자를 통해 풀인·홀드인 코일에 전류가 흐르고, 플런저가 뒤로 당겨지면서 B단자와 M단자가 연결(풀인코일 전류는 단락, 홀드인 코일 전류 유지)되어 모터가 회전하게 된다. 점화스위치를 Key ON 상태로 되돌리면 코일 전류 차단(자력으로 유지되던 홀드인 코일의 전류 차단)되고 리턴스프링에 의해 플런저 원위치로 복귀, 피니언기어와 플라이휠 링기어는 분리된다.

오버러닝 클러치(over running)
- 자동차 엔진이 시동 후에도 피니언이 링 기어와 맞물려 시동 모터가 파손되는데 이를 방지하기 위해 엔진의 회전력이 시동모터에 전달되지 않도록 차단하는 것을 말한다.

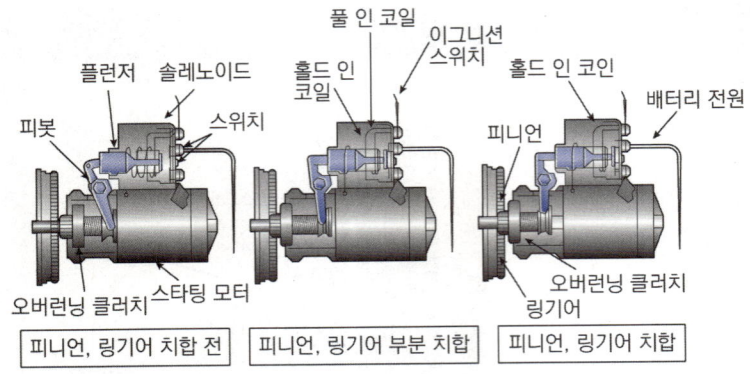

시동모터(기동전동기)의 작동원리를 추가 설명하면, 전류의 자기작용에 의한 전자력을 이용한 **플레밍의 왼손법칙***이 응용된 것으로써 시동모터 주단자에 전류가 흐르면 계자권선과 브러시를 통해 정류자(commutator)로 흐르고, 브러시는 정류자와 맞닿아 전류를 주고받으며 전기자(아마추어, armature)축과는 전류가 흐르지 않는 절연 상태이다. 링 모양의 구리 막대로 구성된 정류자는 전기자를 둘러싸고 있는 굵은 권선 다발과 연결되어 권선과 그라운드에 맞닿은 브러시 전류를 통해 회전하고, 전류는 다시 배터리로 보내지게 된다.(*발전기는 플레밍의 오른손 법칙 원리 적용)

시동모터는 정지되어있는 엔진이 스스로 회전할 수 없는 상태에서 배터리로부터 오는 전기적 힘을 모터의 회전력으로 변환시켜 크랭크축을 강제 회전시키고 엔진을 작동시키는 장치이다.

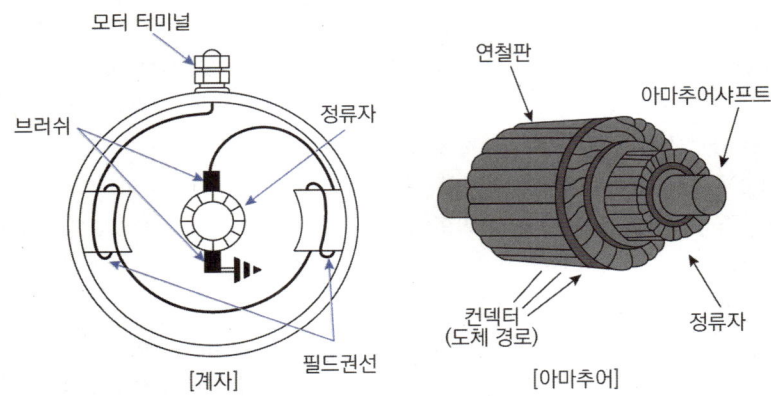

계자(field-frame assembly)와 전기자(armature)

플레밍의 왼손 법칙
- 자기장 속에 있는 도선에 전류가 흐를 때 자기장의 방향과 도선에 흐르는 전류의 방향으로 도선이 받는 힘의 방향을 결정하는 규칙

정류자(commutator)
- 회전하면서, 전기자에 감긴 코일의 전류 방향을 계속 바꾸어가며, 전기자에 의해 발생된 유도 기전력을 직류로 변환시켜주는 것

플레밍의 오른손 법칙
- 자기장 속에서 도선이 움직일 때 자기장의 방향과 도선이 움직이는 방향으로 유도기전력의 방향을 결정하는 규칙

2. 직류 직권 전동기

자동차에 쓰이는 모터의 종류는 직권식(직렬), 분권식(병렬), 복권식(직·병렬)이 있다. 기동전동기에 사용되는 것은 회전력이 크고 회전속도의 변화가 큰 직권식(직류 직권식 모터)을 사용한다.

이 모터의 종류를 구분하는 원리는 계자코일과 전기자코일의 연결 방식이 직렬 또는 병렬 여부에 따라 구분한다. 전동기의 종류별 특징과 시동 전동기에 요구되는 조건을 살펴보면 다음과 같다.

가. 전동기(모터)의 종류별 특징

- 직권식(직렬) : 회전력이 크고 회전속도 변화가 큼(기동전동기)
- 분권식(병렬) : 회전속도가 일정하고 회전력이 비교적 작음(파워 윈도우 모터, 팬 모터)
- 복권식(직·병렬 혼합) : 초기 회전력이 크고 후기 속도가 일정(와이퍼 모터)

나. 시동 전동기(모터)의 요구조건

시동 전동기는 최초 엔진의 시동 시에만 사용되고 평시 운행 중에는 사용되지 않고 자동차에 부착되어 운행된다. 고장 시 작업의 용이성과 차체 경량화, 저렴한 부품가 실현을 위해 되도록 **작고 가벼워야** 하며, 엔진과 함께 장착되어 있으나 주로 변속기와 엔진의 연결라인 차체 하부에 장착되기 때문에 주행 시 빗물, 노면의 불순물로부터 보호되도록 최소한의 **방수, 방진성**을 갖추어 제작되어야 한다. 또한 **작은 배터리 용량으로도 작동**이 잘되도록 내부구조가 효율적으로 설계되어야 한다.

$$\text{시동 전동기의 회전력} = \text{크랭크축 회전력} \times \frac{\text{피니언 기어 잇수}}{\text{링기어 잇수}}$$

3. 트랜지스터 방식 점화장치

제1장 기초 전기·전자에서 트랜지스터에 관하여 언급한 바와 같이, 트랜지스터(TR)는 N형 반도체와 P형 반도체를 PNP 또는 NPN 형태로 접합한 구조의 반도체 소자로써, 전류의 흐름을 조절할 수 있는 주요한 스위칭, 발진, 증폭 기능을 가지고 점화장치에 적용되고 있다. 이것은 배전기의 접점을 사용하여 1차 전류를 개폐하던 과거 접점 방식의 점화장치와 대조되는 것으로써 현재 많은 자동차에 적용되는 점화 방식이며, 「무 접점식 트랜지스터 점화방식」이라고도 한다. 간단히 말하면 점화장치의 성능 향상을 위해 1차 전류를 TR신호와 연동하여 점화시기를 제어하는 것이다. 트랜지스터(TR, transistor)는 트랜스퍼(transfer, 신호전달)와 레지스터(resistor, 저항기)의 합성어로 수십~수백 볼트의 전압으로 작동되는 진공관(전구의 필라멘트)과는 달리 트랜지스터는 1.5~3V 정도의 낮은 전압으로도 작동된다. 트랜지스터는 낮은 에너지로도 작동되고, 수명도 길다. 진공관이나 트랜지스터나 똑같이 전자가 작용하고, 그것으로 일을 하고 있으나 진공관은 공간이라는 환경에서, 트랜지스터는 고체(solid state)라는 환경에서 일을 하고 있어, 트랜지스터가 훨씬 안정적이고, 수명도 긴 것이다.

트랜지스터 방식 점화장치의 장점은 아래와 같다.
① 고전압의 안정화
② 고속 운전 시 차단 전류 감소 적음

필라멘트
- 가는 실처럼 된 것들을 지칭. 필름(Film)과 어원을 공유하며, 백열등의 내부에 들어가는 저항을 말한다.

③ 저·고속 성능 향상
④ 정확한 점화시기 조절이 쉽고, 점화장치 신뢰성 향상
⑤ 점화 코일의 권수비 최소화 가능

4. 전자 배전 점화장치(DLI)

DLI(Distributor Less Ignition) 방식과「무 접점식 트랜지스터 점화방식」은 모두 TR을 사용하고 접점식 배전기가 없는 방식이라는 것에서 같다. 그러나「전자 배전 점화방식(DLI)」은 접점식 배전기가 없는 방식만을 말하는 것이 아니고, 점화시기를 전자적으로 계산하여 이를 ECU에 입력 후, 점화시기 등을 고려한 최상의 점화장치 구현을 한다는 것에서 다른 것이다. 즉 기계식 진각장치가 필요 없어 그 구조가 매우 간단하고, 점화코일과 점화플러그를 직접 연결하여 ECU에서 점화 제어를 하는 것이 특징이다. 전자 배전 점화방식의 종류로는 크게 코일 분배식과 다이오드 분배식으로 나눌 수 있으며, 코일 분배식은 다시 동시점화 방식(점화코일 2개, 1개 코일이 2개 점화플러그 연결)과 독립 점화 방식(점화코일 4개, 1개 코일이 1개 점화플러그 연결)으로 나눌 수 있다. 다이오드 분배식은 동시 점화 방식으로만 분류한다.

가. 코일 분배식(Coil Distributor type)

1) **동시 점화 방식** : 점화코일 2개가 각 2개씩 점화플러그(실린더 2개)와 연결되어 동시에 불꽃 점화를 일으키게 한 방식으로 압축 상사점에 있는 실린더만 점화(유효점화) 시키고, 나머지 실린더의 점화는 무효방전 시키도록 한 방식이다. 2개 실린더에 점화한다고 하여, 듀얼 점화 방식(dual ignition type)이라고도 한다.

2) **독립 점화 방식** : 점화코일 4개가 각 1개씩 점화플러그(실린더 4개)와 연결되어 실린더 수만큼 점화 코일이 독립적으로 직접 점화하는 방식이며, 점화플러그로 연결되는 고전압 배선이 삭제된 무 배선 타입이다. 고전압 배선으로 발생되는 전파 소음이 확연히 감소 되었다는 장점과 실린더별로 점화시기를 ECU가 제어할 수 있어 점화 에너지 손실이 가장 적고 신뢰성이 가장 좋다.

나. 다이오드 분배식(Diode Distributor type)

1) **동시 점화 방식** : 다이오드에 의해 고전압 전류의 방향을 제어하는 방식으로 TR 제어장치 부분과 각 실린더에 고전압의 다이오드를 내장하여 전류의 방향을 제어하면서 고전압을 배분하는 점화 방식이다. 점화코일 2개가 각 2개씩 점화플러그(실린더 2개)와 연결되어 동시에 불꽃 점화를 일으키게 한 방식으로 코일 분배식의 동시 점화 방식과 같다.

다. 점화플러그(spark plug)

점화플러그는 절연된 중심 전극과 차체로 접지된 접지 전극으로 두 개의 전극이 간극을 이루고 있으며, 엔진 연소실에 설치되어 점화 2차 코일에서 만들어진 고전압을 실린더 내부의 공기와 연료 혼합 기체에 점화(spark)를 발생시킨다.

에너지 전환손실
- 화석연료를 태운 열로 기계적 동력(운동에너지)을 만드는 것이 19세기부터 가능해 지면서, 열이 운동에너지로 전환되는 비율은 30~40%에 불과하다는 것을 알게 되는데, 즉, 공급된 열의 3분의 2는 허공으로 사라지게 되는 것을 '에너지 전환손실'이라 한다.

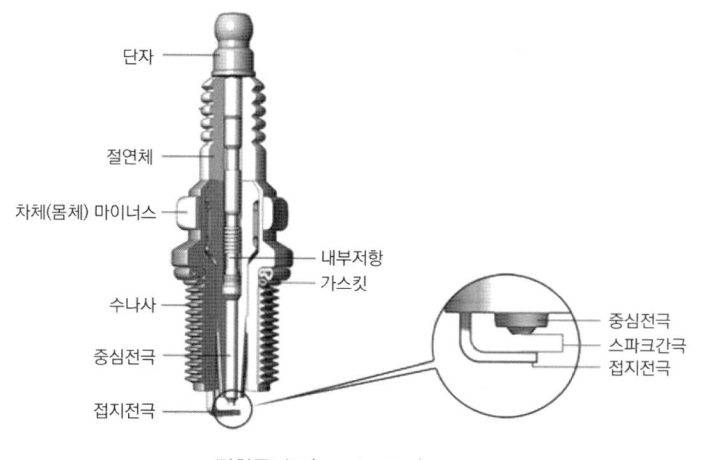

점화플러그(spark plug)

1) 점화플러그 구비조건
   - 내열성능, 내부식성능, 기계적인 강도가 클 것
   - 강력한 불꽃이 발생하여 점화 성능이 좋을 것
   - 열 전도성이 좋을 것
   - 절연성이 양호할 것
   - 자기청정온도를 유지할 것

2) 자기 청정 온도(self cleaning temperature)
   - 노출된 절연체와 전극을 깨끗하게 해주는 온도(보통 약 450~600°C 정도)
   - 자기청정온도 이하가 되면 카본 발생으로 인해 실화가 일어나기 쉽고, 반대로 자기청정온도 이상이 되면 조기점화가 발생하여 노킹 현상이 나타나기 쉽다.

3) 열가(heat range)
   - 점화플러그의 열 방출 정도를 나타낸 것으로 숫자가 클수록 냉형에 속하며, 냉형은 냉각 능력이 커서 고속·고부하 자동차 엔진에 사용된다.

5. 교류(AC)발전기

자동차에 쓰이는 발전기든, 산업용 발전기든 원리는 같다. 플레밍의 오른손 법칙을 응용하고, 도체 주위에 움직이는 막대자석은 도체 내부에 흐르는 전자의 흐름을 유도하는 것이 발전기의 원리다. 자동차 엔진이 가동되고, 엔진 크랭크 축 풀리와 발전기 풀리가 벨트로 연결되어 전기를 만들고 자동차에 필요한 전기를 공급한다. 발전기 내부에는 정류장치, 전기 발생 부품, 역류 방지 장치, 발전량 조정장치 등이 있는데 교류발전기와 직류발전기가 다르다. 자동차에서는 교류발전기가 주로 사용되고 있다.

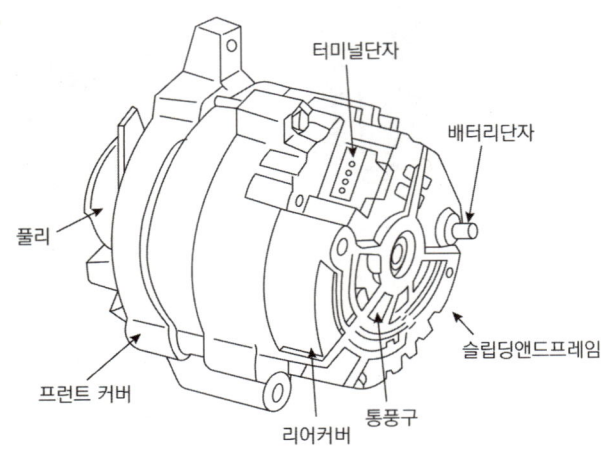

구분	교류(AC)발전기	직류(DC)발전기
정류	실리콘 다이오드	정류와 브러시
전기 발생	스테이터(stator) 코일, 철심	전기자 코일, 철심
소음	작다	크다
부피/중량	작다/가볍다	크다/무겁다
역류 방지	실리콘다이오드	컷아웃 릴레이
발전량 조정	전압조정기	전압 조정기, 전류 제한기, 컷아웃 릴레이
여자방법	타여자	자여자
저속 충전 성능	좋다(양호)	좋지 않다(불량)

교류(AC, alternating current)
- 시간에 따라 주기적으로 크기와 방향이 변하는 전류, 방향이 일정한 직류와는 다르게 교류는 전하의 방향, 크기가 계속 바뀌기 때문에 +, - 단자를 구별하지 않는다. 교류는 19세기 웨스팅하우스에 근무하던 니콜라 테슬라가 대부분 고안. 회전운동으로 생산되는 전기는 전부 교류라고 보면 됨. 직류 발전기의 경우도 일단 교류를 출력시킨 다음 그 교류 전기의 한쪽 방향을 바꾸어 직류로 변환하는 구조임

타여자방식
- 다른 전원에서 **자력**을 공급해주는 방식을 '타여자'방식 이라고 하며, 반대로 발전된 전원에 의해 자력을 공급해 주는 방식을 '자여자'방식 이라고 한다.

위 표에서 보듯이 교류발전기가 직류발전기에 비하여 성능이 우수하다. 이를 다시 서술해 보면, 저속에서 충전 성능이 우수하고, 정류자가 없기 때문에 브러시 수명이 길며, 우수한 실리콘 다이오드 정류 특성을 보유하고 있다. 또한 정비성이 좋고, 차량 경량화 실현에 부합하여 가벼우면서 소형화되어 있는 반면에 출력은 크고 소음은 줄어들었다.

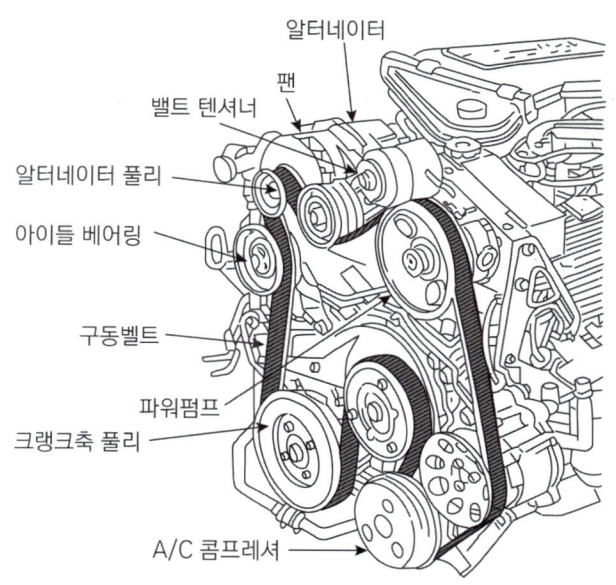

발전기는 자동차 엔진 본체에 장착되어 있으며, 대부분 자동차에서 구동 벨트와 연결된 엔진 크랭크축의 회전력으로 회전하며 전기를 만들게 되어있다. 발전기와 축전지와 연결된 (+)본선의 체결상태와 발전기 하우징(몸체)과 엔진 본체와의 (-)접지선의 체결상태는 발전기 효율에 아주 중요한 역할을 한다. 만약 이 두 개의 주요 선의 체결상태가 불량할 경우 발전기 수명을 단축시킬 뿐만 아니라, 각종 전자제어 센서들에 적정 전류를 공급하지 못하여 심각한 차량 결함이 발생할 수도 있다.

자동차경량화
- 자동차 연료 소비의 약 23%, 차량 중량과 연관. 자동차 무게 줄이는 것은 연비 향상, 이산화탄소 배출 절감 실현

전기자(Armature)
- 전기를 만드는 곳으로, 자속이 세팅되어 있는 곳에 코일을 돌려주면 전기가 생성된다.

충전 회로

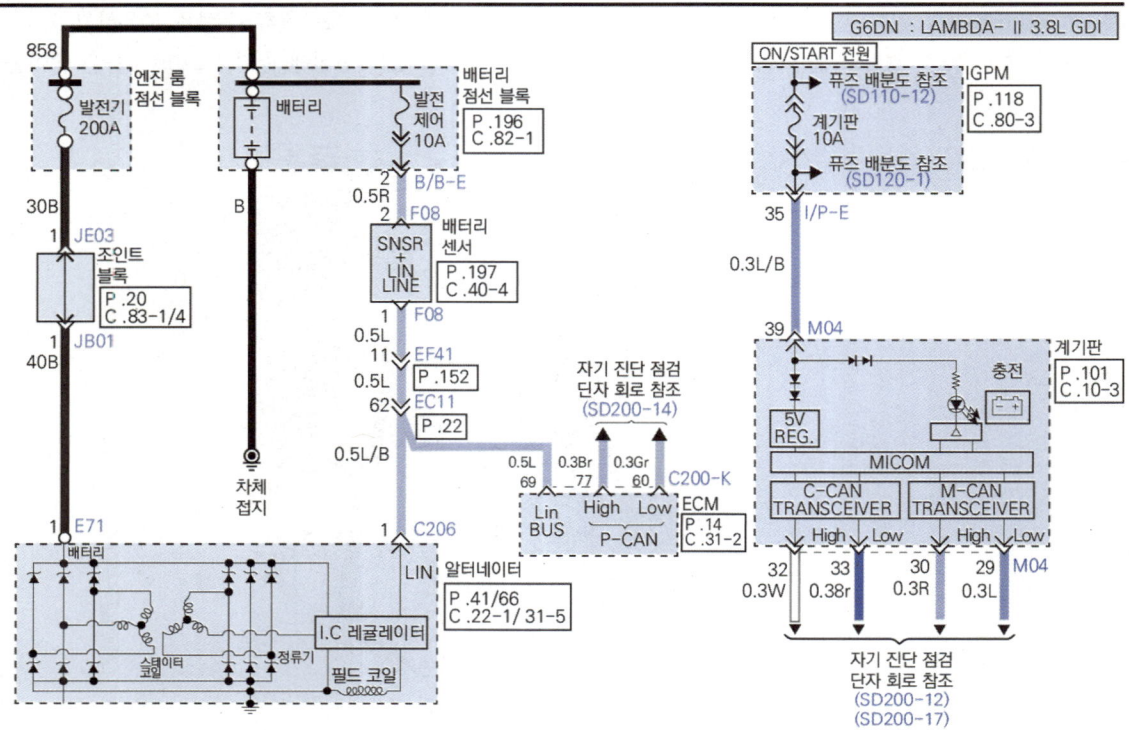

가. 교류발전기 각부의 명칭과 특징

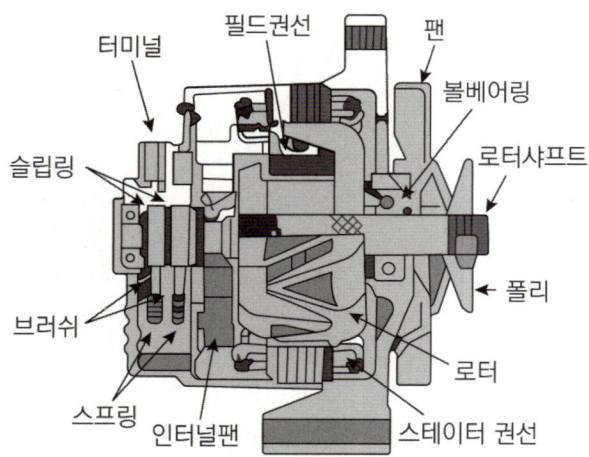

1) 스테이터(stator) : 직류(DC)발전기의 전기자에 해당하는 것으로 3상의 교류 전기가 유도
   ① Y(스타)결선 방식 : 전압(V)을 이용하기 위한 결선 방식으로 저속 회전 시 높은 전압 발생과 중성점의 전압을 이용할 수 있으며, 각 코일의 한끝을 중성점에 접속하고 다른 한 끝 셋을 끌어낸 방식으로 선간 전압은 각 상전압(V)의 $\sqrt{3}$ 배가 되어, 높은 선간 전압으로 자동차에 많이 사용되고 있다.

② 삼각(델타)결선 방식 : 선간 전류는 상전류(A)의 $\sqrt{3}$ 배이고, 3개의 코일을 2개씩 차례로 접속점으로 끌어내는 방식이다.

2) 정류기(실리콘 다이오드)

① (+)다이오드 3개, (-)다이오드 3개 모두 6개의 다이오드가 설치되어 있다.

② 스테이터 코일에서 유도된 교류전압을 직류 전압으로 변환시키는 역할을 한다.

③ 다이오드가 장착된 홀더(히트싱크)는 다이오드의 열을 감소시키는 역할을 한다.

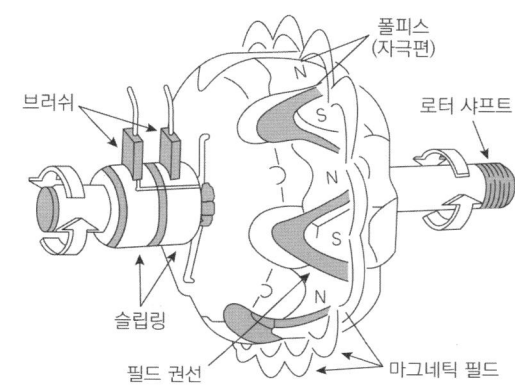

3) 로터(roter) : 직류발전기의 계자코일과 계자철심에 해당되며, 내부에 코일을 감싸고 있으며 코일에 전류가 흐르면 전자석이 된다.

4) 슬립 링(slip ring) : 브러시와 접촉되어 있으며 로터 코일에 일정한 방향으로 전류가 흐르도록 한다.

5) 브러시(brush) : 슬립 링과 연결되어 로터 코일에 축전지 전류를 공급하는 역할을 한다.

나. 교류발전기의 냉각

구동 밸트로 구동되는 발전기 풀리 뒤에는 팬(fan)이 부착되어 풀리가 회전할때 같이 회전하면서 발전기 내부 통풍구로 찬 공기를 순환시켜 정류 다이오드의 열을 흡수, 냉각시킨다. 다이오드 특성상 과열 되면 특성이 저하되어 다이오드로 흐르는 전류가 높아지거나 손상될 수 있다.

다. 교류발전기 출력 요소와 충전 불량

교류발전기의 출력 양을 결정 짓는 중요 요소로는 로터(roter)라고 할 수 있다. 로터(roter)의 회전수, 로터에 감긴 코일의 권수 등은 발전기 출력 용량을 구분하는 기준이 된다. 또한 충전이 원활치 못한 경우나 불량한 경우는 아래 사항의 고장을 의심해 볼 수 있다. 그러나 발전기 점검 시 극성을 바꾸거나 역내 전압(inverse voltage)을 가하게 되면 다이오드의 손상이 초래될 수 있으므로 주의하여야 한다.

- 구동 벨트 장력이 느슨하거나 미끄러지는 경우
- 스테이터 코일, 다이오드의 단선·단락
- 발전기 풀리 불량으로 인한 구동 밸트 간헐적 정지 현상
- 충전회로 상에 선간 전압이 크거나, 높은 저항이 걸릴 경우
- 발전기 조정 전압이 불량하여 낮을 경우
- 발전기 R 단자 회로의 단선, 슬립링 또는 브러시 마모가 심할 경우

제5장 안전·신호·정보제어

1. 에어백, 레인 센서, 후진 경보음

가. 에어백(air bag)

에어백 시스템은 차량 충돌사고 시 탑승자를 보호하기 위한 것으로서, 반드시 안전 밸트를 착용했을 때 안전 효과를 볼 수 있다. 주요 구성부품으로는 에어백 모듈, 에어백, 클럭스프링, 인플레이터, 전방에 있는 2~4개의 임팩트센서와 ECU 내부에 있는 안전센서가 있다. 에어백은 안전 센서와 임펙트 센서가 동시에 ON되어야만 전개되게 되어있다. 둘 중 하나만 ON되면 에어백은 전개되지 않는다. 또한 ECU 내부에는 안전센서와 함께 충돌 감시 센서가 내장되어 있는데, 충돌감지 센서는 차량 충돌 발생 시 전기적으로 충돌을 감지하는 센서로서 충돌 감지센서와 안전센서가 동시에 ON(작동)되어야 에어백에 점화가 된다.

 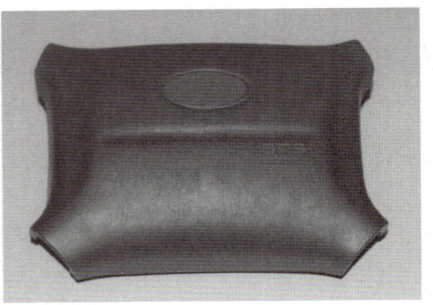

에어백 모듈은 패트 커버와 인플레이터가 고정되, 스티어링 중앙에 설치되어 있으며, 절대로 분해해서는 안 된다. 패트 커버는 에어백 전개 시 힌지부(에어백 모듈의 지지점) 중심으로 전개하며 튀어나와 팽창하는데, 그물망 구조로 되어있어, 전개 시 파편 손상 방지 역할을 한다. 인플레이터는 화약과 점화제를 담아 알루미늄 용기에 넣어, 에어백 모듈 하우징에 장착, 점화 전류가 산화제와 연료를 연소하여 열에 의해 질소 가스가 발생되고, 질소 가스가 에어백 안으로 채워져 에어백이 전개되게 된다.

인플레이터의 질소 가스로 인해 팽창된 에어백은 운전자가 에어백에 충돌 후 질소가스가 배출 공을 통해 배출되어 2차 피해(에어백으로 인한 질식, 충격)를 방지하게 된다.

에어백의 종류는 운전석, 승객석, 앞 측면, 뒤 측면, 커튼, 뒤 에어백이 있으며, 승객 부상을 최소화하기 위해 안전벨트 프리텐셔너(SPT, seat belt pretensioner) 기능을 두었으며, 에어백은 후방 추돌·충돌, 경미한 충돌 등에는 작동하지 않을 수 있다.

SRS(Supplemental Restraint System) 에어백이란 충돌 조건에 따라 안전띠 보조 장치로써, 운전자 및 탑승자의 안전을 향상시키기 위해, 일정 수준의 충격으로도 에어백 전개가 되는 초기 에어백 시스템이라 보면 된다.

에어백의 전개 과정을 요약해 보면 충돌, 검출(안전벨트 프리텐셔너 작동), 인플레이터 작동(점화), 점화제 연소, 가스 발생제 연소, 가스발생, 에어백 전개, 승객 보호, 에어백 가스 방출, 시계확보 순서이다.

프리텐셔너(pre-tensioner)
- 안전벨트에 부착되어 안전벨트의 결점을 보완해 주는 안전장치로 사고후 탑승자 보호를 위해 자동으로 미리 끌어당기는 힘을 말한다. 시트벨트 프리텐셔너는 에어백 시스템과는 별도로 차량의 감속도를 기계적으로 감지하여 가스발생기의 작동에 의한 시트벨트를 되감아 주는 기능이 기계적으로 작동된다.

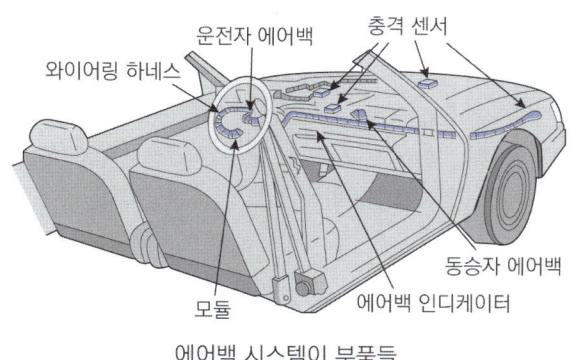

에어백 시스템의 부품들

나. 레인 센서

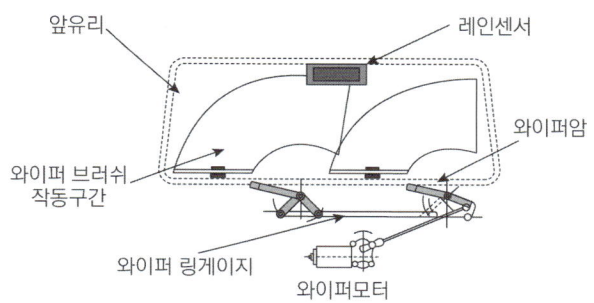

레인 센서는 차량 안에서 LED 빛을 유리창에 전반사가 일어나도록 비스듬하게 쏘아 반사되어 돌아오는 빛을 감지하는 「전반사 현상」을 이용한 원리로써, 비가 내리면 빗물과 접촉한 유리창 경계면에서 전반사 조건이 틀어지고 반사광 세기가 줄어들게 되고, 빗물이 많이 내릴수록 전반사되는 영역이 줄어들어 반사광 세기는 더 약해지는데, 레인 센서는 이를 감지해서 와이퍼 속도를 조절한다.

다기능 스위치를 Auto에 위치했을 경우, 우천시 빗물이 앞유리창에 부딪치는 우적 감시 센서가 작동하면서 그 신호를 BCM으로 송신하여 와이퍼의 속도(INT, Low, High)를 자동으로 제어하는 시스템이다.

레인센서 작동을 위한 구성부품은 다음과 같다.

구성요소	역할
레인센서	빗물량 감지(전반사 현상)
BCM	와이퍼 릴레이 전원 제어
와이퍼 스위치	운전자의 와이퍼 작동 의지 입력
와이퍼 모터	와이퍼 작동

BCM(차체제어모듈) (Body Control Module)
- 자동차의 다양한 장치에 적용한 ECU들을 통합해 하나의 중앙제어장치로 통합 제어하는 것

다. 후진 경보음

2017년 1월 조사된 보험개발원의 전체 차량 사고율을 살펴보면 주행 중(전진시) 사고 46.2%에 비하여 후진 사고가 53.8%로 더 높게 나타났다. 후방 주차 충돌 방지 보조(PCA : Reverse parking Collision-Avoidance assist)에 관한 후진 시 후방 보행자, 장애물과의 충돌 방지를 목적으로 한 주차 안전 시스템이다. 충돌 예상 시 운전자에게 계기판을 통해 시각적 경고와 경고음으로 청각적 경고를 하는 제동 보조 시스템으로 후방 카메라와 Lin통신을 이용한 후방 초음파센서가 적용된다.

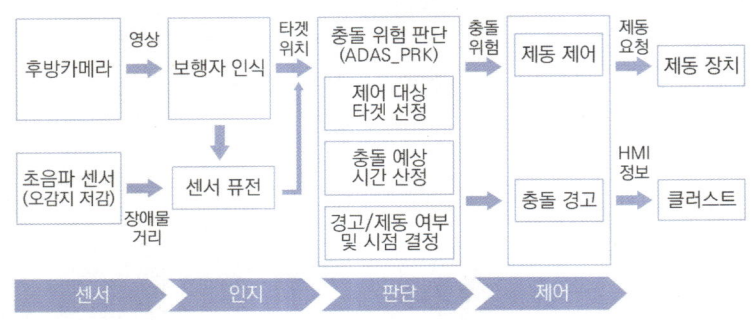

다음과 같은 환경에서는 후방 주차 충돌 방지 보조 경고음은 미작동 된다.

- 초음파센서, 후방카메라 렌즈 표면에 이물질이 묻거나 손상됨
- 외부의 힘에 의하여 후방 카메라, 후방 초음파 센서의 장착 위치 및 각도에 변화됨
- 경사로 후진, 주행 중 미끄러짐
- 초음파센서에 수직으로 부는 바람, 풍속 21 KPH 이상의 강한 바람
- 저조도(16 Lux이하), 눈, 비, 안개 등 큰 조도 변화

2. ADAS(Advanced Driver Assistance System)

ADAS(Advanced Driver Assistance System, 첨단 운전자 보조 시스템) 시스템은 자동차의 외부 환경은 물론, 운전자의 상태까지 분석하여 주행 시 위험으로부터 안전을 위한 경고와 제어를 제공해 주는 것을 말한다. 주차 시 카메라를 통한 화면 제공하는 것, 좌우 측면의 초음파센서가 감지하여 경보음으로 안전한 주차를 돕는 것도 ADAS 시스템에 속한다.

ADAS 시스템은 자율주행 자동차와 밀접한 관계가 있다. 자동차 산업이 발전하면서 자동차는 단순한 이동수단을 넘어, 운행 중 편의 공간 제공과 첨단기술들이 접목된 더욱 안전하고, 좀 더 신속하고 정확한 목적지 주행 서비스로 이어지고 있다. 과거 기계공학적 측면의 자동차에서 기계공학은 기본이고, 전자화, IT화 되어가고 있다. 이러한 자율주행 자동차에 그대로 탑재되어 자율주행의 원리를 반영하고 운전자의 첨단 보조 시스템이 되는 것이 ADAS 시스템이 기에 자율주행 자동차와는 밀접한 관계성이 있는 것이다.

---

inflater
- 부풀리는 장치[기계], 자전거의 공기 펌프

ADAS(Advanced Driver Assistance System)
- 센서가 위험상황을 감지하여 사고의 위험을 운전자에게 경고하고 운전자가 판단하여 대처 할 수 있도록 도와주는 안전장치

ADAS 시스템은 인지, 판단, 제어기능으로 크게 3가지로 분류한다.

첫째, 주행 중 차선, 주변 차량, 보행자를 인지하는 기술과

둘째, 주행 상황(주간, 야간, 우천시, 폭설시, 도로조건 등)을 판단하여 적절한 주행 경로를 설정하고,

셋째, 자동차의 구동과 제동시스템을 제어한다.

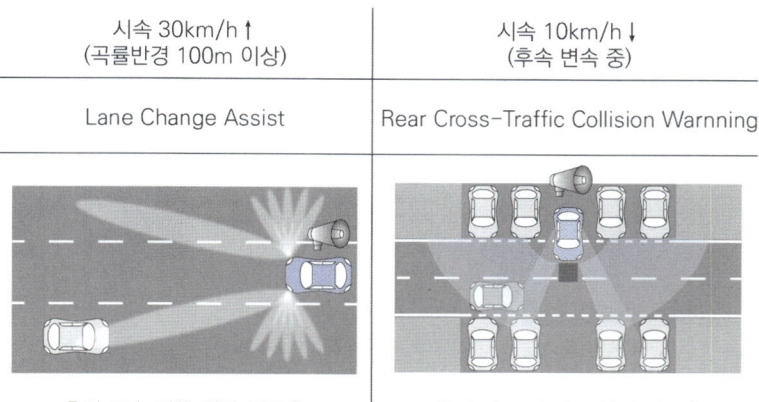

ADAS 시스템 기술적 측면을 살펴보면, 우리가 많이 알고 있는 정속주행을 자동으로 실행해 주는 스마트 크루즈 컨트롤(SCC), 전방 충돌 경고(FCW), 차선 이탈 경고(LDW), 차선 변경 보조(LCA), 고속도로 주행시 보조(HDA) 등 주행시 안전사고(사상의 정도가 큰 사고)에 관한 ADAS 기술이 있다. 그리고 경미한 안전사고 및 주차 편의를 돕는 기술로써 후방 교차 충돌 경고(RCCW), 주차 충돌 방지 보조(PCA), 원격 스마트 주차 보조(RSPA), 스마트 주차 보조(SPA) 기술이다.

이러한 ADAS 시스템 약어를 정리하면 아래 표와 같다.

약어	영문	국문 명칭
SCC	smart cruise control	스마트 크루즈 컨트롤
FCW	forward collision warning	전방 충돌 경고
LDW	lane departure warning	차선 이탈 경고
LCA	lane change assist	차선 변경 보조
HDA	highway driving assist	고속도로 주행시 보조
RCCW	rear cross traffic collision warning	후방 교차 충돌 경고
PCA	parking collision avoidance assist	주차 충돌 방지 보조
RSPA	remote smart parking assist	원격 스마트 주차 보조
SPA	smart parking assist	스마트 주차 보조

그 밖에 ADAS 시스템과 자율주행 레벨에 관하여 살펴 볼 수 있는데, 이 부분은 PART 5 미래 친환경 자동차 제5장 자율주행 자동차 부분에서 다루기로 한다.

3. 자동차 통신 제어(K-Line, LIN, CAN, FlexRay)

자동차 통신은 오늘날 현대 사회에서 시작된 것이 아니라, 인간이 사회를 형성한 이후부터 시작된 것이다. 가까이 있는 사람에게 말하고 몸짓으로 설명하는 것에 한계가 있는 원거리 통신 방식으로, 과거 우리는 연기, 깃발, 빛 반사로 전달하는 통신 방식을 써왔다. 정보를 전달하는 오늘날의 통신에는 인터넷, 모바일, 유선전화 등이 있다.

1866년의 모스

모스 부호 (Morse Code)   모스 전신기

미국의 발명가 새뮤얼 핀리 브리즈 모스(Sanuel Finley Breese Morse)가 고안하였으며, 1844년 최초로 미국의 볼티모어와 워싱턴 D.C. 사이 전신 연락에 사용되었고, 초기에는 숫자만 전송하려 했으나, 앨프리드 베일이 일반 문자와 특수 문자를 포함하여 발전시켰다. 이는 전기를 이용하여 짧은 전류(·)와 긴 전류(-)를 적절히 조합·발신하여 알파벳과 숫자를 표기한 것으로 오늘날 자동차 통신의 시초라 볼 수 있다.

오늘날 음성을 전달하는 통신 방법이 3G, 5G, LTE 등으로 변화된 것과 같이 자동차에서 부품과 부품끼리, 운전자와 기기 사이에 필요한 정보를 전달하고 받는 통신방법에는 전송 속도에 따라 구분되는데, 그것이 바로 K-Line, LIN, CAN, FlexRay 인 것이다.

수많은 통신 용어 중에서 BUS(버스)와 Protocol(프로토콜)의 의미를 살펴보면, BUS는 말 그대로 도시에서 운행 되고 있는 대중교통 버스를 생각해 보면 이해가 쉽다. 버스가 운행하며 정류장에서 사람을 내리고 태우는 것을 정보의 전송이라 보면 되고, 2개의 배선을 사용하여 정보를 전달하는 CAN통신의 경우를 「CAN BUS」라고 한다.

Protocol은 하나의 통신 규약으로 컴퓨터와 컴퓨터 간의 원활한 통신을 하기 위해 미리 정해 놓은 약속과 같은 것으로써, 서로 다른 제어기 사이에서 정보 송신을 했을 때 빠르고 정확하게 이해하기 위한 것이다. 제조사 별로 약간의 차이는 있다.

가. K-Line, LIN, FlexRay 통신

K-Line 통신은 직렬(Serial)통신으로써 OBD 차량의 진단을 위한 통신이며, 12V 기준 1개의 선으로 통신하고 과거 차량에 많이 적용된 통신 방식이다.

모스 부호(Morse code)
- 한 종류의 신호발생장치로 짧은 신호(·, 점 또는 단점)와 긴 신호(-, 선 또는 장점)를 적절히 조합하여 문자 기호를 표기하는 방식이다.

FlexRay
- 차세대 차량 내 통신 네트워크를 위한 고속 시리얼 통신, 타임 트리거 버스, 내 고장성을 갖춘 새로운 통신 네트워크 시스템의 표준, 향후 차량 내 애플리케이션들의 추가 요건들은 현재의 통신. 프로토콜들로는 처리될 수 없어, 차세대 통신 시스템이다.

LIN 통신은 CAN통신 보다 속도는 낮고 K-Line 통신과 같이 12V 기준 1개의 선으로 통신하고 마스터(Master), 슬레이브(Slave) 제어기로 구분한다.

FlexRay 통신은 버스를 관찰하다 버스의 유효 상태에서 전송하는 CAN 통신과는 달리, 고정된 시간에 메시지를 전송하는 방식으로 CAN 통신 보다 10배나 빠른 속도로 데이터를 전송한다.

통신의 종류별로 1회 전송 데이터와 최대 전송 속도(bps), 설치 비용도 각기 다르다. 정리해 보면 아래 표와 같다.

구분	Most	Ethernet	FlexRay	CAN	LIN
최대 전송 속도(bps)	150M	100M	10M	1M	19.2K
1회 전송 데이터(byte)	~1,008	~1,500	~254	~8	~8
설치비/선로 특성	높다./광섬유	높다./UTP	높다./꼬인2개선	중간/꼬인2개선	낮다./1개의 단선
시스템 설치	오디오 인포테인먼트	카메라 멀티미디어 인포테인먼트	섀시 안전 파워트레인	섀시안전 바디 파워트레인 편의장치	저가 센서류 바디 편의장치

이러한 통신을 자동차에 적용 시 배선의 수가 간소화 되어 차체가 더욱 가벼워진다. 통신의 센서 신호 및 스위치와 명령을 통신 제어기 시스템에서 정보를 공유하기 때문에 배선의 수가 많이 감소되고, 자동차의 무게도 감소하여 경량화 실현과 연비 및 시스템 신뢰성도 향상된다. 또한 시스템을 구축하는 데 있어 유리하고, 네트워크상의 보안 체계도 쉽게 강화 시킬 수 있으며, 차량 통신 고장 및 통신제어 부품 고장 발생 시 진단 장비를 활용하여 세부 부품에 관한 진단도 하는 데 매우 유리하다.

통신 적용으로 인한 장점을 정리하면 5가지로 정의할 수 있다.

1) 자동차의 경량화 실현
2) 시스템 신뢰성 향상
3) 시스템 구축 유리
4) 네트워크 보안 강화
5) 진단장비 활용 용이

나. CAN 통신

CAN(Controller Area Network)은 설치비가 비교적 높지 않고, 최대 전송 속도 역시 파워 트레인 장치와 편의장치 적용에 적합하여 자동차에 가장 많이 사용되는 통신 방법이다. CAN 통신은 메시지 기반 세계 자동차 기술자 협회 (SAE, Society of Autonotive Engineers)에서 정한 전자 장비들의 통신 규약(프로토콜, Protocol)「J1939」으로 정하고, 차량 구성요소 간 통신과 진단에 사용되고 있다. 자동차에 적용될 뿐만 아니라 의료용 장비, 자동화 산업기기에도 쓰이고 있다.

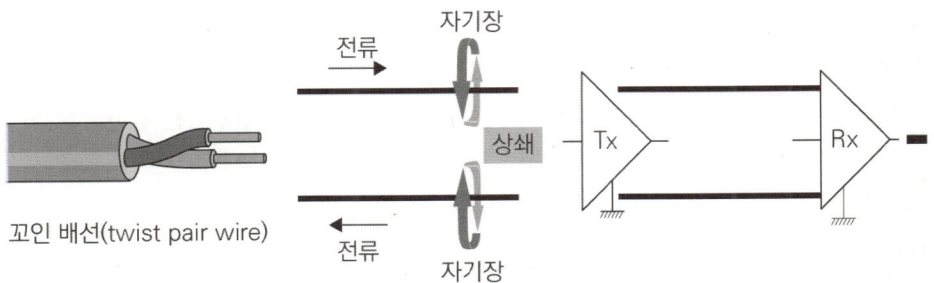

CAN 통신의 배선은 꼬인 배선(twist pair wire)을 사용하는데, 이는 배선이 인접하게 되면 자기장 방향으로 상쇄되는 효과로 노이즈 역시 동일한 크기의 차동 증폭기 원리로 사라지게 된다. CAN 통신 배선 양 끝단에 120Ω의 저항을 두는데 이것을 「종단 저항」이라고 하는데, 신호의 반사파 현상을 억제하고, 노이즈에도 강하여 CAN 배선에 일정하고 안정적인 전류가 순환되도록 하는 중요한 역할을 한다. 또한 종단 저항값의 측정만으로도 CAN 통신선의 단선·단락을 찾아내기 쉽게 하고, 인접 연결 부품의 고장 여부를 확인하는 데에도 도움을 준다.

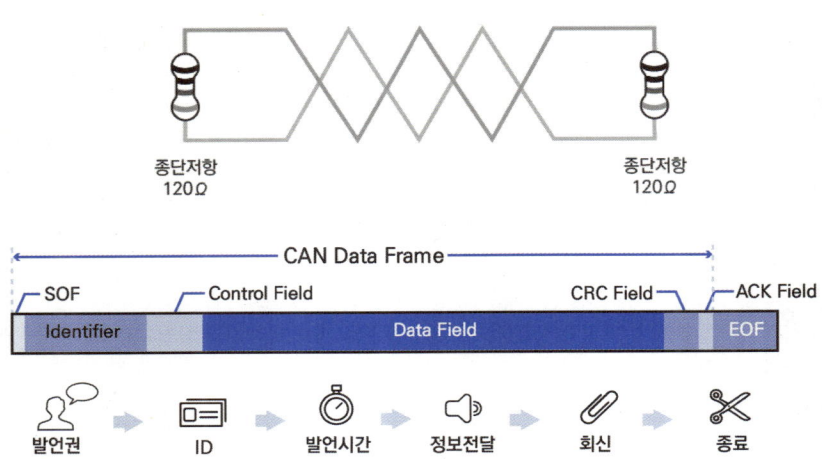

CAN 통신 그룹의 명칭과 시스템 적용을 살펴보면 일반적으로 다음과 같이 구분할 수 있다.

명칭	시스템 적용	적용부품·장비	비고
P-CAN	파워 트레인	ECU, AWD, TCU	고속 CAN
C-CAN	섀 시	ADAS, ESC	고속 CAN
D-CAN	고장 진단	진단기, 게이트웨이	고속 CAN
B-CAN	바디 제어	BCM	저속 또는 고속 CAN
M-CAN	미디어	비디오, 오디오, HUD	저속 CAN
I-CAN	보 안	AVN, 게이트웨이	고속 CAN

CAN 통신의 고장 코드는 BUS OFF, TIME OUT, MASSAGE ERROR 크게 3가지로 나누어 볼 수 있으며, 자동차에 가장 많이 쓰이는 CAN 통신의 장점은 곧 통신의 장점과도 같아 내용은 비슷하나 다시 정리해 보면 이렇다.

- 시스템 구축 용이(많은 제어기능을 효율적으로 수행)
- 배선의 경량화(2개의 배선을 통한 네트워크로 배선수 감소, 차량 경량화 효과)
- 시스템 신뢰성(배선수 감소로 커넥터 접촉점 감소)
- 진단장비(통신라인으로 차량 진단 가능, D-CAN 적용 보안 강화)

4. 기타 안전·편의·등화 장치

가. 안전벨트 프리텐셔너
차량 충돌 시 안전벨트를 순간적으로 고정시켜 보호하는 장치

나. 추돌 경고 장치
전, 후진 시 장애물을 감지해 운전자에게 알려주는 장치

다. ETACS(Electronic Time & Alarm Control System)
각종 시간 기능과 알람 기능을 ECU로 제어하는 시스템으로 주요 기능은 아래와 같다.

① 속도 감지 간헐 와이퍼
② 와셔 연동 와이퍼
③ 디포거(defogger) 타이머
④ 시동키 삽입 상태에서의 도어 잠김 방지
⑤ 시동키 홀 조명
⑥ 감광 식 룸램프
⑦ 시트 벨트 경고
⑧ 센터 도어로크 등이 있다.

라. 냉방장치
냉매는 운전자가 에어컨을 작동시킬 경우, 압축기 → 응축기 → 건조기 → 팽창밸브 → 증발기(다시 압축기)순으로 순환하게 되는데 이를 냉동 순환 사이클이라 한다.

1) 구성 부품

① 압축기(compressor, 고온 고압 냉매 가스로 변환, 응축기로 보냄)
② 응축기(condenser, 고온 고압 냉매를 냉각하여 액체 냉매로 변환시킴)
③ 건조기(receiver dryer, 액체 냉매 속 수분·불순물 여과 역할)
④ 팽창밸브(expansion valve. 고압 액체 냉매를 저압 액체 냉매로 감압)
⑤ 증발기(evaporator, 주위 공기 열 흡수, 기체 냉매로 변환)
⑥ 블로우 모터(blow motor, 내·외기 흡입 후 증발기로 통과, 실내로 송풍)

2) 자동 에어컨 관련 센서

① 내기온도 센서 : 실내 온도를 검출한다.
② 외기온도 센서 : 자동차의 외부 온도를 검출한다.

③ 일사센서 : 태양의 일사량을 검출한다.
④ 핀 서모 센서(증발기 온도 센서) : 증발기 코어 핀의 온도를 검출한다.
⑤ 냉각수 온도 센서 : 엔진의 냉각수 온도를 검출한다.

memo

# PART 03

자동차 섀시

03 자동차 섀시

제1장 동력전달 장치(구동 시스템)

동력전달경로
엔진 → 클러치 → 변속기 → 추진축 → 종감속기어 & 차동기어 → 액슬축 → 바퀴 → 노면

1. 구동축, 구동 액슬, 클러치, 차동기어

섀시(chassis)는 자동차 주행 안전성, 운전자·탑승자의 승차감과 관계되는 자동차의 주요 부분이다. 여러 성능과 안전과 관계된 장치들로써, 차체(body)를 제외한 자동차의 뼈대를 이루는 것이 섀시라고 보면 된다. 세부적으로 나눈다면 프레임, 동력전달·조향·현가·제동·휠 및 타이어로 구분할 수 있으며, 여기에 각각 전자제어 방식의 첨단 기술이 접목된 것이라 볼 수 있다. 차체는 PART 4 자동차 판금·도장에서 자세히 다루겠으나 간단히 승용차 차체를 구분한다면 다음 표와 같다.

구분	타입(type)	비고
세단 (sedan)	해치백(hatch back) 형	• 컷(cut back)형 이라고도 함 • 뒷좌석이 접혀 트렁크를 넓게 쓸 수 있음
	패스트(fast back) 형	• 루프가 트렁크까지 단일 곡선의 경사 형태 • 백(back)형이라고도 함
	노치(notch back) 형	• 일반적으로 가장 많은 형태 • 뒷 좌석과 트렁크가 분리되어 있으면서 외부에서 봤을 때 뒷유리와 트렁크가 단계별로 접합된 형태
컨버터블 (convertible)	–	• 드롭 헤드(drop head)라고도 함 • 루프(지붕)를 임의로 제거할 수 있는 형태

섀시(chassis)
- 차체(Body)를 제외한 부분

세단(sedan)
- 지붕이 고정되어 있고 4개의 문을 갖춘 자동차의 기본적인 외형이다. 세단은 단면이 엔진룸, 캐빈룸, 트렁크룸으로 트렁크룸이 튀어 나와 있어 3박스카로 볼 수 있다. 승차 정원은 5인승이 보통이다.

MPV(multi purpose vehicle)
- 다목적 차량이란 뜻으로 높은 지상고, 긴 길이, 해치백 형태 짐칸이 특징. 주로 7~9인승 이상 승합차를 의미한다.

구분	타입(type)	비고
쿠페 (coupe)	하드탑(hard top)	• 센터필러(center pillar)가 없고 금속 재질 루프 • 뒷좌석이 좁고 앞좌석이 넓은 형태로 차고가 낮음
	소프트탑(soft top)	• 센터필러(center pillar)가 없고 천 재질 루프 • 뒷좌석이 좁고 앞좌석이 넓은 형태로 차고가 낮음
왜건 (wagon)	-	• 슈팅브레이크(Shooting brake), 스테이션왜건(station wagon) 이라고도 함 • 루프와 트렁크 높이가 같게 이어진 형태
SUV (sport utility vehicle)	-	• 세단과 비교할 때 전고와 지상고가 높은 형태
MPV (multi purpose vehicle)	-	• 미니밴(mini van)이라고 함 • 해치백보다 넓어 탑승객을 늘릴 수 있는 형태
리무진 (limousine)	-	• 뒷 좌석을 중요시하여 칸막이로 구분한 형태 • 동일 차종에서는 전장·전폭·전고를 확장한 형태

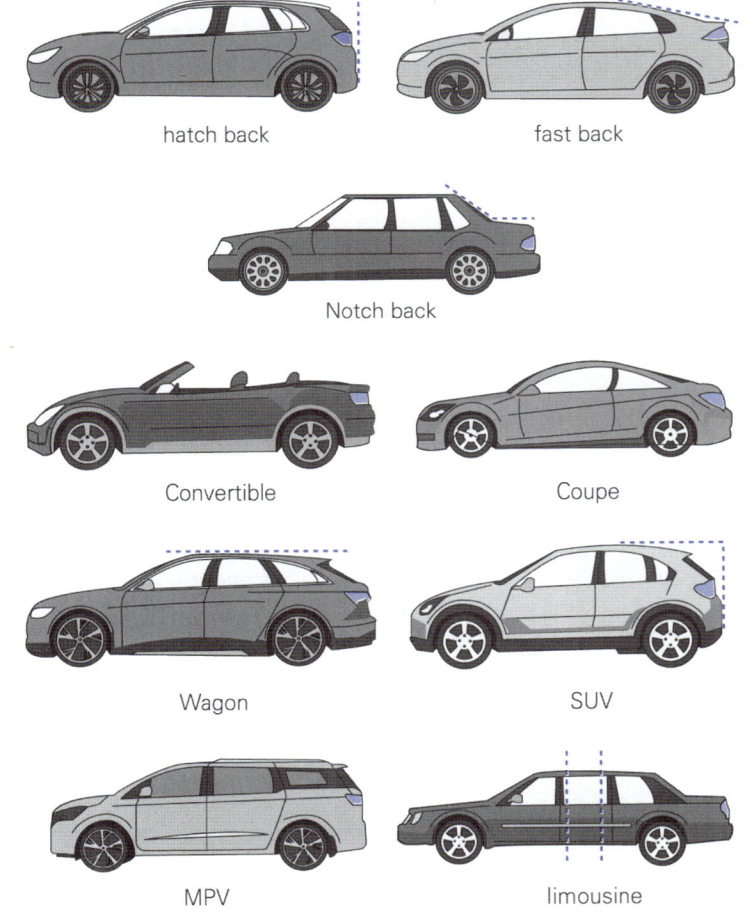

MPV(multi purpose vehicle)
• 다목적 차량이란 뜻으로 높은 지상고, 긴 길이, 해치백 형태 짐칸이 특징. 주로 7~9인승 이상 승합차를 의미한다.

가. 구동축

구동축(drive shafts)은 동력을 전달하는 것으로써, 각도 및 길이를 적절하게 변화·유지하면서 엔진의 힘을 차륜까지 전달하는 장치이다. 각도 변화는 유니버설조인트(universal joint, 십자베어링)로, 길이 변화는 슬립 조인트(slip joint)로 연결되어있다.

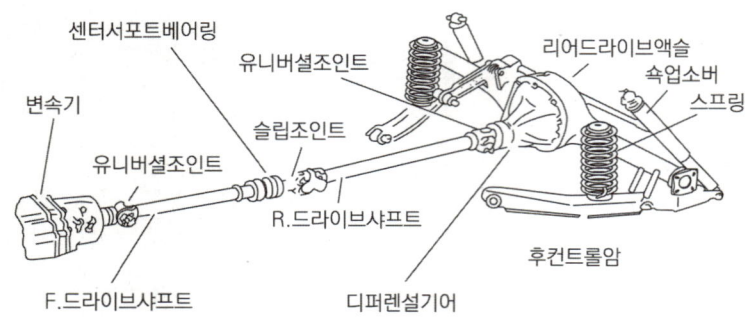

후륜구동방식 구동축, 유니버설조인트, 슬립조인트

전륜구동 방식(FF방식)에서는 등속조인트, 드라이브 샤프트라고 하고, 후륜구동 방식(FR방식)에서는 프로펠러 샤프트(propeller shaft, 추진축)라고 한다. 엔진의 고속회전력을 변속기를 거쳐 구동륜에 전달하는 원리와 역할은 같으나, 전륜 구동 방식 승용 자동차에는 주로 등속조인트(constant velocity joint, CV joint)라고 하여, 후륜구동식의 프로펠러 샤프트(propeller shaft, 추진축)가 있는 유니버설조인트(universal joint, 십자베어링)를 대신하여 버필드(birfield)형이 주로 쓰인다. 버필드(birfield)형은 더블 오프셋(Double Offset) CV 조인트라고도 한다.

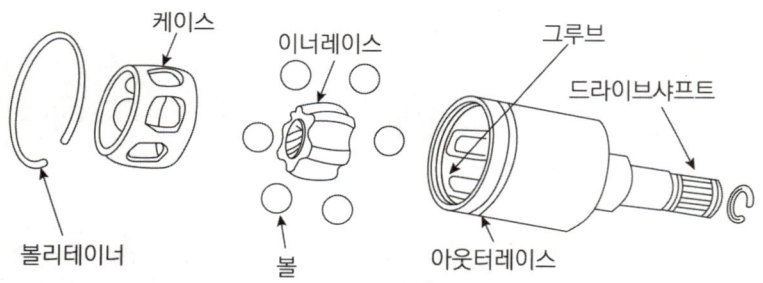

버필드 형, Double Offset CV joint

버필드(birfield)형
- 버필드사에서 개발하고 만들었다하여 버필 조인트라 하는데, 전륜구동차에서 구동축의 타이어측 자재이음으로 사용된다.

더블 오프셋(Double Offset) 조인트
- 버필드형과 비슷하지만, 버필드형의 축방향 움직임이 불가능하거나, 제한적 구조를 보완한 조인트이다. 아우터 레이서가 직선형이라는 점은 굴절각이 제한되는 반면 길이 변화 대응이 수월한 장점이 있다.(굴적각은 20°, 길이변화는 약 30mm까지 가능)

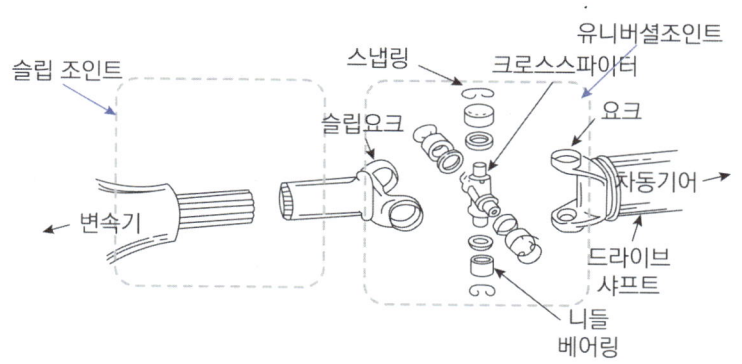

슬립 조인트(slip joint), 유니버셜조인트(universal joint, 십자베어링)

1) 슬립 조인트(slip joint, 슬립이음)

자동차가 고르지 않은 도로, 비포장 및 험로를 주행하거나, 적재 중량 및 탑승자 증가로 하중이 변할 경우, 변속기에서 뒤 차축까지의 각도와 길이는 변하게 된다. 또한 이러한 각도 변화에 따른 추진축의 길이를 적절하게 변화시켜주면서 추진축은 회전하여야 한다. 각도 변화에 대한 길이 변화를 유도하는 스플라인 구조로 된 것이 슬립 조인트이다.

2) 유니버셜 조인트(universal joint, 십자베어링, 자재이음)

회전하는 두 개의 축, 또는 각도 변화를 주어야 하는 두 개의 부품을 서로 연결하여 주고, 회전의 원활성을 기하면서 동력을 전달하기 위한 장치가 유니버셜 조인트이다. 축의 회전 진동을 흡수하는 역할도 하는 유니버셜 조인트는 여러 형태가 차종에 구분 없이 복합적으로 쓰이거나, 상호 적합한 형태로 교차 사용 하고 있으나, 전륜구동 방식의 승용차에 주로 쓰이는 등속(CV) 조인트 방식과 주로 화물차, 대형차의 후륜구동 방식에서 주로 쓰이는 십자형(훅)·플렉시블·트러니언 조인트 방식이 있다. 특히 플렉시블 조인트(flexible joint)는 승용 및 대형 화물에 이르기까지 많이 쓰이는데 두 축의 경사각에 제한이 있어(경사각 7~10°이상으로 만들이 어려운 단점이 있으나, 여러 겹으로 겹쳐, 원판을 삽입하여 고정시킨 방식으로써, 볼 베어링 방식과 비교할 때 마찰부가 없고 회전 시 소음이 없는 장점이 있다.

플렉시블 조인트(flexible joint)

---

flexible
- 신축성 있는, 잘 구부러지는, 유연한

나. 구동 액슬

구동 액슬(drive axles)은 자동차의 중량을 지지하고 차동기어로부터 구동륜까지 엔진의 동력을 전달해 주는 것으로써, 액슬 하우징에서 차동기어가 분리되는 분리형과 분리되지 않는 일체형으로 구분된다. 분리형은 구동축과 액슬축을 제거하면 차동기어를 앞으로 분해할 수 있고, 일체형은 반대로 차동기를 추진축 쪽이 아닌, 뒤쪽에서 분해가 가능하다.

구동 액슬 축(drive axle shaft)의 종류는 지지 형식에 따라 3가지 방식으로 구분할 수 있다.
① 전 부동식 : 차축은 동력만 전달하며, 액슬하우징이 하중 전부를 지지함(바퀴 탈거 없이 액슬 축 분리 가능)
② 3/4 부동식 : 차축이 하중의 1/4을 지지함
③ 반 부동식 : 차축이 차량 하중의 1/2을 지지함

또한 액슬 하우징(axle housing) 형식에 따라 스플릿·벤조·빌드업 형으로 구분한다.

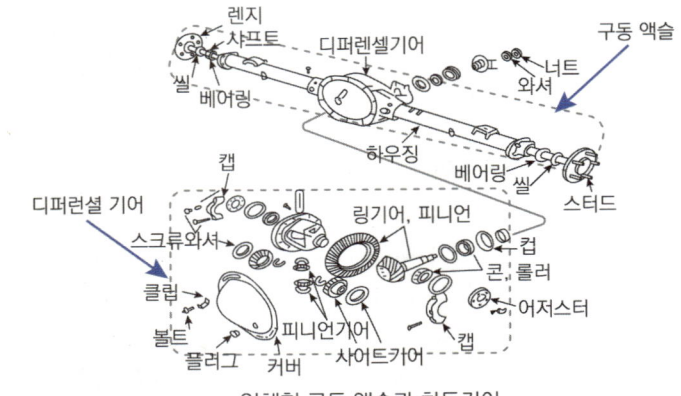

일체형 구동 액슬과 차동기어

다. 클러치

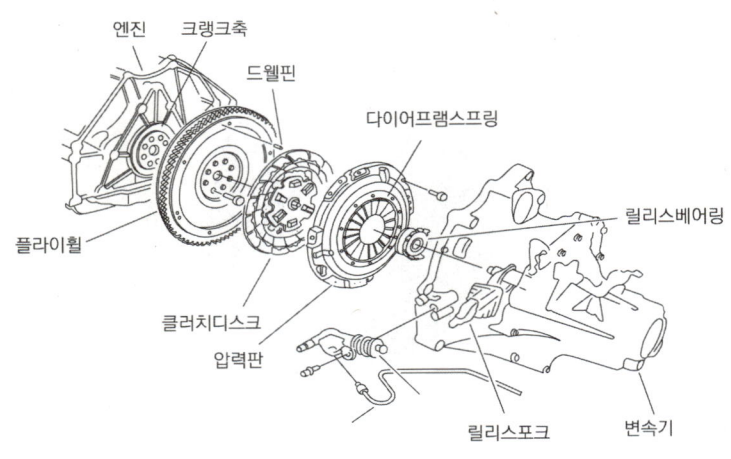

다이어프램식 클러치

액슬(drive axles)
- (바퀴의) 차축, 운전석의 액셀러레이터(accelerator)페달을 약칭하는 액셀과는 다른것

클러치(clutch)는 자동차의 엔진과 변속기 사이에 설치되어, 자동차의 주행 중 엔진의 동력 또는 관성주행으로 인한 엔진과 변속기의 동력 전달 체계를 차단하거나, 전달하게 하는 역할을 한다. 클러치는 구조와 운전자의 조작 방식에 따라 분류되는데, 그 종류는 아래 표와 같다.

분류기준	종류	비고
구조 방식	마찰 클러치	다판 건·습식, 단판건식(코일스프링·다이어프램식)
	유체 클러치	유체클러치식, 토크 컨버터식
	전기 클러치	디스크식, 자성식
운전자 조작 방식	자동 클러치	유체식, 기계식, 전기식
	페달 클러치	유압식, 기계식(와이어식, 링크식)

1) 구비 조건

① 엔진과 변속기의 연결과 분리가 용이하고 동력 차단이 신속하고 정확할 것
② 전달시 충격이 없어야 하고, 전달 후 미끄러짐이 없을 것
③ 회전 부분의 평형이 좋을 것
④ 회전관성은 작고, 회전 불균형은 없고, 방열이 잘 될 것
⑤ 엔진 토크에 대응할 수 있는 클러치 용량을 구비 할 것
⑥ 구조가 간단하고 정비가 용이할 것
⑦ 진동, 소음이 적고 수명이 오래 갈 것
⑧ 클러치 페달 답력이 적을 것

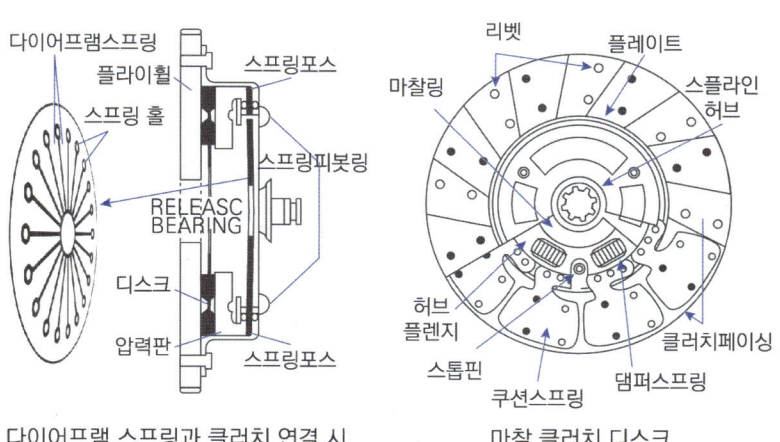

다이어프램 스프링과 클러치 연결 시   마찰 클러치 디스크

2) 클러치가 미끄러지지 않는 조건

$$T \times f \times r \geq C$$
[T : 스프링 장력, f : 클러치 마찰계수, r : 클러치판의 유효반경, C : 엔진 회전력]

3) 클러치 구성부품

① 클러치 디스크
- 변속기 입력축에 스플라인 형태로 설치되어, 디스크 마찰계수 0.2 ~ 0.3 정도로 리벳에 의해 강판에 고정되어 있다. 쿠션 스프링은 디스크 변형 방지, 편 마멸 방지, 파손 방지 역할을 하며, 비틀림 코일 스프링(댐퍼 스프링)은 압력판과 접속 시 회전 충격 흡수를 한다.
- 리벳의 깊이, 판의 비틀림, 비틀림 코일 스프링의 장력의 상태을 점검하여 교환 여부를 판단한다.

② 압력판과 다이어프램 스프링
- 압력판은 클러치 디스크를 플라이휠에 압착시키는 역할하고, 다이어프램 스프링은 압력판을 클러치 디스크로부터 분리시키는 역할을 한다.
- 다이어프램 스프링의 특징은 구조가 간단하고 조작력이 작아도 되며, 원심력에 의한 장력 변화가 없다는 것이 가장 큰 특징이다. 또한 압력판에 작용하는 압력이 균일하여 힘의 전달 한계가 매우 우수하다. 다이어프램 스프링은 장력, 자유고, 직각도(3요소)를 필히 점검하여야 하며, 스프링 장력이 규정보다 크면 용량·수직 충격·조작력이 증가하고, 반대로 장력이 규정 값보다 작으면 용량저하·미끄럼 발생 등으로 디스크 페이싱 마모가 촉진된다.
- 클러치의 전달 토크

$$T \propto P \cdot \mu \cdot r$$
[T : 전달토크(kgf·m) P : 클러치스프링 전압력(kgf) μ : 마찰계수 r : 클러치판 유효반경]

③ 클러치 커버와 릴리스 베어링
- 클러치 커버는 엔진 플라이휠 쪽에 장착되어 있으며, 릴리스 베어링은 회전 중인 다이어프램 스프링을 눌러 엔진의 동력을 차단하는 역할을 한다. 릴리스 베어링은 볼베어링형, 앵귤러접촉형, 카본형이 있는데, 볼베어링형은 영구 주유식으로 별도의 그리스 주유나 정비 시 세척 할 수 없다.

④ 릴리스 포크
- 페달의 조작에 의해 릴리스 베어링을 다이어프램 스프링 쪽으로 밀어주는 역할을 한다. 정비 시 이상 잡음을 방지하기 위해 포크와 릴리스 베어링 접촉부, 클러치 릴리스 실린더 로드와 포크 접촉부에 윤활유(그리스)를 도포하기도 한다.

⑤ 클러치 페달
- 운전자가 변속 시 밟는 페달로써, 페달 자유 유격(간극)은 릴리스 베어링이 다이어프램 스프링에 닿을 때까지 이동한 거리이며, 유격이 규정 값보다 크면 클러치 작동 지연과 클러치의 차단이 불량해진다. 또한 유격이 규정 값보다 작으면, 클러치 미끄럼 현상(슬립현상)으로 타는 냄새와 함께 디스크 마멸이 촉진되고 페달의 유격은 점점 커지게 된다.
- 클러치 디스크가 미끄러지는 현상(슬립현상)이 나타는 주요 원인으로는 여러 이유가 있으나, 특히 디스크의 마모가 심하거나, 디스크에 오일(엔진오일, 기어오일)이 유입된 경우, 클러치 페달 유격이 너무 작을 경우, 다이어프램 스프링의 장력이 불량(약해졌거나 평활한 고른 장력 저하)해진 경우이다.

리벳(rivet)
- 강판 두 장에 구멍을 뚫고 이 무른 금속 못을 구멍에 끼워 넣은 뒤 지름이 얇은 쪽을 해머로 강하게 내리쳐 납작하게 눌러주거나 특수공구를 이용하여 잡아당겨주면서 리벳이 유격 없이 두 판재를 양쪽으로 스테이플러처럼 고정하게 됨, 리베팅을 하나만 하면 접합이 되지 않으므로 강판의 이음새를 따라 라인 형태로 여러번 리벳에 의해 두 판재가 볼트로 조인 것 마냥 강력하게 접합됨

라. 차동기어

차동기어(differential gear) 장치란 자동차가 선회(곡선주행, 180°유턴 등) 주행 시, 또는 직선 주행 중에도 노면 상태(요철, 험로)에 따라 좌우 바퀴의 회전속도를 다르게 하는 장치로써, 좌우 차축을 차동기어가 중심이 되어 회전속도를 다르게 하여, 타이어와 노면 간의 미끄러짐을 방지하고 원활한 주행이 가능하도록 한 장치이다. 베벨기어, 스퍼 기어가 있으며 주로 베벨기어를 사용하고 있으며, 만약 직진 주행시 양 바퀴가 같은 마찰력과 동일 각도, 동일 속도로 주행한다면 차동기어는 작동하지 않는다.

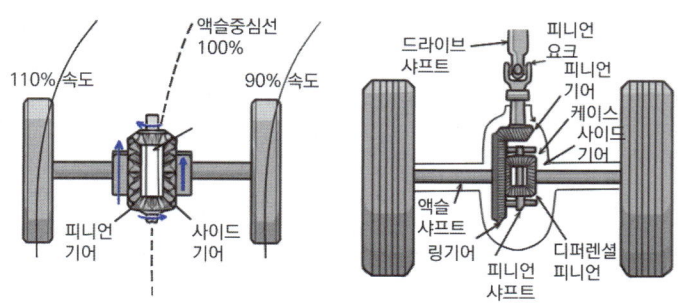

선회 주행시 차동기어 원리

차동기어는 차동기어의 속도를 100이라고 가정하면, 피니언 기어가 100이라는 속도의 약 80~90 정도로 느린 회전 속도로 안쪽 구동륜에 전달하고, 바깥쪽 회전 반경의 구동륜에는 100보다 빠른 속도의 약 101~110의 회전 속도를 전달하여 원활한 선회능력을 확보토록 해 준다.

좌우 바퀴의 적절한 회전량, 쉽게 말해 안쪽 구동륜은 느리게, 바깥쪽 구동륜은 빠르게 하여 선회 시 타이어의 이상 미끄럼 현상과 이상 마모를 방지하고 주행 성능을 향상시킨다.

1) 차동기어의 기본 구조와 사용

차동기어는 전(前)엔진 + 후(後)구동(FR방식) 자동차의 뒤쪽 구동 액슬에 사용되어 랙과 피니언의 원리가 기본적인 원리이며, 현재는 전엔진 + 전구동(FF방식), 후엔진 후구동(RR방식)의 트랜스 액슬에 장착되어 형식에 상관없이 다양하게 장착되어 쓰이고 있다.

베벨기어

- 베벨기어는 일반적으로 교차하는 두 축 사이에서 동력을 전달하는 원추형의 기어이다.

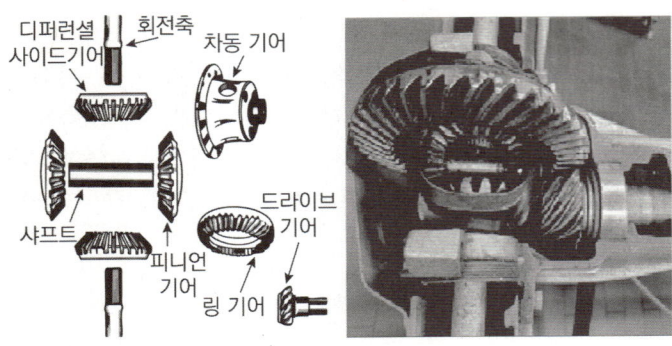

차동기어의 구조

① 케이스(case) : 링 기어와 같이 회전
② 피니언기어(pinion gear) : 선회 시 자전하며 공전, 직진 시 공전하는 기어
③ 사이드기어(side gear) : 좌우 액슬 축과 연결되는 기어

특히 4륜구동(4WD) 자동차의 앞, 뒤 구동 액슬 또는 트랜스퍼케이스에 장착되어 4륜구동(4WD) 자동차의 장점을 극대화하고, 주행 성능을 향상시키는 역할도 하고 있다.

2) 슬립 제한 차동기어(LSD, Limited Slip Differential)

차동기어 내부에 클러치 또는 콘(cone)을 두어 한쪽 구동륜이 공회전(헛도는 현상)현상 발생시 클러치 또는 콘이 케이스가 사이드 기어에 접속되게 하여 차동기어의 작동을 못하게 한다. 즉 좌우 액슬 축이 동일한 속도로 회전하게 하는 것을 말한다. 보통 자동차의 한쪽 구동륜이 웅덩이나 진흙 수렁에 빠졌을 경우 차동기어장치에 제한을 두어 구동력을 증대시키면서 악조건 상황의 이탈을 쉽게 한다.

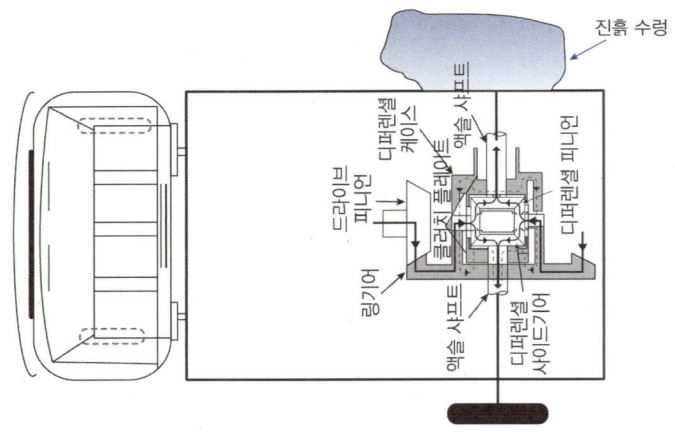

슬립제한 자동 기어의 동력(예)

비스커스 커플링식 LSD
- 윤활유의 점성을 이용한 LSD, 원판의 회전수 차이가 생기면 윤활유의 점성으로 차동제한을 한다. 마치 자동변속기의 토크컨버터와 유사한 원리이며, 온도에 따라 윤활유의 점도가 변하면 차동 제한 성능도 변하고, 작동 시 조용한 편이다.

다판식 LSD
- 여러개의 클러치판을 사용해서 차동제한을 한다. 좌·우 구동륜과 연결된 클러치판이 서로 접촉하고 있어 회전수 차이가 나면 마찰력으로 차동제한을 하는 원리로 확실한 차동제한 성능을 자랑하지만, 응답성이 느리고, 소음이 있다는 단점이 있다.

3) 종감속 기어

종감속 기어(final reduction gear)는 구동 피니언 기어와 링기어로 구성되어 있으며, 추진축에서 받는 엔진 동력을 직각 또는 직각에 가깝게 뒤차축에 전달하여 회전력 증대를 위한 최종적인 감속을 하는 장치를 말한다. 기어의 종류에는 총 4가지 있으나 주로 자동차의 중심이 낮아져 안전성을 향상시킬 수 있는 하이포이드 기어가 많이 쓰이고 있으며, 그 밖에도 웜과 웜·스퍼·스파이럴 베벨기어가 있다.

하이포이드 기어의 장점을 좀 더 살펴보면,
① 전고 및 차체 중심이 낮아져 안전성과 거주성이 향상된다.
② 기어 이면의 접촉 면적이 증가되어 강도 향상에 도움이 된다.
③ 기어 물림율이 많아져 회전 시 정숙하다.

또한 하이포이드 기어는 제작이 다소 어렵다는 단점과 기어 이의 접촉 압력이 커 두 개의 윤활면이 윤활유에 의해 분리되지 않는 극압 윤활유를 써야 한다는 어려움도 있다.

> 총감속비 = 변속비 × 종감속비

2. 수동 변속기

변속기란 자동차가 주행할 때 주행저항이 변하는 환경에 따라 엔진과 구동륜 사이에 장착되어 있으면서 수동 또는 자동적으로 엔진 회전속도에 대한 구동륜의 회전속도를 적절하게 변화시켜주는 장치이다. 일반적으로 속도비에 따라 출발 시 1~2단 기어, 주행 시 3~6단 기어, 후진기어로 구성되어있다.

다시 말하면, 변속기는 회전력 증대, 엔진 시동 시, 후진 시, 엔진을 무부하 상태로 두기 위하여 필요한 장치이다.

수동변속기의 종류는 점진 기어식과 선택기어식이 있다. 선택기어식은 다시 섭동 기어식, 상시 물림식, 동기 물림식으로 나뉜다. **점진 기어식**은 자전거 기어처럼 1단에서 3단 변속이 안 되고 반드시 2단을 거쳐야 되는 방식을 말하며, 선택기어식의 **섭동 기어식**은 해당 기어가 축 방향으로 미끄러져 물리는 방식을 말한다.

가. 수동 변속기 분류(종류)

1) 점진 기어식

1단에서 3단 변속이 바로 안 되며, 반드시 2단을 거쳐 3단으로 변속되는 방식

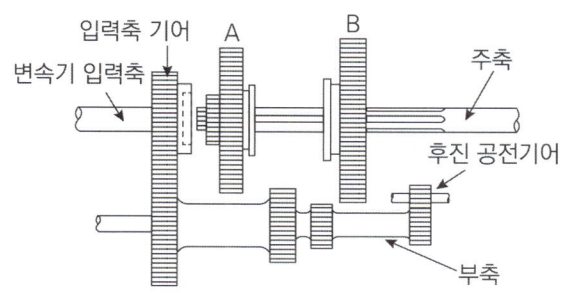

• 베벨기어는 2개의 축이 수직으로 만나는 것 말한다. 베벨기어는 스트레이트, 스파이럴, 제롤, 헬리컬, 앵귤러 베벨기어가 있다.

2) 섭동 기어식

해당 기어가 축 방향으로 미끄러져 물리는 방식

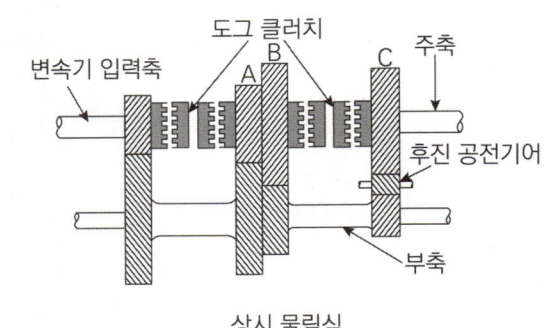

상시 물림식

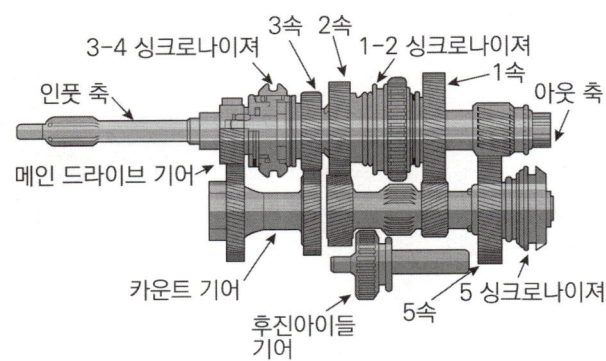

동기 물림식

상시 물림 식은 클러치 기어의 이동량이 적고 변속 조작이 비교적 쉬워 대형 트럭, 버스등에 주로 쓰이는 방식으로 모든 기어가 상시 물려있고 클러치 기어(도그 클러치, dog clutch)가 결합 되어 기어만 변속되는 방식이며, **동기 물림 식**은 현재 수동 변속기라 볼 수 있을 만큼 가장 많이 쓰이는 방식으로 모든 기어가 항상 물려있고 싱크로메시 기구가 이동한 쪽의 기어만 변속되는 방식을 말한다.

나. 싱크로메시(synchromesh) 기구

① 구성부품 : 싱크로나이저 링, 클러치 허브, 슬리브, 싱크로나이저 키, 스프링
② 싱크로메시 기구 불량 시 변속이 잘 안되며, 변속할 때 변속 소음이 발생한다.

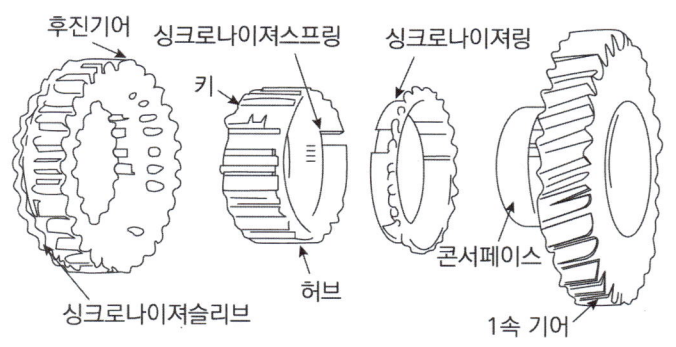

싱크로나이져 Synchronizer

다. 수동 변속기 오 조작 방지기구

① 인터록(interlock) : 변속 시 단 한 개의 싱크로나이저만 움직이도록 하여 기어의 이중 물림을 방지한다.
② 로킹 볼(locking ball) : 기어가 자연적으로 빠지는 것을 방지하는 볼(ball)이다.

라. DCT (Double Clutch Transmission, 더블클러치 변속기)

자동변속기와 같이 운전자가 P-R-N-D 선택레버로 변속되는 변속기로써, 더블클러치 즉, 클러치가 2개로 나뉜 형태로 홀수단과 짝수+후진 단으로 나뉘어 각 축이 담당하는 클러치가 따로 있어 일반적인 자동 변속기에 비하여 동력손실이 매우 적고 연비가 좋으며, 자동변속기의 편리성과 수동변속기의 장점을 결합한 형태이다. 엄밀히 말하면 수동변속기에 속한다.

비교적 무게가 무겁고, 고장 시 수리 비용이 많이 드는 단점이 있으나, 연비 측면에서 근래 많이 장착되고 있다.

3. 자동 변속기

클러치 조작으로 주행시 변속 충격과 변속 소음이 발생하는 수동 변속기(MT, Manual Transmission)와는 달리 내부 구조는 다소 복잡하고 비용 측면에서 고가이나, 운전자가 조작하기에 아주 편한 것이 자동변속기(AT, Automatic Trans- mission)이다. 주행 시 기어 변속이 자동화되어 운전자가 변속에 신경쓰지 않고 전방 주시 운전에 더욱 집중할 수 있어 사고율도 감소 시키는 장점이 있다. 자동 변속기의 유압장치는 전자 제어화 되어 있으며, 승용 자동차에서는 대부분 자동 변속기를 선택하고 있다.

자동 변속기의 특징은 운전자가 임의적으로 조작하는 기어변속이 필요 없고, 진동과 충격 흡수로 내구성이 향상되었으며, 운전자의 변속 조작 미숙으로 인한 엔진이 정지되거나 배터리 방전 시 밀어서 시동되지 않는다. 또한 구조가 복잡하며, 가격이 비싸고, 수동변속기와 비교하여 연비는 저하된다.

록킹 볼(locking ball)
- 변속 레일 고정 홈을 눌러 고정하는 부품

DSG (Direct Shift Gearbox)
- 시퀀셜 방식의 트랜스미션으로 수동기어를 기반으로 하는 오토매틱 트랜스미션, 클러치 2개가 엔진의 힘을 전달하는 방식으로 수동 변속기를 응용한 건식타입 자동변속방식, 클러치가 직접 프라이휠에 접촉하여, ECU등의 전자제어로 사람이 작동하는 것보다 더 섬세한 방법으로 동력의 손실 없이 바퀴에까지 전달하는 시스템으로 폭스바겐, BMW, 푸조 등에서 채택하고 있음

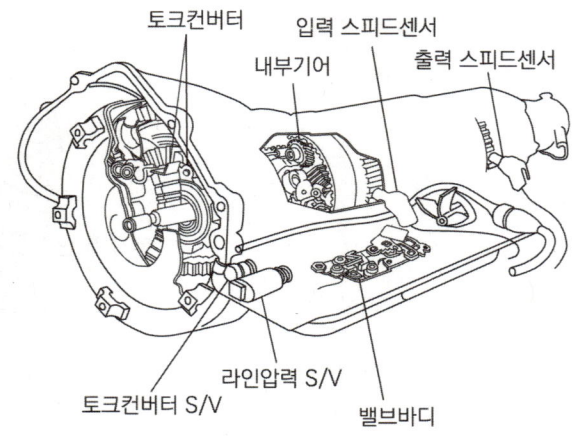

자동변속기 주요 부품

자동 변속기의 변속단 변경 시 시프트 업과 다운의 변속 점의 시간 차이를 두는 것을 히스테리시스 현상(hysteresis)이라 말하는데, 이는 일정 속도가 되면 자동으로 변속되는 자동 변속기의 특성상 빈번한 시프트 업·다운 현상을 방지하기 위함이다.

자동차 추월 시 유용하게 쓰이는 주행 기법으로 가속 페달을 일정량 이상 깊게 밟았을 때 주행 단수에 비해 변속 단수를 자동으로 낮추어 추월 성능을 높이는 것을 킥 다운(kick down) 기능이라 한다.

가. 자동 변속기 구성요소

1) **동력부** : 엔진에 의해 구동되는 오일펌프가 변속기 내에서 필요한 유압을 만든다.
2) **작동부** : 클러치나 브레이크 작동에 따라 증속, 감속, 후진, 직결, 중립으로 변속이 된다.
3) **제어부**
    ① 매뉴얼 밸브 : 시프트레버(변속레버)의 선택 위치에 따라 작동
    ② 스로틀 밸브 : 흡기다기관 진공에 따라 스로틀 압력제어
    ③ 거버너 밸브 : 차속에 따라 오일 압력 형성
    ④ 시프트 밸브 : 차속과 페달을 밟는 정도에 따라 변속 유도(거버너와 스로틀 압력의 변화에 따라 작동)

히스테리시스 현상(hysteresis)
- 이력 현상(履歷現象)이라고도 하며, 물질이 거쳐 온 과거가 현재 상태에 영향을 주는 현상으로 어떤 물리량이 그 때의 물리조건만으로 결정되지 않고 이전에 그 물질이 경과해 온 과정에 의존(history-dependent)하는 특성을 말한다.

나. 토크컨버터

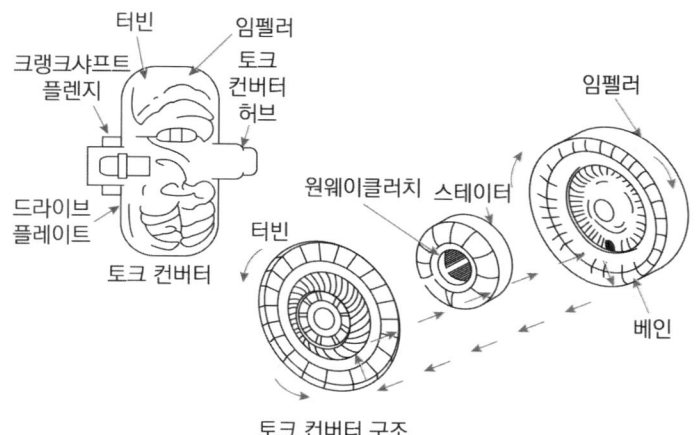

토크 컨버터 구조

토크컨버터(torque converters)는 엔진과 유성기어 사이에 있는 유체 커플링의 한 종류인데, 유체로 가득찬 원형의 하우징은 임펠러(impeller 또는 pump), 터빈(turbine 또는 runner), 스테이터(stator)로 구성되어 있다. 임펠러는 엔진 회전속도와 함께 항상 회전하고 있으며, 터빈은 토크컨버터 안에 있으면서 일반적으로 임펠러 보다는 회전속도가 느리다. 스테이터는 터빈을 통과한 유체의 방향을 바꿀 수 있는 베인이 있어 오일이 이동하면서 터빈의 회전력을 증가시키는 역할을 한다.

다. 수동 변속기와 비교한 자동 변속기의 특징(장점, 단점)

① 동력 전달 시 충격과 소음이 적어 자동차의 수명이 길고, 승차감이 좋다.
② 클러치 조작이 없어 운전자가 운행중 전방 주시에 집중할 수 있게 하고, 운전자의 피로가 적다.
③ 저속 구동력이 커 등판 발진 성능이 우수하다.
④ 유압을 이용한 자동변속기의 경우 작동 지연이 발생할 수 있고, 연비 효율은 다소 떨어진다.
⑤ 전자 제어화된 발진 기능으로 오조작 및 전자제어부 고장으로 인한 발진 사고 우려가 있다.

라. 유성기어의 구성

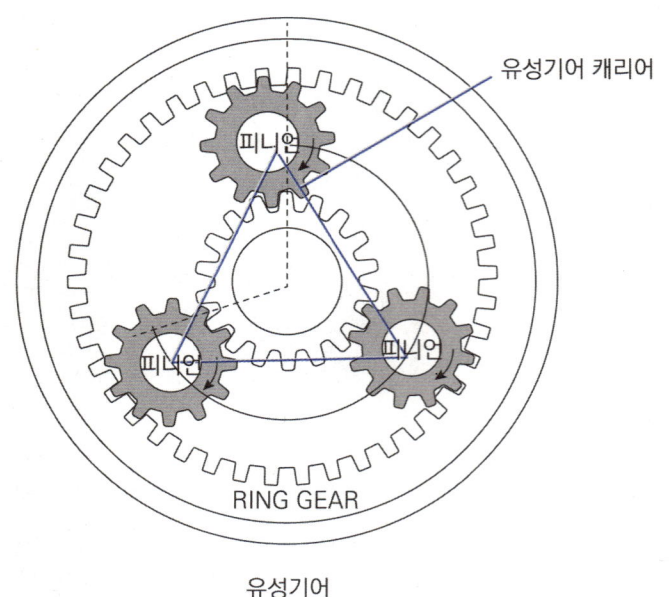

유성기어

그림에서와 같이 단순 유성기어는 선기어, 피니언기어, 링기어, 캐리어로 구성되어 있으며, 그림은 싱글피니언 방식이며, 여기에 피니언기어만 2개로 되어 있는 더블 피니언 방식도 있다.

유성기어는 여러 가지의 감속비를 얻을 수 있게 해주며, 동력의 차단 없이도 변속 조작이 가능케 하는 장치로써 자동 변속기에서 매우 중요한 요소이다. 유성기어 장치는 여러 기어의 하중을 균등 분배하여 베어링에 가해지는 하중을 적게 할 수 있어 소음도 적다. 복합 유성기어로는 선 기어 2개와 링 기어와 유성기어 캐리어를 각 각 1개씩 조합한 라비뇨 형식과 선 기어 1개를 공통으로 사용하는 심프슨 형식이 있다.

마. 자동변속기 오일

자동변속기 오일(ATF, Automatic Transmission Fluid)은 토크컨버터 내에 동력을 전달하고 변속 내 회전 기계장치의 윤활·냉각·충격완화와 밸브, 클러치, 밴드브레이크 등의 유압 기구에 작동유 역할을 한다.

① 평탄한 곳에서 점검 차량을 주차한다.
② 오일을 정상 작동온도 상태에서 선택 레버를 움직여 오일을 충분히 순환시킨 다음 시동이 걸린 상태에서 점검한다.
③ 오일 레벨 게이지에 MIN과 MAX의 중간 부위에 체크 되면 정상이다.

바. 자동변속기 전자제어장치(TCU)에 입력되는 센서 신호

① 스로틀 위치센서(TPS) : 스로틀 밸브의 열린 양을 계측하는 센서이며 변속을 결정하는 기초신호이다.
② 입력 축 속도센서(펄스제네레이터 A, PG-A)
③ 출력 축 속도센서(펄스제네레이터 B, PG-B)

펄스 제네레이터(Digital delay Pulse generator, 지연신호 발생기)
- 펄스제네레이터는 일반적으로 차량변속기에 내장되어 있으며 회전하는 변속 치차로부터 차량속도에 비례하는 변조 전기 신호를 발생시킨다.

④ 스포츠모드 선택 스위치, 업&다운 시프트 스위치

⑤ 차속 센서

⑥ 인히비터 스위치 : P나 N 레인지에서만 시동이 가능하도록 변속레버의 위치를 인식한다.

⑦ 오일온도(유온) 센서 : 오일의 온도를 검출하여 댐퍼클러치 제어에 활용한다.(부 특성 서미스터)

사. 무단변속기(Continuously Variable Transmission)

벨트나 체인을 금속 풀리에 감아 단계 없이(변속단에 따른 클러치 기구 없이) 연속적인 변속 비를 얻을 수 있는 변속기로써, 강찰 핀이 내장된 고무 스틸 벨트로 풀리를 회전시켜 자동차의 주행 속도에 따라 콘 모양의 풀리가 다른쪽 풀리의 움직임에 따라 회전하면서 무한대의 최소·최고 변속비를 가변하여 무단으로 변속을 하는 방식이다.

회전력의 차이가 없어 충격이 거의 없고, 일반 자동변속기와 비교할 때 부품수가 적어 소형화, 경량화되었으며, 연비와 가속 성능도 향상되었다.

종류로는 벨트 드라이브식과 트랙션 드라이브식, 유압모터·펌프 복합식이 있으며, 벨트 드라이브식은 벨트의 성질에 따라, 고무벨트식과 금속 벨트식, 금속 체인식으로 나뉜다.

제2장 조향 장치(스티어링 시스템)

1. 조향 일반(개요, 조향기구, 조향각, 애커먼장토식, 최소회전 반경, 조향기어비)

조향 장치(steering system)는 운전자가 자동차의 주행 방향을 결정함에 따라 움직일 수 있도록 한 장치로써 조작·기어·링크 기구로 구성되어 있다.

조향 기구는 조향휠, 조향축과 컬럼이고, 기어기구는 조향축의 회전 운동을 방향을 바꾸어 링크 기구에 전달하는 프레임에 고정된 기구를 말하고, 링크 기구는 피트먼암, 드래그 링크, 너클 암, 타이로드 등으로 구성된 것으로써, 기어 기구의 움직임에 따라 좌우 구동륜의 전달함과 동시에 주행 중 구동륜의 위치를 바르게 유지시키는 기구이다.

가. 조향장치의 구비 조건

조향장치는 먼저 핸들 조작이 쉽고 운전자가 가려고 하는 방향대로 조작이 되어야 하며, 노면으로부터의 충격과 각종 조향에 영향을 주는 요소(험로, 노면 돌출부, 진흙 등)들에 대한 대응력이 좋고 안전성이 있어야 한다. 또한 회전 반경이 작아서 좁은 곳에서도 방향 변환이 원활하게 이루어져야 하며, 주행 중 섀시 및 보디에 무리한 힘이 작용 되지 않으면서, 고속 주행에서도 조향 핸들이 안정되어 있어야 한다. 되도록 수명이 길고 정비가 쉬워야며, 조향 핸들의 회전과 구동륜의 선회 차이가 크지 않아야 한다.

나. 조향기구

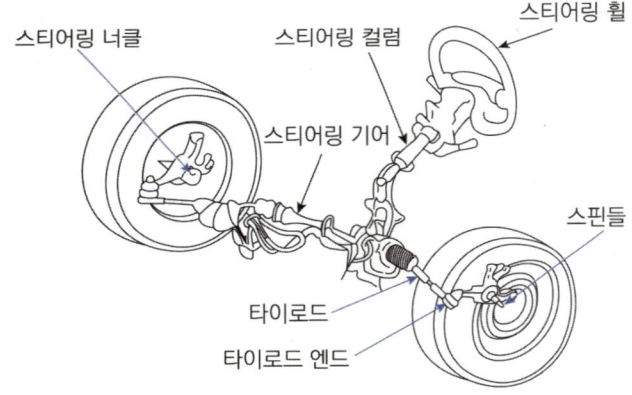

1) 스티어링 휠(steering wheel, 조향 핸들)

조향 기구 중 주행 중 운전자의 손이 닿아 있는 곳으로써 운전자의 핸들 조작력을 조향 축(steering shaft)을 통해 조향 기어(steering gear), 타이로드(tie-rod assembly), 타이로드 엔드(tie-rod end), 스티어링 너클(steering knuckle)

조향 장치(steering system)
- 아래 회전반경처럼 핑크색 양식적용하여 추가

회전반경(Radius Of Gyration)
- 회전하는 물체의 관성 모멘트와 그 물체의 전 질량이 어떤 점에 모였다고 가정하고 관성 모멘트가 일정할 때, 회전축 중심과 그 점까지의 거리

타이로드 엔드(tie-rod end)
- 자동차 하체에 장착된 타이로드엔드는 오무기어의 끝 부분에 있는 부품을 말함

과 스핀들(spindle)을 통해 구동륜에 전달하여 주행 방향을 결정하게 한다. 충격 흡수 방식에 따라 스틸 볼식, 벨로우즈식, 메시식이 있다.

2) 스티어링 샤프트(steering shaft, 조향 축, 컬럼 샤프트)

차 실내에 스티어링 휠에서 이어지는 축으로써, 승용차의 경우 일반적으로 약 25~35°의 각도로 이루어져 있으며, 특히 충돌 사고시 운전자 보호를 위해 충격 흡수식(collapsible) 핸들과 함께 장착되도록 규정하고 있어 차량 충돌시 관성에 의해 앞으로 밀려나가는 운전자의 충격을 완화 시켜주는 역할을 한다. 차량의 충돌이 1차 충돌점이라면, 스티어링 휠과 샤프트(컬럼샤프트)는 2차 충돌점이 되는 것이다. 컬럼 튜브와 스티어링 샤프트를 2분할 하였으며, 핸들 바로 아랫 부분을 어퍼(upper), 스티어링 기어 박스로 이어지는 로어(lower)고 구분하여 충돌시 서로 겹쳐지면서 수축되어 충격을 흡수하게 되어 있다.

3) 스티어링 기어(steering gear, 조향 기어)

조향 기어는 구동륜(타이어)에서 전해는 충격, 즉 노면의 충격을 가장 많이 흡수하는 기구로써, 운전자의 피로도가 결정될 만큼 충격 흡수 정도의 차이가 매우 중요하다. 충격이 핸들에 되도록 적게 전달 되도록 제작되어, 운전자가 핸들 조작을 할 때 어렵지 않게 해야 한다.

가역식과 비가역식, 반가역식으로 분류할 수 있는데, 가역식은 앞 구동륜(타이어)으로 스티어링 휠을 움직일 수 있는 방식으로 주행중에 핸들을 놓치기 쉬운 단점이 있으나, 각 부의 마멸이 비가역식과 반가역식보다 적고, 앞 차륜 복원성 향상에 도움이 된다는 장점이 있다.

비가역식은 스티어링 휠로만 구동륜(타이어)을 움직일 수 있으며, 가역시의 장점(각 부의 마멸, 앞차륜 복원성 향상)은 갖고 있지 않으나, 구동륜의 충격이 스티어링 휠로 전해지지 않아 험로 주행 시 운전자의 핸들링이 용이하다. 반가역식은 가역식과 비가역식의 중간 정도의 장·단점을 가지고 있다고 보면 된다.

스티어링 기어의 **일정 기어비**(constant ratio) **형식**에 속하는 **랙크 피니언 형식**과 볼 너트 형식, 웜 섹터 형식이 있으며, 일반적으로 대형 차량에 주로 쓰이는 **가변 기어비**(Variable ratio) **형식**이 있다.

4) 타이로드 (tie-rod assembly)와 타이로드 엔드(tie-rod end)

좌우 구동륜과 연결된 너클 암을 동시에 움직이게 하기 위한 장치로써, 로드 끝에는 타이로드 엔드가 볼 형식으로 연결·조립 되어 있고, 타이로드 엔드는 로드와 나사식으로 분리되도록 제작되어 로드의 길이 조정으로 토인(toe in) 조정이 가능하다.

5) 너클(steering knuckle)과 스핀들(spindle)

구동륜을 허브, 타이로드 엔드와 함께 조립하여 스티어링 기어와 연결시켜 주는 장치로써, 좌우에 동일하게 설치되어 있다.

가변 기어비(Variable gear ratio)
- 직진 주행 시 기어비를 낮춰 스티어링 반응성을 낮추고, 코너링·주차 시 일정 이상의 스티어링 조향 각도가 되면 기어비를 높여 반응성을 높이는 스티어링 기어 형식

다. 애커먼 장토(Ackerman – Jantaoud)식

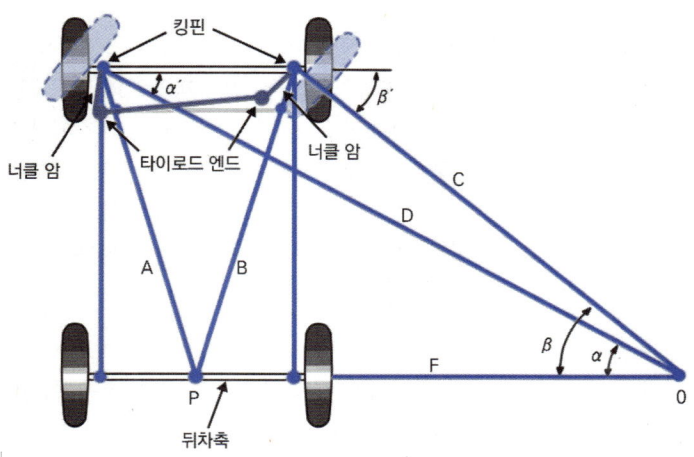

애커먼 장토식의 원리

자동차가 직진으로 주행할 때는 킹핀과 타이로드를 뒤 차축에 연장선(A,B)을 그었을 때, 좌우가 서로 뒤 자축의 중앙(P)에 만나게 되어 한 점을 중심으로 동심원을 그리며 선회하게 된다. 조향 핸들을 돌려 선회 시 좌우 앞바퀴의 조향각의 차이(α', β')가 생겨 각 바퀴가 옆으로 미끄러지는 것을 방지하게 되는 것을 애커먼 장토식이라 한다.

라. 최소 회전 반경(minimum radius of turning)

조향 각도를 최대로 조향하여 선회하였을 때, 바깥쪽 바퀴가 그리는 동심원의 반지름(반경)을 말한다. 즉 그려지는 최 외측 바퀴와 선회 중심과의 거리를 말하며, 그 길이가 길수록 최소 회전 반경은 커진다.

$$최소회전\ 반경(R) = \frac{L}{\sin\alpha} + r$$

[L : 축거(m), α : 바깥쪽 바퀴의 최대 조향각도, r : 바퀴 접지면 중심과 킹핀과의 거리(m)]

마. 조향기어비

$$조향\ 기어\ 비 = \frac{조향핸들의\ 회전각도}{피트먼\ 암(바퀴)의\ 회전각도}$$

기어비가 적정하지 않고, 너무 크거나 작으면 고속 주행 중 선회 조향 불량으로 사고 발생이 있을 수 있다. 웜 섹터 형, 볼 너트 형, 랙 피니언 형이 있으며, 조향 기어의 백래시(backlash)가 너무 커지면 조향핸들의 유격이 커진다.

애커만 장토식(Ackerman- Jantoud tupe) 원리
- 애커먼(Ackerman Rudolph)에 의해 발명되고 장토(Jeantaud Charles)에 의하여 개량된 원리로써, 조향 너클의 연장선이 뒤 차축 중심에 만나게 되며, 선회 시 안쪽바퀴의 조향각이 더 크게 된다.

백래시(backlash)
- 기계에 쓰이는 나사, 톱니바퀴 등의 서로 맞물려 운동하는 기계 장치 등에서 운동 방향으로 일부러 만들어진 틈

바. 프론트 액슬(front axle)

프론트 액슬(front axle, 앞차축)은 안전한 조향 성능 확보와 자동차의 진행 방향을 결정하는데 매우 중요한 요소이기에 그 종류와 기능에 관해 간단히 설명한다.

프론트 액슬은 주행중 노면, 또는 기타 물체와 충돌시 그 충격을 견딜 수 있는 구조와 재질로 제작 되어야 한다. 특히 앞 엔진 구동 방식의 경우에는 엔진의 무게를 지지하는 것이 상당하기에 더더욱 견고히 제작 되어야 하며, 조향 성능에 많은 영향을 주고 있다. 승용차의 경우에는 대부분 독립식 앞차축을 사용하고 있으며, 프론트 액슬뿐만 아니라 리어 액슬도 독립식을 사용하는 경우가 많아지고 있다. 대형 트럭·버스의 경우에는 일체 단축식을 주로 사용하고 있으며, 두 개의 축으로된 복축식을 쓰기도 한다.

다시 정리하면, 프론트 액슬(앞차축)은 구조적 측면에서는 일체식(단축식,복축식), 독립식으로 구분하며, 동력전달 방법에 따라 활축(live axle)과 사축(dead axle)으로 구분한다.

2. 동력 조향 장치

수동 조향 장치의 핸들 조작력을 가볍게 하기 위해 기어비를 무작정 크게 할 수 없는 한계를 극복한 것이 동력 조향 장치(power steering system, 파워 스티어링)이다. 수동 조향 장치에서 기어비를 무작정 크게 하여 핸들을 가볍게 할 경우, 운전자의 의지와 상관 없이 핸들 오조작이 많아져 조향 안전성을 떨어트리게 되는데, 파워 스티어링은 엔진의 동력을 이용하여 별도의 유압 오일펌프를 구동해 핸들 조작력을 쉽게한 시스템이다.

가. 파워 스티어링의 장점(특징)

① 핸들 조작력을 가볍게 할 수 있어 조향기어비 선정 범위가 넓다.
② 앞 구동륜의 시미현상(shimmy motion)을 방지한다.
③ 노면의 충격을 흡수하여 핸들에 전달되는 킥 백(kick back)을 방지한다.
①, ②, ③의 파워 스티어링의 장점을 한마디로 표현한다면 「파워 스티어링이 장착된 자동차는 조향 성능 향상으로 주행 안정성이 매우 우수하다.」로 요약할 수 있다.

나. 파워 스티어링의 종류와 구성요소

파워 스티어링의 종류는 기어 형식과 파워 실린더 및 밸브 배치에 따라 분리형, 일체형, 인테그럴형이 있다. 주요 구성요소는 다음과 같다.

1) 동력부
   - 유압을 발생시키는 장치로써 크랭크축 벨트에 의해 구동되어 유압을 발생시키며, 베인식 오일펌프와 유압 제한 릴리프 밸브, 유량제어 밸브 등으로 구성된다.

2) 작동부
   - 오일펌프에서 발생한 유압을 통해 피스톤을 움직여 조향 방향을 바꾸는 장치이다.

3) 제어부
   - 유압실린더로 들어가는 오일의 압력 또는 유량을 조절해주는 조절 밸브가 유압회로를 바꾸어 동력실린더의 작동 방향 및 배력을 제어한다. 또한 유압펌프 고장과 오일 누출 시 조향 핸들을 수동으로 조작 할 수 있도록 안전 체크 밸브(safety check valve)가 부착되어 있다.

3. 전자제어 동력 조향 장치

정차되어 있던 자동차가 서서히 움직이기 시작할 때, 주행 중이던 자동차가 정차하려고 할 때 공회전과 저속 운행을 하게 된다. 이때 타이어의 접지력과 엔진의 무게, 차체 하중을 받고 있는 조향휠을 최대한 가볍게 해야 운전자의 피로가 적게 된다. 또한 자동차가 고속 주행을 할 때는 조향휠이 너무 가벼우면 조정 안전성이 매우 불량하게 되기 때문에 속도에 맞게 적절하게 무거운 조향휠로 바뀌어야 한다. 이러한 상황에 따른 조향휠의 무게감을 조절해 주는 것이 전자제어 동력조향장치(electric control power steering, EPS)이다.

EPS의 구성요소는 EPS 컨트롤 유닛, 조향각 센서, 차속 센서, 스로틀 위치 센서(TPS), 유량제어 밸브, 오일펌프, 동력실린더 등이다.

가. 종류

전자제어 동력조향 장치에는 크게 3가지로 구분할 수 있다. 일반 동력조향장치의 파워스티어링 펌프원리를 그대로 적용하면서 전자제어 개념이 들어간 방식과 파워스티어링 펌프를 없애고, 그 펌프의 기능을 전기 모터화 시킨 방식(motor driven power steering, MDPS), 펌프 기능과 전기 모터 기능을 동시에 가지고있는 복합식이 있다. 여기에서는 일반적인 전자제어 동력 조향 장치와 MDPS의 종류를 간략히 정리해 보고 가려고 한다.

1) 차속 감응식

자동차의 주행 속도에 따라 조향력을 제하는 방식으로 차속도 센서, 솔레노이드 밸브, 파워스티어링 펌프, ECU로 구성된다.

2) 전동 펌프식

직류 모터와 소형 펌프가 구동하게 하는 방식으로 차속, 스티어링 조향 정도를 판단하여 험로에서부터 포장된 고속도로에 이르기까지 최적화된 조향휠 제어를 가능하게 한다.

차속 감응식(속도 감응식)과 전동 펌프식 외에도 유압 반력 제어식, 밸브 장착 베인 펌프식, 실린더 바이패스 제어식 등이 있다.

EPS의 효과는 다음과 같이 정리할 수 있다.
① 저속에서는 조향휠의 조작력을 가볍게, 고속으로 갈수록 무겁게 한다.
② 엔진 회전수에 따라 조향력을 변화시키는 회전수의 감응식이 있다.
③ 조향휠을 노면에서 툭 치는 듯한 **킥백**(kick back)**현상**의 방지와 앞차륜의 **흔들림 현상**(시미(shimmy) 현상)을 감소 시킨다.
④ 일반 동력조향장치 구조를 그대로 유지하면서 EPS시스템을 적용할 수 있다.
⑤ 고속 또는 급조향 선회 시, 조향휠의 회전각을 감지하여 조향 방향으로의 잡아당기는 듯한 **캐치업**(catch up) **현상**을 보상하여 안정적인 선회를 할 수 있도록 한다.

3) 순수 전동식(motor driven power steering, MDPS)

전동식은 모터가 어디에 장착되어 있느냐에 따라 일반적으로 3가지 종류로 구분한다. 컬럼(column)식, 피니언(pinion)식, 랙(rack)식이다. 추가적인 구성 요소로는 명칭과 같이 조향 기어박스 전동기와 전동기 회전각도 센서,

---

캐치업(catch up)
- (먼저 간 사람을) 따라잡다[따라 가다], (정도나 수준이 앞선 것을) 따라 잡다.

감속기구, 회전력 센서이다. 조향력이 매우 가볍고, 속도에 따른 조향력 제어 범위가 넓어 운전자가 매우 편리하고 안정적인 운전을 하도록 하고, 엔진과 완전히 분리된 시스템으로써 엔진의 회전속도와 관계없이 전기적 제어 시스템으로써 연비 향상에도 도움이 된다. 단점으로는 고장 시 파워펌프의 작동이 없어 핸들 조작력이 매우 무거워 조향이 불가할 정도이며, 컬럼식의 경우 실내에 장착되어 모터 소음이 있다는 것과 교환 수리 비용이 고가라는 것이다. 그러나 이러한 단점을 극복하는 기술 개발이 친환경 자동차 개발에 앞서 이뤄지고 있으며, 향후 친환경 자동차에는 모두 순수 전동식의 파워스티어링이 장착될 전망이다.

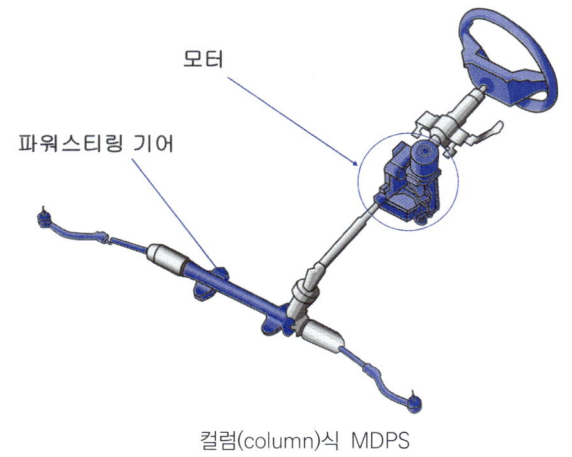

컬럼(column)식 MDPS

4. 4륜 조향(4 Wheel Steering)

일반적인 2WS(2 Wheel Steering) 방식에서 전륜의 방향 전환시 발생할 수 있는 횡력의 요잉력과 그에 따른 자동차 주행 방향에 변화가 발생된다. 이때 후륜은 자동차의 주행 방향과 같은 방향으로 횡력을 발생시키며 선회하게 되나 전륜보다는 횡력의 변화 즉 선회 시작점이 늦어져 조종성에 좋지 않은 영향을 주게 된다. 이러한 문제점을 개선하여 전륜과 후륜의 횡력을 동시에 발생시키면서 선회 주행 방향의 안정성을 부여하여 고감도의 조향 성능을 발휘하게 되는데, 이것이 4륜 조향(4 Wheel Steering)의 기본 핵심 원리이다. 특히 고속 주행 중 차로 변경과 저속(시속 약 35~50km/h이하) 도심 주행중 U턴 할 때 선회 반경이 감소되어, 운전자가 느낄 정도로 조정감이 향상된다. 또한 선회 주행뿐만 아니라, 고속 직진 주행 시에도 후륜 조향각을 제어하여 직진 안정성이 향상된다.

4륜 조향(4 Wheel Steering)의 제어 목적을 간략히 정리해 보면 다음과 같다.

가. 선회 및 고속 주행 안정성을 증대하기 위함이다.
나. 운전자가 요구하는 스티어링 응답성(response)을 실현한다.
다. 차선 변경시 용이함을 더하고 고속 직진 주행 성능을 향상시킨다.

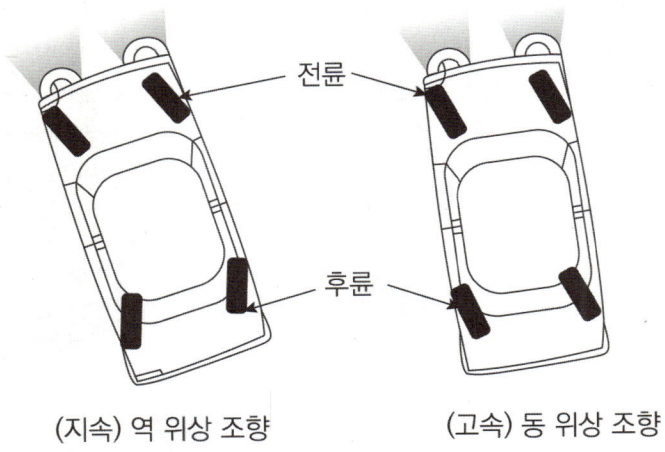

(지속) 역 위상 조향　　(고속) 동 위상 조향

4륜 조향(4 Wheel Steering) 기본 작동 원리

5. 차륜 정렬(휠 얼라인먼트)

휠 얼라인먼트(wheel alignment) 즉 차륜 정렬이란 주행 중 바퀴의 방향, 위치, 차륜 상호간의 성능 유지 및 향상을 위한 약속된 정렬 상태를 의미하며, 특히 주행중 전륜의 직진성, 복원성, 방향성과 조향을 위한 조작력 경감이 목적이라 할 수 있다. 만약 정렬 상태가 불량할 경우, 타이어의 이상 마모로 인한 타이어 파손이 있을 수 있으며, 각종 서스펜션에 집중된 하중으로 인한 이상 소음과 고장을 가져올 수 있다.

차륜 정렬의 주요 종류는 토인(toe-in), 캠버(camber), 캐스터(caster), 킹핀 경사각(kingpin inclination angle), 셋백(setback)이 있다.

차륜정렬이 필요한 이유를 간략히 정리해 보면
- 핸들 조작력을 가볍게 하면서 조향 핸들의 조작을 확실하게 한다.
- 핸들 조작력을 가볍게 하고, 주행 안전성을 준다.
- 조향 핸들에 복원성을 줌과 동시에 직진성능을 향상시킨다.
- 타이어 이상 마모를 방지하여 타이어 파손으로 인한 사고를 방지한다.

가. 토인(toe-in)

앞바퀴를 위에서 보았을 때, 앞바퀴의 앞쪽이 뒤쪽보다 안쪽으로 치우친 것을 말하며, 불량 시 좌,우 타이로드의 길이를 가감하여 조정한다.

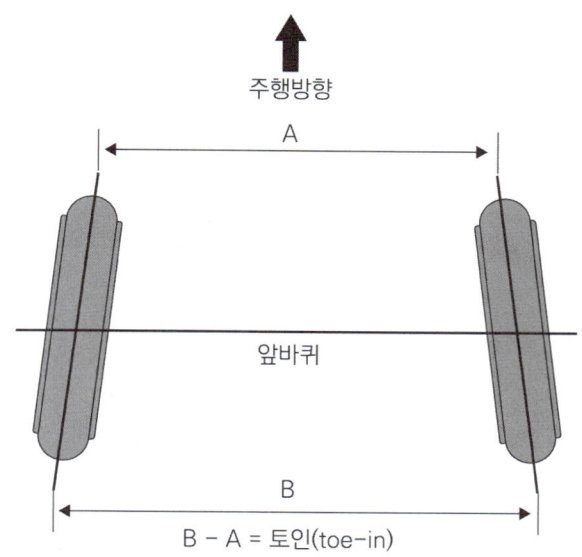

토인(toe-in)의 필요성은 다음과 같다.

① 앞바퀴를 평행하게 회전시킨다.

② 타이어의 편 마모와 사이드 슬립을 방지한다.

③ 조향 링키지 마멸에 의한 토 아웃((toe-out)을 방지한다.

나. 캠버(camber)

앞바퀴를 앞에서 보았을 때, 바퀴가 내·외측으로 기울어진 정도를 말하는데, 외측으로 기울진 경우를 정 캠버(양 캠버, positive camber), 내측으로 기울어진 경우 부 캠버(음 캠버, negative camber)라고 한다. 즉, 바퀴의 중심선과 노면에 대한 수직선이 이룬 각을 말하며, 정 캠버가 정상으로써 수직하중에 의한 앞 차축의 휨을 방지하고, 조향 핸들의 조작력을 가볍게 한다.

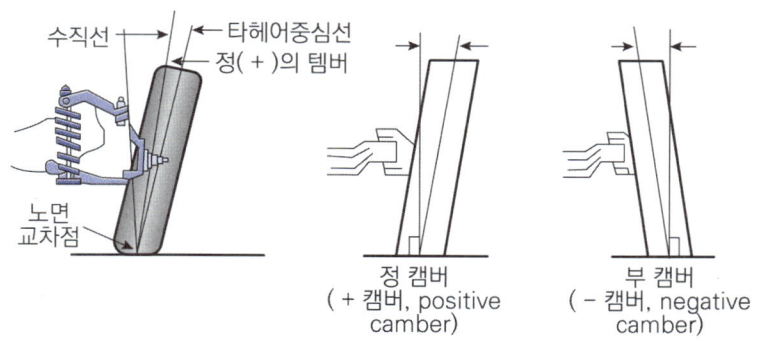

다. 캐스터(caster)

앞바퀴를 옆에서 보았을 때, 킹핀(조향축, kingpin)이 수직선에 대해 어떤 각도를 두고 있는 것으로, 일반적으로 약 0.5~1°정도로 캐스터각(caster angle)을 이루고 있다.

캐스터각(주행축각, caster angle)의 필요성은 다음과 같다.

① 조향 시 직진 방향으로 복원력을 발생시킨다.
② 직진성능 좋게 하고 주행 중 앞 차축의 주행 안전성을 향상시킨다.

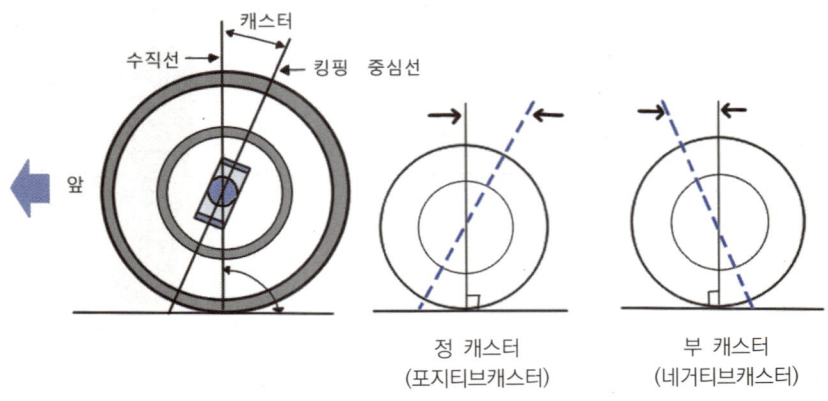

라. 킹핀 경사각(kingpin angle)

앞바퀴를 앞에서 보았을 때, 킹 핀 중심선(스러스트바 중심선, 앞 차축과 조향 너클의 연결 핀, 너클 볼 조인트 중심선)이 노면과의 임의의 수직선(타이어 중심 수직선이 아님)과 이루고 있는 각을 말하며, 캐스터와 같이 조향 바퀴의 방향 안전성과 복원성을 향상시키고, 너클핀을 중심으로 조향륜이 좌우로 회전하는 이상 진동 현상인 시미(shimmy) 현상을 방지한다.

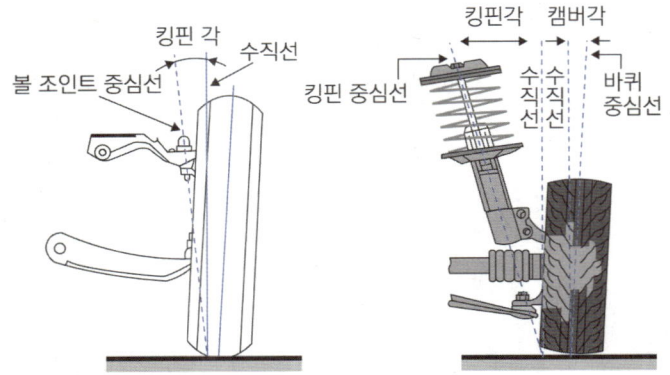

마. 셋백(setback)

자동차의 한쪽 바퀴가 반대쪽 바퀴와 비교할 때 뒤쪽으로 밀려난 상태로써 후륜의 양쪽 바퀴가 차축을 중심으로 일직선상에 있을 경우 뒤쪽으로 밀려난 바퀴쪽의 휠 베이스(wheelbase, 축거)는 짧고, 반대쪽 휠 베이스가 길게 되는데, 이 두 휠베이스의 길이 차이를 말한다. 이러한 셋백은 자동차 제조 공정상의 문제로 발생되기도 하나, 충격 손상과 독립현가 장치의 오조립, 위치선정의 문제 등으로 발생된다.

휠베이스(wheelbase)
• 축간거리, '축거'라고도 합니다. 앞바퀴 중심과 뒷바퀴 중심 간의 거리를 말함. 차의 전체 길이가 길면 휠베이스가 길어지게 된다.

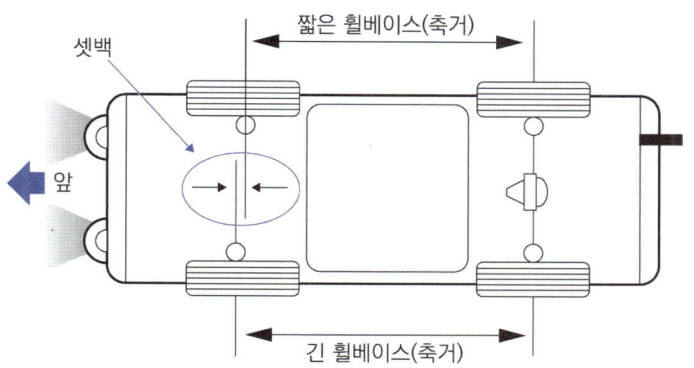

제3장 현가장치(서스펜션 시스템)

1. 현가 일반(개요, 스프링, 쇽업소버, 스테빌라이져, 볼 조인트, 토션바)

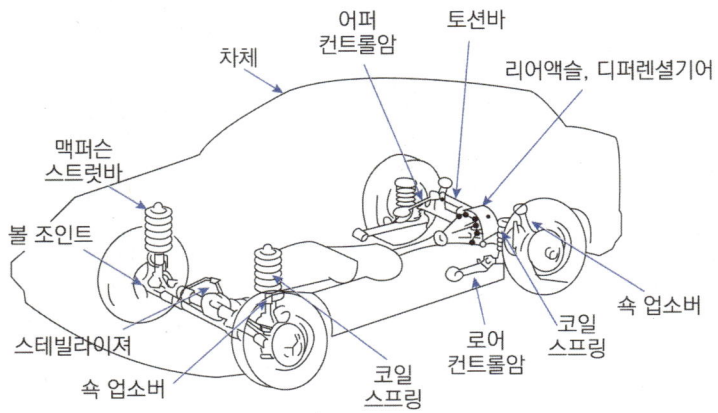

자동차의 현가장치란 차체(body), 프레임(frame)과 차축(wheel axle) 사이에 위치하는 각종 완충장치로써 주행 중 노면으로부터 전해지는 진동, 충격을 완화하거나 차단하여 승차감을 향상시키는 장치를 말한다. 또한 주행 시 타이어와 노면 사이의 견인력(traction)을 확보하여 주행 안정성도 향상시키고, 엔진 구동력과 운전자가 정지하려는 제동력을 프레임에 전달하는 역할과 선회 시 원심력에 대한 차체의 쏠림 현상으로부터 평형을 유지하도록 도와주는 역할도 한다.

▢ 앞 현가장치의 구분

- 차축 현가 방식
  - 코일 스프링형
  - 공기 스프링형 (벨로우즈·다이프램·복합형)
  - 평행 리이프 스프링형
  - 가로 놓인 리이프 스프링형

- 독립 현가 방식
  - 맥퍼슨형
  - 위시본형 (코일 스프링식, 토션바 스프링식)
  - 트레일링 암형
  - 가로 놓인 리이프 스프링형

☐ 좌, 우 차축이 일체형으로 되어 있는 차축 식 현가장치

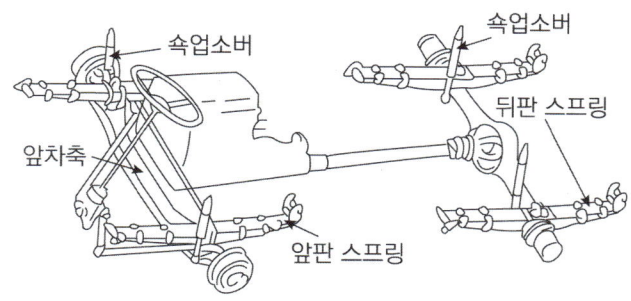

1) 구조가 간단하다.
2) 하중 지지 능력은 우수하나 승차감이 불량하다.
3) 앞바퀴가 좌우로 흔들리는 시미(shimmy) 발생이 쉽다.

☐ 좌, 우 차축이 분할되어 독립적으로 움직이는 독립 현가식 현가장치

독립 현가식(independent suspension system)은 차축 현가식(axle suspension type)과 비교할 때 차체 중심을 낮출 수 있어 차실내의 면적을 크게 사용할 수 있고 승차감이 좋다.

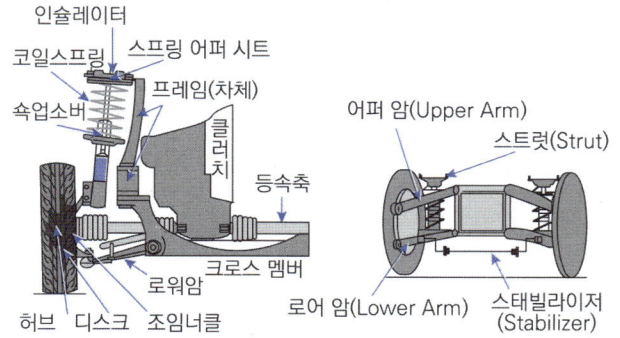

1) 특징
　① 시미 현상이 적으며, 로드 홀딩 능력이 우수하여 승차감 좋다.
　② 구조가 복잡하다.
　③ 볼 이음부 마모 시 휠얼라인먼트가 틀어지기 쉽고, 타이어 편 마모가 크다.

2) 맥퍼슨 형식(Macpherson Type)
　① 조향장치와 현가장치가 일체로 되어 있다.
　② 아래 컨트롤 암만 있어 위시본 형식 대비 구조가 간단하다.
　③ 위시본 형식 대비 엔진룸을 넓게 설계할 수 있다.
　④ 로드 홀딩능력이 우수하다.

로드 홀딩(Road Holding)
• 주행 중 자동차의 타이어가 노면에 밀착되는 밀착성. 타이어의 밀착성이 좋을수록 고속 주행 시 안정성이 향상된다.

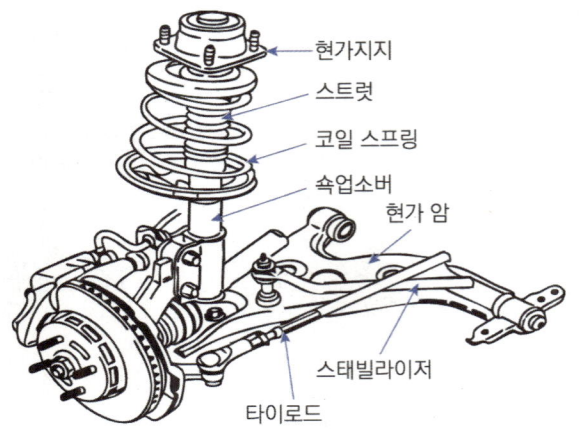

3) 위시본 형식(Wishbone Type, 위·아래 컨트롤 암 형식)

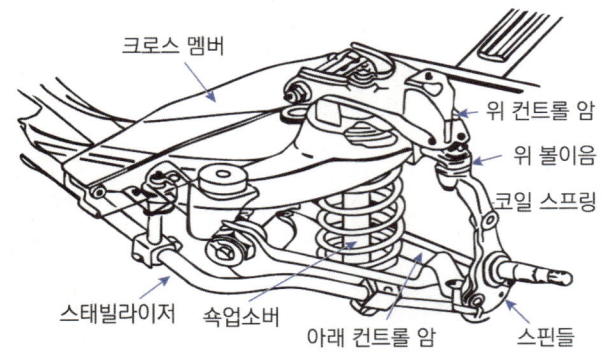

① 위, 아래 컨트롤 암의 길이가 같은 평행 사변 형식
② 위 컨트롤 암보다 아래 컨트롤 암이 긴 SLA 형식(스프링이 피로해지면 부의 캠버가 되기 쉽다.)

가. 스프링, 토션바, 쇽업소버

1) 코일 스프링

맥퍼슨식 스트럿어샘블

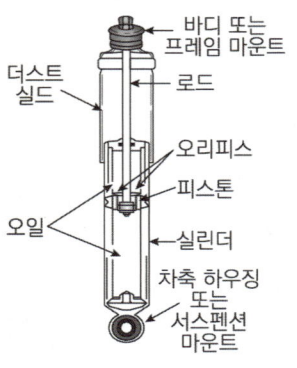
쇽 업소버

스프링은 크게 코일스프링(coil spring), 판 스프링(Leaf spring), 토션바(비틀림막대) 스프링, 고무 스프링, 공기스프링으로 나뉜다. 모두 기능은 각각 다르나 차량의 무게 및 하중을 지지하면서 지면으로부터의 충격을 흡수한다는 것은 같다.

2) 판형 스프링(leaf spring)

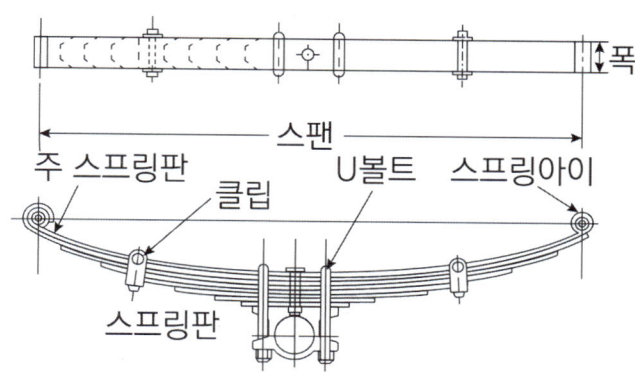

① 스팬(span) : 아이와 아이 사이의 거리
② 새클 핀 : 스프링이 압축과 인장될 때 길이 변화에 대응하는 장치
③ 스프링 아이(spring eye) : 스프링의 끝이 말아진 부분, 새클핀과 함께 차체에 설치
④ U볼트 : 여러 장의 판스프링을 함께 고정하는 볼트
⑤ 패드(pad) : 스프링 판 사이의 접촉 부의 마모 및 소음 방지를 위한 고무

3) 쇽 업소버(shock absorbers)

쇽 업소버(shock absorbers)의 종류도 통형 가스봉입식(드가르봉식), 레버식 베인 또는 로터리식, 피스톤 레버형, 회전 날개식 레버형 등 여러 형태가 있으나, 주로 쓰이는 것은 오일 또는 질소를 함께 사용하는 가스 봉입식 쇽업소버를 사용하고 있다. 제작 형태와 주입되는 물질(오일, 가스 등)은 다르나, 쇽업소버는 스프링과 함께 장착되어 스프링의 진동을 감쇠시켜, 불필요한 스프링의 진동을 제한함과 동시에 바퀴와 지면과의 접지성을 유지한다는 것은 같다. 이러한 접지성(road holding) 향상 기능은 승차감을 높여줄 뿐만 아니라 엔진의 구동력이 효율적으로 쓰여지도록 하는 역할도 하기에 연비 향상에도 도움이 되며, 타이어의 비정상 마모도 줄여주게 된다.

나. 스테빌라이져, 볼 조인트

스테빌라이져(stabilizer)는 토션바 스프링의 일종으로, 자동차가 주행 중 선회할 때 롤링(rolling)을 감소시키면서 평형을 유지하게 해 준다. 특히 독립 현가장치 자동차에서 이런 롤링 현상이 많이 나타나기 때문에 대부분의 독립

토션 바(Torsion bar suspension)
- 말 그대로 바(bar), 즉 봉을 이용하며 봉이 서스펜션 암에 작용되는 토크로부터 저항하는 비틀림 탄성력을 이용하는 것으로, 금속 봉의 비틀림 탄성력을 사용하는만큼 무거운 무게를 버티기에 매우 적합한 방식이고, 토션바 자체는 그냥 긴 막대에 불과하므로 구조적으로도 단순하고 차량의 옆면 공간도 거의 차지하지 않는다.

맥퍼슨(MacPherson Strut Suspension)
- 기초 개발은 피아트가 했고, 제너럴 모터스의 주임 개발자 얼 S. 맥퍼슨(Earle S. MacPherson)이 지금 같은 구조로 개량했다. 저렴하고 부품 수가 적어 가볍고, 공간을 적게 차지하여 많은 양산차에 쓰인다.

현가식 자동차에는 스테빌라이져가 부착되어 있다.

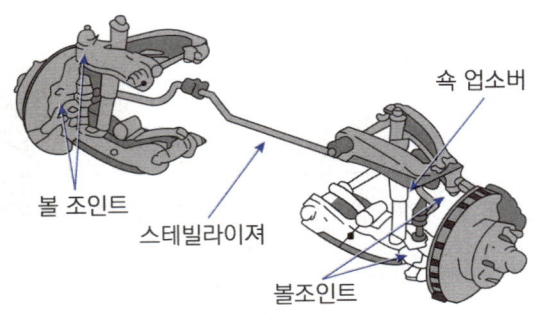

2. 공기식 현가장치

공기식 현가(Air suspension)장치는 공기탱크, 공기스프링, 서지탱크, 레벨링 밸브, 안전밸브 등으로 구성되어 있으며, 하중의 높고 낮음에 따라 차고 높이 조절이 가능하며, 고주파 진동을 잘 흡수하는 장점이 있다.

주요 구성부품	부품의 기능(역할)
공기스프링	급기·배기를 통해 공기가 공급·배출되면서 승차감이 조정됨
서지탱크	공기스프링 내부의 압력변화량 완화
공기압축기	엔진에 의해 구동되고 압축공기 생성
공기탱크	공기압축기에서 발생된 공기를 저장
압력 조절 밸브	일정한 라인 내 압력 유지
레벨링 밸브	차체 높이 일정하게 유지
안전밸브	배관라인에 설치되어 규정 이상의 압력 도달 시 강제 배출
체크 밸브	공기탱크 내 공기가 압축기로 역류하는 것을 방지
언로드 밸브	공기압축이 필요 없을 때 공기압축기를 무부하 운전토록 함

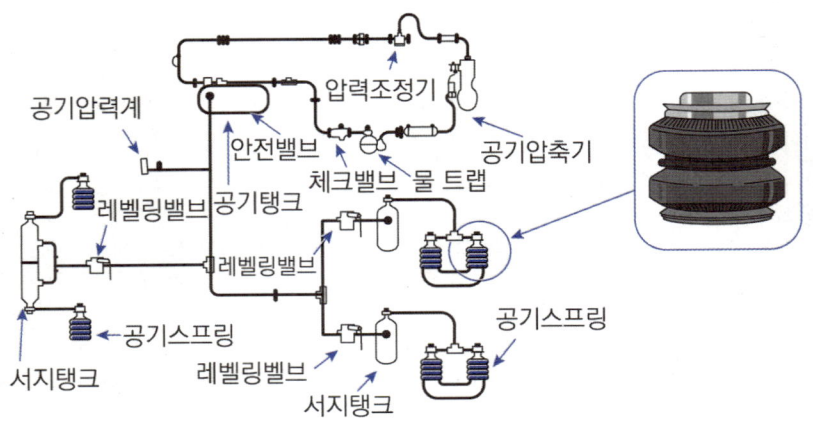

3. 전자제어식 현가장치

자동차의 현가장치는 운전자의 피로도를 경감시키고, 각각의 타이어가 지면과의 접지력이 유지 되도록 하면서 안정적인 주행을 하는 역할을 한다. 아래 그림에서와 같이 승용 자동차의 플로어패널 또는 차체가 없는 부분을 기준으로 운전자가 있는 곳을 상부, 운전자가 없는 자동차 하체 부분을 하부라고 했을 때, 상부를 현가 상(上)질량, 하부를 현가 하(下)질량이라고 한다. 운전자는 직접적으로 몸으로 느끼는 정도를 말하는 승차감은 저속 주행중이거나, 도로 조건이 좋지 않을 때 많이 느끼게 되지만 승차감이 너무 좋으면(예. 침대의 쿠션감) 고속 주행에서 차가 진동하는 현상이 많아져 안정감이 저하되게 된다. 또한 고속주행중 자동차의 안정감(다소 딱딱한 정도)만을 고려하여 자동차를 제작하다 보면 저속 및 험로 주행 시 운전자가 노면에서 오는 충격을 그대로 몸으로 느끼게 되어 피로감은 급격히 증가하게 된다.

다시 말해, 승차감을 향상시키면 주행 안정성이 저하 되고, 주행 안정성을 향상시키면 승차감이 떨어지게 되는 것이다. 즉, 승차감과 주행 안정성은 모두 만족시키는 것은 매우 어려운 문제로써 서로 컨플릭트(Conflict)한 관계인 것이다. 만약 우리가 주행하고 있는 도로의 상태가 내리막, 오르막, 굴곡, 커브, 아주 작은 요철도 없는 타이어에서 오는 충격이 최소화된다고 가정하면 주행 안정성에 대한 고려보다 승차감에 치중해도 될 것이다. 노면의 상태가 이렇다 하더라도 가속 시 발생하는 각종 저항(공기저항, 온도저항)과 진동(바운싱, 롤링, 휠홉, 와인드업 등)에 관한 자동차에 미치는 주행 안정성에 관한 문제를 모두 해결할 수 없을 것이다. 이러한 현가장치의 승차감과 주행 안정성을 최대한 만족시켜 컨플릭트(Conflict)한 관계를 해결하고자 개발한 것이 전자제어 현가장치(ECS, electronic control suspension system)인 것이다.

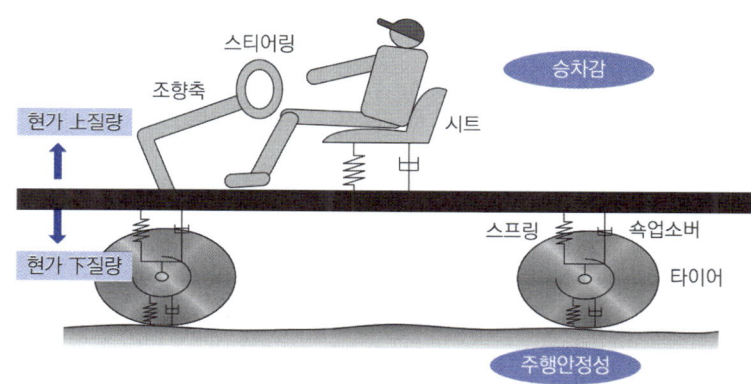

ECS(electronic control suspension system), 용어에서 말해 주고 있듯이 전자제어 현가장치는 전기적 신호를 이용하여 현가장치들을 조정·통제하는 시스템이다.

가. ESC의 특징(장점)

1) 승차감과 주행 안정성을 동시에 만족할 수 있도록 최상의 운전 조건을 재현한다.
2) 급제동·급출발 시 앞쪽이 기울거나 뒤가 낮아지는 현상을 방지한다.
3) 급회전 시 원심력에 의한 차체 바깥쪽이 기울어지는 현상을 방지한다.
4) 도로 조건과 속도에 따라 노면으로부터 차량의 높이를 자동으로 조정한다.
5) 차량 중량의 증감 따라 차고 및 수평을 조절하여 승차감과 주행 안정성을 유지한다.

나. ESC의 종류

1) 액티브 ECS

액티브(active) ESC는 차량의 자세 변화에 따른 대처는 물론이고, 차고 조절 및 감쇄력(damping force) 제어로 능동적 대처가 가능하다.

2) 복합 ECS

복합 ECS는 쇽업소버 감쇄력을 소프트(soft), 하드(hard) 2단계로 제어하고 차의 높이는 3단계(low, normal, high)로 제어하여, 쇽업소버의 감쇄력과 차고 조절 기능을 모두 갖추었다.

3) 감쇄력 가변 ECS

감쇄력 가변 ECS는 주로 중형차에 장착되어 쇽업소버의 감쇄력를 3단계(soft, medium hard)로 제어하는 것이 일반적이며, 쇽업소버의 감쇄력 변화를 다단계로 제어하는 시스템을 말한다.

4) 전자제어 에어 현가장치(EAS, electronic self-leveling air suspension)

EAS는 쇽업커 감쇄력은 2단계(Auto mode, Sport mode)로 제어되며, 차고 조절은 Normal, High, 자동 차속 감응(120km/h부터 10초 이상 주행시 차고를 약 13~16mm로 낮춤)제어로 총 3단계에 걸쳐 제어한다. 고가이면서 구조가 복잡하여 일부 승용 대형 차종에 적용된다.

주요 구성 부품은 전·후 연속가변댐퍼(CDC, continuous damping control), 에어주입밸브, 에어필터, 에어탱크, 차고센서, G센서, 압력센서, 모드 선택 스위치로 구성된다. G센서는 전륜에 2개, 후륜에 1개가 장착되어 차량의 상하 가속도를 감지하며, 후륜에 부족한 1개의 G센서 값은 3개의 G센서 값을 계산하여 추정 계산한다.

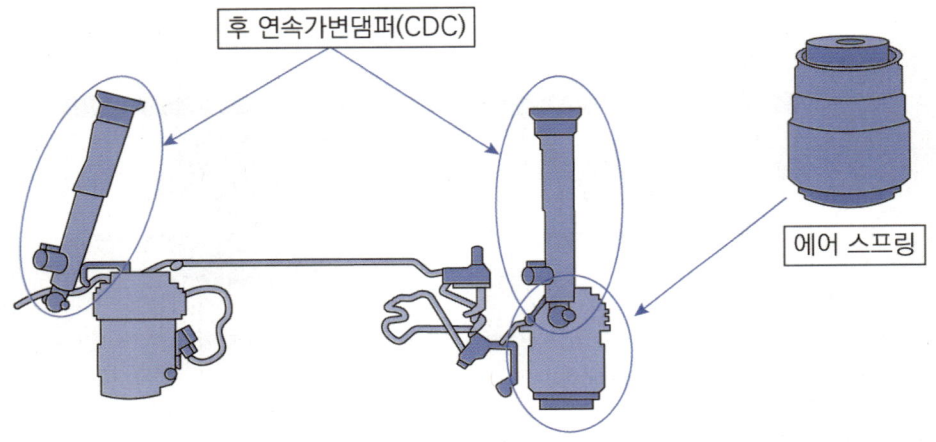

다. ESC 계통의 다른 표현

전자제어 현가장치는 아래 표와 같이 주행 중 조향과 제동이 미치는 좋지 않은 영향들을 다소 완화하거나, 제안하여, 운전자의 조향능력과 차량의 제동 능력을 향상시키는 기술적 내용이 아주 조금씩 다르다.

구분	TCS	EBD	EPS	VDC / ESP
원어	Traction Control System	Electronic Brakeforce Distribution	Electric Power Steering	Vehicle Dynamic Control / Electronic Stability Program
기능 목적	바퀴의 미끄러짐(슬립) 방지	제동 시 앞뒤 바퀴 제동력 자동 분배	운전자의 조향력 보조	차량 자세 안정 유지 및 스핀 방지
주요 작동 원리	구동 바퀴 회전 감지 → 엔진 출력 감소 또는 제동력 제어	앞뒤 바퀴 하중 변화 감지 → 제동 압력 자동 조절	운전자의 조향 토크 감지 → 전동모터로 보조 토크 제공	요레이트, 횡가속도 등 감지 → 엔진 출력 및 각 바퀴 제동력 조정
관련 센서	휠 속도 센서, 스로틀 위치 센서, 엔진 회전 센서	휠 속도 센서, 브레이크 압력센서	토크 센서, 조향각 센서, 속도 센서	요레이트 센서, 횡가속도 센서, 휠 속도 센서, 조향각 센서, 브레이크 압력센서
작동 시점	급가속, 빗길·눈길 등에서 구동 바퀴 슬립 발생 시	급제동 시 차량의 하중 이동 발생 시	저속 주차 시 보조력 강화 / 고속 주행 시 감쇠	급커브, 급차선 변경 등에서 차량이 주행 경로 벗어날 때
특징	ABS와 연동, 구동력 제어 중심 시스템	ABS의 확장형, 제동력 배분 최적화로 제동거리 단축	유압식 대비 연비 개선, 정밀한 조향감, 자율주행 연계 용이	ABS + TCS 통합형, 차량자세 통합제어 시스템

DSC(Dynamic Stability Control): 자세 안정성 제어(코너링 중 자세 제어)
- BMW, Mazda, Mini 등에서 주로 사용하는 시스템의 명칭
- 언더스티어/오버스티어 제어, 개별 바퀴 제동, 엔진 토크 제어

A-TRC(Active Traction Control): 출발/가속 중 바퀴 미끄러짐 방지(구동력 제어)
- Toyota, Lexus 등에서 사용하는 트랙션 컨트롤(구동력 제어) 시스템의 명칭
- 출발이나 가속 시 바퀴가 헛도는 것을 방지, 미끄러운 노면(눈길, 진흙, 빗길)에서도 안정된 출발 가능

4. 스프링 위 무게 진동(바운싱, 피칭, 롤링, 요잉)과 스프링 아래 무게 진동(휠 홉, 휠 트램프, 포엔에프터 쉐이크, 사이드 쉐이크, 와인드업, 조)

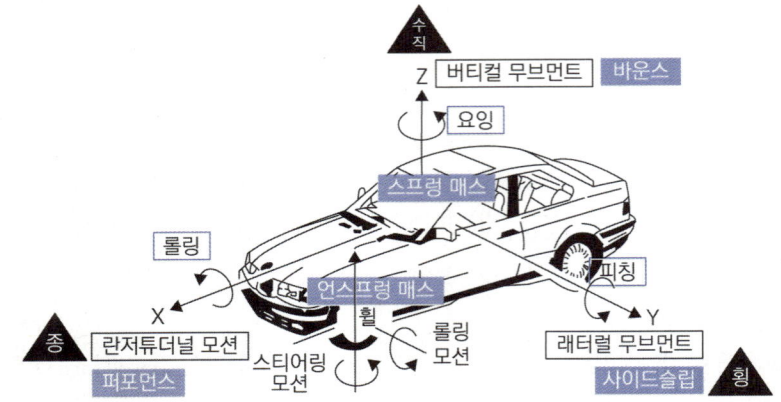

□ 진동에 관한 구분

구 분	축	현가 上 질량 (차체, body)	현가 下 질량 (휠, 차축)	
			독립식	차축식
로테이션 진동 (rotation, 회전운동)	X	롤(roll)	camber change	tramp
	Y	피치(pitch)	caster change	wind-up
	Z	요(yaw)	toe change	jaw or steer
트랜슬레이션 진동 (translation, 병진운동)	X	종(performance)	scuff	scuff
	Y	횡(side-slip)	shake	shake
	Z	수직(bounce)	wheel-hop or jounce & rebound	wheel-hop or jounce & rebound

스프링 위·아래 무게 진동에 관하여는 위 그림과 표에 잘 정리해 보았다.

스프링 위 무게 진동은 승차감과 관계된 것으로써 차실내 탑승자가 차체 진동을 직접적으로 느낄 수 있는 정도를 의미한다. 바운싱, 피칭, 롤링, 요잉, 서징 등이 있다.

스프링 아래 무게 진동은 주행 안전성과 관계된 것으로서 바퀴를 중심으로 한 진동으로 볼 수도 있다. 휠홉, 휠 트램프, 포엔에프터 쉐이크(전후진동, for & after shake), 사이드 쉐이크(좌우진동, side shake), 와인드업(wind up), 조(jaw) 등이 있다.

그 밖에 휠 스티어링과 연관된 진동으로 휠 플러터(wheel flutter), 시미(shimmy)가 있는 데, 휠 플러터는 주행 중 외부의 힘에 의한 킹핀 주변 조향륜에 발생하는 진동을 의미하고, 시미는 주행 중 킹핀 주변 조향륜이 트램프(tramp)를 동반한 진동을 말한다. 시미는 또 저속시미와 고속시미로 구분하기도 하는데, 저속시미는 허브 베어링의 마멸, 휠 볼트 불량, 타이어의 이상 변형(내부파손) 등 자동차 부품 고장으로 인하여 발생되는 경우이며, 고속시미는 휠 밸런스, 휠 얼라인먼트 문제로 발생되는 경우이다.

휠 트램프(Wheel tramp)
• 차축이 X축을 중심으로 회전운동을 하는 진동

제4장 제동장치(브레이크 시스템)

1. 제동 일반(개요, 제동력, 제동거리, 베이퍼 록, 페이드 현상, 브레이크 오일)

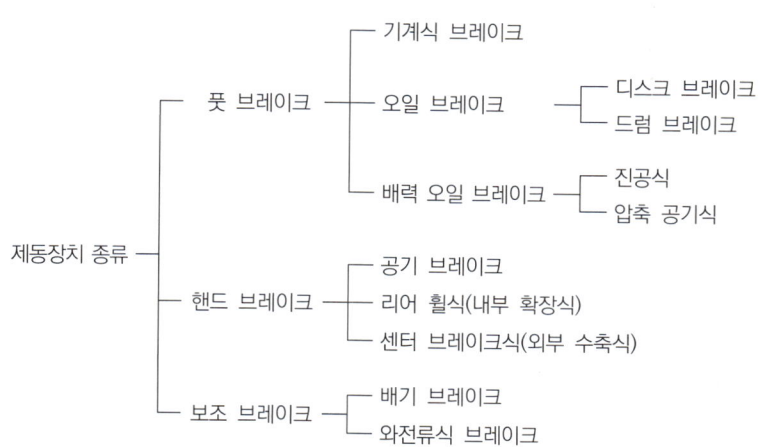

제동장치(Brake system)는 자동차를 멈추게 하거나, 멈추어 있는 자동차를 움직이지 않게 하는 것을 의미한다. 주행 중 감속을 하는 경우, 주행 중 신호 준수·주차를 위한 정지를 하는 경우, 경사 도로에서 중력에 의한 자동차의 이동을 막기 위한 경우, 기타 정비를 위해 차륜 회전이 되지 않도록 하기 위한 경우가 제동장치의 역할이다.

제동장치는 파스칼의 원리(Pascal's principle)에서 시작되었다. 파스칼의 원리란 유체 역학에서 밀폐된 용기 속에 담겨 있는 액체의 어느 한 부분에 가해진 압력은 면적의 변화와 관계없이 같은 크기로 유체의 각 부분에 그대로 전달된다는 법칙이다. 즉 작은 힘으로 큰 힘을 만들어 낸다는 것이다.

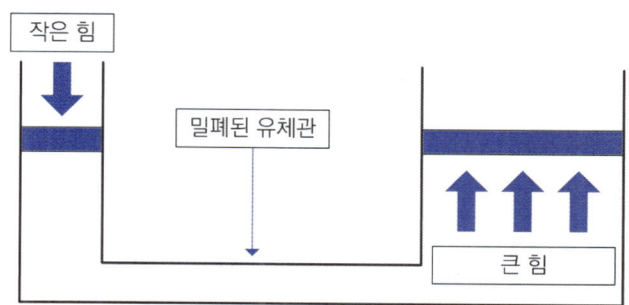

밀폐된 파이프(관) 내에서 브레이크액(유체)의 작용하는 압력 = $\dfrac{작용하는\ 힘}{단면적}$

제동장치는 작동이 확실하고 제동 효과가 양호하여야 하며, 점검 및 조정이 쉬워야 하고 신뢰성과 내구성이 좋아야 한다. 또한 제동 시 운전자에게 피로감을 주어서는 안 되도록 만들어져야 한다.

제동장치는 ① 주 브레이크(유압식, 배력식, 공기식), ② 주차 브레이크(센터 제동식, 뒷바퀴 제동식), ③ 보조 브레이크(배기식, 와전류식, 유체식)이 있으며, 주차 브레이크는 좀 더 세분화하면 기계식, 전자식, 에어식으로 나눌 수 있다.

제동력(制動力)은 어떤 운동을 조절하거나 멈추게 하는 힘을 말하고, 자동차에서 좌,우 제동력은 편차 없이 최대한 동일하여야 제동 시 안전하다. 제동시 편차는 브레이크 라이닝의 재질 또는 브레이크 캘리퍼 실린더, 휠 실린더의 작동 압력 차로 많이 발생하며, 급제동 시 편차 발생으로 인한 차체의 회전, 전복 사고를 일으킬 수 있어 반드시 정비 및 수리 후 운행하여야 한다.

제동거리는 자동차 브레이크가 작동하는 동안 자동차가 움직인 거리를 말하며, 브레이크 힘이 일정하다고 가정할 때, 제동거리는 자동차 주행 속도의 제곱과 비례하게 된다. 즉, 주행 속도가 3배, 4배, 5배가 된다면 제동거리는 9배, 16배, 25배로 증가하게 되어 고속 주행 시 안전거리 확보가 반드시 되어야 하고, 사고가 나면 위험한 이유이기도 하다.

제동거리는 운전자가 정지 의지를 가지고 브레이크를 밟았을 때 브레이크 패드가 디스크(드럼)에 접촉하여 제동력을 발휘하기 시작하는 시점에서부터 차가 완전히 정지할 때까지의 거리를 말한다. 공주거리는 운전자가 제동하려고 생각한 순간부터 브레이크 페달 작동 후, 브레이크 패드가 디스크(드럼)에 접촉할 때까지의 거리를 말한다. 아래 식과 같이 공주거리(생각)와 제동거리(실제 제동)를 합한 것이 정지거리이다.

> 정지거리 = 공주거리 + 제동거리

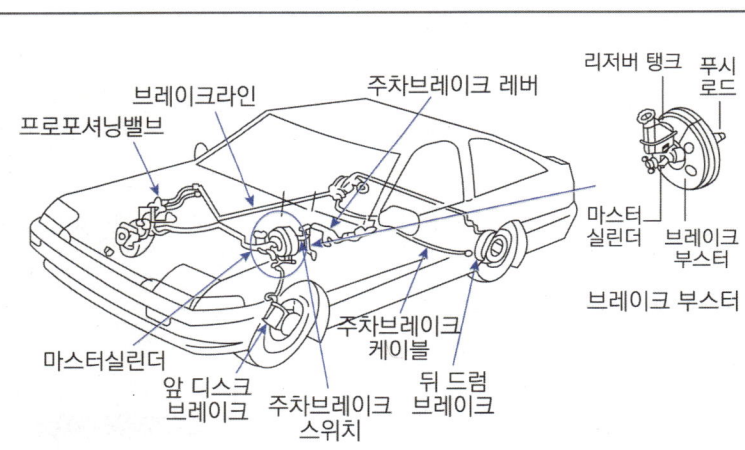

베이퍼록(Vapor Lock) 현상은 밀폐된 유체라인에서 고온으로 인한 일종의 증기폐쇄 현상으로써 브레이크의 마찰열 상승으로 브레이크액이 끓어올라 브레이크 라인 내에서 기포가 발생하면서 제동력이 급격히 떨어지는 현상을 말한다. 특히 여름철 무더위 속에서 아스팔트의 복사열과 산간 지대 장시간 내리막길 운행 시 잦은 브레이크 조작으로 브레이크 장치를 가열시켜 베이퍼록 현상을 더욱 유발하기도 한다.

이러한 브레이크 과열 방지를 위한 운전자 조치사항으로는 잦은 브레이크 작동을 피하고, 엔진브레이크나 보조 브레이크, 서행 운전으로 예방이 가능하고, 운행시간을 단축하여 자동차를 쉬어 가면서 움직이는 것도 한 방법이다.

페이드(fade) 현상은 베이퍼록 현상과 유사한 현상으로 브레이크 패드나 브레이크 로터 같은 제동 표면의 온도가 과도하게 높아져 마찰계수가 낮아지면서 브레이크 성능이 저하되는 현상을 말한다. 페이드 현상을 줄이는 가장 좋은 방법은 주행 시 서행 운전으로 브레이크 조작을 낮추거나, 횟수를 줄여 브레이크 냉각을 유도하는 것이다. 브레이크 조작 없이 약 10분 정도 서행만 하더라도 페이드 현상은 급격히 감소한다.

브레이크 오일(brake oil)은 에틸렌글리콜과 피마자유를 혼합하여 만들어진 것으로써 비등점이 높아 베이퍼 록(Vapor Lock)을 일으키지 않아야 하고, 윤활성과 인화점이 높으면서 화학적으로 안정되어있어야 한다. 또한 온도 변화에 대한 점도 변화가 적으면서 응고점은 낮아야 여름철 혹서기, 겨울철 혹한기에 제동력을 정상적으로 만들어 낼 수 있다.

2. 드럼식 브레이크와 디스크 브레이크

가. 드럼식 브레이크

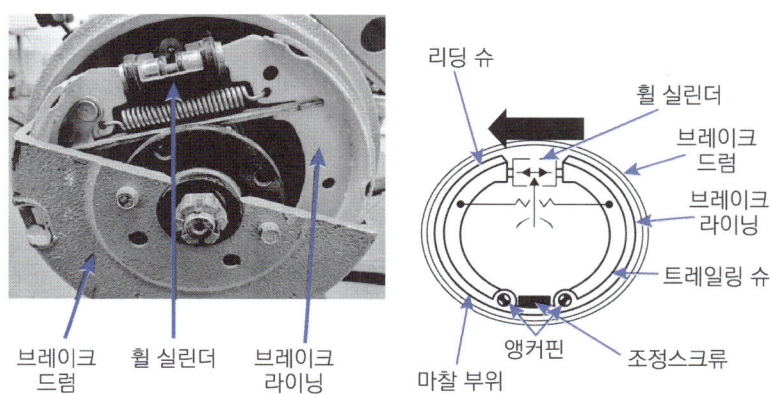

브레이크 드럼은 휠과 같이 회전하는 드럼을 브레이크 페달을 운전자가 밟으면 브레이크 마스터 실린더로부터 휠실린더로 전해 지는 유체 압력에 의해 브레이크슈(brake shoe)와 라이닝(lining)이 드럼과의 마찰을 일으키며 제동되는 방식이다. 2개의 브레이크 슈 중에서 회전 중인 드럼에 브레이크를 작동하면 마찰력에 의해 드럼과 함께 확장력이 커지면서 마찰력이 증대되는 슈를 리딩슈(leading shoe)라 하고, 이러한 리딩슈의 현상을 자기 작동 작용(self-energizing action)이라 한다. 또한 리딩슈와 반대로 반대쪽에 있는 슈의 경우에는 슈의 마찰력에 의해 드럼에서 떨어지려는 힘을 받아 확장력이 감소하게 되는데 이러한 슈를 트레일링 슈(trailing shoe)라고 한다.

구분	종류
리딩/트레일링 슈 방식	앵커핀 형식
	링크 형식
	슬라이딩 형식
2리딩 슈 방식	단동식
	복동식
서보 방식	유니 서보식
	듀오 서보식

〈 드럼식 브레이크의 종류 〉

피마자유(蓖麻子油)
- 피마자의 종자에서 지방을 압축하여 얻은 기름이다 영어로는 castor oil 캐스터 오일이며 피마자유의 주성분은 리시놀레인이다.

여기서 자기 작동에 의한 브레이크 종류인 서보(servo) 방식을 간단히 설명하면 유니 서보식(uni servo brake)은 단동식 서보 브레이크라고 하며, 휠 실린더를 단동식(1개)만 사용하고 라이닝 면적에 비해 큰 제동력을 얻을 수 있다는 장점이 있으나, 좌우 제동력이 불균형해지기 쉬운 단점이 있다. 듀오 서보식(duo servo brake)은 전진과 후진 시 강한 제동력을 얻을 수 있고, 휠 실린더를 복식으로 사용하는 방식이다.

나. 디스크 브레이크

디스크 브레이크(disc brake)는 회전하는 원판(disc)을 양쪽의 캘리퍼 피스톤이 브레이크 패드를 밀면서 제동하는 방식으로 일종의 외부 강제 수축식 제동 방식이라고 보면 된다. 드럼에 덥혀 있는 내부에서 제동하는 드럼 브레이크와 비교할 때 이 방식은 회전하는 원판에 외부로 노출되어 있기 때문에 제동 시 열 방출이 매우 잘 되어, 잦은 제동으로 인한 베이퍼록 현상 및 페이드 현상을 방지하는 데 효과적이다.

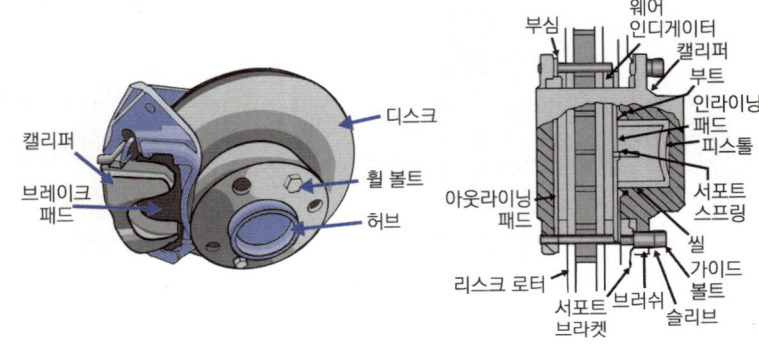

디스크(disc) 방식 브레이크 장점으로는
① 디스크가 대기에 노출되어 있어 방열성이 좋아 페이드 현상이 잘 일어나지 않는다.
② 자기 작동이 없어 제동력의 변화가 적어 제동 시 한쪽만 제동되는 편 제동 현상이 적다.
③ 물이나 진흙 등이 묻더라도 원심력에 의해 제동 효과 회복이 빠르다.
④ 구조가 간단하고 정비가 용이하나 가격이 다소 비싸다.
⑤ 패드는 큰 강도의 재질을 필요로 하고, 페달 조작력이 커야 한다.

3. 유압식 브레이크와 공기식 브레이크

유압식 브레이크와 공기식 브레이크의 차이는 명칭에서와 같이 최단의 브레이크 패드에 힘을 전달하는 힘이 유체인가 공기인가이다. 즉, 유압식은 유체를 사용하고, 공기식 브레이크는 공기를 사용한 시스템인 것이다.

가. 유압식 브레이크

유압식은 파스칼의 원리를 이용하여 운전자가 브레이크 페달을 밟으면 브레이크 마스터 실린더와 진공 배력장치에서 발생한 유압을 유체로 가득한 브레이크 라인을 통해 휠실더 및 캘리퍼 피스톤으로 전달되어 브레치크 슈 또는 패드를 드럼, 디스크에 압착시켜 제동하는 방식을 말한다.

페이드 현상(Brake fade)
• 마찰열 때문에 라이닝이 변질하여 마찰계수가 떨어지면서 브레이크가 밀리거나 작동되지 않는 현상

주요 구성 부품을 살펴보면 브레이크 페달에서부터 브레이크 슈(드럼식) 또는 패드(디스크식)까지 아래와 같다.

1) 부스터(booster)

제동 배력장치이며 하이드로 마스터(hydro master)라고도 하고, 진공 배력식과 공기 배력식이 있다.

2) 브레이크 마스터 실린더(brake Master Cylinder)

브레이크 페달을 밟았을 때 유압을 발생하는 부품으로 탠덤식이 주로 쓰인다.

① 탠덤 마스터 실린더(Tandem Master Cylinder)

피스톤을 2개 설치하여 각각 독립적으로 작용하는 2라인(two line) 유압회로 형식으로 어느 한 부분에 이상 발생 시 일부 브레이크는 작동되도록 하여 안정성을 높이기 위해 만들어졌다.

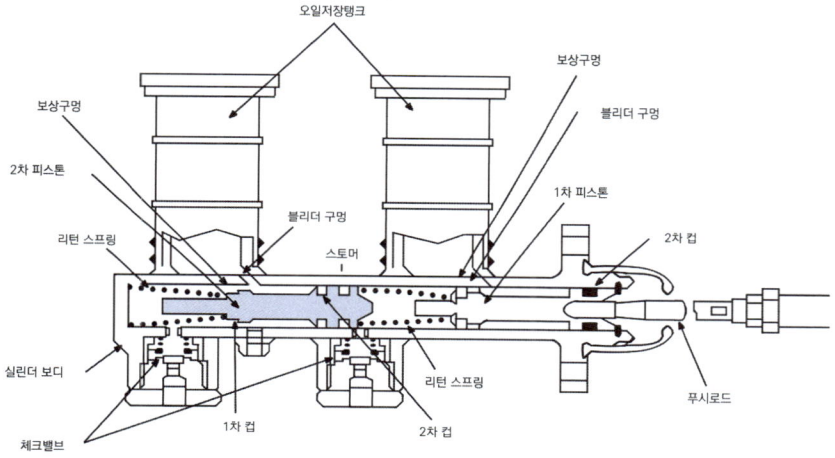

② 오일 저장 탱크(브레이크 오일 저장), 피스톤 1차 컵(유압 발생), 피스톤 2차 컵(오일 누유 방지)

③ 체크 밸브(check valve)

브레이크 해제 시 브레이크 라인 내 잔압을 유지하는 밸브로써 재작동 시 신속한 작동을 가능하게 하고 베이퍼록 현상을 방지하며, 휠 실린더의 오일 누유를 방지한다.

3) 브레이크 파이프(강제(Steel) 파이프와 고무호스 사용한 오일 이동관), 휠 실린더(브레이크 슈 드럼 쪽으로 압착되도록 함)

4) 캘리퍼(caliper, 실린더 피스톤과 함께 조립되어 패드를 디스크 쪽으로 압착되도록 함)

5) 브레이크슈(brake shoe, 휠 실린더에 의해 드럼과 접촉하여 제동력 일으킴)

나. 공기식 브레이크

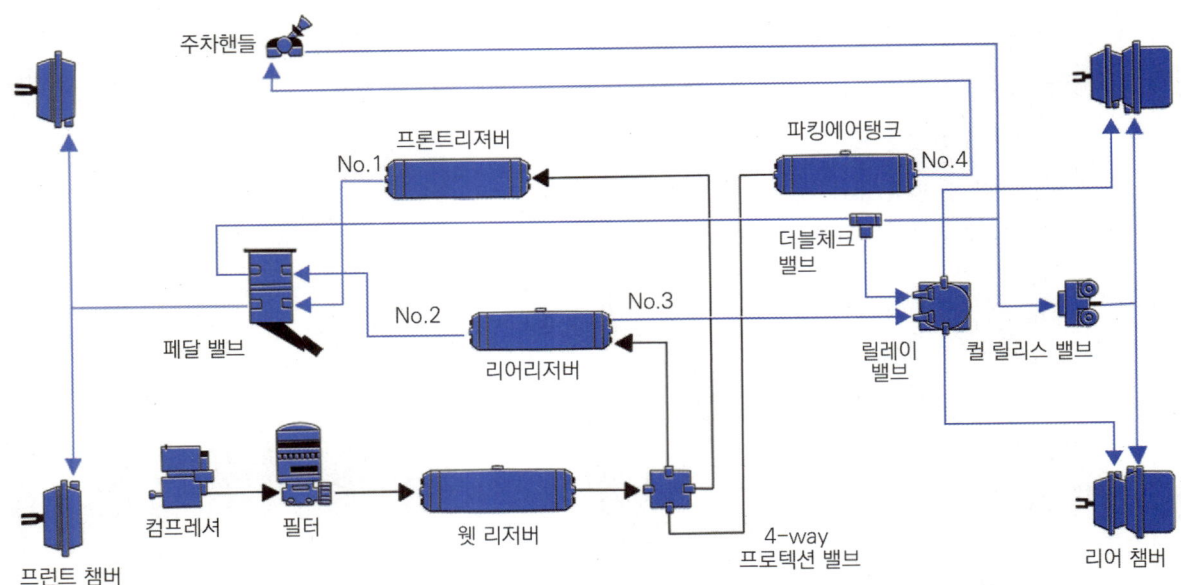

공기식 브레이크는 주로 대형차(버스, 대형화물)에 쓰이는 제동 시스템으로써 브레이크슈를 압축공기 압력으로 드럼에 압착 시켜 제동하는 방식으로 운전자의 브레이크 페달 답력이 작아도 큰 제동력을 발생시킨다는 장점을 갖고 있다.

즉 차량 중량에 크기와 상관없이 제동력을 충분히 발생시킬 수 있으며, 유압브레이크에서 약간의 브레이크액의 누유만 있더라도 제동력 저하를 갖고 오는 반면에 공기식 브레이크에서 약간의 공기 누출은 제동력 저하를 갖고 오진 않는다. 그만큼 안전하다고 볼 수 있으나 비정상적인 에어 누출 발생시 대형차인 만큼 많은 재산과 인적 손실이 발생할 수 있다는 점을 고려하여 즉시 정비 절차에 들어가야 한다.

또한 유입식에서 발생하는 베이퍼록 현상은 공기를 사용한 공기식 브레이크는 일어나지 않으며, 브레이크 페달의 밟는 양에 따라 제동력이 커져 조작이 매우 쉽고, 차량의 중량과 적재 중량에 따라 압축공기 압력을 높이면 더 큰 제동력을 확보할 수 있다.

브레이크 페달에서부터 브레이크 슈 사이의 공기 브레이크식의 주요 부품을 살펴보면 아래와 같다.

1) 브레이크 벌브

제동 시 릴레이 밸브와 브레이크 챔버로 공기를 공급하는 밸브로써 브레이크 페달과 밸브가 직결된 스로틀형이 주로 쓰이고 있으며, 브레이크 페달이 장착된 마운팅 플레이트와 각 밸브를 내장하고 있다.

에어컴프레서(air compressors)
- 공기를 일정 압력 이상으로 압축하여 고압 탱크에 저장시키는 장치

2) 공기 압축기(엔진 동력을 이용하여 공기를 압축), 공기 저장 탱크(압축된 공기 저장)

3) 압력 조절 밸브(일정한 공기탱크 내 압력 유지)

4) 언로우드 밸브(unload valve, 압력 규정 값 이상으로 상승 시 압축기를 무부하 운전토록 하는 기능)

5) 안전밸브(탱크 내 압력이 규정 값 이상 상승 시 자동으로 열려 대기 중으로 방출하는 기능)

6) 릴레이 밸브(압축공기를 뒤 브레이크 챔버로 공급), 퀵 릴리스 밸브(quick release valve, 브레이크 해제 시 챔버 내 공기 방출)

7) 브레이크 챔버(chamber, 압축 공기를 최종적으로 받아 캠을 구동함)

8) 캠(cam, 회전하여 슈를 드럼에 압착 시키는 유압식의 휠 실린더 기능)

4. 제동 배력장치, 감속 제동

제동 배력장치(servo system)는 운전자가 적은 힘으로도 제동력을 얻기 위해 만들어진 보조 장치로써, 브레이크 페달의 힘이 더 크게 필요한 디스크식의 유압 제동장치 사용에 따라 필요하게 된 장이며, 브레이크 제동력 향상을 위해 추가적인 외부 에너지를 이용한 장치이다. 즉 브레이크 마스터 실린더의 유압을 높이기 위한 추가 보조 장치이며, 제동 부스터 장치(booster system) 또는 하이드로 마스터(hydro master)라고도 한다.

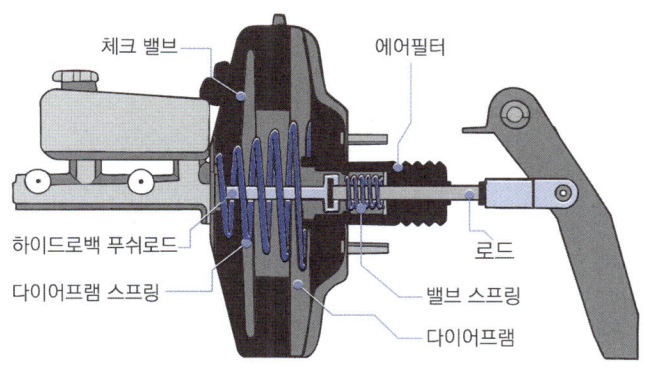

브레이크 부스터

일반적으로 브레이크 마스터 실린더와 배력장치는 분리되어 정비할 수 있도록 되어 있으나, 일체형으로 제작되 배력장치 고장 시 마스터 실린더와 함께 교환해야 하는 경우도 있다.

감속 제동장치(retarder)란 우리가 흔히 알고 있고, 겨울철 빙판길에서 주행중 정지할 때 브레이크 페달을 밟으면 브레이크가 들지 않고 미끄러지거나 심하면 차체가 회전하여 위험한 경우를 대비하여 엔진 브레이크를 쓰는 경우가 있는데, 그러한 개념이다. 즉, 주차 브레이크를 제2 브레이크라고 한다면 제동 페달을 밟지 않는 일종의 제3 브레이크라고 보면 된다.

종류에는 배기식(exhaust retarder), 전기식(eddy current, electromagnetic retarder), 공기식(aerodynamic retarder), 유체식(hydrodynamic retarder), 엔진 브레이크(engine brake)가 있다.

주로 많이 쓰이고 있는 배기식(exhaust retarder)은 기관의 회전 저항을 이용한 엔진 브레이크를 더욱 효과적으로 증대하기 위해 만들어진 방식으로써 배기 파이프 중간에 나비형 밸브 또는 슬라이드 밸브를 두어 밸브를 막아 기관을 압축기로 이용하는 원리이다. 배기 브레이크는 전기식과 전기 공기식이 있으며, 디젤기관에서 연료 분사를 억제시키면서 밸브를 제어하도록 되어있다.

5. ABS : 전자제어 제동장치

ABS(Anti-lock Braking System)은 영어적 표현 그대로 풀이하면 「잠김 방지 제동 시스템」으로 제동이 되지 않게 한다는 뜻이다. 다시 말하면 운전자가 제동을 하기 위해 브레이크 페달을 밟으면 한 번에 제동력이 유지되지 않고, 운전자의 의지와 상관없이 전자제어(ECU)적 측면에서 유압 제어장치가 가동되어 제동력을 속도와 도로 조건에 따라, 수 초 동안에 나누어 제동되게 하면서 운전자의 조향 능력을 잃지 않게 하고, 제동력 변화에 따라 제동하는 안전장치이다.

다시 정리하면 ABS(Anti-lock Braking System)는 바퀴의 미끄러짐 없이 제동 효과를 얻을 수 있고, **차량의 방향 안정성, 조종성능을 확보**하면서, 전륜의 **조기 고착에 의한 조향 능력 상실 방지**와 **뒷바퀴 조기 고착으로 인한 스핀을 방지**한다. 또한 **타이어 미끄럼율(slip ratio, 슬립율)이 마찰계수 최대치를 초과하지 않도록** 하고, 노면의 상태가 변하여도 **최대의 제동효과**를 얻을 수 있게 한다.

$$\text{슬립율(slip ratio)} = \frac{\text{미끄럼 속도(B)}}{\text{타이어 회전속도(A)}} = \frac{\text{구동바퀴 속도} - \text{차체 속도(실제 속도)}}{\text{구동바퀴 속도}} \times 100$$

구성 부품을 살펴보면 다음과 같다.

1) ABS ECU

   바퀴의 회전 상황을 파악하여 하이드로릭 유닛(hydraulic unit)의 솔레노이드 밸브를 제어한다.

2) 휠 속도 센서

   바퀴와 함께 회전하는 톤 휠(tone wheel)의 회전수를 감지하여 ABS ECU로 속도 신호를 송출한다.

3) 하이드로릭 유닛(hydraulic unit)

   ECU 신호를 받아 디스크 또는 드럼에 전달되는 유압을 조절한다.

4) 어큐뮬레이터(accumulator)

   각 차륜 쪽에서 리턴된 브레이크 오일을 일시적으로 저장한다.

5) 프로포셔닝(proportioning) 밸브

   앞·뒤 바퀴의 유압이 평형이 되도록 해주는 장치이며, ABS 고장이 발생하면 일반적인 제동장치 역할을 하고, 하이드로릭 유닛(hydraulic unit)내에 장착하여 후륜 잠김으로 인한 스핀을 방지하기도 한다.

어큐뮬레이터
- 공기가 직접 액체에 접촉하지 않도록 에어 챔버 내에 고무 격막이 설치되어, 실제로는 블래더라고 하는 고무풍선과 같은 것이 들어 있고 일정한 압력까지 압축된 가스(일반적으로 질소 가스)가 봉입되어 있다.

6) 딜레이(delay) 밸브

뒤 휠 실린더 쪽으로 전달되는 유압을 지연시켜 차량의 쏠림을 방지한다.

6. EBD : 전자제어 제동력배분 시스템

EBD(Electronic Brakeforce Distribution, 전자제어 제동력 배분 시스템)을 간단히 정의해 보면, 앞서 언급한 프로포셔닝(proportioning) 밸브는 앞·뒤 바퀴의 유압이 평형이 되도록 해주는 역할과 주행 중 앞 차륜 보다 뒷 차륜이 먼저 잠김으로 인한 스핀을 방지하는 역할을 기계적으로 한다고 한다면, EBD는 더욱 이상적인 제동력 배분을 하여 급제동 시 스핀 현상 및 제동성능을 향상시키기 위한 시스템이라 할 수 있다. 다시 말해 EBD는 주행중 자동차 브레이크 시스템 작동 시 승차인원 및 적재하중에 맞추어 적절하게 앞·뒤 바퀴에 자동으로 배분함으로써 안정된 브레이크 성능을 향상시킨 것이다.

EBD시스템은 구성은 먼저 전륜, 후륜의 차축 속도 센서와 ABS, ECU가 기본 구성으로 되어 있으면서 ECU에서 입력된 속도 센서를 연산·분석하여 뒷 바퀴의 슬립률을 계산하고 슬립률이 앞바퀴와 비교할 때 항상 동일하거나 작도록 뒷바퀴 제동력을 제어한다. 만약 앞바퀴보다 뒷바퀴가 먼저 제동되는 현상이 일어나며, 즉시 뒷바퀴로 공급하는 제동 유압을 차단하고, 다시 뒷바퀴가 회전하려고 하면 다시 유압을 공급한다.

EBD를 장착한 자동차는 미장착 자동차와 비교할 때 브레이크 페달 답력이 감소되고, 프로포셔닝 밸브를 사용하지 않아도 되며, 뒷바퀴 제동력을 향상시켜 제동거리가 단축되고, 좌·우 뒷바퀴의 유압을 독립적으로 제어하여 선회 중 제동 시, 보다 안정적으로 제동할 수 있게 한다.

7. TCS : 구동력 제어장치

TCS(Traction ControlSystem)의 기존 방식은 간단히 표현하면 ABS에 엔진 힘의 조절을 더한 것으로 평탄한 굴곡로(winding road)를 가상하여 엔진출력을 제어하는 시스템이었다. 그러나 오늘날의 좀 더 발전된 TCS(Traction Control System) 개념은 차속, 조향각, 가속 페달의 개도량, 오르막과 내리막 등을 보정한 보다 첨단화된 시스템이다. 슬립컨트롤 기능은 가속성과 선회 안전성을 확보하였고, 트레이스 컨트롤 기능은 선회 가속 시 구동력 제어, 조향 성능 향상을 실현 시켰다.

브레이크 제어 TCS 미장착 차량   브레이크 제어 TCS 장착 차량

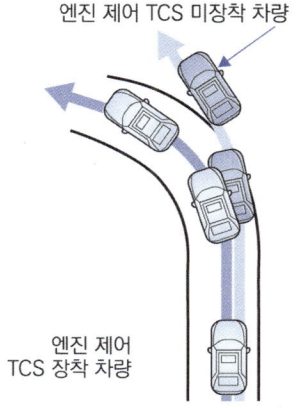

엔진 제어 TCS 미장착 차량

엔진 제어 TCS 장착 차량

TCS 주요 제어 기능을 정리하면,
슬립(slip) 컨트롤 기능 - 미끄러운 노면에서 가속 능력 및 선회능력을 향상하여 슬립을 제어한다.
트레이스(trace) 컨트롤 기능 - 언더스티어 및 오버스티어를 방지하여 조향 성능을 향상시킨다.

8. 주차 브레이크(전자식, 기계식)와 보조 브레이크

주차 브레이크는 주행중 제동을 하는 브레이크와 별도로 정차시, 주차시 자동차의 움직임을 제한하기위한 안전장치로써 일반적으로 제2 브레이크라고도 한다. 주로 핸드 브레이크는 기계식이며, 버튼형 스위치는 전자식에 속한다. 현재 신형 승용 차종은 주차 브레이크가 기계식이 아닌 전자식인 경우가 많다. 주차 브레이크는 뒷바퀴 잠금 방식이 일반적으로써, 뒷바퀴(휠)를 직접적으로 잠그는 휠 브레이크식과 후륜 추진축을 잠그는 센터 브레이크 형식으로 구분하며, 휠 브레이크식이 통상적이다.

보조 브레이크는 앞서 언급한 감속 제동장치(retarder)와 같은 의미로써 일종의 제3 브레이크라고 보면 된다. 종류에는 배기식(exhaust retarder), 전기식(eddy current, electromagnetic retarder), 공기식(aerodynamic retarder), 유체식(hydrodynamic retarder), 엔진 브레이크(engine brake)가 있다.

9. 기타 브레이크 제어 시스템

VDC (Vehicle Dynamic Control)는 차가 곡선 도로를 주행하다가 미끄러지게 되면 관성에 의해 운전자가 원하지 않는 엉뚱한 방향으로 차체가 밀리게 된다. 이때 차체 자세 제어장치가 개입하여 각 차륜별로 제동력을 제어하면서 주행중인 자동차의 차체를 바르게 유지토록 하는 시스템이다. 북미와 유럽에서는 ABS와 함께 의무적으로 장착하도록 하고있는 시스템이다. 다른 말로 ESP(electronic stability program)라고도 부르며, 주행 중 발생하는 스핀, 언더스티어링 제어에 매우 효과적이다.

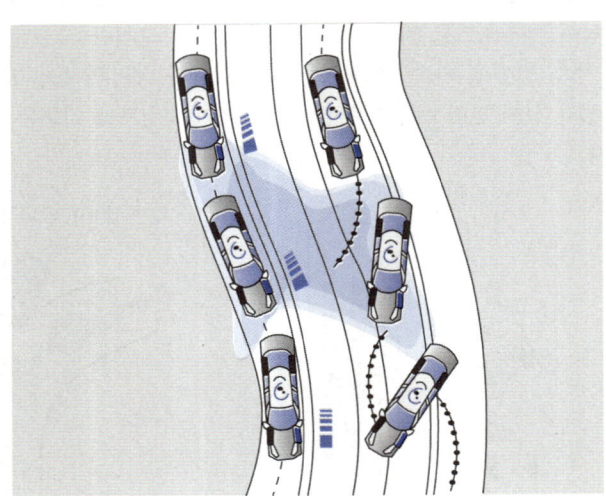

VDC (Vehicle Dynamic Control)

제5장　휠 및 타이어

1. 휠 및 타이어 일반(개요, 구조, 기능)

주행 안전성과 승차감 모두 밀접한 관계에 있는 것이 휠(wheel)과 타이어(tire)이다. 또한 엔진의 구동력과 브레이크의 제동력을 노면과의 마찰을 통해 전달하고 있는 것이 휠과 타이어이다.

휠은 자동차가 주행중 선회 시 발생하는 원심력에 대한 옆 방향 미끌림의 힘을 견딤과 동시에 자동차의 하중을 지지하는 역할을 하여야 하며, 주행 중 발생할 수 있는 전방 충격 시 견딜 수 있으면서 가벼운 구조로 제작되어야 한다.

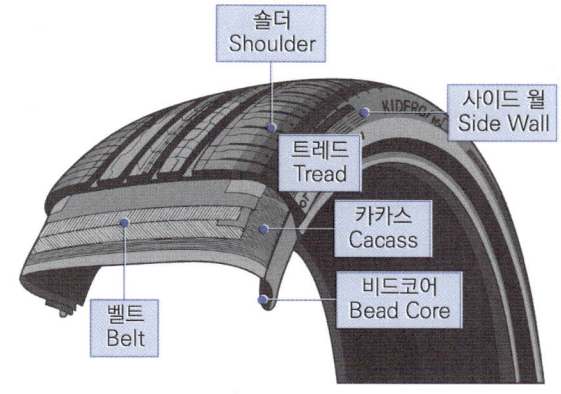

① 트래드(Tread)
　　타이어가 도로의 지면과 만나는 부분으로 승용 자동차에는 진흙탕이나 눈길에서 접지력이 좋은 머드 & 스노우 타이어를 주로 사용한다. 머드 & 스노우 타이어라는 표기는 타이어 측면에 M+S 또는 M&S라고 새겨진 것을 보면 알 수 있다.
② 숄더(Shoulder) : 타이어의 모서리 부분
③ 사이드 월(Side wall) : 타이어에 대한 정보가 기록되어 있는 타이어의 옆 부분
④ 비드(Beed) : 플라이(Ply)를 고정시키며, 타이어 조립 부품을 림(Rim)에 붙어 있도록 하는 기능
⑤ 카커스(carcass) : 타이어 뼈대 역할을 하는 철심 재질의 코드 층

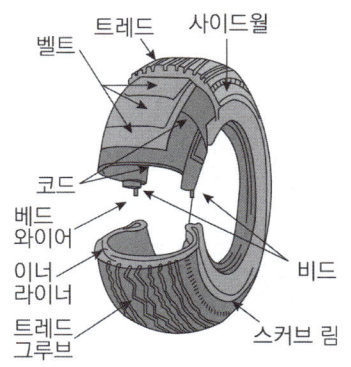 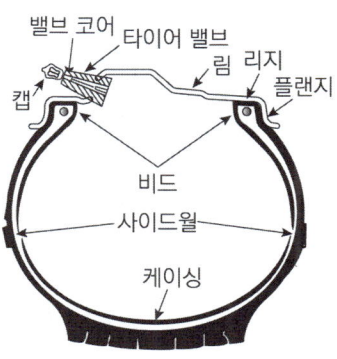

2. 타이어 표시 · 분류 · 수명

타이어는 노면과의 마찰에 있어 열을 잘 방출할 수 있고, 우천 주행 시 도로 표면의 물 고임도 잘 배출하는 구조여야 한다. 타이어의 주요 표시에 관한 의미는 아래와 같다.

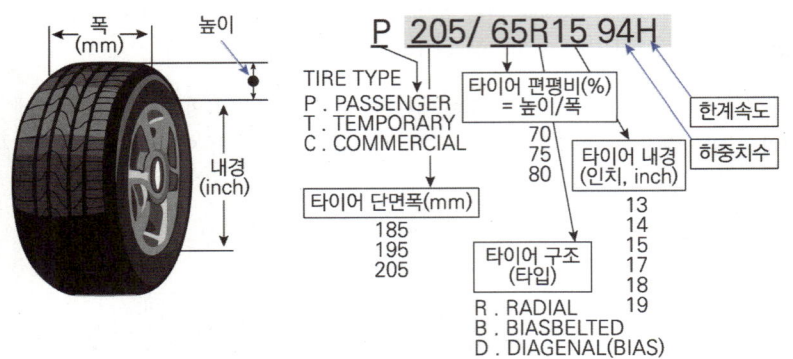

$$타이어 \ 편평비(ASPECT \ RATIO) = \frac{타이어 \ 높이}{타이어 \ 폭} \times 100(\%)$$

계절별 용도에 따라 스노우 타이어, 스터디드 타이어, 비포장 도로용, 바이어스, 레디얼 타이어로 구분한다. 레디얼 타이어는 벨트부가 서로 평행하게 겹쳐져 제작된 것으로써 선회 시 타이어의 미끄러짐이 감소된 형태이다. 기존의 바이어스 타이어의 경우 벨트부가 십자 무늬로 교차하는 형태로써 모든 방향에 대하여 강하나 벨트부가 서로 반대로 움직이려는 경향이 있어 고속 주행시 열이 발생하고, 도로와 만나는 타이어 접지면이 서로 뒤틀어지는 모양도 나오게 된다. 이러한 단점을 보완한 것이 레디얼(Radial Tire) 타이어의 등장이고, 현재는 연비 면에서 향상된 레디얼 타이어를 대부분 장착하고 있다.

레디얼 타이어는 일반적인 레디얼 타이어와 스틸 레디얼 타이어(steel radial tire), TBS타이어(truck and bus steel radial tire)가 있으며, 그 밖에도 안전 타이어(captive air safety tire), 편평 타이어(aspect tire), 스노우 타이어, 스노우 스파크 타이어 등 특수 제작된 타이어도 있다. 이들은 도로 조건, 사용 용도, 계절에 따라 특별히 제작된 모두 특수 타이어라고 볼 수 있다.

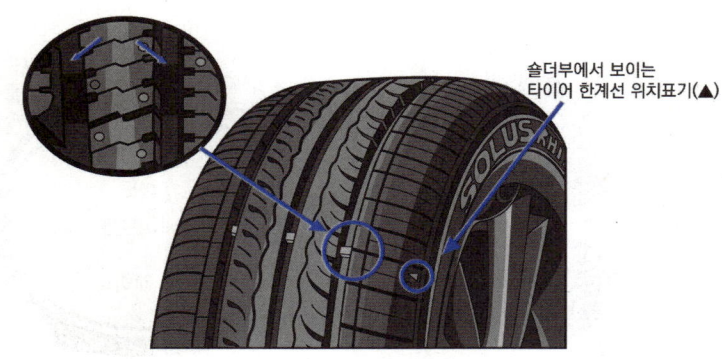

타이어의 수명은 운전자의 운전 습관, 도로 상태, 주행 킬로 수 등에 따라 다소 차이가 있으나, 보통의 경우 6년 또는 60,000km 주행 시 교환한다고 보면 된다. 마모한계선 접점과 관계없이 6년의 교환 주기를 두는 것은 고무가 주 성분인 타이어가 탄성을 잃은 경화(딱딱해짐, 옆트임)되는 일반적인 경과 시간 타이어의 성질에 따라 달라질 수 있다. 수명 연한이 다다르지 않았음에도 일정 기간 내에 타이어를 교환하게 되는 경우는 정상적 마모 한계선 이하(1.6mm이하)로 마모되었을 때, 또는 비정상적 마모(편마모, 울퉁불퉁 이상마모 등) 및 파손의 경우이다.

주행중 노면과의 접지로 인한 타이어가 일시적으로 이상 현상을 일으키는 두 가지 대표적인 현상이 있다. 스탠딩 웨이브(standing wave) 현상과 하드로플래닝(hadro planing, 수막현상)현상이다.

스탠딩 웨이브(standing wave) 현상은 차체 하중이 타이어의 노면과의 접지된 타이어 부분을 변형시키고, 이어 고속 주행 중 접지부분의 변형상태가 타이어 탄성에 의해 회복되지 아니하고 그대로 진행되면서 발생되는, 마치 타이어가 물결 치는 듯한 모양을 유지하는 것을 말한다. 이는 과거 타이어 생산기술이 떨어진 시기에는 일어났으나, 현재는 거의 모든 타이어에서 일어나지 않는다.

하드로플래닝(hadro planing, 수막)현상은 타이어 트레드의 마모가 심하거나, 폭우로 인한 빗물의 양이 과도한 주행 중인 자동차 타이어 트레드가 도로의 물을 회전 방향 뒤쪽으로 배출하지 못하고, 마치 타이어와 지면 사이에 물을 경계로 한 수막 위에 떠 있는 상태를 말한다. 수막현상은 우천 시 고속 주행, 고속 선회 시 안전사고가 일어날 수 있는 매우 직접적인 현상으로써, 타이어 한계선을 준수한 적정 시기의 타이어 교체, 우천 시 서행 운전 등으로 예방할 수 있다.

3. 타이어 트레드 패턴의 종류

타이어는 트레드 패턴에 따라 리브 패턴, 러그 패널, 리브러그 패턴, V형 패턴, 비대칭 패턴, 블록 패턴, 슬릭패턴, 혼합형 패턴이 있다.

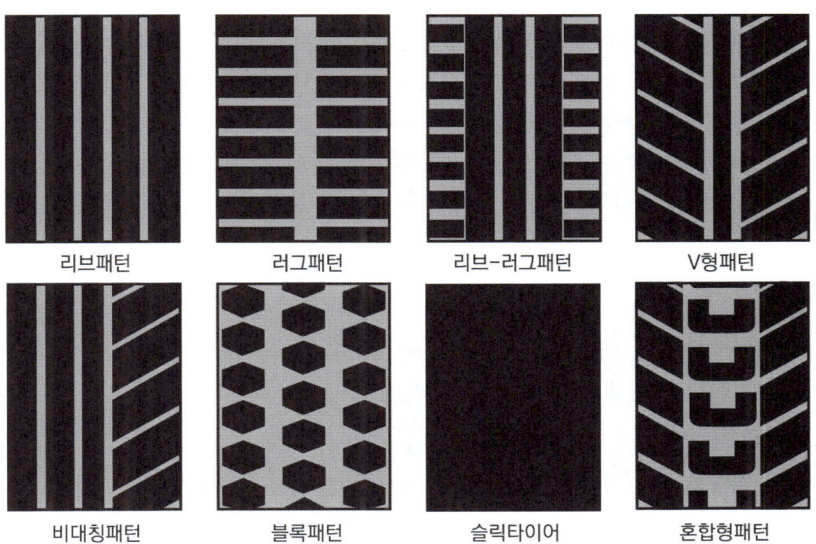

4. 휠 특성과 평형의 중요성

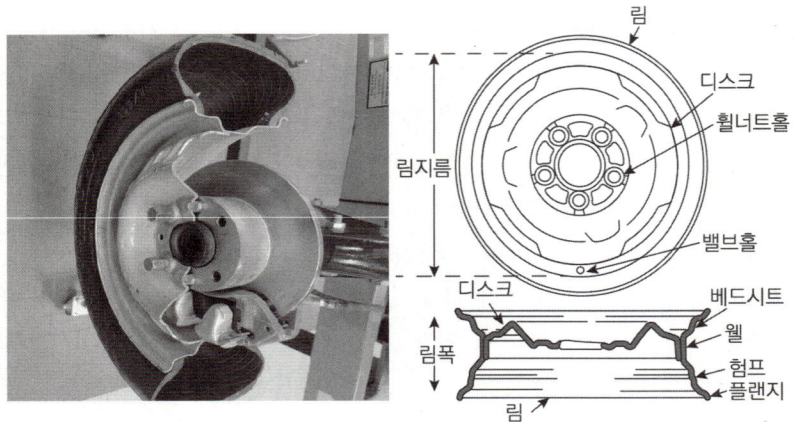

휠(wheels)은 위 그림과 같이 타이어 내경(중심원)에 장착되어 주행 중 타이어와 함께 회전하는 것으로써, 알루미늄 및 강철로 만들어진다. 현재 승용 차종에는 거의 알루미늄 휠이 쓰이고 있는데, 이는 알루미늄 특성상 가벼우면서 열 방출(노면과 타이어의 마찰열, 브레이크 작동 시 패드와 디스크의 마찰열 등)이 잘되어 타이어 성능은 물론이고 브레이크 성능도 향상시킬 수 있기 때문이다. 또한 강철과 비교할 때 주행 중 노면의 요철 부위 충격으로 인한 변형이 없어 휠 밸런스 유지가 우수하다. 즉 휠의 평형 유지가 잘 된다는 것이다.

휠의 평형은 정적 평형(static balance)과 동적 평형(dynamic balance)으로 구분하여 말할 수 있는데, 정적 평형(static balance)은 말 그대로 타이어가 정지된 상태에서 타이어 원형에서 어느 한 지점이 무거워 원형의 무게 평형을 깨진 상태를 말한다.

즉, 회전하는 대형 원형 관람차에서 어느 한 부분에만 사람이 탑승해 있다고 가정해 보자, 그리고 이 관람차는 모터의 힘으로 회전하지만 정차 시에는 외부의 어떤 제동력도 가해지지 않는다면 당연히 연형 관람차는 사람이 탑승해 있는 곳이 중력에 의해 탑승자가 있는 칸이 지면과 가장 가깝게(가장 아래로) 위치하게 될 것이다. 타이어의 원형 무게 중심이 이렇게 한 쪽에 편중되게 되면 주행 중 어떤 현상이 발생될 지는 쉽게 상상할 수 있다. 바퀴가 회전하면서 상하 진동을 유발할 것이며, 시미 현상과 심하면 차체 진동의 트램핑(tramping) 현상이 나타나게 된다.

또한, 동적 평형(dynamic balance)은 상하 진동을 하는 정적 평형과 달리 타이어를 앞에서 보면 마치 좌우로 흔들리는 것처럼 보이는 현상이다.

이렇듯 휠의 평형이 깨지는 주요 원인은 휠의 정렬 상태(wheels balance)가 불량한 것이 가장 큰 원인이며, 타이어 편마모, 림의 불량, 타이어의 이상 변형, 과대한 사이드 슬립 등이다.

휠은 디스크, 타이어, 브레이크 드럼, 허브 베어링, 휠 볼트와 함께 회전하기 때문에 휠의 불 평형은 조향 성능을 저하(핸들 떨림, 핸들 충격)시켜 운전자의 조향감을 떨어뜨리고, 쾌적한 운행을 하지 못하게 하면서 타이어의 이상 마모로 인한 타이어 수명도 단축시켜, 경제적 손실도 가져오기 때문에 휠 평형(wheels balance)은 매우 중요한 것이다.

가. 구동력

자동차가 주행저항을 이기고 굴러가게 하는 힘이다.

$$\text{타이어 구동력} = \frac{\text{타이어 회전력}}{\text{타이어 반경}}$$

나. 주행저항

자동차가 주행하는데 걸리는 저항이다.

1) 공기저항 $= \mu a \times A \times V^2$

   [μa : 공기저항계수 A : 투영면적(m^2) V : 자동차 주행속도(km/h)]

2) 구름저항 $= \mu r \times W$

   [μr : 구름저항계수, W : 차량총중량]

3) 가속저항 $= \dfrac{W + \Delta W}{g} \times a$

   [W : 차량총중량, ΔW : 회전부분 상당중량 g : 중력가속도(9.8m/s^2)
   a : 가속도(m/s^2)]

4) 구배저항 $= \dfrac{W \times G}{100}$

   [W : 차량 총중량, G : 구배율(%)]

5) 총 주행저항 = 구름저항 + 공기저항 + 구배저항 + 가속저항

제6장 소음 · 진동 · 주행저항 · 동력성능

1. 소음

자동차에 이상 소음이 발생하는 것은 운전자에게 매우 불편한 것으로, 소음 때문에 운전 부주의를 가져올 수도 있고, 집중력을 떨어뜨려 안전 운전에 악영향을 준다. 또한 이런 이상 소음 문제가 발생되는 자동차는 제작 후 소비자 판매율로 현저하게 감소시킬 수 있는 문제이다.

자동차의 소음은 제작 결함에서 오는 발생되기도 하나, 운전자의 차량 관리 소홀 및 운전자의 예민도에 따라 나타날 수 있고, 이상 기온 변화(혹한, 혹서, 다습) 때문에 생기는 부품의 부피 변화, 미세 이음 발생 등으로 인한 원인을 찾기 힘든 경우의 소음 발생일 수도 있으며, 약 3만여 개의 부품으로 만들어진 자동차 부품 간의 소음일 수도 있다. 또한 일정 기간 자동차가 주행한 후 각종 현가장치, 타이어, 부품의 마모로 인한 차량의 자세 불량으로 소음이 생길 수도 있고, 자동차 정비·수리·조정 후, 정비 불량으로 인하여 발생될 수도 있다.

H사 NVH 진단장비 NVH - 100

I-Tube No.0811-F0035

소음의 종류는 NVH(Noise, Vibration, Harshness) 소음과 BSR(buss, squeak & rattle) 소음으로, 크게 두 가지로 분류해 생각해 볼 수 있다. NVH는 지속적이고 완전히 없애거나 개선하기에는 다소 어려움이 있는 반면에 BSR 소음은 단발적으로 나는 소음으로써 소음 원인만 파악되면 언제든 해결할 수 있는 소음이다. 즉 NVH는 차량의 제작상의 문제인 경우가 많고, BSR 소음은 제작 후 없던 소음이 여러 이유로 만들어지는 경우가 많다.

이러한 자동차 소음은 실제 제작사로 접수되는 자동차 전체 클레임의 약 15%를 차지할 만큼 그 비중이 매우 높고, 부품의 분해로 일일이 확인해야 하는 어려움 때문에 소음의 문제를 해결하는데 있어 정비사의 시간과 정비 비용이 상당히 높게 발생된다.

자동차 소음은 진동을 동반한 소음인 경우가 많은데, 이런 불쾌한 소음이 발생되면, 기관·배기계통·타이어·동력 전달 계통·차체·불규칙한 노면 등 외부 요소에 의한 소음인지를 먼저 구분하고 시간을 두고 하나씩 접근해 나가면서 해결해야 한다.

주행 중 가속이 충분히 되지 않은 상태에서 변속이 될 경우 엔진 출력이 따라 주지 못해 울컥거리는 경험을 해 본 적이 있을 것이다. 이런 현상을 스텀블(surmble)이라 하는데 일종의 기관 계통의 소음이라 할 수 있다. 엔진으로 인한 소음은 진동을 동반하는 경우가 많으며, 연소 시 발생하는 소음과 기계적 소음으로 나누어 생각해 볼 수 있다. 연소 시 소음은 실린더 내에서 연소 시 발생하는 진동을 동반한 소음으로써 실린더 블록과 실린더 내벽이 폭발 압력에 의해 발생하는 소음으로 심하게 발생하면 노킹이라 하여 엔진정비를 요한다.

가. 소리(sound)

소음(Noise, unwanted sound)은 「내가 원하지 않는 소리(듣기에 불쾌한 소리)」로써 소리의 한 형태인데, 소리는 「공기」속에서 「진동」을 일으키며 전달된다고 볼 수 있다. 공기가 매개채(매질)의 역할을 하면서 공기 중에 압력변화가 사람의 고막을 통해 뇌신경으로 전달되는 것이다. 즉 공기가 없는 상태의 진공 상태에서는 소리는 전달될 수 없고, 물리학적으로 「기체, 액체, 고체를 통한 밀도 변화인 음파(sound wave) 발생」으로 그 소리의 정도가 결정된다. 음파(sound wave)의 단위 시간당 파장 수를 헤르츠(Hz)라고 하고, 음파의 음폭(크기)을 데시벨(dB)이라고 한다. 또한 소리의 크기(진폭), 소리의 고저(높고·낮음), 음색(여러 악기의 소리가 다른 것)을 소리의 3요소라 한다.

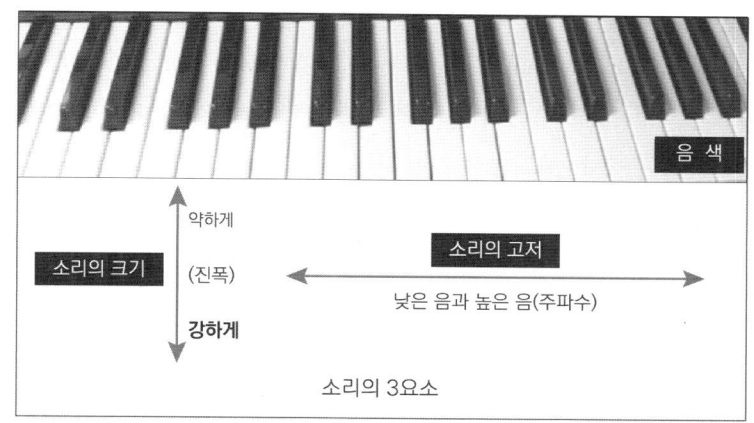

소리의 3요소

나. 소음의 전달

소음의 전달(transmission of noise) 경로는 진동의 전달 경로와 같고, 자동차에서는 주로 차체, 현가장치, 휠·타이어를 통해 전달된다.

소음의 전달 경로를 살펴보면 ① 최초 소음(진동) 발생, ② 소음의 증폭(공진계), ③ 소음의 전달(전달계), ④ 최종 소음 발생체, ⑤ 운전자 인지(공기의 압력변화에 의한 것)로써 5개 경로로 구분한다.

자동차의 차외 소음 중에서 가장 큰 비중을 차지하는 타이어 소음(tire noise)은 치핑(chipping), 패턴 소음(pattern noise), 러프니스(roughness), 스퀼치(squealch)와 스퀼(squeal), 섬프(sump)가 있다.

치핑(chipping)은 노면의 이물질(모래알, 작은 돌 등)이 휠 하우스 또는 로커 패널에 충돌하는 소리이고, **패턴 소음**(pattern noise)은 타이어 홈 속에 있는 공기가 타이어 회전하면서 노면과 접촉시 압축·방출을 반복하는 에어 펌핑(air pumping) 때문에 생기는 일종의 트레드 노이즈(tread noise)이다.

러프니스(roughness)란 거칠게 느껴지는 소음으로 주로 현가장치를 통해 진동과 함께 차실로 전해지는 타이어 불균일성이 주된 원인이다. **스퀼치**(squealch)는 트레드 숄더부와 노면이 접촉하는 소음으로 레디얼 타이어에서 발생하고 사람이 물을 밟을 때 나는 소리처럼 철썩 철썩 같은 소리를 의미한다. **스퀼**(squeal)은 급제동 또는 급선회 시 트레드와 노면사이에서 끼익하고 발생하는 소리인데, 고체의 마찰 면에서 고착과 미끄러짐이 반복하면서 나타나는 소리이다. 이를 스틱 슬립(stick slip) 소리라고 한다.

섬프(sump)는 진동을 동반한 시속 50km/h 이상에서 타이어 트레드의 부분적인 요철에 의해 타이어가 1회전 할 때 1회의 "탁탁"치는 듯한 소음을 말하며, 타이어의 위치 변경으로도 어느 정도 해소할 수도 있다.

마지막으로 자동차 주행 중 차체 주위에 흐르는 기류에 의해 발생되는 소음 전달로써, 차체 형태와 창문의 밀봉상태, 차체에 돌출된 부위에 의한 소음 전달이며, 차체공기소음(body air noise), 공력(空力)소음이라고 한다. 특히 차체 표면의 돌기부의 와류 현상으로 발생하는 풍절음(風折音)과 비슷한 윈드 노이즈(wind noise)는 창문 또는 차체의 작은 틈새로 공기가 누설되며 피리 소리 같은 2000~8000Hz의 고주파 소음으로 유선형으로 제작되어 나오는 오늘날의 자동차에서는 많이 해결된 소음이다.

2. 진동

진동(vibriation, oscillation)은 일정 시간마다 동일하게 반복하여 흔들리며 움직이는 현상을 말하며, 진동수(frequency)는 단위 시간당 같은 상태가 반복되는 횟수로 단위는 헤르츠(Hz)를 사용한다.

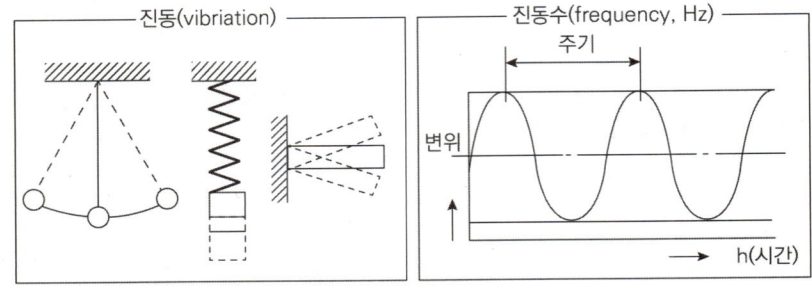

특정한 속도에서만 마치 윙윙하는 듯한 진동음을 부밍노이즈(booming noise)라고 하는데, 저속에서 나는 부밍 노이즈를 와인드업(wind up)현상에 의한 것과 고속에서 현가장치와 함께 구동 계통의 휨 현상에 의한 것이 있다. 이러한 부밍 노이즈를 공진(resonance) 현상이라고도 한다.

공진(resonance) 현상은 공명(共鳴)이라고도 하는데, 어떤 질량의 물체가 스프링에 의해 지지되어 있을 경우, 외부 진동(음)이 가해졌을 때, 물체는 자신의 고유 진동수를 유지한 상태에서 진동(음) 현상이 일어나는 것을 말하며, 고유 진동수와 외부 진동수가 동일해졌을 때 가장 민감하게 공진한다. 이러한 공진 현상을 피하기위해 엔진의 진동수를 감안하여 엔진을 제작하고 있다. 진동은 승차감(ride confort)을 결정 짓는 중요한 것으로써 승차감은 다소 주관적 판단 요소가 있으나 각종 노면의 상태에 따른 스프링 위 질량(차체, 엔진, 변속기, 시트)과 스프링 아래 질량(휠, 타이어, 쇽업소버)에 영향을 주는 부품들의 전자제어적 개선을 통해 객관적 판단 요소로써 개발되고 있다.

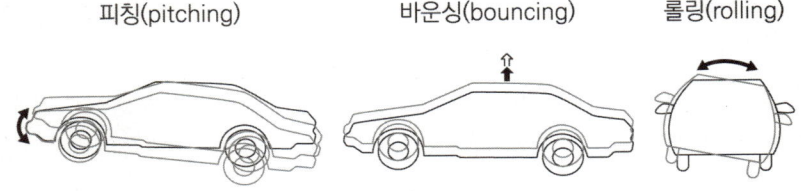

승차감(ride confort)에 영향을 주는 진동의 형태를 살펴보면 피칭(pitching), 바운싱(bouncing), 롤링(rolling)이 있는데, 주행 중 노면과 타이어가 접촉하여 회전 중 타이어에 충격이 가해졌을 때, 타이어를 통과한 충격을 현가장치가 흡수하지 못할 때 진동이 발생된다고 할 수 있다.

3. 주행 안정성과 승차감, 동력성능

가. 주행 안정성과 승차감

주행 안정성과 승차감(ride confort)을 모두 만족시키기 어려운 컨플릭트(Conflict)한 관계는 제3장의 3. 전자제어 현가장치에서 현가장치의 승차감과 주행 안정성을 최대한 만족시켜 컨플릭트한 관계를 해결하고자 개발한 것이 전자제어 현가장치(ECS, electronic control suspension system)라고 정의하였다.

스프링 위 질량의 움직임에 관한 대표적인 것이 피칭(pitching), 롤링(rolling)이며, 스프링 아래 질량의 움직임에 관한 대표적인 것이 와인드업(wind-up), 트램핑(tramping)이다.

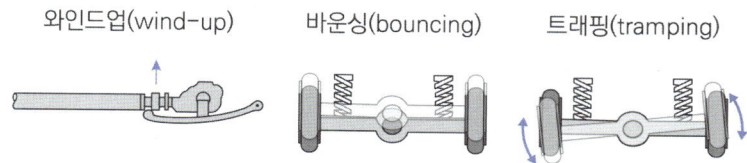

자동차 주행 성능의 기능적 만족을 위해서는 많은 문제점을 해결하거나, 최소화하는데 달려 있다. 특히 주행에 방해가 되는 주행저항은 노면과 타이어 접촉 간에 발생하는 구름 저항과 같이 운전자의 오감으로 느낄 수 있는 저항에서부터, 운전자도 느끼지 못하는 공기저항까지 다양하게 존재한다.

주행 저항의 종류를 다시 한 번 정리해 보면, 구름저항(rolling resistance), 가속저항(acceleration resistance), 구배저항(grade resistance), 공기저항(air resistance)으로 나눠지며, 이들 저항을 모두 합쳐 전 주행저항(total tractive resistance)이라 한다.

구름저항(rolling resistance)이란 앞서 언급한 바와 같이 바퀴와 노면의 접촉으로 생기는 저항으로, 바퀴가 수평 노면을 회전하여 주행할 때 발생되는 저항을 말한다. 이러한 구름 저항이 발생되는 원인은 타이어 트레드(접촉부)의 변형, 노면이 평탄하지 않을 때 가장 많이 발생한다. 또한 노면이 모래에 덮여 있거나 진흙으로 가득차 있는 노면의 경우에 노면이 변형되어 구름 저항이 일어났다고 보면 된다.

가속저항(acceleration resistance)은 자동차가 정속 주행중 속도를 높이려고 하면 차체의 무게와 현 상태를 유지하려는 관성에 저항을 받게 되는데, 이 관성에 맞서 앞으로 나아가려는 힘을 가속력이라고 한다.

구배저항(grade resistance)은 수평에 받는 구름저항과 공기저항과는 달리 어떤 값의 경사 각도를 가지고 있는 도로를 주행할 경우, 아래 그림과 같이 주행 속도와는 무관하게 차량 총 중량과 「사면(斜面) 평행 분력(分力)」이 가해져 이 힘(W'')이 진행(등판)하려는 방향의 반대로 작용하여 마치 저항이 걸린 듯한 증상이 나타난다. 이것을 구배저항이라 하고 식으로 나타내면 $W'' = W \sin\theta$와같다.

구름저항
- 부하가 걸리는 동안 타이어가 소모하는 에너지

구배(Gradient)
- 공간에 대한 기울기

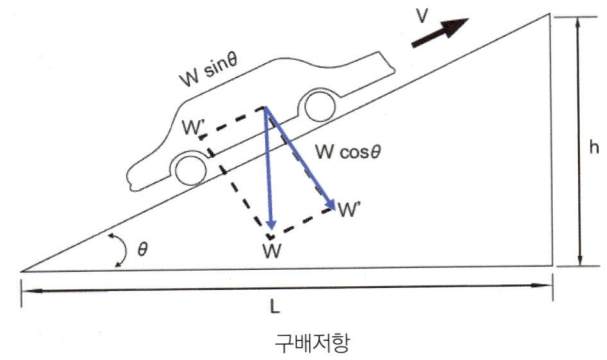

구배저항

공기저항(air resistance)은 이해하기 쉽다. 자동차가 달릴 때 마주쳐 오는 바람이라 생각하면 된다. 공기 속을 달리는 자동차에 주행 방향과 맞서 반대되는 공의 힘이 공기저항이다. 즉 면적과 속도의 제곱배에 비례하고, 주행 중 앞유리 및 차체 루프에 공기저항을 최소화하기 위해 앞 유리 아랫부분(비가 오지 않는 평상시 와이퍼 브러쉬가 멈춰있는 부분)과 보닛(bonnet, hood 후드) 사이에 통풍구를 만들어 공기저항을 최소화 하는 데 노력하였다. 또한 이 통풍구는 우천 시 빗물 배출 통로로 만들어져 매우 유용한 장치이다.

전 주행 저항(total tractive resistance)은 위 4개의 저항(구름·가속·구배·공기저항)을 모두 합친 주행 저항이며, 여기서 공기저항을 제외한 3개의 저항(구름·가속·구배저항)은 차량 중량과 밀접한 관계가 있다. 즉, 같은 출력의 엔진을 부착한 자동차의 겨우에는 차량의 무게를 경량화한 자동차가 연료소비율과 3개의 저항(구름·가속·구배항)을 동시에 향상시키게 된다.

나. 동력성능

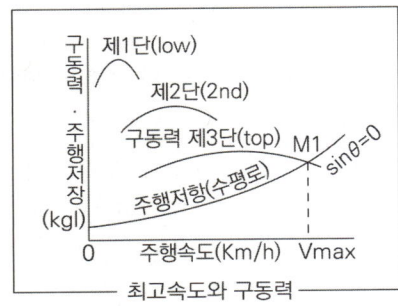

─ 최고속도와 구동력 ─

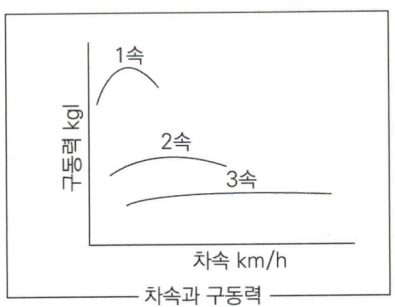

─ 차속과 구동력 ─

동력성능은 주행·가속·최고속도·등판·연료소비율에 관한 종합적인 자동차의 성능을 말한다. 주행 안정성과 승차감이 서로 만족시키기 어려운 컨플릭트(Conflict)한 관계에 있었다면, 동력성능에서는 최고 속도를 높이게 되면 연료소비율과 가속·등판 성능은 저하되는 컨플릭트(Conflict)한 관계에 있다.

공기저항(air resistance)
- 자동차의 정면 면적에 비례하고 자동차 속도의 제곱에 비례하는 것이 "공기저항"이다. 즉, 자동차가 운행 중 공기로부터 받는 저항이다.

보닛(bonnet)
- 보닛이라는 명칭은 창이 없는 모자와 비슷한 것에서 유래한 영국식 영어 표현이며, 북미에서는 후드(hood) 또는 엔진후드(engine hood)라고 부른다. 우리가 흔히 말하는 본넷트(본넷뜨)는 잘못된 표현이다.

자동차의 주행 최고속도는 바람의 영향이 없는 상태에서 평지에서 달릴 수 있는 최대 속도를 의미하고 연료소비율은 주행거리 대비 연료 소비량의 정도를 말하며, 가속 성능은 가속 저항을 이겨내고 구동력을 발휘한 정도로써, 타이어의 슬립 없이 타이어와 노면의 접착력 최대가 될 때 가속성능이 최대가 될 수 있다. 또한 등판 성능이란 변속기의 역할이 매우 큰 데, 그렇다고 무작정 변속기의 변속비를 크게 하게 되면 급경사를 오르는 데에는 효과적이겠으나, 등판 속도가 나아지지 않아 실용성 면에서는 떨어지게 된다.

PART 04

자동차 판금·도장

04 자동차 판금·도장

제1장 자동차 차체·판금

1. 자동차 차체 구조와 자동차 강판

자동차를 사람의 신체와 비교하여 일컬을 때 통상적으로 우리는 엔진을 심장, 헤드라이트를 눈, 통신선을 신경계, ECU·TCU 등 각종 통합 컴퓨터를 두뇌라고 가정한다.

앞서 「PART 03 자동차 섀시」에서 섀시에 관한 기본적인 장치들을 둘러보았고, 이번엔 자동차의 몸체(Body, 바디)라 부르면서 우리 사람으로 말하자면 몸과 같은 차체에 관하여 살펴보기로 한다. 자동차 충돌사고 시 외부의 충격을 가장 먼저 받아 자동차의 중요 부품뿐만 아니라, 탑승자를 보호하는 아주 튼튼하고 견고하게 만들어져야 할 것이 차체이다.

또한 이러한 차체가 경미한 충돌사고에서부터 큰 사고에 이르기까지 자동차 차체가 변형되었을 때, 원형의 상태로 되돌리는 사고보수작업인 판금에 관하여도 알아보도록 한다.

Body on Frame

먼저 자동차의 차체 구조는 크게 프레임(Frame) 구조와 일체형 모노코크(Monocoque) 바디로 생각해 볼 수 있다. 프레임의 구조는 조합(사다리형, 페리미터형)형태 프레임과 플랫폼 형태, 스페이스 형태, 엑스(X)형태, 모노코크 바디 형태로 총 5가지가 있다.

모노코크 바디(유니 바디) (Monocoque Body/Uni Body)
- 요즘의 도심형 SUV나 세단에서 많이 볼 수 있는 형식, 간단히 말하면 하중을 견디는 구조물과 차체 역할을 하는 부분이 일체화된 형태. 흔히 '프레임이 없다'라고 착각하기 쉬우나 엄밀히 따지면 프레임이 없는 것이 아니라 바디 부분과 프레임 부분이 별개 부품이 아닌, 하나로 붙어 있는 것

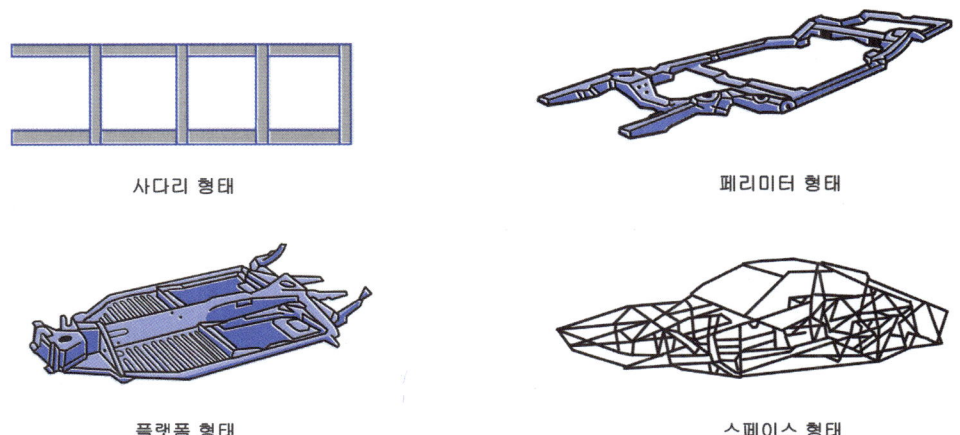

| 사다리 형태 | 페리미터 형태 |
| 플랫폼 형태 | 스페이스 형태 |

자동차 프레임의 종류

모노코크(Monocoque) 바디는 프레임의 한 형태이긴 하나, 현재 자동차 구조의 대부분을 차지하고 있어 별도로 구분하도록 한다. 특히 빔(beam, 기둥) 형태의 주요 골격 식 차체를 통상적으로 「프레임(Frame)」이라 하고, 패널(강판)을 겹쳐 만들어진 계란 껍질식 차체를 「모노코크 바디(Monocoque body)」라 하고 있어 쉬운 이해를 돕고자 「프레임」과 「모노코크 바디」를 중심으로 생각해 보도록 한다.

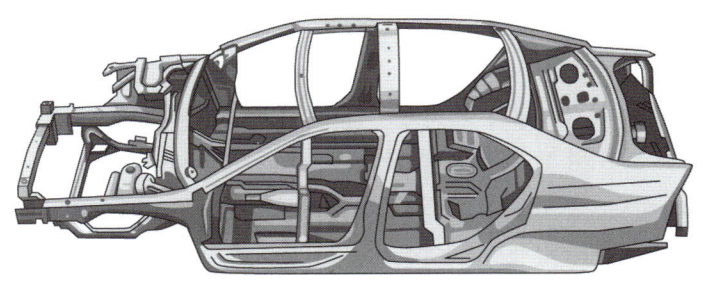

Monocoque body

가. 프레임 구조의 특징

① 승차감이 좋지 않고 반면에 주행 안전성은 뛰어나다.
② 대량 설계가 쉽고, 산악지형에 적합하다.
③ 차체가 무거워 연료소비율이 떨어진다.

나. 모노코크 바디의 특징

① 차고를 낮게 할 수 있고 실내 공간을 넓게 할 수 있다.
② 차체 중량이 가벼워 자동차 경량화 실현을 할 수 있다.

• 강판은 제조방식에 따라서 크게 열연강판과 냉연강판으로 나뉜다.
 – 열연강판(HR : Rolled Steell)
 – 냉간압연강판(CR : Cold Rolled Steel Coil)
 – 무늬철판(무늬강판)

③ 소음·진동의 전파가 쉽고, 충돌 시 복원 수리가 어렵다.
④ 충돌 시 충격 흡수가 좋고 정밀도가 커 생산성이 높다.
⑤ 프레임 구조와 비교하여 충격력에 대해 차체 저항력이 낮다.

모노코크 바디(Monocoque body)는 「계란껍질 구조」, 「라멘 구조」라고도 하는데, 계란껍질 구조는 모노코크 바디의 원래 의미가 계란 등의 모양을 한 껍질 구조를 말하였기 때문이며, 껍질은 얇지만 손가락으로 힘을 주어 잡았을 때 그 힘이 분산되어 작은 힘만 전달되는 구조로써 쉽게 깨지지 않는 원리이다. 이런 구조로 제작된 것이 자동차의 모노코크 바디만이 아니라 비행기도 이와 같은 구조로 제작되었다. 그리고 기둥이 없는 구조인 「라멘 구조」는 엔진, 차 실내, 트렁크와 같이 일명 뚜껑(도어)이 있고 개폐 장치와 지지대가 많은 자동차 구조보다 지지대가 사라진 효율적 구조, 즉 구조물에서 부재를 고정하거나 이은 부분이 강접합으로 되어 있는 구조를 말한다.

차체는 다음과 같은 목적을 가지고 제작되어야 하며, 결론적으로 사고 시 탑승자를 보호하고, 같은 조건의 사고에서 가장 적은 피해가 가도록 만들어져야 한다.

① **차체 형상의 보존**
차체에 부착되는 각종 부품의 기능이 저하되지 않고, 적합하게 부착되어 자동차의 각종 기능과 역할을 할 수 있도록 보존되어야 한다.

② **진동·소음에 대한 대응이 양호해야 한다.**
차체는 노면 충격에 대하여 충격 흡수를 할 수밖에 없으나, 탑승자가 운행이 어렵거나, 동일 차종에서 느낄 수 없는 진동·소음에 대한 발생이 없어야 한다.

③ **탑승자 보호**
사고 충돌 또는 추락, 전복사고 발생 시 차체가 탑승자를 보호하는 역할을 하여야 한다. 자동차 실내의 손상이 가능한 적도록 차체 앞·뒤의 범퍼 및 차대 충격 흡수 능력을 구비 하여야 한다.

④ **자동차의 생애주기 이상으로 차체의 수명은 유지되어야 한다.**
자동차가 제작되어 도시에 나올 때부터, 수년 후 또는 수십 년 후 폐차될 때까지 사고로 인한 수리 외에 수명이 다 되어 교환하는 일은 없어야 한다.

또한 차체의 재료로는 강판, 플라스틱, 알루미늄, 유리 등이 사용되고, 특히 탑승자 보호를 위한 강판의 비중이 매우 크다. 강판은 냉간 압연 강판으로써 외판에 쓰이는 강판은 0.8mm 이하로 제작되고, 크로스 멤버, 사이드멤버, A·B·C 필러, 플로어 패널 등 주요 골격에 해당하는 강판은 0.8mm~1.4mm의 두꺼운 강판을 사용한다.

강판은 외력에 의한 충격이 있을 때 변형이 오는데, 이로 인한 탑승자 상해는 매우 커서 대부분의 주요 부분의 차체는 고장력 강판(HSS, High Strength Steels)으로 제작되고 있다. 고장력 강판은 일반 보통 강판과 비교할 때 사고 충격에 대하여 인장 강도가 크고 변형량이 적다. 특히 승용차에서 앞 도어와 후 도어 사이의 있는 센터 필러(B필러)를 비롯하여 40% 이상을 고장력 강판보다 더 강한 초고장력 강판(AHSS, Advanced High Strength Steels)을 사용하여 추락, 전복사고 시 탑승객 보호에 최우선시하여 제작되고 있다.

초고장력 강판(AHSS, Advanced High Strength Steels)
• 연질의 조직에 경질조직을 첨가해 강도를 높인 것. 일반강에서 탄소 비율을 2%로 줄였고, 양쪽 끝에서 잡아당겨 버티는 힘인 인장 강도를 향상시켰다. 세계 자동차 철강 협회(World Auto Steel)의 2021 AHSS 적용 지침은 AHSS 강종의 최소 인장 수준을 440Mpa로 정하였다.

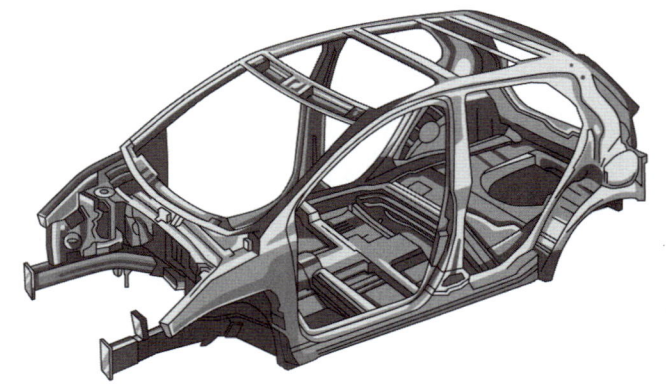

2. 차체 수리 공구

차체를 수리하는 공구는 다양하나 주로 현장에서 많이 쓰이는 공구만 소개하기로 한다.

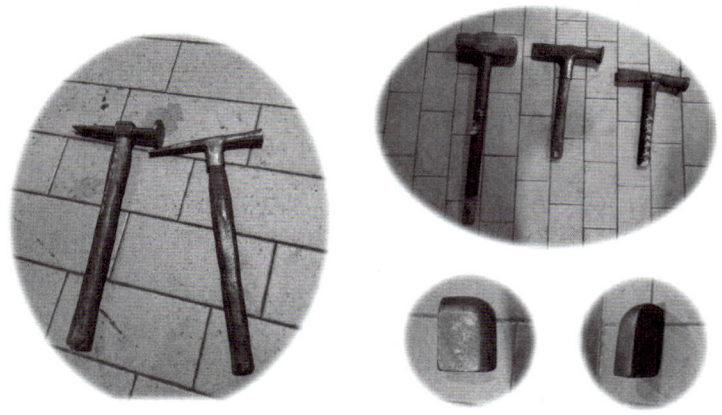

망치와 돌리

먼저 「망치와 돌리」이다. 수리하려는 패널을 망치로 힘을 가할 때 패널의 맞은편(반대편)에서 망치의 힘을 패널에 전달하고자 맞대는 역할을 하는 것이 돌리 이다. 돌리는 레드우스 돌리, 신트 돌리, 플렉시블 돌리, 양두돌리, 범용 돌리 등 종류가 다양하나 위 그림의 「플렉시블 돌리」가 주로 많이 쓰이고 있다.

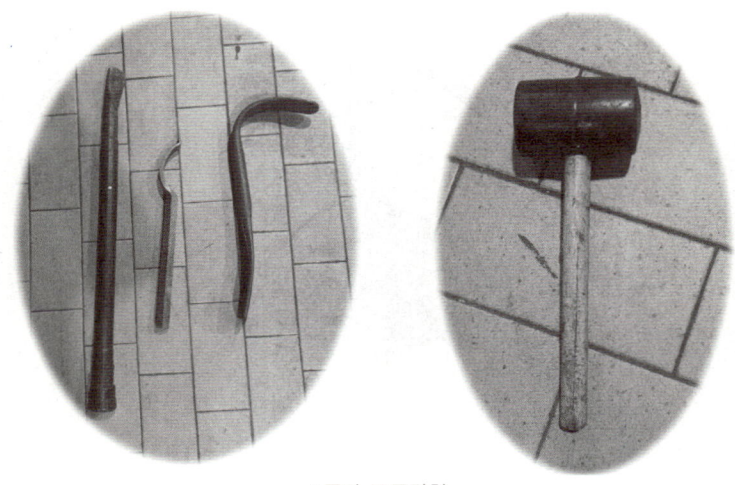

스푼과 고무망치

스푼은 사람이 손이 미처 닿기 힘든 좁고 긴 공간에서 지렛대 원리로 패널을 밀어서 구겨진 패널을 펴거나, 돌리와 같은 역할을 하여 스푼을 넣어 반대편 외부에서 망치로 힘을 가하여 패널을 펼 수 있도록 한다. 고무망치는 패널의 도장 부분과 패널 면을 최대한 손상 없이 펼 때 사용한다.

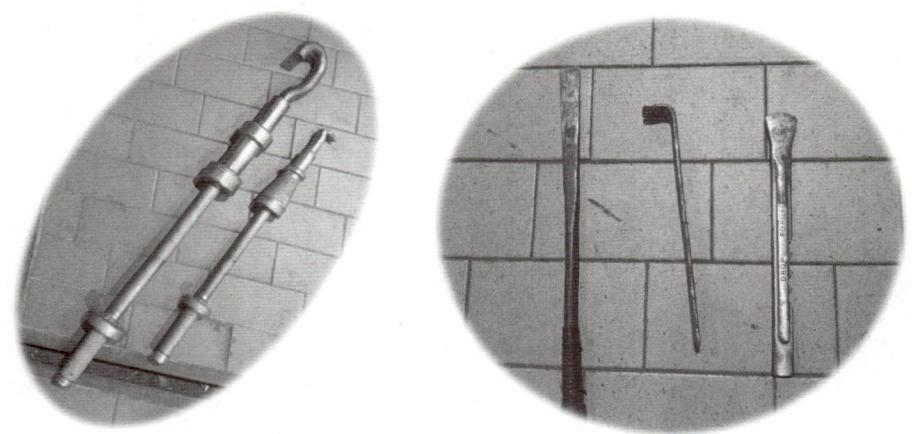

슬라이딩 해머와 치즐(정)

「슬라이딩 해머」는 패널을 외부에서 잡아당겨 펴거나, 정확한 부위에 정밀하게 타격을 가하는 판금 작업시 쓰이고, 현장에서 흔히 볼 수 있는 「치즐(정)」은 패널을 탈거하거나 꺽인 패널을 펴고자 할 때 쓰인다. 또한 용접 후 용접 부위의 검사·수정 작업을 할 때도 많이 쓰이고 있다. 「치즐(정)」 그림에서 가장 우측에 있는 것은 자동차 수공구 중 스페너류를 깎아 자체 제작한 치즐로써, 현장에서는 적정한 크기와 정비사의 작업 성격에 따라 만들어 쓰기도 한다. 정품 치즐은 아니나 현장 실무에 관한 우리 교재의 특성을 살리고자 소개해 본다.

- 고무망치는 종류에 따라 우레탄고무망치, 망치, 타일고무망치, 우레탄망치, 미니 고무망치, 타일망치, 캠핑망치 등이 있다.

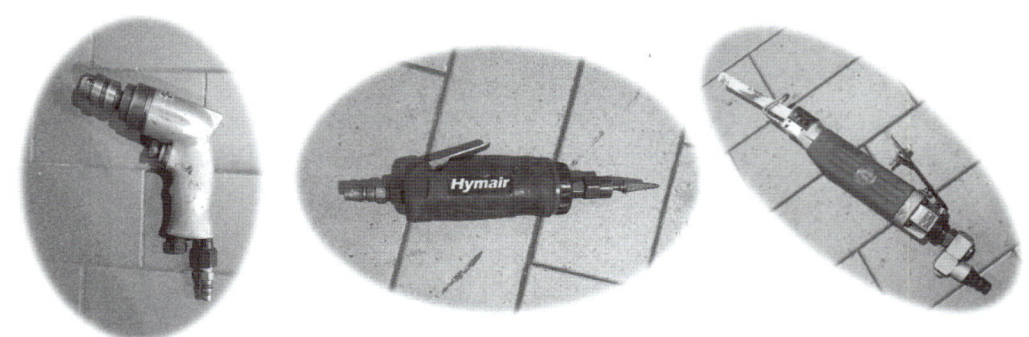

에어드릴, 에어 확장연마기, 에어톱

마지막으로 왼쪽에서부터 에어드릴, 에어 확장 연마기, 에어 톱이다. 차체 수리 시 가장 많이 쓰이는 에어 공구로써, 「에어 드릴」은 스폿 용접과 같은 접점 용접 부위의 패널을 탈거할 때 쓰이고, 「에어 확장 연마기」는 에어드릴과 같이 접점 용접 부위와 길게 늘어진 라인 용접 부위를 탈거할 때, 기타 좁고 협소한 부위의 패널 제거 작업 시 쓰이고 있다. 「에어 톱」은 말 그대로 에어를 이용한 톱으로 패널을 절단하여 탈거할 때 쓴다.

3. 차체 손상(파손)

자동차의 차체 손상 형태와 손상 정도는 매우 다양하고, 거의 똑같은 사고 손상은 있을 수 없다고 해도 과언이 아니다. 사고 수리 기간을 단축하고 신속·정확한 수리와 비용 절감을 위해 반드시 사고 손상에 대한 전문성이 재고되어야 한다. 다소 시간이 걸리더라도 손상에 대한 진단은 철저해야 한다.

손상 진단 시 유념해야 할 몇 가지를 나열해 보면 이렇다.

- 어떠한 사고인가?(차와 차의 충돌, 차와 건물의 충돌, 차와 동물의 충돌, 인위적, 우연적, 불가항력적, 천재지변, 주행중, 정차중, 서행중, 고속도로, 일반도로, 야간, 주간 등)
- 수리하지 않으면 향후 자동차에 어떤 영향이 있을까?
- 어느 부분까지 손상되었으며, 안 보이는 곳은 얼마나 손상되어 있을까?
- 사고 당시 운전자가 느낀 점, 본 것, 충격 정도, 충돌 순간의 현상, 사고 경위는?

이렇듯 차분하게 운전자 및 탑승자가 느낀 정도를 파악하고, 자동차의 상태를 외관 및 주요 부품(엔진, 변속기, 전자제어 기기들의 손상 부분을 신중하게 파악하는 것이 매우 중요하다.

차체 손상 변형에 관한 정밀 분석은 파손점에서부터 차체 전반에 걸친 힘의 확산을 추적·확인하는 데서부터 시작된다. 사고 시 흔히 육안으로 보이는 충돌점의 파손을 1차적인 「외부 파손」이라 하고, 충돌점의 영향으로 인한 유리파손, 외부 패널의 변형을 2차적인 「외부 파손」이라 한다.

자동차 충돌, 추돌, 전복 사고시 외부로부터 전해져 오는 충격에 의한 「외부 파손」을 최대한 경감시키기 위해 자동차는 충격 흡수를 할 수 있도록 설계되어 있다. 이러한 설계적 관점의 흡수점을 크러쉬포인트(crush point, weak point)라고 한다.

차체 (Body)
- 자동차의 겉 부분과 사람/화물을 싣는 부분. 엔진실, 트렁크, 범퍼, 지붕, 옆판, 바닥 등이 모두 차체에 포함된다.

weak point
- 약점, 힘없는 곳

크러쉬 포인트는 ① 구멍(hole), ② 곡면(킥업, 모서리), ③ 주름, ④ 단면적변화, ⑤ 겹쳐진 패널 이렇게 5가지로 함축해 볼 수 있다.

차대 또는 차체에 의미 없이 천공되어있는 부분(부품이 장착되지 않는 곳)이 있는데, 외부충격 시 이 구멍(hole) 때문에 충격 전달을 방해한다. 곡면(모서리) 부위는 주로 킥업 부위라고 하며, 충격 흡수의 원리는 같고, 주름, 단면적 변화, 겹쳐진 패널 등도 같은 원리다. 즉 "힘의 전달을 방해하는 장치(구조)"를 둔 것이 곧 "충격 흡수 장치(구조)"라고 이해하면 된다.

또한 차체 전반의 걸친 변형을 「**내부 파손**」이라 하는데, 변형 형태는 스웨이(sway, 사이드웨이), 새그(sag), 트위스트(twist), 콜랩스(collapse), 다이아몬드(diamond) 변형이 있다.

「스웨이(sway)」변형은 좌·우 변형을 말하고, 「새그(sag)」변형은 상·하 변형, 「트위스트(twist)」변형은 비틀림 변형, 「콜랩스(collapse, mash, 쇼트레일)」변형은 찌끄러짐 변형, 「다이아몬드(diamond)」변형은 마름모 변형을 말한다.

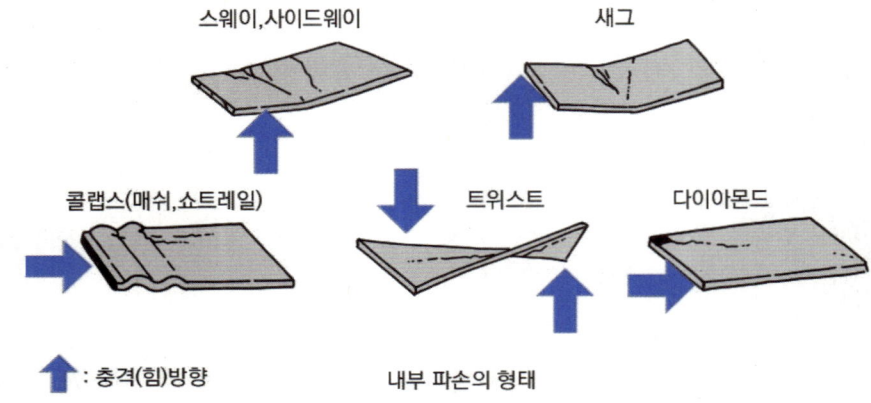

데이텀과 센터라인을 중심으로 손상을 분석할 경우에는 아래의 주요 내용(요소)으로 점검해 볼 수 있다.

① 데이텀 : 차체하부와 프레임에 평행한 가상면으로써, 바디의 상하 변형·파손분석
② 센터라인 : 평행한 데이텀을 위에서 아래로 수직면을 그어 데이텀의 중심을 가로지르는 세워진 평면선의 변형·파손분석
③ 레벨 : 센터링 게이지 수평 바의 수평 상태에 대한 차체 변형·파손분석
④ 치수와 길이 : 트램게이지를 활용한 대각선 방향, 크러쉬포인트 길이의 변형·파손분석(제작사 매뉴얼 참조)

스웨이, sway
1. 체육
   골프에서, 스윙할 때 상반신이 좌우 또는 상하로 움직이는 것. 미스 샷의 원인이 됨
2. 사교댄스에서, 회전할 때 몸이 기울어지는 일

4. 패널 수정과 교환

가. 패널(차체) 수정과 교환

패널의 수정은 교환 전에 비용의 절감과 작업시간 단축, 효과적인 원형 상태복원을 위해 이뤄지는 것을 권장한다. 반드시 수정 작업 후 교환을 해야 하는 것은 아니지만 대부분은 패널을 교환하기 전 패널의 부착 부위(볼트체결부, 용접부)의 수정이 이뤄져야 한다는 점에서 패널 수정 작업은 모든 작업에 적용된다.

먼저 패널 및 차체의 수정을 위한 작업 공구를 살펴보면, 망치, 돌리, 용접기와 절단기, 인장을 위한 클램프, 견인 장치등이 있다. 앞서 소개한 차체 수리 공구와 패널 수정·교환 공구, 접합을 위한 용접기는 사실상 차체 수리 과정에서 복합적으로 혼용 사용하고 있어 구분이 어렵다. 특히 망치와 돌리는 패널 수정에 있어 가장 많이 쓰이는 작업 공구이기도 하다. 용접기는 후편에 이어지는 용접 부분에서 소개하기로 하고, 앞서 소개한 차체 수정 공구에 이어 패널 수정과 교환을 위한 공구를 포함한 인장을 위한 공구를 추가 언급한다.

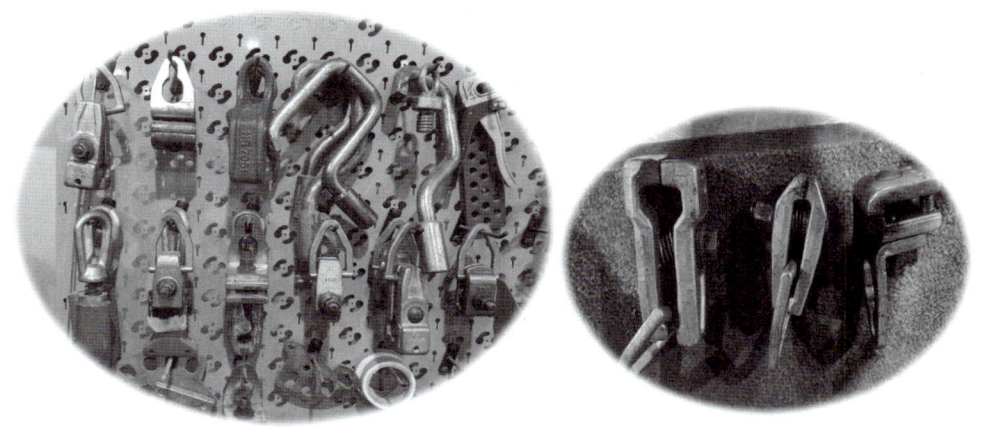

인장을 위한 와이어 로프, 견인고리(좌측)와 클램프(우측)

인장을 위한 와이어 로프와 후크(Hook)

수정할 차체에 견고하게 견인하지 않으면 충분한 힘을 전달 할 수 없다. 이때 특수「와이어 로프, 견인고리」는 신속한 장착과 차체 골격과 패널의 형태에 따라 손쉽게 적용되어 쓰이고 있으며, 「클램프」는 좀더 강한 힘의 전달이 필요하거나, 인장 각도 상 와이어 로프의 이탈이 예상될 때 고정(수정부위에 밀착 조임)하여 안전하게 사용할 수 있는 공구이다.

후휠하우스 인장　　　　　　　　　　백패널 인장

바닥 고정식 플로어 시스템에서 안장 작업을 위한 후크(Hook)와 클램프

인장 작업은 패널 수정에 있어 반드시 필요하나, 작업 안전에 만전을 기해야 한다. 클램프의 고정이 불량하여 자칫 인장 작업 중 클램프의 풀림(이탈)은 작업자에게 치명적인 상해를 입힐 수 있다.

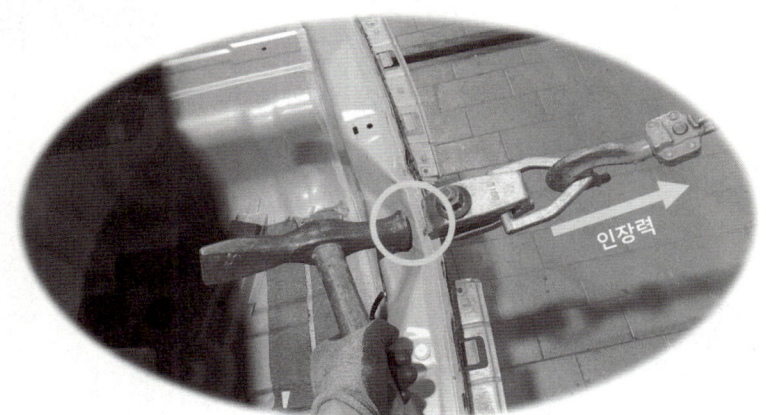

인장력작용중 해머링으로 잔류 응력제거

클램프
- 물건을 조아서 움직이지 못하도록 고정시키는 모든 도구를 통틀어 일컫는다.

인장 시험
- 재료를 당겨봄으로써 그 재료가 인장력에 대하여 어떤 반응을 보이는 지를 알아 내는 것, 하중이 가장 높은 지점의 응력이 그 재료의 인장강도 (Tensile strength)가 되며 최대강도 (Ultimate Strength) 또는 UTS라고 한다.

인장 작업을 할 때는 규정된 치수보다 조금 더 많이 당겨(약 2~3mm) 인장력 해제시 복원되는 상태를 보면서 증가시키면서 한다. 이때 인장력이 작용 되는 클램프 지점에 망치로 해머링을 병행하여 외력에 의한 변형 부위의 충돌에너지(잔류 응력)를 제거해 주어야 원하는 상태로 복원이 된다. 또한 인장작업은 한 곳에서만 하는 것은 보다는 다양한 각도에서 다중 인장(2~7개소)을 하는 것이 좋다. 교재에서는 설명을 하고자 일방향(1개소) 인장만을 사례로 들었으나 **원칙은 다중 인장**이라는 것을 항상 유념해 두어야 한다. 왜냐하면 차체를 고정하는 것도 인장에 포함하여 최소한 2개소 인장을 시작으로 하게 되어 있다.

패널의 교환은 이런 수정 작업(탈거, 인장) 후에 신 패널을 부품 그대로 모두 교환하는 방법과 부품을 잘라 손상된 패널만 교환하면서 용접 및 퍼티로 패널과 패널을 이어 붙이는 방법이 있다. 용접에서 교환에 관한 실무를 좀 더 자세히 다뤄 보기로 한다.

나. 손상 패널과 변형 차체의 계측

정확한 계측은 앞서 설명한 차체 손상(파손) 부분에서 다루려 하다가 패널의 수정에 관한 부분과 함께 다루는 것이 차체 수정에 관하여 처음 접하는 수험생에게 유리할 것 같아 이번 장에서 다루게 되었다.

손상 패널과 차체의 변형은 거의 동일한 시간에 발생하고, 변형 부위를 육안으로 판단하기에는 주변 환경의 영향과 개인적 시각, 건강상태 등으로 차이가 날 수 있다. 멀쩡한 차체가 휘어져 보인다거나, 변형되어 보이기도 한다. 그러나 계측기를 이용하여 패널과 차체의 변형을 확인하면 쉽고 정확하게 판단할 수 있다. 차체 하부 및 프레임과 평행하게 "가상면"이 있다고 가정하면 우리는 이것을 데이텀(datum)이라 한다. 또한 센터라인(CL, center line)은 이 평행한 데이텀을 위에서 아래로 수직면을 그어 데이텀의 중심을 가로 지르는 세워진 평면선을 말한다.

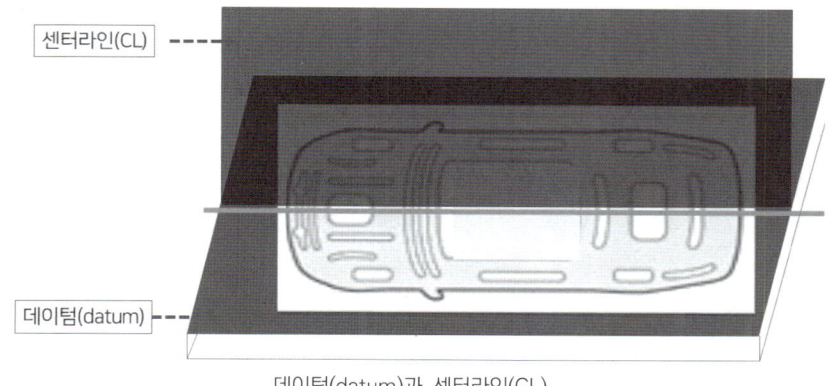

데이텀(datum)과 센터라인(CL)

계측 필요한 장비와 공구는 트램 게이지와 센터링 게이지, 줄자, 직각자, 마킹펜(분필, 페인트 마킹 등), 작업등 등이 있다.

센터라인(CL, center line)
- 중앙선 또는 중심선
- 유도로 표시
- 활주로 표시
- 스포츠 용어의 하나로 경기장을 가운데에서 이등분하는 선

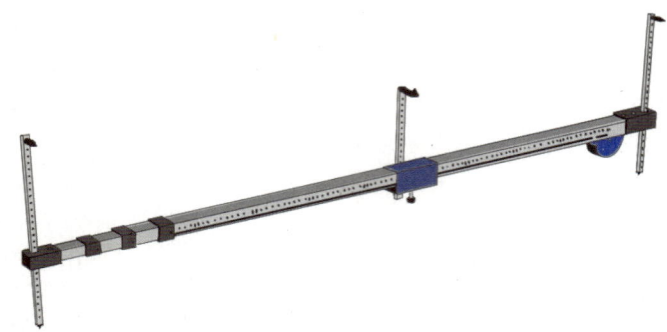

트램 게이지(Tram gauge)

「트램 게이지(tram gauge)」는 대각선 방향의 차체 변형을 확인하고, 특정 부위의 길이 변화도 측정할 수 있으며, 「센터링 게이지(centering gauge)」센터라인의 변형을 확인하는 장비로써 바디와 프레임의 비틀림 변형 측정을 하고 프레임의 상하, 좌우, 휨의 정도를 측정한다. 센터 라인은 앞서 언급한 바와 같이 전·후 축 방향의 가상의 중심축으로써, 잘 못 측정되면 전·후 차체 수정을 잘 못 설정하여 차체의 전반적인 수평 상태의 레벨이 무너져 올바른 데이텀 라인(수평 상태)을 만들어 낼 수 없게 된다.

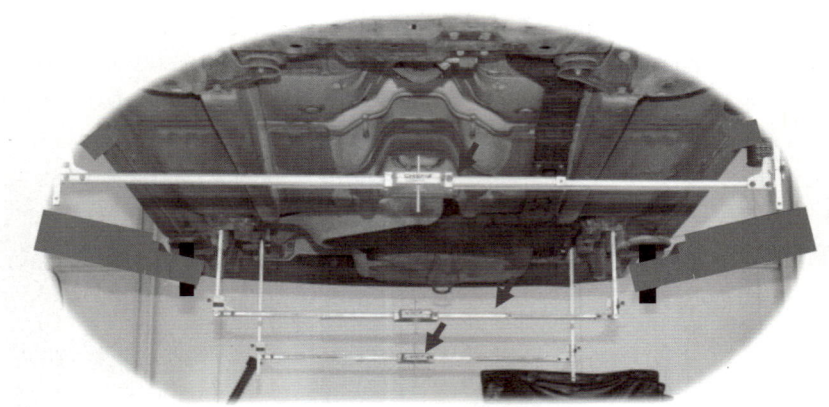

센터링 게이지(centering gauge)

다. 차체 수정의 3요소

① **계측** : 센터링 게이지, 트램 게이지 등을 활용하여 차체의 손상과 변형 치수를 정확히 확인한다.
② **고정** : 차체 움직임 방지와 비틀림, 회전모멘트 발생 억제, 견인 방향의 원활성을 위해 차량 하부 사이드 하단 부위로 앞·뒤 각각 2개소씩, 총 4개소를 고정한다.
③ **견인** : 사고 시 힘이 가해진 충격력의 반대 방향으로 다중 견인 방법으로 2개소 이상 견인하면서, 인장 중 발생하는 잔류 응력을 가열 또는 해머링으로 반드시 제거하여야 한다.

라. 차체 수리 작업 공정

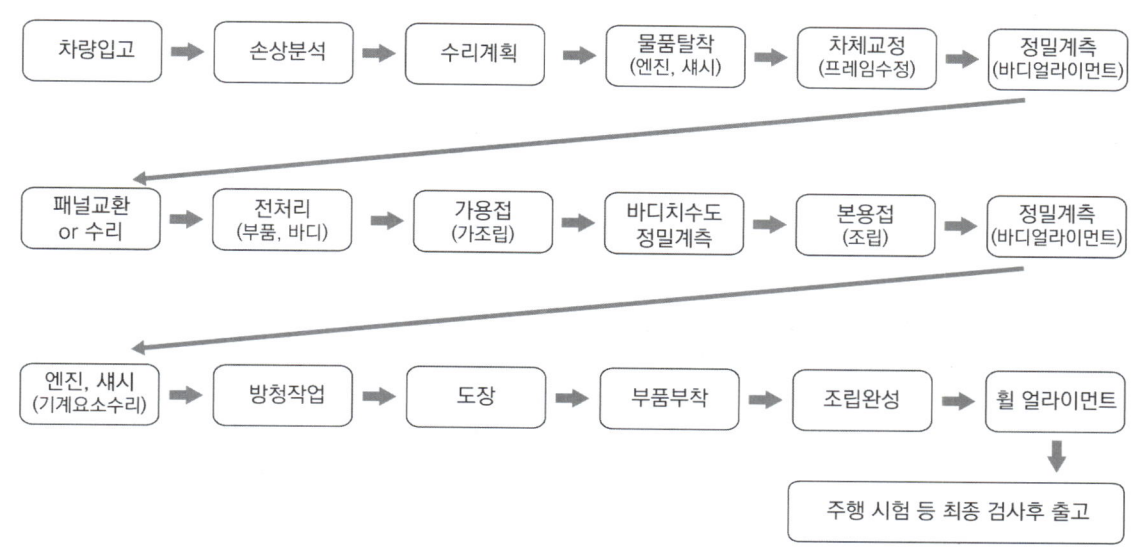

5. 용접

자동차에서 패널과 차체의 용접(welding)이 필요한 경우는 패널과 차체의 탈거, 절단이 발생했을 때이다. 용접으로 조립된 차체 부품(weld-on, 웰드온부품)의 교환이 이뤄지는 것은 사고 차량의 경우가 대부분이나, 외부 환경에 의한 패널, 차체의 부식으로 인한 교환작업이 필요할 때도 볼트로 조립된 부품(Bolt-on, 볼트온 부품) 탈거와 용접부품(weld-on, 웰드온 부품)의 절단이 필요하고, 뒤이어 용접(welding) 행위나 볼트 체결을 위한 천공 작업이 이뤄진다.

용접(welding)작업은 수정, 계측, 판금, 퍼티 작업과 비례하여 이뤄져 차체 수리 작업의 약 50%를 차지할 만큼 작업량이 많다. 용접(welding)방법에는 CO_2(MIG, metal inert gas arc welding)용접, 산소/아세틸렌 용접, SPOT 용접, 플라즈마 용접이 가장 많이 사용되고 있다.

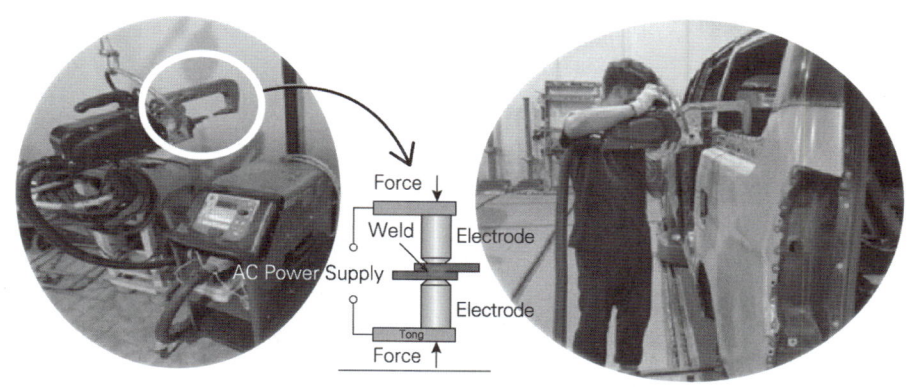

SPOT 용접기와 패널 스폿 용접 작업

용접의 형태는 **압접, 융접, 납접**으로 구분하는데,「SPOT 용접」은 압접 형태로써, 용접재료가 불필요한 전기 저항을 이용하여 용접부에 원형(O형)의 작은 흔적만 남아 깔끔하면서도 용접 강도가 강하고 용접 시간도 매우 짧아서 많이 사용하고 있다.

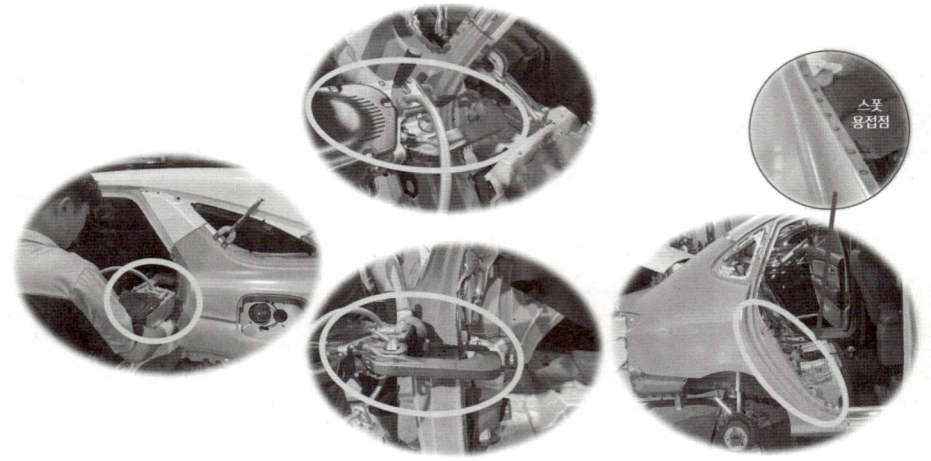

SPOT 용접 실무

SPOT 용접의 특징을 다시 정리해 보면 이렇다.

- 작업자의 기술력이나 경험, 숙련도가 용접 결과에 반영되지 않는다.
- 용접 시간이 매우 짧고, 필요한 부분만 용접이 되어 주변 패널, 차체에 열 발생으로 인한 비틀림 현상이 없다.
- 다소 큰 전류가 필요하기 때문에 용접기 몸체가 크고 중량이 무거운 편에 속한다.
- 박판 용접(0.7~1.4mm의 얇은 판 용접)에 많이 쓰이고, 대량 생산을 위한 용접작업에 적합하다.
- 용접 부위에 균열, 내부 응력, 거친 형태가 거의 없고 용접 부위가 원형으로 깔끔하다.
- 용접 와이어, 용접봉, 용제가 불필요하다.
- 패널과 패널이 밀착되어 용접되기 때문에 방청에 효과적이다.
- 전류의 가압, 통전 후 전류의 흐름이 정지되면 용융부가 서서히 냉각되면서 용접부는 조밀하게 된다.

반대로 SPOT 용접으로 접합된 패널을 제거할 때는 SPOT 용접부위를 에어드릴, 스폿 드릴, 수동 펀칭기, 연마기 등을 이용하여 제거하여야 하여야 패널을 탈거할 수 있다.

스폿 용접점 제거용 에어드릴

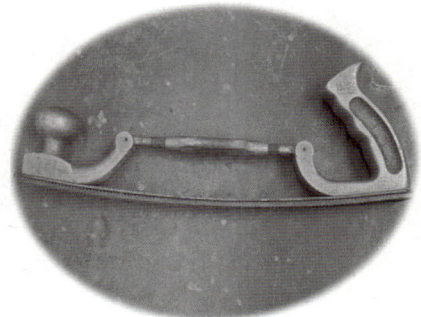

스폿 용접 후 연마용 줄

「산소/아세틸렌 용접」은 일종의 가스 용접 방식으로써, 용접재료로 산소와 아세틸렌, 가스 용접봉을 사용하여 용접 형태의 용접 방식이다. 용접 흔적이 거칠고 열에 의한 용접부의 비틀림 현상이 발생할 수 있으며, 용접 시간이 긴 편에 속한다. 작업자의 숙련도에 따라 작업성과가 차이가 날 수 있으며, 사진에서 보는 바와 같이 전기는 전혀 사용하지 않기 때문에 작업 현장의 범위가 넓다. 또한 용접뿐만 아니라 산소와 아세틸렌이 연소할 때 높은 온도(약 3,200℃)까지 도달할 수 있어 패널 또는 차체, 금속 재료 중 강판의 절단에도 사용할 수 있으나, 높은 열 때문에 패널과 같은 얇은 박판 절단에는 사용하지 않는다.

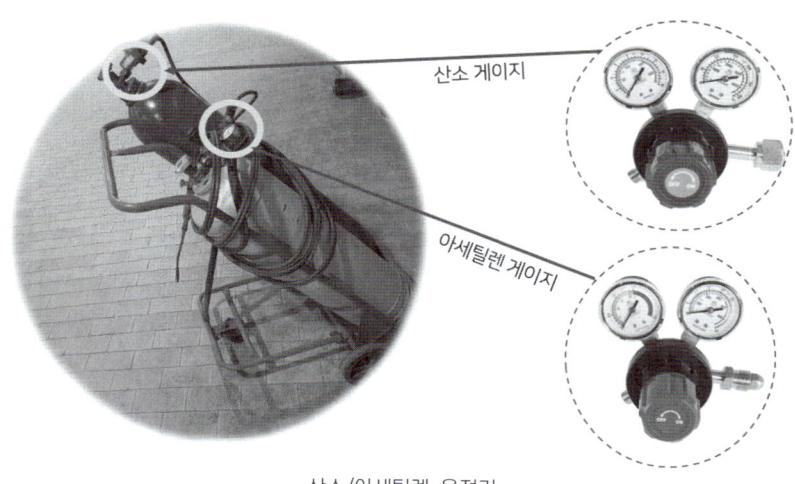

산소/아세틸렌 용접기

「산소/아세틸렌 용접」의 구조는 토치와 노즐(산소와 아세틸렌 분출구명), 가스 레귤레이터와 게이지, 가스 호스, 필러 메탈 용접봉으로 구성된다.

아세틸렌
- 탄화 칼슘을 물과 반응시켜 생성되거나 가연성 가스로, 에틸렌 생산의 2차 생산물이다. 아세틸렌은 다공질로 채워진 특수 설계된 실린더의 용매에 용해된다. 가스는 덩어리에 용해되기 때문에 '용해 아세틸렌'이라고도 한다.

용접의 전진법
- 용접각을 용접진행방향 반대쪽으로 15~20도 유지하는 방식으로, 용접선이 잘 보이므로 운봉을 정확하게 할 수 있음
- 비드 높이가 낮고 평탄한 비드가 형성되고, 스패터(Spatter)가 비교적 크고 많으며, 진행 방향쪽으로 흩어짐, 또한 용착 금속이 아크보다 앞서기 쉬워 용입이 낮고, 주로 박판에 사용됨
- 다층용접이나 용접면에 요철이 있는 경우 융합 불량이 발생할 수 있음

GMAW (Gas Metal Arc Welding, Mag+ Mig, CO_2 용접)
- MAG(MetalActiveGas)용접 시 후진법과 비교할 때, 전진법의 장점

1. 용접선이 잘 보여 용접성이 좋다.
2. 스패터가 많이 튄다.
3. 가스 보호가 잘 되어 용접성이 좋다.
4. 용입이 얕아 박판에 유리하다.
5. 용접성이 좋기에 외관이 이쁘게 나온다.

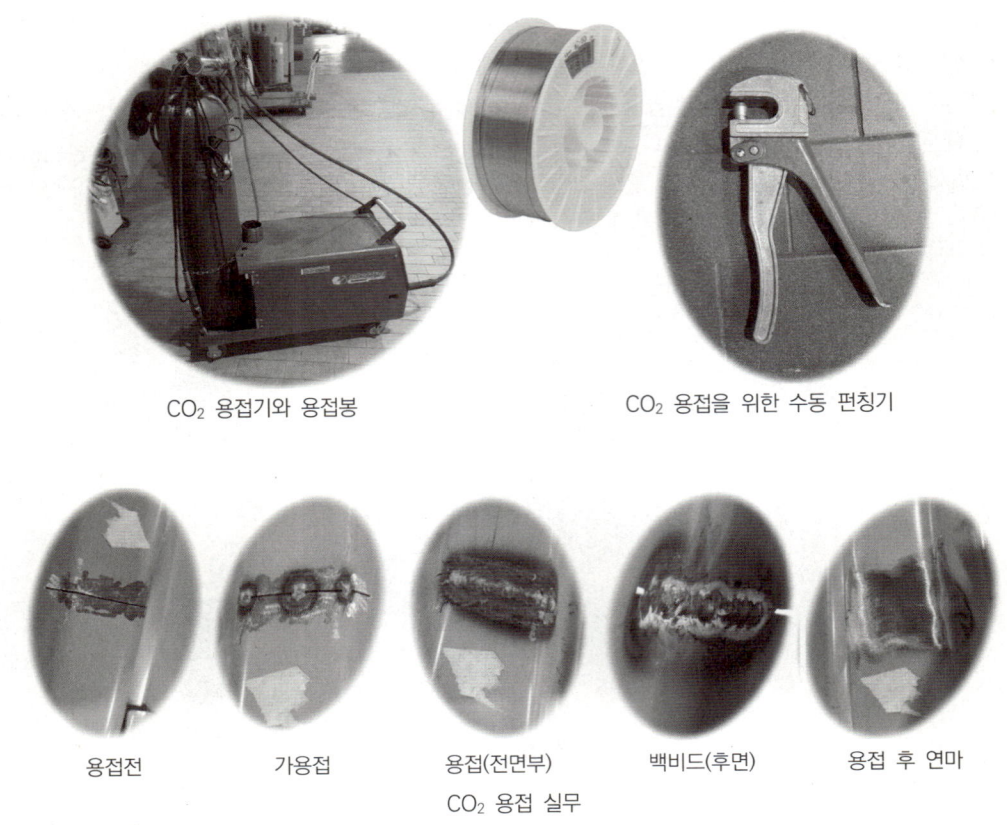

CO₂ 용접기와 용접봉　　　　　　　CO₂ 용접을 위한 수동 펀칭기

용접전　　가용접　　용접(전면부)　　백비드(후면)　　용접 후 연마
CO₂ 용접 실무

「CO_2(MIG, metal inert gas arc welding)용접」은 전기를 이용하여 탄소가스와 용접 와이어를 이용하여 아크 발생을 시키면서 용접을 하는 것을 말하며, 용극식과 비용극식으로 구분한다. 「CO_2용접」은 용접 전류가 매우 커서 용입이 깊고, 용접 속도도 매우 빠르게 할 수 있으며, 다소 저렴한 CO_2가스를 사용하면서 와이어와 함께 금속을 융접한다. 용접할 금속이 서로 밀착되어 있어야 용접의 효과를 극대화할 수 있어 바이스 플라이어 공구를 활용하여 금속을 서로 임시 접촉시켜 가용접 후 본용접에 들어간다.

위 그림은 CO_2용접 실무를 재현해 보기 위해, 필자가 현장에서 재현 해 본 결과로써, 그라인더 절단기로 패널을 잘라 용접전 상황을 연출한 후 가용접과 용접을 실시하였다. 그림에서와 같이 용접후 최종 연마로 외관의 패널은 매끄럽게 가공 되었으나, 실차에서는 보이지 않는 후면은 백비드가 그대로 살아 있어 용접의 견교함을 보여주고 있다. 그러나 백비드는 연마나 도장을 따로 할 수 없어 부식 방지를 위해 방청제를 특수한 빨대를 이용하여 반드시 도포 하여야 한다.

Mag
(마그용접, Metal Active Gas)
- 비활성 가스 활용(아르곤, 헬륨)

Mig
(미그용접, Metal Inert Gas)
- 활성가스활용(이산화탄소, 아르곤, 산소 등의 혼합가스)

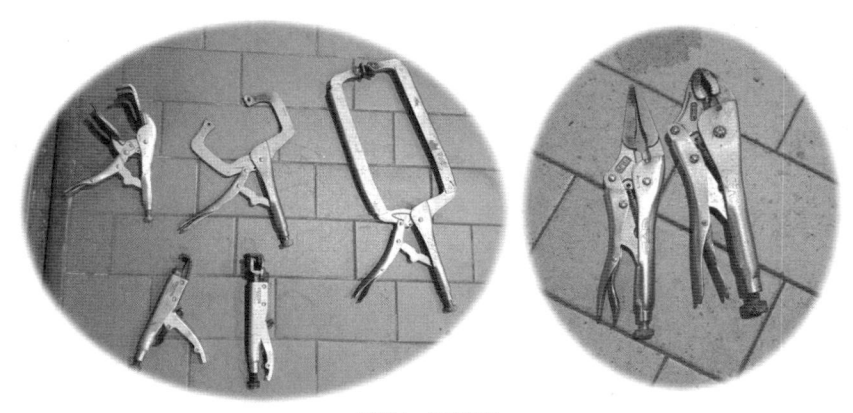

바이스 플라이어

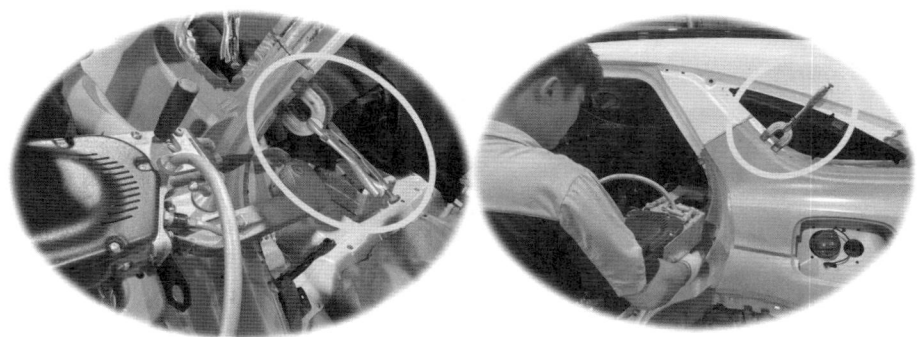

바이스 플라이어의 활용

바이스 플라이어는 용접 시에 패널을 임시 고정하기 위해 많이 사용하지만, 교환할 패널을 부분 절단하기 위해 패널을 고정하는 용으로도 많이 쓰인다. 또한 각종 차체 수리 시 보조적 고정이 필요할 경우 유용하게 쓰이는 공구이다. 쉽게 말해 바이스 플라이가 없다면 패널을 잡고 있어 줄 작업자가 더 필요하게 되는 것이다.

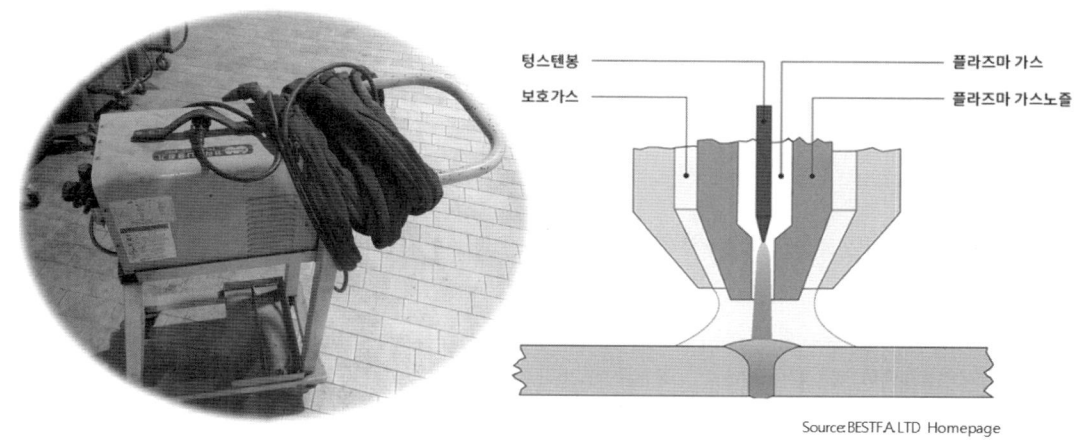

플라즈마 용접기

제1장 자동차 차체·판금 | 183

「플라즈마 용접」은 양(+), 음(-)의 이온 상태로 플라즈마 가스체를 이용한 용접으로써, 텅스텐봉과 모재 사이 아크 점화와 추가로 텅스텐봉과 플라즈마 가스(주로 아르곤)가 흐르면서 용접을 한다. 빠른 용접 속도로 용접이 가능하며, 텅스텐봉이 플라즈마 가스노즐 내부에 위치하여 안정적인 아크 발생을 유도한다.

장점으로는
① 용접부가 대기 상태에 노출되지 않아 기계적 성질이 좋다.
② 높은 에너지 밀도로 좁고 용입이 깊은 키 홀 용접이 가능하다.
③ 빠른 용접 속도와 안정적인 아크 발생을 한다.

단점으로는
① 용접할 모재의 표면이 깨끗하여야 한다.(청결도에 따라 용접에 영향이 크다)
② 설치 비용이 비교적 높다.

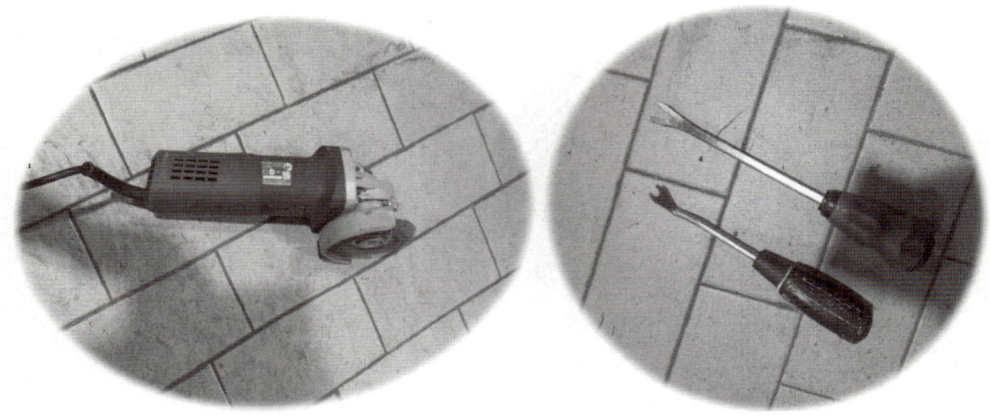

그라인더(샌딩기)와 리무버

용접 부위를 청결하게 해야 할 경우, 그라인더(샌딩기)를 사용하는 경우가 많으며, 리무버는 각종 클립식 부품 또는 기타 플라스틱류 부착 고정핀을 제거하기에 용이하다.

플라즈마(Plasma)
- 제4의 물질 상태라고 알려져 있는 물질의 형태. 강력한 전기장 혹은 열원으로 가열되어 기체상태를 뛰어넘어 전자, 중성입자, 이온 등의 입자들로 나누어진 상태

텅스텐(tungsten)
- 원자번호 74, 원자량 183.84로서 원소기호 W 이다. 중석(重石)이라고 우리말고는 표현한다. 스웨덴어 tung(무거운)과 sten(돌)에서 유래되었고, 백색 또는 회백색의 금속이며, 녹는 점은 3,4220℃, 비중은 19.25이다.

용접 스패터(spatter)
- 스패터는 용융 금속의 소립자가 비산하는 것으로 슬래그의 점도가 높을 때, 전류가 과대할 때, 피복재 중의 수분, 긴 아크, 운봉 각도 부적당, 모재온도가 낮은 경우 등에 발생하기 쉽다.

6. 방청(차체 부식 방지)

방청은 금속 표면이 산화·부식되어 금속의 성실을 잃게 되는 것을 방지하는 것을 작업을 말한다. 자동차의 패널과 차체, 기타 실내에 있는 부품들도 금속으로 되어 있는 것이 많은 만큼 방청은 자동차의 수명을 연장하는 작업이라 할 수 있다. 방음의 목적으로 패널에 실리콘 또는 기타 이종 물질을 도포하는 경우, 방음과 방청을 동시에 목적으로 작업이 이뤄지는 경우도 많다. 패널과 패널의 이음, 패널과 패널이 맞닿는 부분에 부식을 방지하기 위한 씰링 처리는 방청과 주행 중 패널의 떨림으로 인한 소음 방지를 위한 것이다.

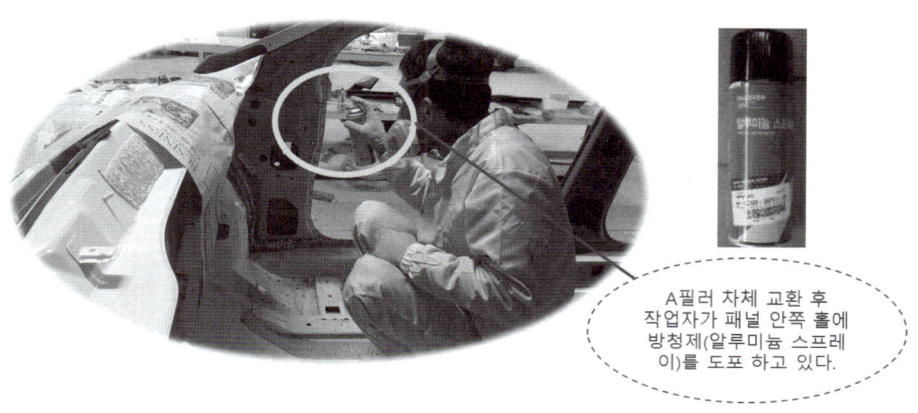

A필러 차체 교환 후 작업자가 패널 안쪽 홀에 방청제(알루미늄 스프레이)를 도포 하고 있다.

방청 부품을 살펴보면 매우 다양하나 알루미늄 스프레이, 인너왁스, 언더코팅제(스프레이식, 건식), 바디 씰런트, 테이프형 씰런트 같은 대표적인 것들만 기술하도록 한다.

위 사진의 「알루미늄 스프레이」는 패널 교환 또는 판금 작업 후, 보이지 않는 패널 내측 부분에 분사하는 형태로써 패널 내측의 소손 및 미도장 부분과 강판의 연마 부분에 분사하여 자동차의 내구성을 향상시키면서 방청 효과를 볼 수 있도록 한다.

인너 왁스   바디 씰런트   테이프형 씰런트

「인너 왁스」는 사이드 스텝 패널과 같이 주로 폐 단면의 형태를 띤 패널에 분사하여 수분에 의한 부식을 지연시키는 역할을 한다. 미세한 홀에 전용 튜브를 삽입하여 분사하여 작업을 한다.

「테이프형 실런트」는 도어 또는 후드와 같이 단품으로 교환되는 패널의 둘레에 테이프 형태로 부착되며, 테이프형이 없을 때는 바디 씰런트를 대신 사용하기도 한다.

「바디 씰런트」는 방수 기능과 방청 기능을 동시에 갖고 있으면서 패널 작업시 주로 많이 쓰여지는 제품으로써 아래 사진과 같이 패널 표면에 도포되어 방음을 목적으로 쓰여지기도 한다.

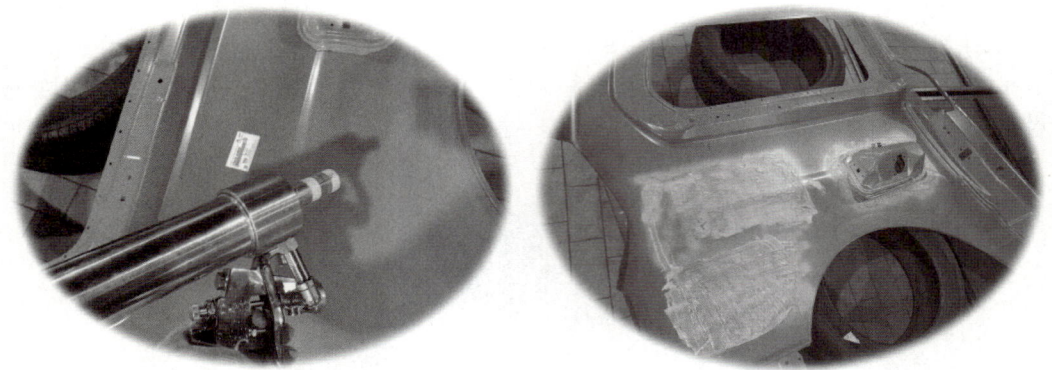

바디 씰런트를 활용한 패널 진동, 소음 방음 작업

바디 씰런트를 활용하여 주행 시 발생할 수 있는 풍절음, 도로에서 전달되는 패널의 진동 소음 등을 사전에 예방하고자 작업하는 경우가 많다. 자동차의 엔진 부분, 트렁크 부분의 바닥 부분 등을 실내에서 보면 이러한 바디 씰런트가 도포된 것을 쉽게 찾아볼 수 있다.

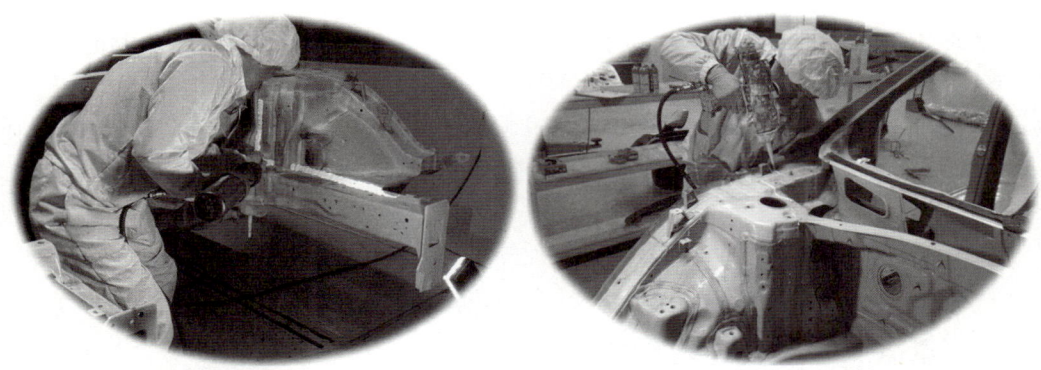

사이드멤버 바디 씰런트 작업   휠하우스와 대쉬패널 씰런트 작업

마지막으로 「언더 코팅」에 관한 방청 부분인데, 씰런트를 도포하거나, 인너 왁스, 스프레이식 방청제 등은 현장에서 도장이다 아니다로 논란이 된 적은 없으나, 언더코팅의 경우에는 운전자가 자동차를 구매하고 나서 추가적으로 차량 하부 쪽에 개인적인 비용을 들여 작업을 하는 경우가 많아 정비 업계의 또 다른 수익원이 되고 있어, 현재는 도장으로 분류되고 있다. 즉, 판금과 도장을 할 수 있는 도장 부스를 구비한 종합정비공장에서만 작업을 할 수 있는 것이다. 우리나라 자동차관리법에서 자동차 정비 작업 범위 한계상 자동차를 수리하는 곳이라고 해서 판금·도장을 무조건 할 수 없도록 제한하고 있어, 전문정비업계와 종합정비업계와의 정비 작업 범위 한계를 놓고 소소한 분쟁이 있는 분야이기도 하다.

건식 언더 코팅제   스프레이식 언더 코팅제

에어 건을 사용하여 작업을 하는 건식 언더 코팅제는 스프레이식과 비교할 때 용량이 크고, 실제 정비 공장에서 사용을 많이 하는 방식이다. 스프레이식은 과거 용량이 매우 작은 것만 유통되어 오다 현재는 비교적 큰 용량의 스프레이식도 있어, 편리성에서 많이 사용하고 있다.

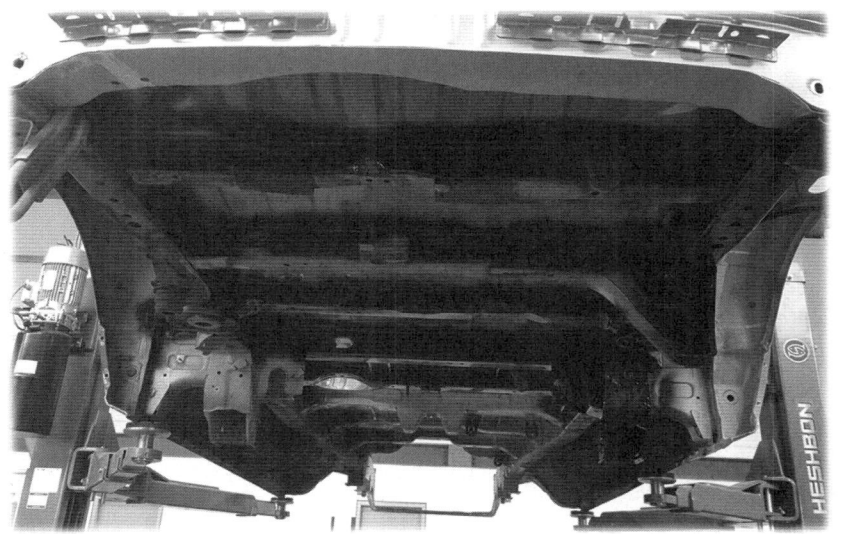

언더 코팅

과거 제작된 승용 자동차의 경우와는 달리 현재는 대부분의 승용차가 제작사에서 생산될 때부터 기본적인 언더 코팅이 되어져 나오고 있으며, 주로 해변가에 거주하는 운전자들이 바닷물의 염화칼슘으로 인한 부식을 우려하여 언더 코팅을 하는 경우가 많다.

제2장 자동차 도장

1. 도장 일반(도장의 목적, 구성, 분류, 도료 제조)

우리 자동차에 도장이 없다면 아마도 차를 타려고 하는 사람이 없었을지도 모른다. 금속 패널로 만들어진 자동차가 도장이 되지 않은 상태에서 운행된다면, 얼마 되지 않아 벌건 녹이 뒤덮을 것이고, 차체의 부식이 촉진되어 주행 중 자동차 플로어 패널이 내려앉아 시트가 도로 위로 곤두박질치게 될 것이다. 말도 안 되는 우스운 광경을 필자가 얘기하는 듯 하나, 실제 도장이 없었다면 그런 일들이 많이 발생했을 것이다. 생명을 담보로 자동차를 운행하는 사람은 아마도 없었을 것이다.

도장은 패널과 차체의 부식을 지연시키고, 자동차의 생애주기 종말에 이르는 폐차에 도달할 때까지 대기에 노출된 외장 패널을 보호함과 동시에 운전자의 취향에 따라 선택할 수 있는 색상은 미적 감성을 충족 시키는 역할을 한다. 이것이 도장의 목적이다.

즉, **도장의 목적**은 **부식 방지, 외장 패널 보호, 미관 향상과 내 차의 외관 식별**이다.

도장은 크게 제작사 공장에서 만들어질 때 하는 「신차 도장」과 소비자가 자동차를 인수 후에 운행 중 각종 사고, 시간의 경과로 인한 색의 변질, 기타 외력으로 인한 도장 결함을 보완하기 위해 작업하는 「보수도장」으로 구분한다. 보수도장은 대기환경 규제로 인해 유용성 도장은 사라지고 수용성 도장으로 변화되고 있으며, 강제 규제로써 수용성 도장만 하도록 하고 있다.

도장 부스와 도어 보수도장 작업(좌 : 부착도장, 우 : 탈거도장)

보수도장은 수용성 도장이라고 봐도 되며, 하도 도장 이후 바로 착색 도료를 도포하는 1코트(coat) 솔리드 도장에서부터 4코트 4베이킹 도장까지 있다. 구분하면 다음과 같다.

- 솔리드 도장
  - 1코트(하도 도장 이후 바로 착색하여 도료를 도포하는 도장)
  - 반짝이는 소재가 전혀 들어가 있지 않는 단순 단색(빨강색, 검은색)

- 메탈릭 도장
  - 2코트 (하도 도장, 착색안료+알루미늄입자, 클리어)
  - 솔리드 컬러에 은빛 알루미늄입자(분말소재)를 첨가하여 반짝이는 색상(메탈릭블루/레드)
- 펄-마이카 도장
  - 3코트 (하도, 중도 착색도료+펄안료or알루미늄 입자, 상도 펄안료, 클리어)
  - 마이카(운모) 미세 입자가 함유된 펄이 들어간 색상(전범위 색상에 적용된 펄안료)

또한 보수도장은 도장 범위와 방법, 시기에 따라 전체도장, 패널도장, 부분도장, 터치업도장, 블랜딩 도장, 교환(탈거)도장, 부착도장 등으로 나눌 수 있다.

도료는 **수지, 안료, 첨가제, 용제**로 구성되어 있으며, 수지는 도료의 기본 특성과 성능을 좌우하는 것이며, 안료는 색분말 입자로써 물이나 용제에 용해되지 않는다. 첨가제는 도료의 특별한 기능을 보조하는 것으로써 침전방지, 경화촉진, 레벨링제 등이 해당되며, 용제는 수지를 용해하는 화학 물질로써, 도장 후 증발하여 도막으로 남지 않게 된다.

물체에 색상을 부여 안료는 물이나 용제에 녹지 않은 착색된 미세한 분말로써 다음과 같이 분류된다.

- **착색안료** : 도막을 착색하는 목적으로 사용하는 안료
- **체질안료** : 착색안료나 방청안료와 함께 사용하여 양을 늘리거나 농도를 묽게 만들기 위하여 사용하는 무채색 안료
- **방청안료** : 금속 표면에 녹이 발생하는 것을 방지하는 안료
- **금속분 안료** : 알루미늄 안료(은분, 금속 알루미늄의 얇은 판을 비늘조각처럼 분쇄한 것)와 동분(금분, 동과 아연의 합금을 분말로 만든 것) 안료가 있으며, 다양한 색상을 연출
- **특수안료** : 이산화 동, 황색 산화수은, 산화안티몬, 형광안료, 발광안료, 축광안료, 시온안료

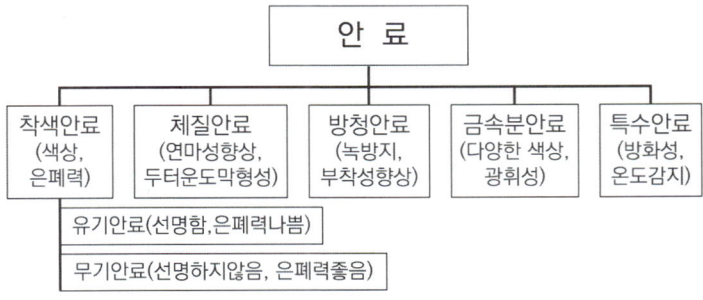

도장을 하기 위한 「도료의 제조」는 **배합, 분산, 조합, 조색, 충진** 단계로 이루어진다.

배합은 도장 공정 효과를 극대화 하기 위한 예비 혼합 단계로써, 원재료인 수지, 안료, 첨가제, 용제를 넣어 페스트(paste, 반죽)하는 것을 말한다. **분산**은 안료 입자를 수지상에 분산시켜 재응집이 되지 않도록 하는 것을 말하며, **조합** 단계에서는 기본적인 원색의 도료가 완성되어 도료가 균일한 상태가 되는 단계이다. 마지막으로 **조색**은 **색맞춤**으로써, 보수 도장에서 가장 까다롭고 어려운 단계로써 원색과 펄, 메탈릭 같은 광휘재료를 혼합하여 운행중인 자동차의 기존 색상과 최대한 어울릴수 있도록(동일하도록) 하는 고숙련 도장 기술자일수록 시간 단축과 색맞춤의 정확성을 가져올수 있다. **충진**은 말 그대로 제작된 도료를 검사 후 여과하여 용기에 담는 것을 말한다.

도장에 관한 용어는 다음과 같다. 용어의 정의를 내리기란 다소 어려우나, 통상적으로 쓰이는 단어와 그에 대한 뜻이 통용되는 위주로 풀이하였으며, 도장작업 시 비슷한 작업이 이뤄지는 단어들을 묶어 보려 하였다.

- 리무버(remover) : 도막을 벗기는 데 사용되는 재료
- 리타더 시너(retarder thinner) : 도막의 백화현상을 방지하는 시너
- 리프팅(lifting) : 도장한 도료의 용제가 하도 도막을 연화시켜 주름이 생김
- 마스킹(masking) : 도장하지 않을 부분을 테이프, 종이, 비닐로 씌우는 작업
- 크랙킹(cracking, 균열) : 도막이 노화되어 갈라진 현상
- 필링(peeling, 벗겨짐) : 도막의 부착성이 약해 하도 층에서 부분적으로 벗겨지는 현상
- 변색(discoloration) : 색상, 명도, 채도 중 어느 한 요소가 변화하는 현상
- 백화(blushing) 현상 : 도막 건조 시 뿌옇게 되는 현상
- 오렌지 필(orange peel) : 도막이 귤껍질처럼 갈라지는 현상(페인트의 점도 영향)
- 부풀음(blistering) : 도막이 부풀어 오르는 현상
- 고형분(non volatile) : 도막을 형성하는 도료 중의 성분
- 블리딩(bleeding) : 겹칠 도장 시 하도 안료 일부가 상도 표면으로 노출되어 색이 다르게 보이는 현상
- 세팅(setting) : 도장 후 도료의 유동성이 사라질 때까지 방치하는 것
- 가사시간(pot life) : 혼합한 2액형 도료의 사용 가능 시간
- **건조(drying, baking)** : 젖은 도막이 고체상의 도막으로 되는 과정(용제 증발, 전색제 내부의 화학적 반응)으로서 건조 상태에 따라 5가지로 구분한다.
  ① **완전** 건조 : 손톱으로 도막을 긁어내기가 힘든 상태
  ② **경화** 건조 : 도막을 손가락 끝으로 힘껏 눌러서 마찰시켜도 흠집이 생기지 않는 상태
  ③ **고화** 건조 : 엄지와 인지 사이에 시험편을 물리고 도막을 엄지 쪽으로 힘껏 누른 후 부드러운 헝겊으로 가볍게 닦아 냈을 때 도막에 지문 자국이 없는 상태
  ④ **점착** 건조 : 손가락 끝에 힘을 주지 않고 도막 면을 가볍게 좌우로 스칠 때 손끝 자국이 심하게 나타나지 않는 상태
  ⑤ **지촉** 건조 : 도막을 손가락으로 가볍게 터치했을 때 점착성은 있으나 손가락에 묻지 않고 지문 정도가 나타나는 상태
- 경도(hardness) : 도막의 단단한 정도
- 고형분(solids) : 도료 중의 불휘발성 물질(도막형성요소)
- 경화(curing) : 어떤 물질을 가열 또는 화학적 방법으로 축합 또는 중합시키는 과정
- 경화제(curing agent) : 도막의 경화를 촉진하는 촉매 물질
- 광택(gloss) : 물체의 표면에서 빛으로 느끼는 감각의 속성으로 무광, 반광, 유광이 있다
- 안료(pigment) : 도료 등에 분산되어 사용하는 불용성 착색 물질(색 결정)
- 연마(sanding) : 도장 전에 기존의 도막, 퍼티, 불순물을 갈아내는 것
- 폴리싱(polishing) : 도장 공정의 최종 단계로써 광택을 내기 위한 것
- 용매(solvent) : 도막 형성 물질을 녹여 제거 또는 안료와 희석하기 위한 휘발성 액체
- 은폐력(covering power) : 도막이 바디, 타 도막 등을 덮어 감추는 능력
- 2액형(two-park paint) : 사용하기 전에 두 가지 액을 혼합하여 도장하는 도료

- 상용성(compatibility) : 두 종류 또는 그 이상의 도료 혼합 시 친화성의 정도(성질)
- 내구성(durability) : 주어진 조건에서 도막이 견디어내는 정도
- 내후성(weathering) : 자연적 영향에 저항하여 잘 변하지 않는 도료의 성질
- 평활성(leveling) : 젖은 도막 자체가 평탄하고 매끄러운 도막이 되는 유동적 성질
- 조색(color matching) : 도료를 혼합하여 희망하는 색에 가깝도록 하거나 같게 하는 작업
- 자연건조 : 상온의 공기 속에서 산화 혹은 증발에 의한 도료의 건조
- 적외선 건조 : 적외선을 조사하여 가열·건조하는 것
- 전색제(vehicle) : 도료 속에서 안료를 분산시키고 있는 액상의 성분(수지)
- 전착 도장(electro coating) : 피도체를 수용성 도료 그릇 속에 넣고 전류를 가하여 도료를 페인팅하는 방법 (하도 도장)
- 부분도장(touch up) : 손상 부위가 작은 곳을 부분적으로 칠하여 보수하는 것
- 습식 도장(wet-on-wet) : 도막이 건조되기 전에 재도장하는 방법
- 침전 도장(dipping) : 피도체를 도료에 담았다가 꺼내는 도장 방법
- 정전 도장(electrostatic spraying) : 분무된 도료와 피도물 사이에 정전기를 발생시켜 도장하는 방법
- 점도, 점성(viscosity) : 도료의 흐름에 대한 내부저항 즉, 도료의 끈끈한 정도
- 점착성(stickiness) : 도막 표면의 끈기
- 치핑(chipping) : 도막으로부터 작은 조각이 부분적으로 박리되는 현상
- 초킹(chalking) : 도막 표면이 분필 가루처럼 묻어나는 현상
- 크레이터(craters) : 도면에 분화구 모양의 패임이 생기는 현상
- 퍼티(putty) : 요철, 균열, 패임, 굴곡 등의 차체 면을 평탄하게 하기 위해 덧붙이는 도료
- 폴리싱 컴파운드 : 도막을 연마하여 광택을 내기 위한 재료
- 피막(skinning) : 용기 속의 도료가 공기와 접촉하여 표면에 막을 형성하는 것
- 핀 홀 : 건조 시 도막에 생기는 극히 작은 바늘구멍
- 황변(yellowing) : 도막의 색이 누렇게 변하는 현상
- 후점착(after tack) : 한번 건조된 도면에 끈적끈적한 현상이 다시 나타나는 것
- 희석재(thinner, reducer) : 도료의 점도를 낮추기 위하여 사용하는 휘발성 액체
- 인화점(flash point) : 연소가 일어나는데 필요한 최저 온도
- 열가소성(thermoplastic) : 열을 가열하면 연해지고, 냉각하면 단단해지는 성질
- 열경화성(thermosetting) : 가열되면 굳어지는 성질

2. 자동차 보수도장(수용성 도료)

보수도장을 함에 있어 도장 결함을 예방하는, 즉 도장 결함률을 감소할 수 있는 주요 사항을 먼저 정리해 보면 아래와 같다.

① 도료의 적정 배합(교반)을 한다.
② 건조 타임을 준수한다.
③ 도장 부스 내에 더스트(먼지)가 없도록 청결을 유지한다.
④ 주기적으로 환풍 휠터를 교환한다.

⑤ 마스킹 작업을 철저히 한다.
⑥ 탈지를 철저히 한다.(수용성 송진포 사용)
⑦ 수용성 도료의 보관은 페인트 제작사 방침을 준수하여 상온 보관 및 관리에 주의 한다.
⑧ 1회 도장 시 너무 두껍게 도장 하지 않는다.
⑨ 후레쉬 타임을 충분히 가진 후, 다음 도장 공정에 임한다.
⑩ 도장 패턴을 고려하여 페인팅한다. (WET → Normal → Effact)

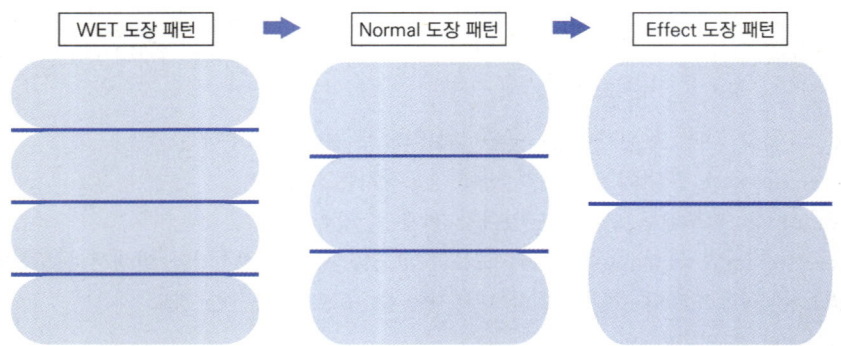

도장의 최대 목적은 녹, 부식 방지를 위한 **"차체 보호"**이다. 그리고 색채감을 주어 미관을 향상시키면서 자동차의 상품 가치도 상승된다. 소방차는 빨간색, 어린이 보호 차량은 노란색, 경찰차는 파란색 등을 사용하여 특수 차량의 식별을 쉽게 하고, 내가 소유한 차량의 색상이 여러 대의 차와 함께 주차되어있는 자신의 차를 찾는 역할을 한다. 즉, 보수도장의 목적은 「**보호, 색감(색채), 식별**」이라고 간단히 정의 할 수 있다.

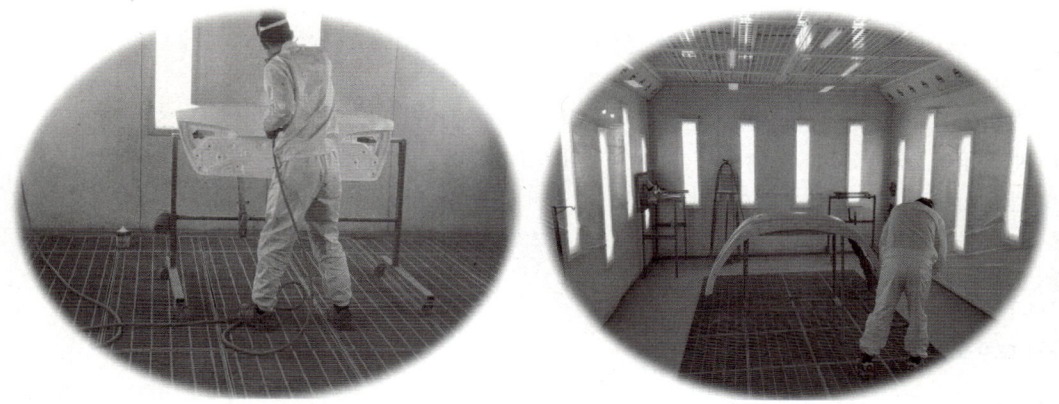

보수도장 작업(좌 : 트렁크리드, 우 : 전범퍼)

- WET : 젖은, 적시다
- Normal : 보통의, 평균
- Effact : 영향, 효과, 느낌(인상)

2019년 개정된 대기환경보전법은 2020년 유예기간을 거쳐 2021년부터 본격적으로 시행됐고, 그 기준에 맞추려면 수성 페인트를 사용해야 한다. 이는 우리가 거주하는 모든 영역에서 대기환경 오염에 관한 심각한 현시대를 우려한 조치로, 이미 오래전부터 지구온난화의 심각성을 인지하고 있는 세계 모든 나라에 부응한 것이다. 자동차 도장 시 발생되는 휘발성 유기 화합물(VOCs : Volatile Organic Compounds)은 대기중에서 질소산화물(NOx)과 함께 광화학 반응으로 오존 등 광화학산화제를 생성하여 광화학스모그를 유발하기도 하고, 벤젠과 같은 물질은 발암성물질로서 인체에 매우 유해하며, 대부분의 VOC는 악취를 일으키는 물질로 분류되고 있다. 이런 휘발성 유기 화합물(VOCs : Volatile Organic Compounds)의 주요 배출원으로는 유기용제 사용시설, 도장시설, 세탁소, 주유소 및 각종 운송수단의 배기가스 등과 같이 산업사회와 주변 생활 환경에서 발생 되는 인위적 배출원과 나무와 같은 자연적 배출원도 있다. VOCs 배출원에 대한 비율을 살펴보면, 자연적 배출원의 상당량을 차지하는 나무에서는 전체 VOCs 배출량의 3~4%를 차지하고, 자동차 도장시설을 포함한 유기용제에서 30~40%, 그리고 가장 큰 비중을 차지하는 약 57%가 화석연료이다. 화석연료의 비중을 줄이려고 신·재생에너지 개발 활성화에 세계적 관심이 쏟아지는 이유도 이런 이유에서다.

가. 수용성 수지

수지는 천연수지와 합성수지가 있다. 합성수지는 다시 열가소성 수지, 열경화성 수지로 나뉘는데, 열가소성 수지는 가열을 하게 되면 연화되어 재사용이 가능한 것이고, 열경화성 수지는 열을 가하면 재사용이 불가한 것을 말한다. 천연수지는 자영의 동식물에서 추출한 수지이다.

수용성 수지(water soluble resin)는 합성수지의 한 종류로써 유기용제 대신 물로 용해가 가능하게 설계되었으며, 도막 형성 후에도 유리산기가 남아 있어 내알칼리성 등에 의한 결점은 있으나, 유기용제에 관한 대기오염이 없어 현재 수용성 도료로 개발되어 보급되고 있다.

나. 수용성 도료의 특징

수용성 도료는 기존의 유용성과는 매우 다르다. 수용성 도료 자체의 특성이 다르기 때문인데, 유기용제를 희석하는 유용성과는 달리 수용성은 물을 사용한다는 점이 우선 다른 점이고, 물을 희석하는 만큼 여러 번 반복하여 뿌리면서, 건조 타임을 자주 가져야 하는 것처럼 도장작업(분사) 방법에도 차이가 있다.

또한 남은 도료를 기한이 유용성과 비교할 때 짧아 폐기되는 페인트량이 많고, 보관 역시 외부 온도에 민감한 반응을 보여 적정 온도를 유지해 주면서 보관하여야 한다. 특히 겨울철에는 수용성 페인트에 함유되어있는 물로 인해 영하로 떨어지면 사용이 불가하게 된다. 반드시 밀폐하여 직사광선이 없는 상온(5~30℃)에서 보관되어야 한다.

대기환경보전법
- 제1장 총칙
  제1조(목적) 이 법은 대기오염으로 인한 국민건강이나 환경에 관한 위해(危害)를 예방하고 대기환경을 적정하고 지속 가능하게 관리·보전하여 모든 국민이 건강하고 쾌적한 환경에서 생활할 수 있게 하는 것을 목적으로 한다.

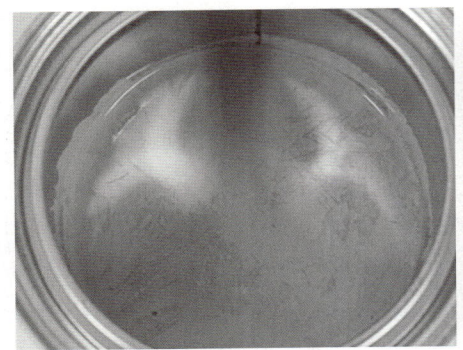 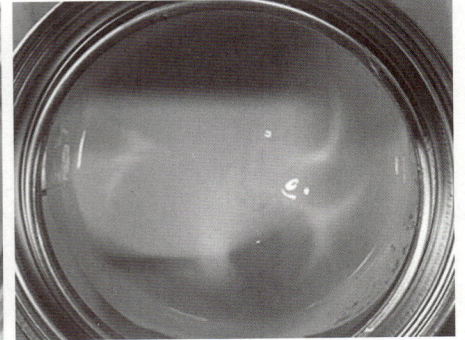

동결된 수용성페인트 / 해동된 수용성페인트

만약 불가피한 실수로 수용성 페인트가 영하의 온도에서 동결되었다면, 외부 열을 가하여 해동 시켜서는 절대 안된다. 페인트의 도막 형성의 기능을 하는 합성수지 에멀젼이 파괴되어 더 이상 사용할 수 없게 되기 때문이다. 그냥 상온(5~30)에서 자연스럽게 해동되도록 해야 하며, 해동 후 저었을 때 엉기는 현상 없이 균일하게 섞인다면 사용 가능하고, 그렇지 않고 응고되어 엉기는 현상이 나타나면 쓸 수 없어 폐기해야 한다. 유용성 페인트와 비교할 때, 제조 공정과 유통 보관이 어려워 수용성 페인트가 비싼 만큼 관리에도 신경을 써야 한다.

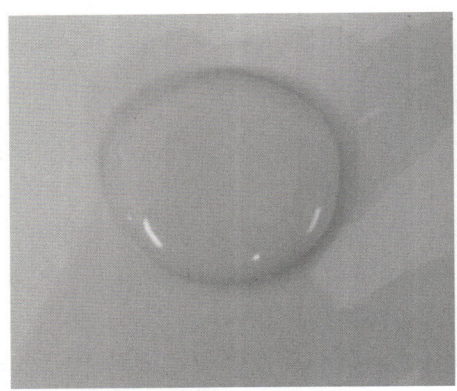 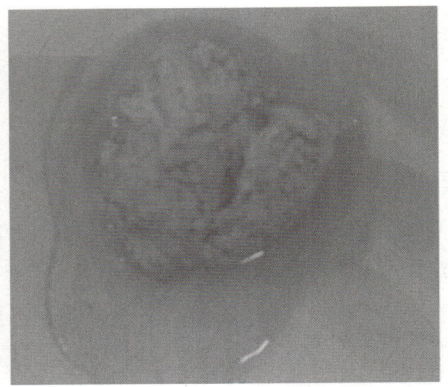

정상 해동(사용가능) / 불량 해동 응고상태(사용불가)

수용성 도료는 희석제(물)가 첨가되었을 때와 첨가되지 않았을 때, 막대로 저을 때 그 점도성이 완연히 다르게 나타난다. 이는 수용성 도료의 유변학적 특성 때문인데, 도료에 외부 압력이 가해지지 않을 때는 유동성이 전혀 없으나, 막대로 저을 때, 즉 외부 압력이 수용성 도료에 가해졌을 때는 그 도료의 점도성이 급격히 떨어지면서 도료의 움직임이 매우 빨라진다. 이러한 수용성 도료의 특성을 잘 인지하여 수용성 도료의 희석제(물)를 첨가할 때는 조금씩 희석하면서 도료의 적정한 분사 점도를 측정해 희석해야 한다. 무턱대고 유용성과 같이 수치, 기술자의 느낌으로 희석제를 넣게 되면 도장 기술자가 원하는 적정 점도를 만들어 내지 못할 수 있으며, 폐기되는 도료의 양도 많아져 경제적 손실이 클 것이다.

3. 도장 설비와 기자재

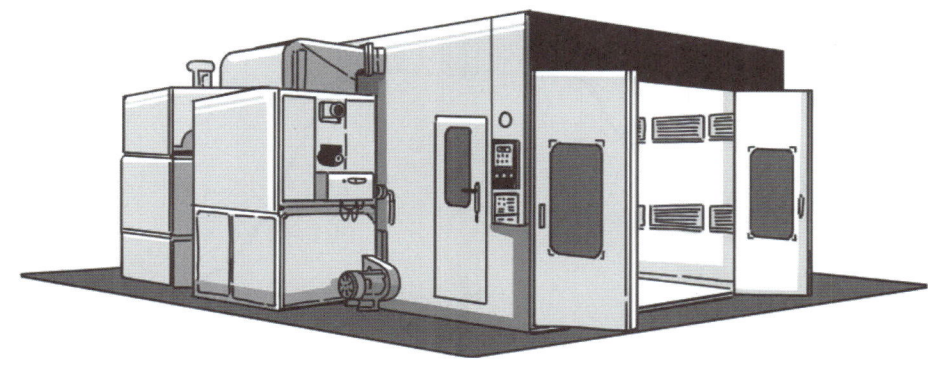

도장 부스

도장 부스는 도장 시 발생되는 각종 유해 물질이 대기로 방출되는 것을 방지하는 시설로써, 도장작업 시 반드시 갖추어야 하는 시설·장비이다. 도장 후 건조 시간을 조정·설정할 수 있으며, 수용성 도장의 경우에 온도는 물론이고 상대 습도와 공기 유량 조절이 가능하다.

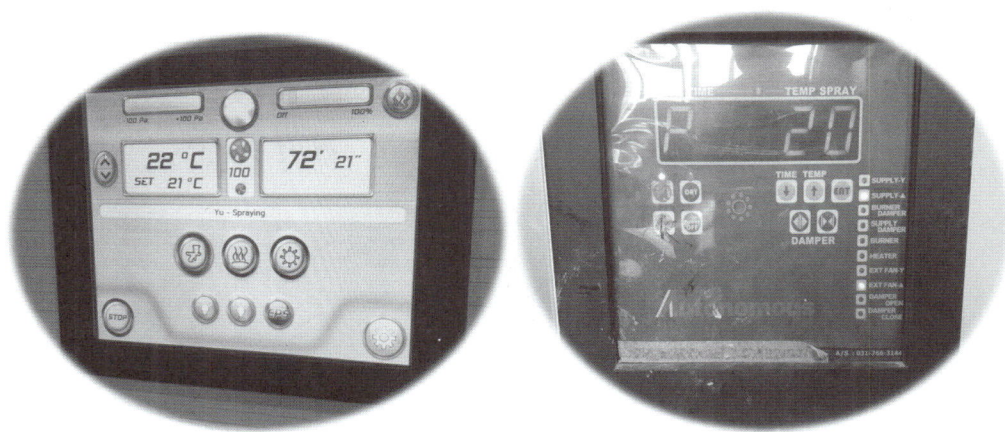

가열 건조 도장 부스 조작 메뉴

유용성 도장과는 달리 수용성 도장에서는 공기 유량이 매우 중요한 요소인데, 도장 시에는 유성 도장과 비슷한 유속이나 플래시 오프 타임은 유성 도장보다 5~10배 빠른 유량(초당 1.5~2m)이 확보되어야 하며, 습도는 40~60%를 유지해야 건조 작업 속도를 빠르게 할 수 있다. 일부 제품은 도장 부스의 기본적인 공기 유량 제어장치 외에 적정 공기 유량을 조성하기 위한 추가 특수 장치를 장착하기도 한다.

도장 부스
- 전체의 유속을 수용성 건조에 맞게 설계하여 차량의 전체 도장 작업이 가능한 시스템이다. 도장 작업 시간을 단축하고 고품질 수용성 도장 작업이 가능한 시스템을 말한다.

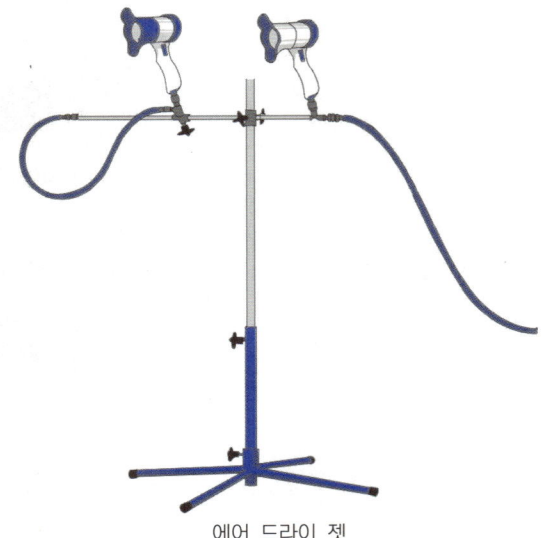

에어 드라이 젯

에어 드라이 젯은 수용성 도장 건조 시 많은 양의 공기 유량을 구비 하지 못한 수용성 도장 부스에 추가 설치할 경우, 건조 시 큰 효과를 볼 수 있는 장비로써 간편하게 설치·해체가 가능하고 부분 도장 시 부분 건조가 가능하게 하여 필요한 부분의 빠른 건조와 도장 건조로 발생되는 비용도 절감할 수 있는 장비이다.

중력식 수용성 도장 분사건

적외선 건조기

수용성 스프레이 분사건은 스테인리스, 특수 코팅 노즐을 사용하고, 노즐의 지름이 1.2mm 정도의 것을 사용하고, 일부 제품은 분사건에 전원이 공급되면서 정전기를 제거하여 수용성 도장의 품질을 저하시키는 먼지 쌓임을 방지하는 특수 기능을 접목한 것도 있다.

에어 드라이 젯의 필요성
- 수용성 베이스 도장 시 샌딩페이퍼로 먼지 제거 후, 먼지제거 부위 베이스코트 도장한 부분만 핀홀 및 솔벤트 파핑 발생한다. 그 원인 및 예방법은 베이스코트 도막이 두꺼워 짐에 따른 희석제 증발 시 투명 표면에 영향을 준 것, 무더운 여름철 습도가 높은 날 자주 발생 되기 때문에 드라이젯으로 먼지 제거 부위 충분히 건조 시킨 후 투명도장을 하여야 한다.

또한, 적외선 건조기는 열효율이 좋아 건조속도를 빠르게 하고 화재로부터 안전하여 많이 사용되고 있으며, 근적외선, 근·중적외선, 원적외선이 있다. 대부분 적외선 파장의 안정성을 고려하여 붉은빛을 내는 루비 코팅 램프를 사용하고 있다.

4. 색의 3속성(색채)

우리 눈에 보이는 많은 종류의 색들은 각각의 밝거나 어두운 정도(명도)와 색이 맑고 탁한 정도(채도), 백색, 흑색, 노랑 등 색 구분(색상)을 할 수 있는 특성이 있다. 이렇듯 명도, 채도, 색상을 「색의 3속성」이라 한다. 색의 혼합으로 여러 다른 색을 만들 수 있는 가산혼합의 3원색(빨강, 파랑, 초록)과 혼돈해서는 안 된다. 즉 「색의 3원색」과 「색의 3속성」은 다른 것이다.

「명도」는 색의 밝고 어두운 정도을 나타내는 것으로 위 그림에서와 같이 좌에서 우로 갈수록 저명도와 화 되어 간다. 그림에서는 표현하지 않았으나 고명도와 저명도 사이에 중명도(회색)이 있다고 보면 된다. 화이트(백색)을 섞을수록 명도가 높아지는 고명도화 된다는 것을 알 수 있다.

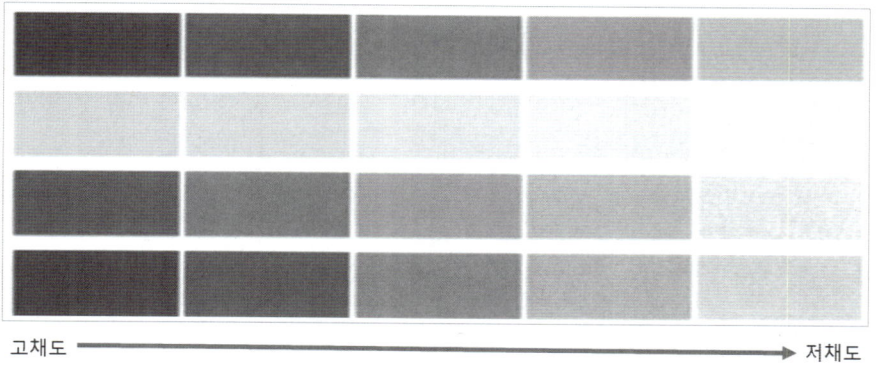

「채도」는 색의 맑고 탁한 정도를 뜻하는데, 무채색에서는 알 수 없고 유채색에서만 알 수 있는 것으로써 고채도에 가까울수록 높은 채도를 띠며, 이 가장 높은 채도를 띠는 색을 순색이라고 한다. 반대로 채도가 낮다는 것은 지저분한 색을 뜻하고 색상환(색의 혼합) 시 서로 거리가 먼 색끼리 혼합하게 되면 채도가 오히려 낮아지지만, 인접한 색끼리 혼합할 경우에는 채도는 그대로 유지 되게 된다. 즉, 색상을 혼합하려고 할때에는 채도가 높은 색과 혼합하는 것이 채도를 떨어트리지 않고 그대로 유지할 수 있게 된다.

「색상」은 각각 다른 색으로 구별이 가능한 색을 뜻하는데, 5가지 기본색(빨, 노, 초, 파, 보)과 여기에 빨강+노랑, 노랑+초록색, 초록색+파랑, 파랑+보라, 보라+빨강을 더하여 총 10가지 색상으로 구분한다. 10가지 색상에 다시 추가 색상을 넣어 20가지, 40가지, 100가지 색상을 만들어 낸다.

"보색(補色)"이라는 것은 2가지 이상의 색상을 혼합한 유채색이 무채색으로 되는 것을 말하며, 예를 들어 무채색 회색으로 만들어지는 결과의 보색의 관계를 보면, 빨강+청녹, 노랑+청보라, 초록색+적보라 혼합 색상이다.

5. 조색과 도장 공정(하도, 중도, 상도, 특수 공정)

가. 조색

조색(색맞춤, color matching)은 각 페인트사에서 제공하는 색표(formular)와 도장기술자의 육안 색 맞춤을 하여 보수도장을 해야할 자동차의 색을 만드는 일련의 작업을 말한다. 조색 작업은 도장 작업 공정에서 가장 시간이 많이 걸리는 작업에 속하면서 매우 까다로운 공정에 속하는데, 이는 주변 환경, 계절, 날씨, 도장기술자가 바라보는 시선의 방향, 도장기술자의 건강 상태(정신적, 육체적 컨디션), 자동차의 차령(車齡)에 대한 색바램의 정도 등에 따라 2가지 또는 그 이상의 원색을 혼합하여 색 맞춤을 하는 정도가 다르고 어렵기 때문이다.

또한 지금 생산되는 자동차의 색상은 매우 다양하여 보수도장 조색으로 같은 색을 연출해 내기가 매우 어렵고 시간도 오래 걸린다. 이러한 어려움 때문에 제작사의 도료 성분에 대한 자료 제공과 페인트사의 사전 조색 작업을 하여 시장에 보급하는 것이다. 이런 사전 조색 단계에서 유통되는 페인트의 색상이 아주 작은 차이로 맞지 않는 경우, 극소량의 원색의 페인트를 첨가하여 색 맞춤을 하는데, 이를 "**미조색**"이라고 한다. 현재 우리나라 정비 공장은 조색 시스템을 갖추지 않고 운영하는 공장이 많고, 있더라도 거의 쓰지 않는 경우이다. 대기환경 보존을 위해 법으로 강제 규정한 2021년부터 수용성 도장 의무화가 본격적으로 시작되면서, 유용성에 비교하여 수용성의 조색이 필요한 것이 현실이다.

조색 시스템

수용성 보수도장 조색의 어려움은 도장기술자라면 누구나 느끼고 있을 것이다. 유용성과 비교한 수용성 페인트의 특성 때문이기도 하나, 이미 유용성에 많은 경험을 쌓아온 기술자들에게는 몇 번에 시행착오가 있기 마련이다. 이런 시행착오는 도장을 완료한 후 고객에게 만족을 주지 못하고, 오히려 고객의 불만의 소리가 있을 때는 모든 도장 공정을 다시 해야 하는 번거로움과 경제적 손실도 뒤따르게 된다. 이러한 시행착오와 경제적 손실을 줄이기 위한 조색 작업에 대한 검사를 "**시편작업**"이라 한다.

시편 건조용 전기 오븐(건조로)

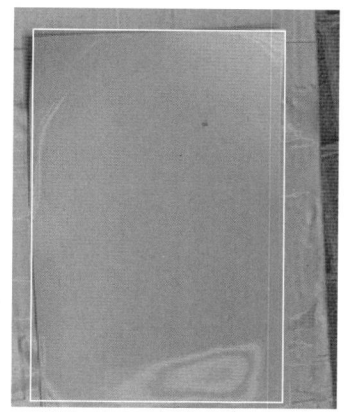
시편지

자동차에 직접 도장 하기 전에 조색이 된 페인트를 시험적으로 작은 시편지에 뿌려서 실제 차량의 색상과 매칭(matching)시켜 보는 것이다. 그래서 조색 작업을 컬러 매칭(color matching)이라 하기도 한다.

나. 도장 공정

<u>도장 공정</u>(painting process)은 도장 기술자에 따라 다소 시간과 방법에서 차이가 있을 수 있으나, 여기에서는 가장 일반적인 도장 공정에 관해 아래 표와 같이 제시하고 기술해 보았다.

전처리	하도	중도	상도	광택
세척	탈지 (수용성, 유용성)	마스킹 작업 후 탈지 (수용성, 유용성)	마스킹 작업 후 탈지 (수용성 송진포)	폴리싱
탈지 (수용성, 유용성)	퍼티 바르기 퍼티 샌딩	서페이서 도장 (논샌딩 서페이서 도장)	베이스코트 도장	(컴파운딩) (왁싱)
구도막 샌딩 -기존 도장 제거 단 낮추기	프라이머 -워시 프라이머 -플라스틱 프라이머	마스킹 제거 서페이서 샌딩 (마스킹 제거)	클리어코트 도장 마스킹 제거	건조 · 세차

작업순서   ( ) 공정제외 경우있음

공정 작업 중 수시로 실시하는 건조 작업은 표에서 생략하였으나, 세척·탈지·도장 등 거의 모든 공정에서 필요한 건조(후레쉬타임, 셋팅타임, 드라이젯건조, 부스건조, 부분건조 등) 작업은 반드시 이뤄져야 한다.

1) 전처리

전처리 단계는 차체 수리를 모두 마친 자동차가 보수도장을 함에 있어 가장 처음에 들어가는 준비 작업으로써, 도장할 패널 표면에 오염물질을 제거하고 차체 수리한 판금 부분과 구도막을 샌딩하는 단계이다.

먼저 세척을 먼저 하고, 유성 탈지제로 유용성 탈지를 한 후 원형 샌드페이퍼로 샌딩함으로써 단 낮추기 작업에 들어간다. 굴곡진 부위 또는 모서리 같은 에지 부위는 손으로 직접 샌딩 작업을 하여야 한다.

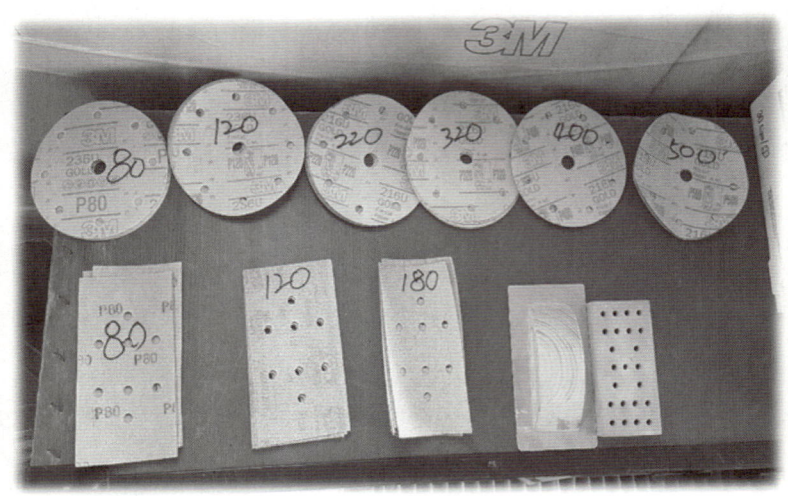

원형 샌드페이퍼와 부직포 연마지

2) 하도

전처리 단계에 마지막으로 실시한 구도막 샌딩 작업 후 미세 페인트 가루, 철가루 등을 유용성 탈지제를 사용하여 제거하고, 구도막과 패널 표면에 생긴 요철 부분이나 단 낮추기를 실시한 부분을 메우는 퍼티(putty)를 도포한다.

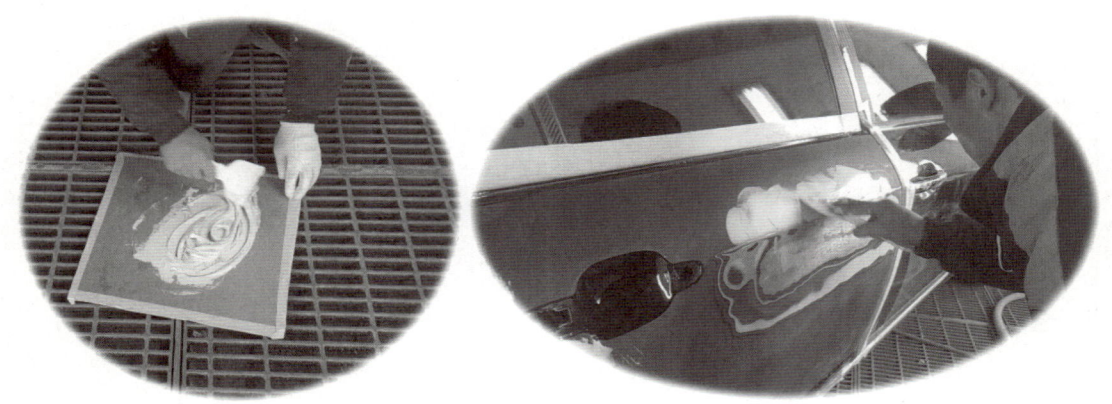

퍼티 바르기

퍼티 작업

퍼티 샌딩 작업

퍼티(putty)가 완전히 밀착 건조된 후 퍼티를 기존 구도막과 단차 없이 매끄럽게 수평을 이루도록 샌딩 후, 하도 도장의 마지막 단계인 프라이머를 도장한다.

플라스틱용 수지퍼티와 경화제

차체용 아연 퍼티와 경화제

차체용 폴리에스테르 퍼티와 경화제

퍼티의 종류는 플라스틱용 수지 퍼티와 철판(차체)용 아연 퍼티, 폴리에스테르 퍼티가 있다. 수지퍼티는 범퍼 퍼티 작업 시 쓰이고 있으며, 일반적으로 철판(차체)에 쓰이는 아연 퍼티는 베이지색, 회색이고, 폴리에스테르 퍼티는 노랑색을 띠고 있으나 퍼티의 용도와 색상은 크게 상관이 없다.

프라이머는 워시 프라이머와 플라스틱 프라이머가 있으며, 워시프라이머는 주로 철판이나 강판에 쓰이고, 플라스틱 프라이머는 이름과 같이 플라스틱 소재(범퍼)에 쓰인다.

워시 프라이머는 2액형 프라이머로써 도장이 벗겨진 철판 패널, 아연도금패널, 알루미늄패널에 얇게 도장(15~30㎛)하여 노출된 금속 소재가 공기 중의 수분, 산소에 의해 산화되어 녹이 발생하는 것을 방지함과 동시에 중도 도장의 부착성을 향상시키며, 주제과 경화제를 혼합하여 필요시 희석제와 함께 사용한다. 방청과 중도 도장의 접착성을 향상시키나, 우천 시와 같이 습도가 높은 경우와 겨울철 저온 상태에서 작업할 경우, 도막 결함의 주요 원인이 될 수 있어 유의하여 사용해야 한다.

3) 중도

하도 작업이 마무리된 패널을 유용성 탈지로 도장면을 깨끗이 하고, 서페이서 도장과 샌딩 후 상도로 넘어 가는 단계이다. **논샌딩 서페이서**란 서페이서 도장 후 별도의 샌딩 작업이 필요 없이 건조 후 상도로 넘어가는 것을 의미하며, 주로 범퍼 도장에 많이 쓰이고 있다.

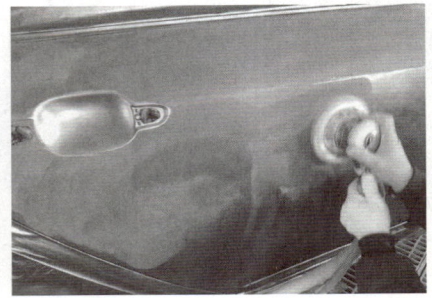

서페이서 도장

서페이서(primer-surfacer) 기능은 **부착**(상도 도료의 부착성 향상), **방청**(부식방지), **씰링**(상도 도료 용제가 하도에 침투되지 못하도록 구도막차단), **외관향상**(도막의 두께 증가로 외부 이물질, 충격으로부터 보호), **메꿈**(미세 요철부 제거효과)

마스킹 작업

중도 작업에서부터 많이 실시하는 마스킹 작업은 도장 공정이 끝날 때까지 설치와 제거가 반복되는데, 마스킹 작업은 도장 시 발생되는 타 도장면과 자동차 실내, 기타 부품(타이어 등)의 오염을 방지하는 작업으로 도장 작업만큼 꼼꼼하게 이뤄져야 한다. 마스킹 스폰지는 외부 도장을 하기 위해 자동차 외부에서 볼 때 틈새를 메꿔주는 작업재료이며, 마스킹 테이프만으로도 가능할 시 생략할 수 있으나, 오랜 시간 작업을 하게 되는 경우에는 마스킹 테이프의 접착력이 떨어지는 것을 고려하여 실시하는 것이 좋다.

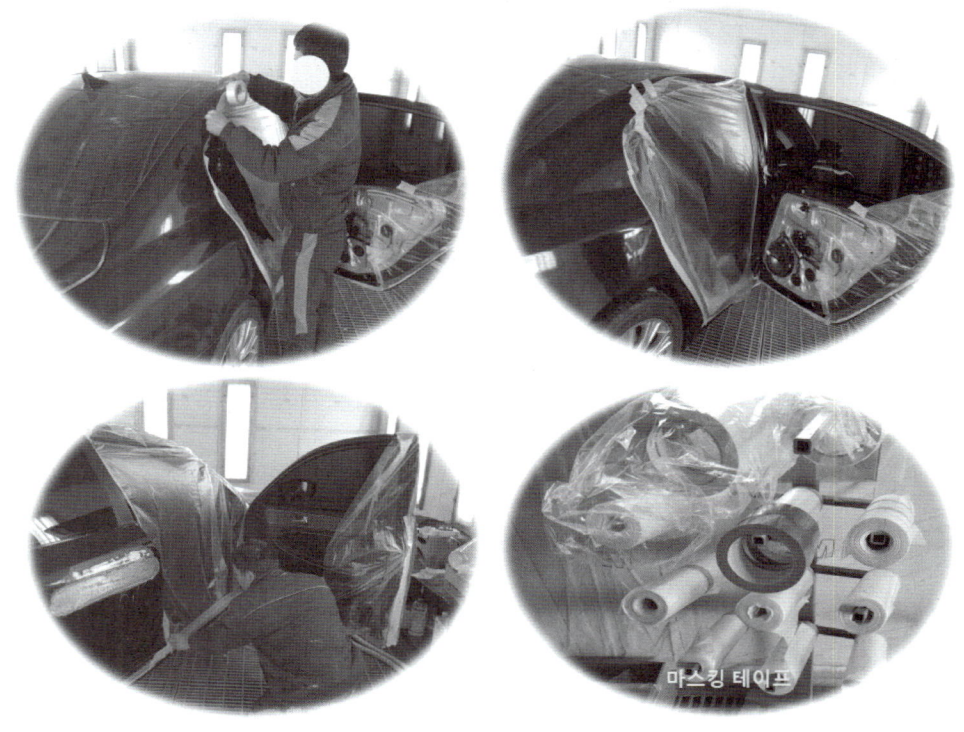

마스킹 작업

4) 상도

중도 작업과정에서 서페이서 샌딩을 한 도장면을 우선 유용성 탈지를 실시하고, 수용성 도장 전에 수용성 탈지를 한 후, 조색이 완료된 색상으로 베이스코트 도장과 클리어코트 도장을 하여 도장의 완성단계에 가까워 지는 단계이다.

앞서 중도 작업시 뿌려지는 서페이서 도장은 베이스코트의 색상이 어떤 색으로 도장 되는가에 따라 서페이서 도장 색도 달라진다. 즉 흰색 베이스코트가 도장 될 자동차라면 아래 그림과 같이 흰색의 서페이서가 도장되고, 앞서 중도 작업 과정에서와 같이 검은색 베이스코트가 도장 될 자동차라면 검정색 서페이서가 도장된다. 이는 은폐력을 향상시키는 효과와 베이스코트의 색상을 보다 더 선명하게 하는 역할을 하기 위함이다. 베이스 코트 도장은 보통 3회 정도를 실시하나, 페인트 회사마다 권장 회수가 달라 1~3회 범위에서 도장이 된다고 보면 된다.

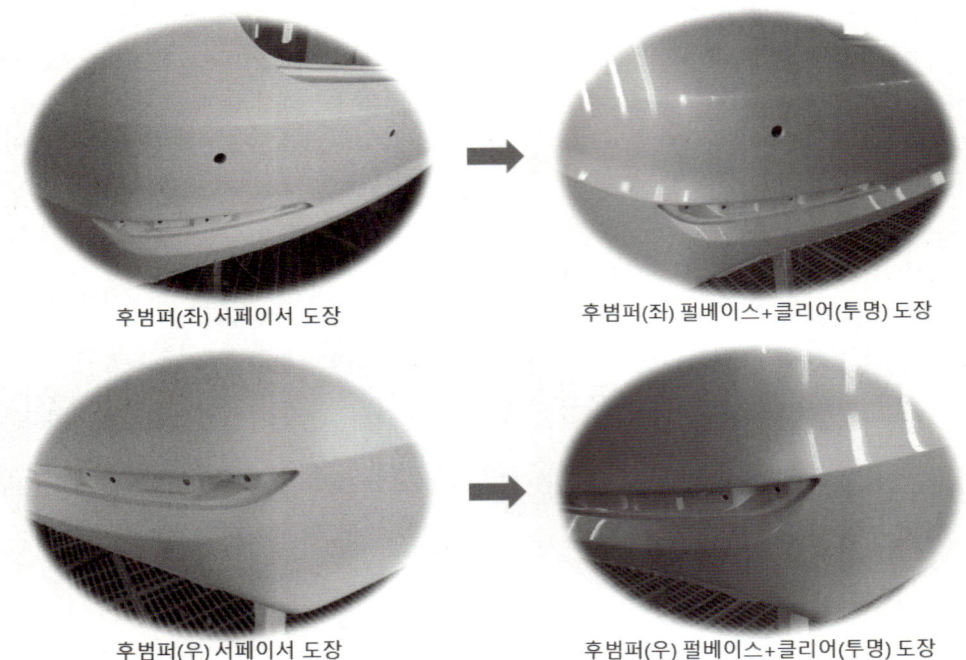

후범퍼 교환 보수도장

베이스 코트 도장 후 광 클리어 코트 도장을 하는 데, 클리어 코트 도장은 투명도장이라고도 한다. 클리어 도장 전에 자동차의 따라 펄(마이카)과 같은 미세한 입자가 들어간 도장 색이 있는데, 위 그림과 같이 원색 안료에 펄이 섞여져 있는 베이스 코트에 클리어 도장을 하는 경우를 「2코트 도장」, 원색 안료 베이스 코트 도장 후, 투명감 있는 펄-베이스 도장을 다시 하고 클리어 도장을 하는 경우를 「3코트 도장」이라 한다. 요즘 나오는 특이하고 대중에게 인기 있는 색상들이 「3코트 도장」인 경우가 많은데, 이는 고가의 펄 재료를 베이스 코트 후에 추가 사용하여 독특한 색상을 구현하기 때문이다.

후범퍼 2코트 교환 보수도장

광택도
- 물체 표면의 광택의 정도를 일정한 굴절률을 갖는 블랙글라스의 광택값을 기준으로 1차원적으로 나타내는 수치

수용성 도장에서의 건조(후레쉬타임, 셋팅타임, 드라이젯건조, 부스건조, 부분건조 등)는 매우 중요하다. 건조 작업 중 LED 핸드 라이트를 이용하여 도막 상태를 수시로 확인하여야 하고, 다음 도장을 하기 위해 도장 부위의 온도 분포 및 건조에 필요한 온도 도달(약 25~28℃, 부스 설정온도 약 23~27℃) 여부도 확인하여야 한다.

   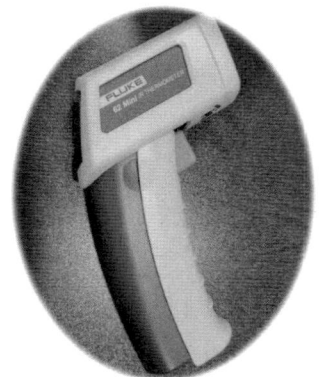

LED 핸드 라이트   적외선 온도계

5) 광택

폴리싱(polishing) 작업은 도장의 마무리 작업으로써, 보수도장 시 먼지에 의한 도장 결함을 제거하는 단계이다. 샌드 페이퍼, 폴리셔(polisher), 버프 패드(buffer pad), 스캘롭 디스크(scalloped) 등 광택용 장비·공구를 사용하여 상도 도장 후 도막에 붙은 이물질, 먼지 등을 제거하는 작업이다.

신차가 제작되어 나올 때의 광택도를 약 80(유리 거울이 반사되는 것을 광택도 100이라고 가정 했을 때)이라고 한다면, 1년이 지난 시점에서는 60, 3년 즈음에는 평균 50이하로 떨어진다. 신차 출고시의 80 정도의 광택도를 유지하지 못하더라도, 보수도장 후에는 약 70 이상의 광택도는 되어야 한다. 이러한 광택도가 유지되도록 광택 작업이 이뤄져야 바람직하다. 그래야 상도 도장의 산화를 줄이고, 외관상 보기도 좋아 보수 도장 후 품질 완성이 되는 것이다.

폴리싱 광택 작업의 순서는 ① 먼지 제거 컬러 샌딩, ② 컴파운드 샌딩, ③ 왁싱 코팅(도장보호)이라 할 수 있고, 컴파운드와 왁싱을 생략하거나 출고 후에 하는 경우도 있다. 과도한 광택 작업은 클리어 도장 손상을 가져올 수 있으니 주의해야 한다.

6) 특수 도장

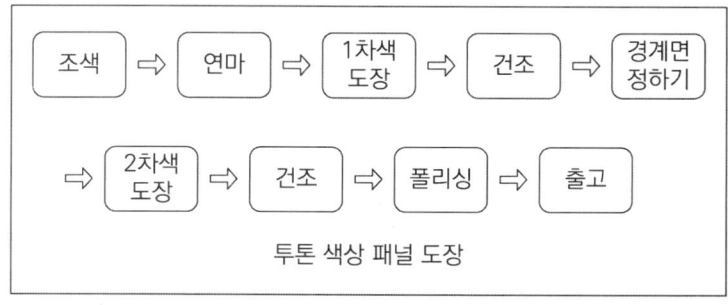

투톤 색상 패널 도장

자동차 특수 도장은 **투톤 도장, 자연 노후화된 구도막 제거후 도장, 바디 실러 도장**을 말한다. **투톤 도장**은 일반적인 도장 공정을 모두 마치고 추가적으로 경계면을 설정하여 도장하는 것을 말한다. **바디 실러 도장**은 도어, 후드 교환 도장 시 교환할 신부품의 패널 연결부와 끝부분의 패널을 꺾어 접어 맞닿아 있는 패널을 감싼 헤밍 가공 부위에 실러를 도포하여 부식 방지 및 외부 물 침투를 막는 것을 말한다. 바디 실러 작업은 상도 도장 전에 실시하며, 건조가 빠르고 건조 후에도 물성이 좋아 상도 도료와의 부착력이 우수한 「습기 경화형 우레탄 타입」의 실러를 사용한다.

6. 도막의 결함

도막의 결함은 **도장 작업 중, 도장 완성 직후, 출고 후 운행 중 발생하는 결함**으로 나누어 볼 수 있다. 또한 가장 기본적인 **도료 저장·관리가 잘 못 되어 도막 결함**으로 이어지는 경우가 있는데, 예를 들어 온도가 너무 높은 곳에서 장기간 방치로 인한 안료의 **침전**(precipitation)과 도료 사용후 페인트 뚜껑을 정확히 밀폐하여 닫지 않아 외부 공기 출입으로 산소와 도료가 반응하여 **피막**(skinning)이 형성되는 경우이다. 또한 도료의 유동성이 사라지는 **젤화**(gelling) **현상**은 고체와 액체 중간상태의 반죽처럼 된 현상(paste현상)으로 이 역시 도료의 저장·관리가 잘 못 된 것으로 도막 결함을 초래한다.

다음은 도막의 결함, 즉 도장 작업시 결함으로 인한 도장면의 품질 저하가 발생하여 재도장을 하여야 하는 주요 내용과 원인을 나열했다. 이 밖에도 수많은 도막 결함이 나타날 수 있으나, 모두 정리하기란 어렵고 기본적인 사항만을 정리 해 보았다. 반드시 시험 전에 읽어보고 가야 할 것으로써, 실제 이미지를 넣지 않았으나 도막 결함의 3단계 상황(작업 중, 완성 직후, 출고 후)을 잘 구분해 놓았으니 실제 차량에서의 일어나는 도장 결함 표면 상태를 연상하며 정리하길 바란다.

가. 도장 작업 중 결함

1) 이물질(dust, a grit, a particle)

   도장 표면에 굵은 티나 먼지가 같이 도포되어 돌출되어 나온 현상
   - 원인 : 도장부스 청소 불량, 도장부위 탈지 불량, 작업자의 작업복 오염, 마스킹 페이퍼로 신문지 사용, 분사건의 분출압력 과다

2) 메탈릭 얼룩(blemish, stain)

   알루미늄 입자의 불규칙적인 배열, 클리어 도장면으로 도출되어 색상이 다르게 보이는 현상
   - 원인 : 주변 및 차체 표면 온도가 매우 낮음, 두꺼운 도장, 부스내 풍속 느림, 분사건 에어 압력 낮음, 베이스코트 건조 불량 상태에서 클리어 도장, 겹침 폭이 불규칙

3) 은폐 불량(hiding poor, poor covering)

   도막의 두께가 너무 얇거나 안료의 농도 부족으로 하층 도장의 색상이 비쳐 보이는 현상
   - 원인 : 분사건의 패턴 및 겹침 불량, 희석 도료 점도가 너무 낮음, 도료 교반 불량, 레드 색상과 같은 수지 대비 안료의 양이 적음, 유기 안료 비중이 높음

4) 용제 퍼핑(solvent-poping)

   핀 홀 현상과 유사하나 용제가 거품 형태로 남아 있는, 용제와 신너의 증발 문제로 표면에 수분이 응결된 현상
   - 원인 : 건조가 너무 빠름, 도장시 플래쉬 타임 너무 짧음, 도료 분사량 과다

5) 흐름(sagging, running)

   도막 두께가 균일하지 않고 너무 두껍거나 도료량이 과도하여 페인트가 흘러내리는 현상
   - 원인 : 한꺼번에 많은 도료 분사, 부스내의 풍속 느림, 도장 주변온도 낮음, 분사건의 분출 압력 낮음

6) 색 번짐(bleeding)

   상도 도장면으로 패널 소재 성분 또는 하도, 중도 색상의 떠올라 색이 번져 보이는 현상
   - 원인 : 신너 또는 수용성 희석제의 과다 사용, 안료 자체의 색번짐 성질, 구도막 노화 상태에서 도장, 폴리에스테르 퍼티 경화제 과다 혼합

7) 주름 현상(wrinkle, 지지미)

   도막 내부층과 도막 표면층의 뒤틀림으로 주름이 나타나는 현상
   - 원인 : 하도 도장 건조 불량, 두꺼운 도장, 도막위 퍼티작업 후 그 위에 도료 사용, 건조 불량

8) 백화현상(blushing)

   주변의 열을 흡수하면서 공기 속에 있는 습기가 응축되면서 안개 낀 듯 광택이 없는 현상
   - 원인 : 분사건의 분출압력 과다, 증발 속도가 빠른 신너 사용, 여름철 장마철(고온다습)

9) 크레터링(cratering)

   도장 중 분화구 모양처럼 움푹 패인 구멍이 생기는 현상
   - 원인 : 1회에 너무 두꺼운 도장, 탈지작업 불량, 구도막 연마 불량, 왁스·실리콘 작업장 근처에서 도장, 압축 공기속의 물 또는 오일 성분 혼입

10) 색분리(color separation)

    안료 분산이 불량하여 색이 분리가 되지 않아 균일하지 않은 색상이 나타나는 현상
    - 원인 : 도료 품질의 저하, 증발속도 느려 유동성이 오래 지속됨, 도료 점도 매우 낮음, 1회 두꺼운 도장

11) 시딩(seeding)

    도막 내부 및 외부에 서로 다른 형태·크기의 먼지·도료 덩어리가 부착되어 볼록하게 된 현상
    - 원인 : 도료 여과 미실시 상태로 도장, 지정 희석제 미사용, 주제와 다른 경화제 사용, 사용 도료의 장기 보관으로 덩어리 발생

12) 오렌지 필(orange peel)

    도막 표면이 평활하지 않고 오렌지 껍질과 같이 쭈글쭈글(올록볼록) 요철 형태로 된 현상
    - 원인 : 주변 및 차체 표면 온도 높음, 부스내 풍속 빠름, 분사건 에어 압력의 높음, 분사건의 작업 속도가 빠름

나. 도장 완성 직후 결함

1) 핀홀(pin hole)

   도막 표면에 작은 바늘구멍들이 난 듯 흔적이 생기는 현상
   - 원인 : 고온, 부스실 풍속 너무 빠름, 스프레이 압력 너무 낮음, 도막 너무 두꺼움, 퍼티 기공, 플레쉬타임 미적용 연속도장

2) 퍼티자국(putty marking)

퍼티 자국이 상도면으로 나타나는 현상
- 원인 : 저온, 부스실 풍속 너무 느림, 폴리에스테르 퍼티위에 락카퍼티 도포, 희석 많이 된 도료의 두터운 도장

3) 연마자국(sanding scratch)

하도면의 연마 흔적이 상도면에 나타나 보이는 현상
- 원인 : 저온, 부스실 풍속 너무 느림, 도막이 다소 얇은 경우, 하도 도장의 건조 불량, 하도 작업시 거친 연마지 사용,

4) 테이프 박리(tape peeling)

투톤 색상 도장 시 경계면 구분을 하여 도장하기 위해 테이프을 붙였다 뗄 때, 페인트 도막이 소재로부터 떨어져 나가 테이프에 도막이 묻어 나는 현상
- 원인 : 층간 부착력 부족

다. 출고 후 운행 중 결함

1) 치핑(chipping)현상

주행중 노면에서 올라오는 작은 돌 등 외부의 작은 조각 소재들이 도장면과 부딪치면서 벗겨지는 현상
- 원인 : 서페이서 공정을 삭제했거나 희석도료 점도가 너무 낮은 경우, 패널 철판에 바로 상도 도장을 했을 경우, 건조불량

2) 부풀음(blisteing)

도장면에 크고 작은 수포들이 부풀어 오르는 현상
- 원인 : 중도와 상도 도막 사이에 물, 습기가 고여 있을 때, 패널의 안쪽과 외부쪽 온도차가 심할 때, 물 샌딩후 건조가 안 되었을 경우

3) 광택 저하(loss of gloss, dleback, fading)

도장후 일정 시간 및 일정 기간이 지나서 광택이 없어지는 현상
- 원인 : 베이스코트가 너무 두꺼운 경우, 클리어 도장 건조가 불량한 상태에서 컴파운딩 작업이 이뤄졌을 경우, 운행 중인 지역 및 주차 공간의 온도가 너무 높거나, 낮은 경우 도장작업 후 페인트 도막에 광택 저하나 광택 소실이 나타나는 현상을 말한다.

4) 석회화(chalking)

도장면의 광택이 상실 되면서 가루처럼 부서지는 현상
- 원인 : 산성비로 인한 도막의 침식, 강한 자외선, 도료 저장 중 안료와 수지가 분리된 채로 도장, 안료와 수지 혼합 시 안료의 혼합비가 큰 경우

5) 벗겨짐(peeling, adhesion poor 박리)

도장의 내부와 표면층의 부착력이 없어지면서 벗겨지는 현상
- 원인 : 구도막 연마 불량, 도장시 지문, 땀 등 오염 상태에서 도장, 서페이서 도장후 먼지만 제거(표면탈지불량), 습도 높은 환경에서 도장, 부스내 풍속이 너무 빠른 상태에서 도장

6) 크랙(cracking, 균열, 갈라짐)

도장면 전반에 걸친 넓은 부위에 아주 미세한 균열이 발생하면서 불규칙적으로 갈라지는 현상
- 원인 : 강한 자외선, 너무 두꺼운 도장, 건조 불량, 도장에 수분 유입

7) 물방울(water spot, 반점)

도막 표면에 물방울 형태의 반점 모양의 자국이 나타나는 현상
- 원인 : 도장 시 에어호스에서 물 유입, 도막 건조 전에 땀방울 또는 물방울의 낙수, 가솔린 등과 같은 석유 화학계에 노출, 새똥과 같은 강산류 이물질

8) 퇴색, 변색(discoloration, bronzing, fading)

자외선에 의해 노출된 안료 및 수지가 퇴색 또는 변색되어 다르게 보이는 현상
- 원인 : 강한 자외선, 새똥과 기타 낙진물들로 인한 오염침투, 내후성이 나쁜 도료 사용

9) 녹, 부식(rusting, corrosion)

도막 표면의 녹(부식)이 부분적으로 생기면서 비정상적인 무늬로 브리스터(blister)와 비슷하게 부풀음, 벗겨지는 현상
- 원인 : 해안가 주변 염분 침투, 금속면의 탈지·탈청 불량, 탈지 작업 후 오랜 기간 경과 후 도장, 도막 손상으로 인한 물·습기 침투

10) 가솔린 흔적(Gasoline mottling)

가솔린 차량의 연료 주입구 주변에 착생 용해되어 광택이 떨어져 보이는 현상
- 원인 : 퍼티 작업 시 경화제의 과량 혼합, 우레탄 도장의 경화제 부족, 건조불량, 가솔린 연료 주입 시 흘림

SECURITY

FINANCIAL PROTECTIONS

HEALTH INSURANCE

INSURANCE PAYMENTS

FORMS

VEHICLE INSURANCE

HOMEOWNER'S INSURANCE

INSURANCE LAW

UNDERWRITING

PART 05
미래 친환경 자동차

05 미래 친환경 자동차

미래 친환경 자동차(future eco-friendly car, green vehicle. green car)는 기계식 내연기관의 기본원리와 전자제어를 병합하여 제작되어온 자동차에 디바이스(device) 개념을 추가한 자동차 융합과학의 결과물이라 할 수 있다. 특히 지구 온난화 현상, 대기오염에 관한 세계적 관심사인 기후변화에 대응하고자 하는 산업계에서 반드시 실행해 옮겨야 하는 기술 발전의 핵심으로 대두되고 있는 것이 바로 미래 친환경 자동차 생산 기술이다. 세계 여러 선진국들은 이미 자동차 유해가스로부터 대응 방안을 무공해 자동차(zero emisson vehicle, ZEV)로의 전환이라 확정하고, 정부차원에서 미래 친환경 자동차로의 전환을 공론화하고 있다. 친환경 자동차의 종류를 살펴보면 전기 자동차(Electric Vehicle, EV), 하이브리드 자동차(Hybrid Electric Vehicle, HEV), 플러그인 하이브리드 자동차(Plug-in Hybrid Electric Vehicle, PHEV), 연료전지자동차(Fuel Cell Electric Vehicle, FCEV, 수소차)가 대표적이다.

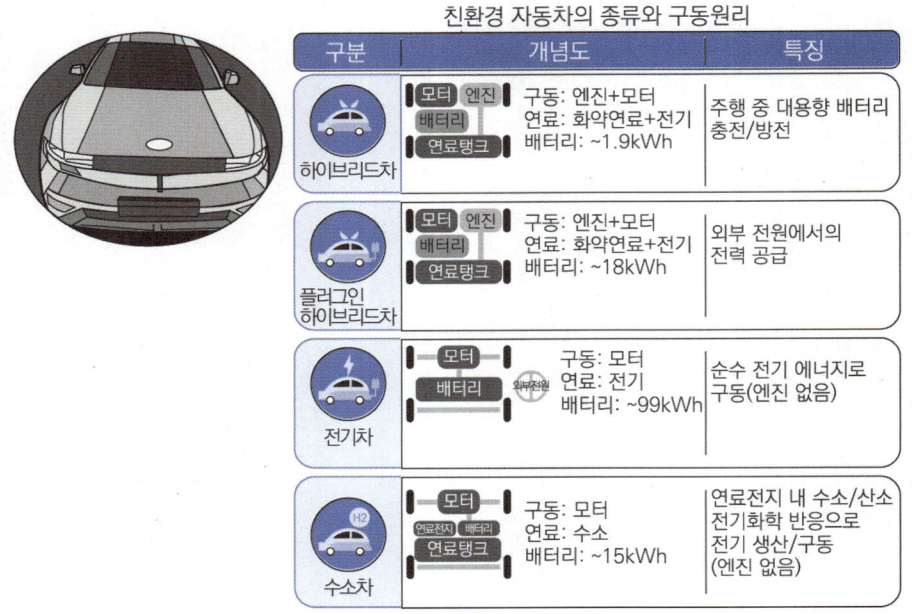

자율주행 자동차는 이러한 친환경성은 기본으로 하고 운전자의 손과 눈이 주행을 하는데 전혀 필요치 않고 스스로 도로를 안전하게 운전하는 최종의 단계에 이른 자동차를 말한다. 그러나 이러한 완전 자율주행 자동차까지 가는 데에는 많은 연구와 시간이 필요하고, 시행착오 또한 많이 발생하게 되는데, 시행착오는 곧 인명 손실로 이어지기 때문에 단계별로 구분하여 연구·발전시켜 나가고 있다.

자율주행 차량에는 많은 센서들이 장착되지만, 대표적인 것은 카메라, 레이더, 라이다 센서이다.

카메라 센서는 이미지 처리 알고리즘을 위한 센서로써, 가시광선이나 적외선 영역의 빛을 감지하여 이미지화하는 센서이며, 가격이 저렴하여 많이 사용되고 있으나, 날씨와 주변 밝기(역광조건)에 따라 측정치가 불확실할 수 있다는 단점이 있다.

이러한 인식률의 저하를 해소하기 위해 많은 딥러닝 학습 기법을 발달시키고 있으며, 좀 더 빠르게 처리하는 프로세서를 개발해 나가고 있다. 차선 이탈 방지, 보행자 감시 시스템에 쓰이고 있다.

레이더 센서는 전자파를 이용(도플러 효과)하여 목표물의 속도와 정밀 측정이 가능하며. 카메라 센서와 비교할 때 날씨와 주변 환경 조건에 많은 영향을 받지 않는다.

라이다 센서는 물체까지의 거리를 측정하는 센서로써, 라이다의 광원에서 레이저 빔이 여러 방향으로 동시 발사가 가능하고, 레이저가 도달하는 모든 지점의 거리를 동시에 측정한 것이 가능하다.

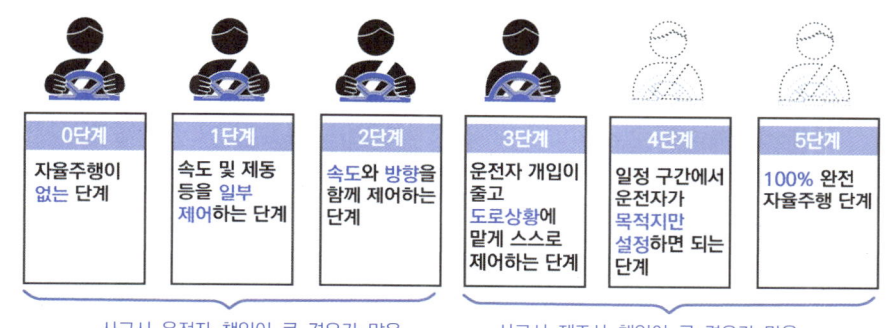

자율주행 단계 정의

딥러닝(Deep Learning) 학습
- 머신 러닝의 한 방법으로, 학습 과정 동안 인공 신경망으로서 예시 데이터에서 얻은 일반적인 규칙을 독립적으로 구축(훈련)한다. 특히 머신 비전 분야에서 신경망은 일반적으로 데이터와 예제 데이터에 대한 사전 정의된 결과와 같은 지도 학습을 통해 학습된다.

도플러 효과
- 만약 발사된 초음파가 움직이고 있는 물체에 부딪히게 되면, 부딪힌 물체의 움직임은 속도와 방향에 따라 변화가 생긴다. 이러한 변화를 도플러 효과라 한다.

제1장 전기 자동차

1. 전기차 일반

전기자동차(Electric Vehicle, EV)는 화석연료를 사용하는 내연기관보다 먼저 개발되어 1834년에 미국 토마스 다벤포트가 직류모터를 최초로 발명하면서 처음 운행되었다. 전기자동차(Electric Vehicle, EV)란 엔진을 필요로 하지 않는 순수하게 전기를 동력으로 하여 움직이는 자동차를 말한다. 엔진이 장착된 내연기관 자동차에는 자동차마다 일정한 연료(1ℓ)로 갈 수 있는 최대의 주행거리(km), 즉 열효율를 연비(fuel efficiency, fuel mileage)라 하지만, 전기자동차에서는 같은 개념이긴 하나 전기용량에 다른 효율적 측면을 말하여 전비(electric car efficiency, electric efficiency-rating)라 하고 단위는 km/kWh로 표기한다.

전기차의 기본 구조는 ① 고전압 배터리, ② 고전압 정션박스, ③ 구동모터와 감속기, ④ 완속 충전기(OBC), ⑤ 전력제어장치(EPCU)로 구분할 수 있으며, 시스템별로 구분한다면 전력변환, 구동, 제동, 공조 시스템으로 구분한다.

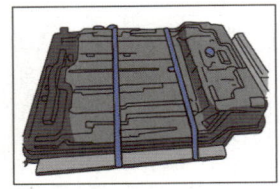
①고전압 배터리

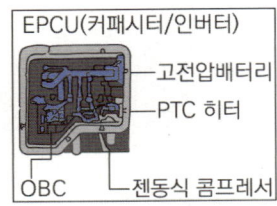
②고전압 정션박스

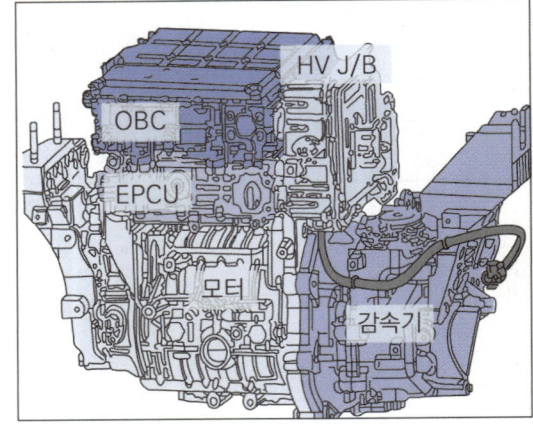
③구동모터와 감속기 ④완속 충전기(OBC) ⑤전력제어장치(EPCU)

가. 전기자동차의 장점

- 운행 시 유해 가스 배출이 없다.
- 내연기관 자동차와 비교하여 유지비가 저렴하다.
- 전기 에너지로 모터를 구동하기 때문에 엔진 소음이 없어 정숙한 주행이 가능하다.
- 오일 교환과 같은 주기성 교환 품목이 간소화되었다.
- 일부 차량의 경우에는 충전 포트에서 가정용 220V 전원 사용이 가능하다.
- 강력한 토크의 모터 구동으로 가속력이 매우 우수하다.

나. 전기자동차의 단점

- 동급 차종의 내연기관과 비교할 때 가격이 비싸다.
- 엔진 소음이 없어 보행자가 자동차의 접근을 알 수 없어 사고 위험이 있다.
  - 보행자 보호를 위해 특정 음을 임의적으로 만들어 적용하였다.(VESS, virtual engine sound system)

- 혹한기(온도 급강하 겨울철), 혹서기(온도 급상승 여름철)에 따라 배터리 성능이 저하된다.
- 주유 시설과 비교할 때 충전시설이 많지 않다.
- 주유 시간보다 충전 시간이 길다.

2. 전력 변환 시스템

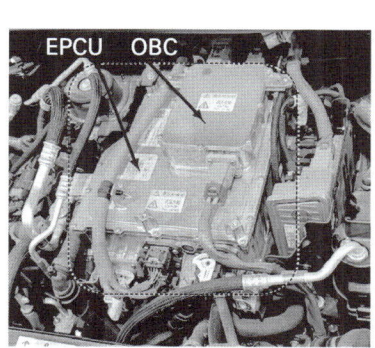

EPCU	OBC
인버터	파워보드
LDC 컨버터	AC 입력필터
제어보드	제어보드
커패시터	다이오드보드
변압기	변압기
고전압컨넥터	고전압컨넥터
전류센서, 온도센서	승압인덕터 출력인덕터

전력변환 시스템 구성

전력변환 시스템은 EPCU(electric power control unit)와 OBC(on-board charger)로 구성된 시스템으로써, 전기자동차의 고전압을 12V로 전환시켜 주는 LDC(Low DC-DC converter), 고전압 직류를 교류를 전환시켜 구동모터를 작동시키는 인버터를 내장하고 있는 EPCU(electric power control unit)와 완속 충전을 위한 외부 220V 교류 전압을 고전압 직류 전압으로 변환시켜 충전을 하는 OBC(on-board charger) 시스템을 말한다.

전력변환과 관계있는 주요 부품에 대한 명칭을 간단히 정리하면

LDC는 DC 고전압을 저전압 DC로 전환, **인버터**는 DC를 AC로 전환, **OBC**는 AC를 DC로 전력을 변환하여 전기자동차에 사용된다.

이러한 전력변환 시스템은 고전압 배터리를 에너지원으로 사용하고 있는 전기자동차의 특성 때문인데, 여기서 고전압 배터리는 2차전지에 해당하는 전지로써, 충전과 방전이 모두 이뤄지는 배터리이다. 고전압 배터리는 제4장에서 상세히 설명하기로 한다.

3. 구동 시스템

전기자동차의 구동 시스템은 고전압 배터리의 전압이 에너지 동력원이 되어 모터를 구동하여 감속기에 전달된 후 차륜을 회전하여 구동하는 것으로써 아래 표와 같이 매우 간단히 설명될 수 있다. 감속기는 전진·차동·파킹 기능은 있으나 후진 기능은 없으며, 후진은 구동 모터의 전원을 직접 역으로 공급하면서 역회전(후진)을 하게 한다. 파킹 기능은 별도의 액추에이터가 감속기에 장착되어 P 또는 not P를 인식하여 엑추에이터가 구동하면서 파킹 ON/OFF 기능을 한다. 또한 전진 시 모터로부터 구동력을 받아 너무 빠르게 회전하게 되면 모터의 속도를 낮추면서 토크를 높이는 역할을 하며, 전기차에서 냉각수를 제외한 유일하게 오일이 주입되는 감속기 내부에는 자동변속기 오일류가 주입되어 있으며, 무교환 또는 10만km마다 교환으로 되어있는 것이 일반적이다.

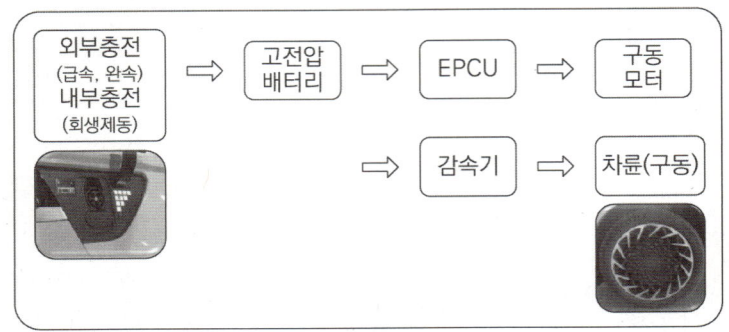

전기자동차 구동 시스템 도면

감속기의 원리와 구동시스템의 원리는 그렇게 복잡하거나 이해하기 어려운 시스템이 아니나 운전자의 구동 의지와 관련한 EPCU(electric power control unit) 제어 방법에 관한 기술을 살펴보면 그리 간단하지 않다.

구동 시스템의 EPCU 제어를 좀 더 살펴보면 두 가지인데, ① 운전자의 의지 및 주행상황과 고전압 배터리의 상태에 따라 종합적으로 판단하여 제어하는 VCU(vehicle control unit)의 통합 제어와 ② 구동모터의 회전자 위치 인식을 위한 레졸버 센서(위치센서)의 학습값으로 구동 모터의 토크와 속도를 제어하는 MCU(Motor Control Unit) 모터제어가 있다.

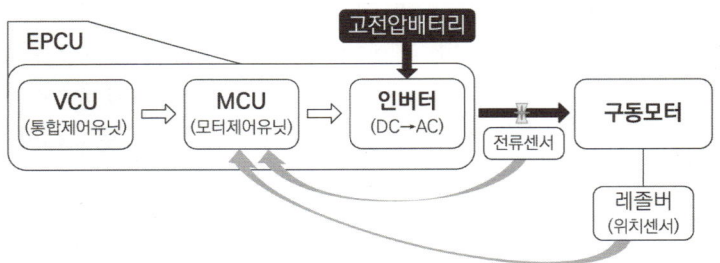

EPCU의 VCU, MCU와 구동모터 체계

구동모터의 역할은 자동차를 주행하게 하는 역할 뿐만 아니라 감속 시 발생하는 에너지를 재활용하는 역할도 하고 있다. 구동모터가 발전기 역할을 하여 회전하는 운동에너지를 감속 시 전기 에너지로 변환시켜 배터리를 충전하는 회생제동 시스템의 주요 역할을 담당한다.

4. 제동 시스템

전기자동차의 제동은 내연기관의 진공을 이용한 브레이크 부스터와 마스터 실린더의 힘으로 제동하는 것으로는 부족하여 **구동 모터제어와 감속기를 이용**하여 **제동력을 확보**하는 시스템으로 되어있다.

먼저 내연기관의 변속기에 속하는 감속기는 모터의 입력을 적절히 받아 감속비로 속도는 줄이고, 토크는 증대시키면서 감속하게 된다. 구동 모터는 단순히 구동모터의 전력 제어와 동시에 고유압식 브레이크 시스템이 적용되기도 하나, 제동시스템의 발전으로 요즘은 특화된 AHB(active hydraulic booster)을 적용하여, 고압으로 유압을 제어(PSU, pressure source unit)함과 동시에 각 구동 휠의 전달되는 제동력을 통합적으로 제어하는 <u>통합 브레이크 엑츄에이션 유닛(iBAU, integrated brake actuation unit)</u>으로 제동 시스템이 구성되고 있다.

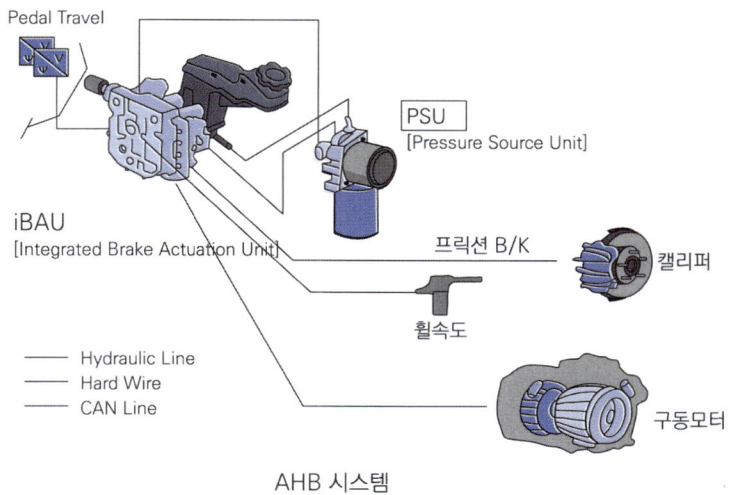

AHB 시스템

지금 설명한 AHB 시스템이 전기자동차의 전자식 제동장치 2세대라 하고, 별도 설명은 하지 않았으나, PSU와 iBAU를 일체형으로 만든 통합형 전동 제동장치(IEB, integrated electronic brake)를 3세대라 하고 있다. 그러나 2세대든, 3세대든 내연기관의 브레이크 시스템과는 다르고, 더욱 특화된 브레이크 시스템과 전자식 제동장치 원리를 적용하고 있다는 것은 같다. 현재는 거의 대부분의 국내 전기차는 3세대 개념을 쓰고 있으나, 전자식 브레이크 원리를 설명하기 위해 AHB 시스템을 설명하였다. 3세대 개념의 IEB를 부연 설명하자면 회생제동 브레이크 시스템을 구성하는 고유압 공급라인과 압력을 제어하는 제어부가 하나로 통합된 것이다. 즉, 자동 긴급제동 시스템(AEB), 차체 자세제어 시스템(ESC), 안티록 브레이크 시스템(ABS) 등 첨단 제동 시스템을 모두 구현할 수 있는 것으로써, 반드시 그 원리를 이해하고 알고 있어야 한다.

5. 공조 시스템

자동차에서 공조(空調) 시스템이란 실내의 온·습도, 기류, 청정도를 조절하는 일련의 장치들을 말하며, 보통의 경우에는 냉방장치로 이해하는 경우가 많다. 여기에서는 냉·난방 시스템에 관한 부분을 다루기로 한다.

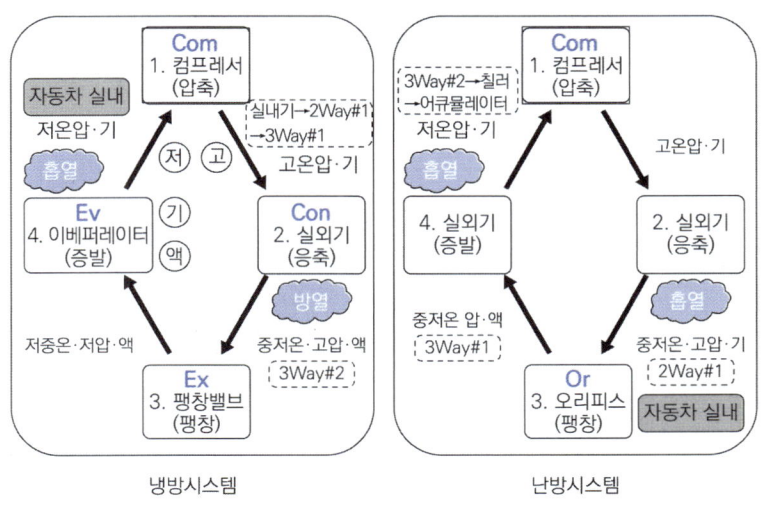

냉방시스템 　　　　　난방시스템

전기자동차의 냉·난방 시스템은 내연기관과 원리는 같으나 약간의 차이가 있다. 위 그림에서와 같이 특히 난방 시스템은 확연한 차이가 있다. 난방장치에는 우리가 흔히 쓰는 전기스토브와 같은 별도의 개별 난방을 하는 PTC(Positive Temperature Coefficient) 히터라는 것이 있는 데, 내연기관에서는 12V 축전지 와 발전기의 에너지를 사용하여 작동한다면, 전기자동차는 추가 발전 없이 고전압 배터리의 에너지만을 공급받아 작동하게 된다. 냉방 시스템 역시 전기자동차는 고전압 배터리의 에너지로 냉방시스템이 가동된다.

가. 냉방 시스템

① **컴프레서(압축)** : 고전압 배터리의 전력으로 전동식 컴프레셔가 냉매를 압축한다. [고온·고압 기체]
② **컨덴서(응축)** : 냉매 응축 작업을 하면서 고온의 냉매가 냉각된다. [저온·고압 액체]
③ **팽창밸브(팽창)** : 압력이 낮아지면서 저압의 액체로 변한다. [저온·저압 액체]
④ **이베퍼레이터(증발)** : 증발기라고도 하며, 주변 열을 흡수하면서 냉매는 기체화된다. [저온·저압 기체]

나. 난방 시스템

① **컴프레서(압축)** : 고전압 배터리의 전력으로 전동식 컴프레셔가 냉매를 압축하여 실내 컨덴서로 보낸다. [고온·고압 액체]
② **실내기 컨덴서(응축)** : 고온 냉매가 저온의 실내공기와 접촉하면서 열을 방출한다. [저온·고압 기체]
③ **오리피스밸브(팽창)** : 오리피스 압력이 낮아지면서 저압의 액체로 변한다. [저온·저압 액체]
④ **실외기 컨덴서(증발)** : 주변 열을 흡수하면서 냉매는 기체화된다. [저온·저압 기체]

이러한 전기자동차에서 여름철과 겨울철에 냉·난방으로 소모되는 전력량을 줄이고, 주행거리 감소를 최소화하면서 전비 효율을 향상시키려 개발된 것이 「히트펌프 시스템」이다. 전기자동차의 PTC 방시과 비교할 때 구조가 복잡하고, 구성부품이 많아 작동원리 역시 어렵고 복잡하다는 단점은 있으나, 여름철과 겨울철의 냉·난방 시스템 가동 기간이 미가동 시간보다 현저히 많아 전비 효율향상을 위해서는 선택에 여지가 없이 전기자동차 전반에 적용되고 있는 시스템이다.

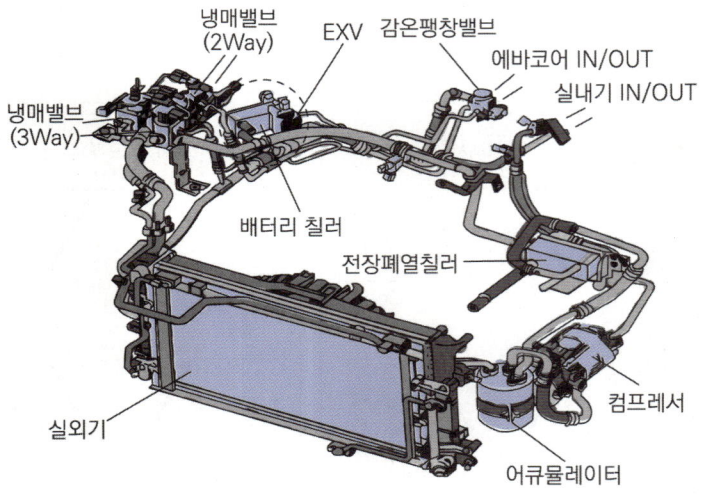

히트펌프 시스템

「**배터리칠러**(chiller)」는 전기자동차의 배터리 열관리 시스템 개발에 있어 핵심 냉각부품으로써 고전압 배터리를 냉각시켜 배터리 성능을 향상 시키는 역할을 한다. 또한 「2WAY」밸브는 냉·난방 시 냉매 순환계통을 제어하고, 「3WAY」밸브는 2WAY 밸브와 실외기 컨덴서 사이에서 컨덴서의 빙결 시 출구 쪽으로 냉매를 바이패스(by-pass)시키거나, TXV(Thermal Expansion Valve, 감온 팽창밸브)와 실외기 컨덴서 사이에 설치되어 냉방 시 TXV 쪽으로, 난방 시 칠러(chiller) 쪽으로 냉매의 흐름을 전환시키는 역할을 한다.

칠러(chiller)
- 냉매가 열을 흡수하면서 증발하는 성질을 이용해 물을 차갑게 만드는데, 이 냉매를 마당에 물을 뿌리듯이 계속 투입할 수는 없어, 열을 흡수하면서 기화한 냉매를 다시 액체로 변환해 물을 차갑게 만드는 등 끊임없이 순환하는 기계적 역할을 하는 것이 '칠러'이다.

제2장 하이브리드 자동차

1. 하이브리드 일반(개요, HEV, PHEV, 병렬형, 동력분기형)

하이브리드(Hybrid, HEV)란 단어의 의미는 동·식물의 혼종을 말하는데, 즉 두 가지 이상의 이질적인 것이 합쳐진 것을 뜻한다. 자동차에서는 가솔린, 디젤, LPG, 전기, 바이오디젤, 태양광 등 자동차의 동력을 위한 에너지원이 한 대의 자동차에서 두 가지 이상의 에너지원이 쓰이는 경우에 "하이브리드 자동차"라고 부른다. 하이브리드라는 용어 자체가 대중에게 쓰이기 시작한 것이 "하이브리드 자동차"때문이라고 해도 과언이 아닐 만큼, 우리는 현재 "하이브리드"라는 말만 해도 자동차를 뜻하는 것으로 인식한다.

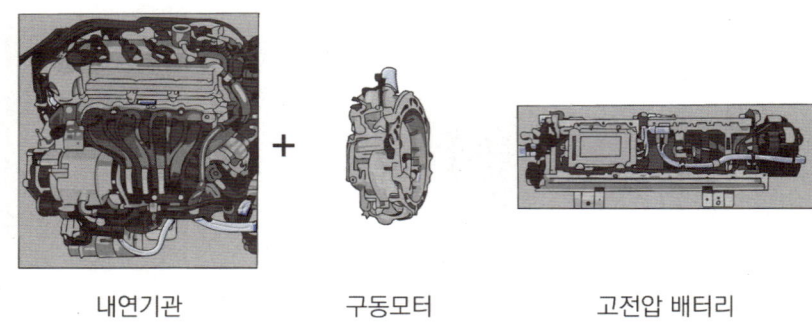

내연기관   구동모터   고전압 배터리

하이브리드(Hybrid) 자동차는 위 그림과 같이 내연기관과 고전압 배터리의 전기에너지를 기반으로 한 구동되는 모터가 자동차의 주행 조건에 따라 적절히 상호 변환되면서 동력을 발생시켜 연비를 극대화시킨다.

주요 구성품은 **내연기관(엔진), 구동모터(전기모터), 고전압 배터리(축전지), 인버터와 컨버터, 하이브리드 컨트롤 유닛(HCU), 베터리 매니지먼트 시스템(BMS), 로우 전압 DC-DC 컨버터(LDC)**이다. 고전압 배터리의 직류 전원을 교류 전원으로 변환시키는 인버터는 순수 전기자동차와 같은 원리로써 교류로 회전하는 구동 모터에 적정 전압을 공급한다. 또한 컨버터는 주행중 정차시 회생제동 기능으로 발생되는 전기를 다시 직류 전압으로 변환하여 고전압 배터리에 충전하는 기능을 한다.

플러그인 하이브리드(PHEV)란 간단히 말해서, 고전압 배터리를 외부에서 충전하는 하이브리드를 말한다. 순수 전기차의 고전압 배터리 충전과 같은 방식이다. 즉, 주행 중 충·방전을 하는 일반적인 하이브리드 차량보다 고전압 배터리 용량을 증대하여 전기 모드에서의 주행거리를 연장한 것으로써, 연료 소비는 줄어든다. 그러나 별도의 충전시설을 이용해야 한다는 점에서 불편하다는 인식도 있다.

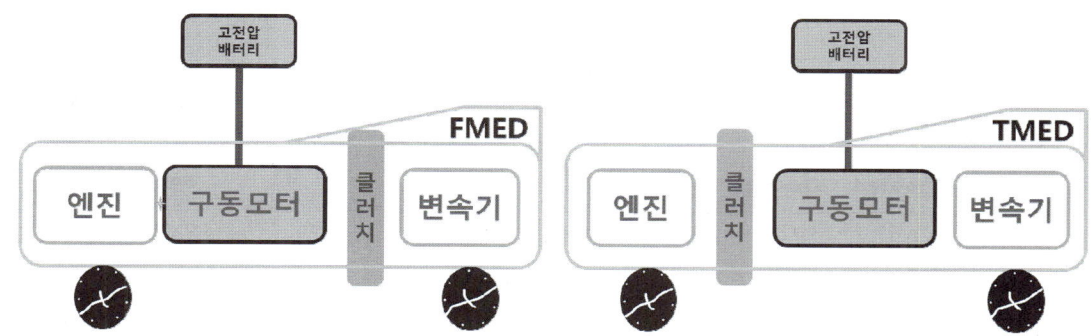

엔진 플라이휠 쪽에 모터가 장착된 병렬형　　　변속기 쪽에 모터가 장착된 병렬형

병렬형 하이브리드 타입은 구동 모터가 어디에 위치하고 있느냐에 따라 크게 2가지 개념으로 나뉜다. 하나는 구동 모터가 엔진 플라이휠(flywheel) 쪽에 있어 별도의 구동 모터만으로 주행할 수 있는 EV모드가 불가능하고 소프트 타입이라고도 부르는 FMED(flywheel mounted electric device)형이고, 다른 하나는 구동 모터가 변속기 쪽에 있어 클러치의 단속(斷續) 기능을 활용하여 별도의 구동 모터만으로 EV모드 주행이 가능한 TMED(transmission mounted electric device)형이다. TMED형은 하드 타입이라 부르기도 한다.

<u>동력분기형</u>은 병렬형 하이브리드 타입과 같이 구동모터가 엔진쪽에 있느냐, 변속기쪽에 있느냐, EV모드 가능 여부와는 관계없이, 엔진과 구동모터의 동력 연결과 배분을 자동변속기의 유성기어 방식을 이용한 EV모드 주행이 가능한 형식을 말한다. 즉 선기어, 캐리어, 링기어를 적용하여 엔진과 구동모터의 단속(斷續) 기능으로 활용한 것이며, 현재 여러 제작사에서 많이 쓰이고 있는 하이브리드 자동차 방식이다.

2. 하이브리드 동력(모터, 엔진)의 흐름

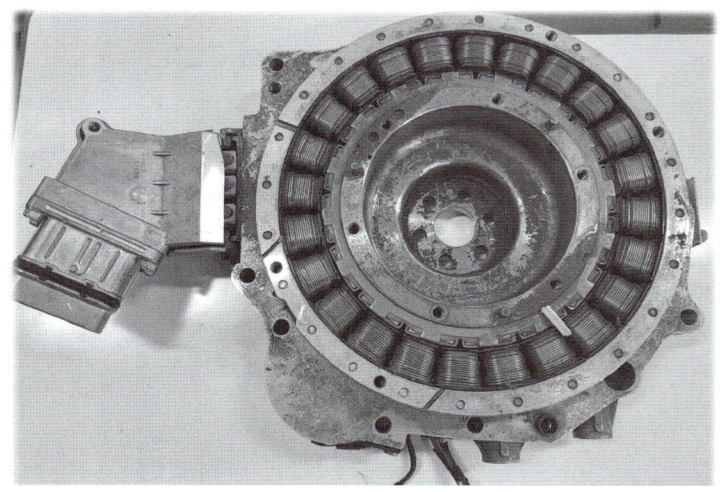

하이브리드 고전압 모터

하이브리드 동력 흐름의 3가지 방식(병렬형 2가지, 동력분기형)을 이미 설명하였고, 주행 시 엔진과 모터의 에너지 흐름에 관한 주행 패턴은 아래 그림과 같다.

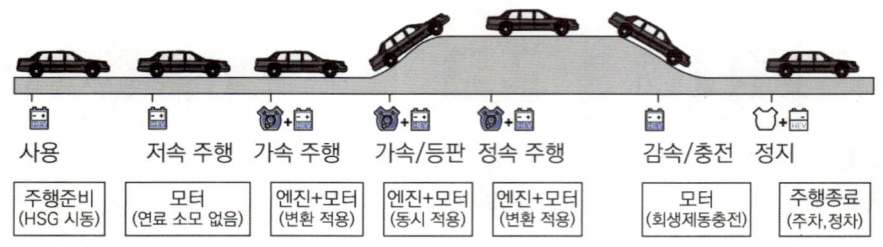

HEV Energy Flow

하이브리드 자동차의 동력이 되는 모터와 엔진은 고전압 전기와 석유계(가솔린, 디젤, LPG, CNG)의 에너지원을 함께 사용하는 것으로 완전한 무공해 제로 에미션 자동차(zero emisson vehicle, ZEV)는 아니다. 그러나 아직 완전한 내연기관 자동차의 운행을 제한하는 데 한계가 있어, 무공해 자동차(ZEV)로의 전환에 있어 하이브리드 자동차의 내연기관의 운영 체제는 결코 무시할 수 없는 것이다. 순수 EV 자동차로의 변화가 마치 세계 추세인 듯 보이나 사실은 그렇지 않다.

미국 시장 조사 분석 전문 회사 프로스트 앤 설리번(Frost&Sullivan)의 조사 자료에 따르면 2030년까지 세계 친환경 그린카 시장에서 순수 전기차는 약 1,010만대 증가를 보일 전망이고, 그와 달리 하이브리드 자동차는 5,270만대 증가를 예상하고 있어, 순수 전기차의 약 5배 이상이라고 조사·분석을 자료를 내놓은 바 있다. 물론 2017년 2월에 발표한 국토교통부 자동차 정책 기본계획으로써 현재 순수 전기차 생산과 고전압배터리 개발은 눈부신 속도로 발전을 거듭하고 있어 조사·분석 결과는 다소 달라졌을 것으로 예상되나, 하이브리드 자동차의 세계화 증가 속도는 순수 전기차와 비교할 때 훨씬 우월한 위치에 있다고 보아도 될 것이다.

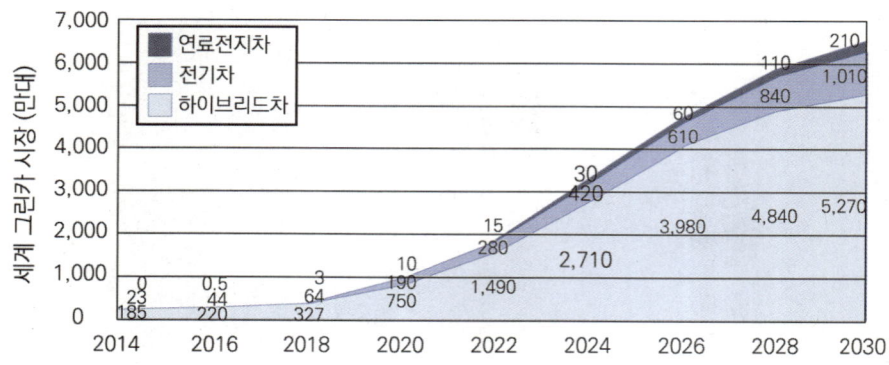

친환경차 시장 구성 전망(Frost&Sullivan자료)

3. HSG(Hybrid Starter Genertor)

하드타입(엔진과 모터가 클러치에 의해 단속(斷續)되는 타입)의 하이브리드 자동차는 일반적인 내연기관 자동차의 변속기를 그대로 장착하여 사용할 수 있는 이점은 있으나, 주행 중에 엔진과 모터의 클러치 단속(斷續) 시 충격 방지와 원활한 연결을 위해 엔진과 모터 회전 속도를 비슷하게 맞추어야 변속기에 무리도 가지 않고 부드러운 주행 지속이 가능하다. 이렇게 엔진의 회전속도를 주행 상황에 맞게 조절(빠르게, 늦게)하는 역할을 하는 것이 하이브리드 스타터 제너레이터(HSG, hybrid starter generator)이다.

또한 최초 시동 시 일반 내연기관의 시동모터 역할을 하기에 하이브리드 자동차에서 HSG가 없으면 시동이 불가하다. HSG는 고전압 라인에 있는 부품으로써, 정비작업 시 반드시 고전압 차단 절차를 실시하고 작업하여야 하며, 고전압 배터리 이상 시 작동되지 않게 된다.

HSG의 주요 제어 기능 4가지를 정리하면,

① **시동** 제어 기능 : HEV 모드로 전환할 때 엔진을 시동하는 기능이다.
② **엔진 속도** 제어 기능 : 클러치로 모터와 엔진을 연결할 때 충격과 진동을 줄여주는 원리로써, 모터 주행 중 엔진 속도를 빠르게 하여 모터 속도와 엔진 속도를 동기화 시키는 기능이다.
③ **발전** 제어 기능 : 고전압 배터리의 SOC(state of charge)가 저하될 경우, 엔진을 강제 시동하여 HSG가 전기를 발생시켜 고전압 배터리를 충전하는 기능이다.
④ **소프트 랜딩** 제어 기능 : 주행 종료 후 시동을 끌 때 엔진의 진동을 줄이는 엔진 회전수 제어 기능이다.

하이브리드
- 두 가지 이상의 구동계를 사용하도록 만들어진 자동차

소프트랜딩(soft lancing)제어 :
- 원래는 비행기가 충격을 받지 않고 사뿐히 착륙하는 것을 뜻한다. 경제계에서는 호황 혹은 위기 이후 경제를 부드럽게 안착시키는 것을 의미

제3장 수소 연료전지 자동차

1. 수소 연료전지 자동차 정의

세계 자동차 시장에서의 친환경차는 보다 강화되는 환경 규제로 인한 대응책이라고 말한 바 있다. 이러한 강화된 환경규제 대응에 관한 가장 우수한 성능의 친환경차가 수소 연료전지 자동차(FCEV, FuelCell Electric Vehicle)이다.

수소 연료전지 자동차(FCEV)에 대하여 간단히 정의해보면 이렇다.

연료전지(Stack, 스택)라는 특수한 장치에서 수소(H_2)와 산소(O_2)의 화학 반응을 통해 전기를 생산하고, 이 전기에너지를 사용하여 구동 모터를 돌려 주행하는 자동차이다.

지구가 존재하는 한 무한하게 쓸 수 있는 공기와 '물의 근원'이라고 불리고, 우주에서 가장 흔한 원소에 속하는 수소 연료를 이용하여 전기를 만든다. 이러한 연료전지에서 생산된 전기는 인버터를 통해 모터로 공급되는데, 스택(Stack)에서 생산된 전기의 충·방전을 보조하기 위해 별도의 고전압 배터리가 적용되고 있으며, 충·방전 과정 중에 유일하게 배출되는 물질은 마셔도 될 만한(인체에 해롭지 않으나, 권장하지는 않는) 수증기이다. 배출된 수증기를 모아서 일부 특수 작업용(예. 폐자원 수거차량)으로 운행되는 연료전지 화물 자동차에서는 간단한 손을 씻는 용도로도 쓰고 있다.

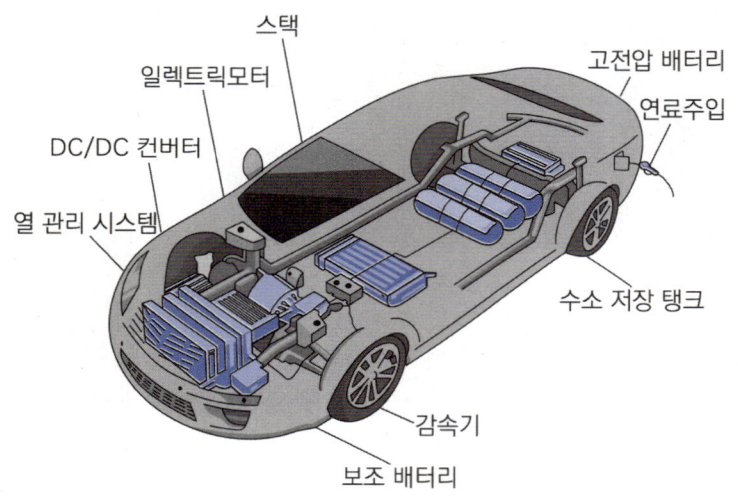

Fuel Cell Electric Vehicle Basics

2. 주행 특성(등판주행, 평지주행, 강판 주행)

등판(오르막) 주행 시에는 스택에서 만들어진 전기와 고전압 배터리의 전기가 동시에 사용되어 강한 구동력을 만들어 낸다. 평지 주행시에는 스택의 문제가 없고, 수소 충전량에 제한이 없는 한 고전압 배터리의 전기는 쓰지 않고 그대로 유지하면서, 오로지 스택에서 만들어지진 전기에너지로 구동모터를 회전하게 한다. 마지막으로 강판(내리막) 주행 시에는 스택과 고전압 배터리 전기 에너지를 쓰지 않고, 오히려 구동모터가 충전기 역할을 하는 회생제동 충전 시스템이 가동되어 고전압배터리를 충전시킨다. 이때 스택으로는 회생제동 충전 전압이 전해지지 않으며, 스택의 작동은 멈춘 상태가 되어, 전비(electric car efficiency, electric efficiency -rating)가 향상되게 된다.

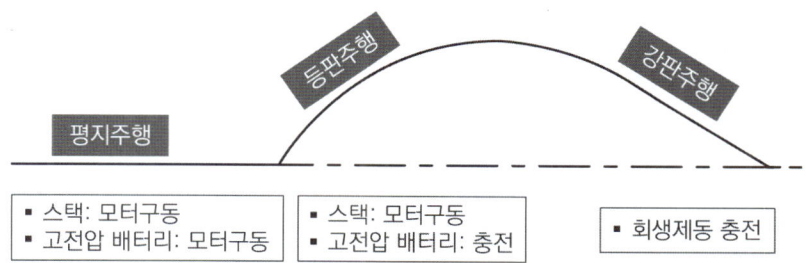

3. 연료전지 스택(Fuel Cell Stack)의 원리와 구성·기능

연료전지 스택(Fuel Cell Stack)의 원리는 간단하다. 수소와 산소가 만나 전기와 물을 생성하는 원리로 화학에너지를 전기에너지로 변환하여 높은 효율을 만드는 원리다. 전기에너지가 만들어지면서 생성되는 것은 오로지 물(water)로써, 유해 배기가스란 있을 수 없다.

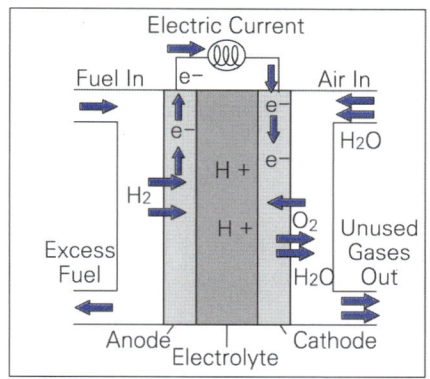

수소와 산소의 전기화학 반응

위 그림에서 볼 수 있듯이 화학반응식은 이렇다.

$$Anode \quad (에노드, -극): H_2 \rightarrow 2H^+ + 2e^-$$
$$Cathode \ (캐소드, +극): \frac{1}{2}O_2 + 2H^+ + 2e^- \rightarrow H_2O$$
$$O_2 + H_2 \rightarrow H_2O + 전기$$

수소탱크에 충전된 수소와 공기 중의 산소를 결합할 때 발생되는 이온이 전력으로 변환되어 쓰는 스택의 원리는 필요한 산소는 대기 중에 얻고, 산소를 정화하는 별도의 공기정화 필터를 거쳐 불순물이 제거된 순수한 산소인, 미세먼지를 99.9% 제거한 산소만 수소와의 화학 반응에 사용한다. 수소차가 "도로 위를 달리는 공기 청정기"라는 말이 여기에서 나온 것이다.

Stack
- (명사) 더미, 쌓기, 무더기.
- (동사) 쌓다, 포개다.

일부 사람들은 수소차의 화학식을 논하는 것을 듣고 수소폭탄을 연상하기도 한다. 그러나 수소폭탄의 수소와 사용되는 원자식이 전혀 다른 것으로써, 폭탄의 반응 원리인 핵분열과 핵융합 화학식이 적용되는 수소폭탄의 '삼중수소'와 '중수소' 화학 반응식에 반해 수소차는 산소와 수소만의 단순 화학 반응으로 폭발이 발생하지 않는다. 또한 수소 누출 시 오히려 LPG보다 확산이 빨라, 극히 폐쇄된 공간이 아니라면 누출된 수소가 고여서 정체되어있는 현상이 없어, 폭발사고 발생 확률은 더 적은 것인데도, 수소 저장소 관리 부실로 발생한 폭발사고 사례가 아직 까지는 수소가스에 대해 불안하게 하는 요소가 되고 있는 것으로 보인다.

4. 수소 연료 탱크와 감지 센서

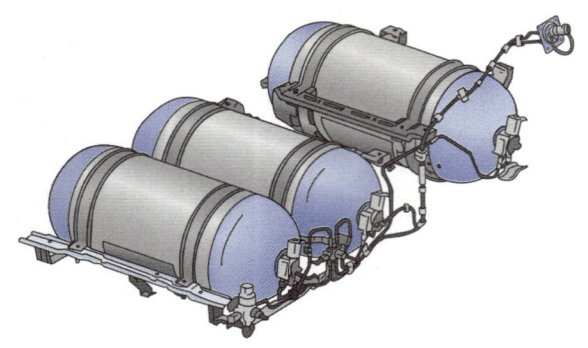

수소 연료 탱크

현재 우리나라에서 생산되고 있는 H사의 연료전지 자동차에는 3개의 장착되며, H사의 설명에 따르면 탱크의 내피는 수소의 투과를 최소화하는 얇은 폴리아미드 라이너(나일론 소재)로 만들어졌고, 외피는 700bar의 높은 압력을 유지하는 20~25mm 두께의 탄소섬유 강화 플라스틱(탄소섬유 + 에폭시 소재)으로 만들어졌다고 한다. 탱크의 재질과 두께는 총을 쏴도 뚫리지 않는 강도와 강성이 매우 뛰어난 것으로써, 다시 말해 자동차 충돌 사고 시 수소 저장탱크의 파손은 불가한 것이다. 현재 수소 저장 탱크는 제조일로부터 15년/5,000회 충전 이후에는 재사용할 수 없어 교환하는 것으로 되어 있으나, 수소 1회 충전에 600km 주행이 가능하여, 5,000회면 약 3,000,000km 가까이 주행할 수 있어 반영구적으로 사용한다는 것과 다름이 없다. 단 제조일로부터 15년이라는 설정이 좀 맞지 않아 연도 폐기 일정을 조정(연장)할 필요가 있다고 보고 있는 것이 현실이다.

연료전지 자동차에는 많은 센서들이 장착되어 있는데, 우선 수소 연료 탱크와 관련된, 즉 수소와 직접적으로 관련된 센서는 레귤레이터 후단 중압 감지 센서, 고압 라인 압력센서, 수소저장시스템 수소 누출 감지 센서, 충전소와 적외선 통신을 하는 적외선 이미터 센서, FPS(fuel processing system) 수소 누출 감지 센서가 있다.

파워트레인 연료전지(powertrain fuel cell) 자동차의 시스템은 크게 3가지고 구성된다. 하나는 우리 지금까지 얘기해 온 스택에 수소를 공급하는 FPS(fuel processing system), 공기를 공급하는 시스템, 스택을 냉각시키는 열관리 시스템(thermal management system, TMS)이다.

Stack
- (명사) 더미, 쌓기, 무더기.
- (동사) 쌓다, 포개다.

5. 공급 시스템(수소 공급과 산소 공급)

FPS(fuel processing system)에 속하는 **수소 공급 시스템**은 수소 충전에서 스택에 공급까지의 제어 시스템으로써, 약 700bar 압력을 약 17bar로 감압하여 공급한다. 수소 공급 시 수소의 순도가 떨어지면 퍼지 밸브를 구동하여 대기로 배출하고, 수소층에서 발생된 생성수는 수소 워터 트랩에 모아졌다가 드레인 밸브를 통해 외부로 배출된다. 안전장치로는 수소 차단밸브가 각 탱크에 부착되어 있고, 온도 감응 밸브, 고압·중압 감지 센서 등이 있으며, 감압장치로는 고압 레귤레이터가 약 700bar의 수소 탱크 압력을 약 17bar로 감압하며, 충전장치로는 적외선 이미터가 적용되어 충전 데이터(탱크 압력, 온도)를 충전관리 시스템에 전송한다. 시스템 고장 시 수소 충전이 불가능할 수 있으며, 일반적으로는 저속 충전이라도 충전이 되도록 되어있다.

산소 공급 시스템은 APS(air processing system)라고도 하는데, 공기를 압축·냉각하여 스택에 공급하는 것으로써 **공기 압축기 펌프 제어기**(blower pump control unit, BPCU)가 공기량을 제어한다. 이때 압축된 공기의 온도는 약 80℃를 유지하면서 **공기 압축기**는 최대 10만 RPM으로 회전하며 스택으로 공기를 밀어 넣는다. **스택**으로 들어가는 공기는 압축전에 이미 고효율 에어필터를 통과한 정화된 공기로써 공기정화 기능이 이루어진 공기만이 사용된다. 약 80℃의 공기는 **공기 쿨러**에서 약 30~40℃로 냉각되어 **가습기**를 거쳐 수분을 보충(흡수)하고 습한 공기 상태로 **공기 차단기**의 inlet을 통해 스택으로 공급된다. 스택을 지난 공기는 다시 **공기 차단기**의 outlet을 통해 가습기로 돌아가고 **공기압력밸브**를 지나 대기로 배출된다.

6. 냉각 시스템

열관리 시스템(thermal management system, TMS)에 속하는 냉각 시스템은 고전압 배터리를 장착한 친환경 자동차에서는 매우 중요하게 다뤄지는 시스템이다. 수소 연료 전지 자동차에 역시 중요한 시스템으로써, 여기서는 수소 연료전지 자동차에서 특징적 부분만 다루어 본다. 자세한 것은 제4장 고전압 배터리에서 언급하기로 한다.

열관리 시스템(thermal management system, TMS)의 주요 구성부품은 스택 냉각수 펌프, COD 히터, 이온필터, 스택 우회 밸브, 스택 냉각수 온도제어 밸브, 스택 냉각수 온도센서, 라디에이터가 있다.

여기서 COD(cathode Oxygen depletion) **히터**란, 연료전지 셀의 내구성 향상을 위해 시동을 끄고 난 후, 스택에 남아 있는 잔류 전류를 강제 반응시켜 소모하는 기능을 하는 장치로써, 시동시 냉각수 온도를 높여 시동성을 향상시키는 기능과 회생제동 기능, 차량 충돌 사고 시 고전압 시스템 차단 및 급속 고전압 소진기능도 하고 있어 수소 연료 자동차에 특화된 냉각 시스템이라 할 수 있다.

이온 필터는 스택 전용 냉각수를 이온 필터링 하는 장치로써, 전기 전도도를 일정 수준으로 유지하여 운전자 감전 방지 및 절연 저항을 유지하여 전기 안전성을 확보하는 기능을 한다.

수소 연료전지 자동차는 라디에이터가 2개이다. 일반적으로 우리가 아는 라디에이터가 있고, 스택 전용 라디에이터가 있다. 일반적인 라디에이터를 전장 라디에이터라 하는데, 전장 라디에이터와 스택 라디에이터, 컨덴서는 일체로 구성되어 있다.

COD 히터
- 수소차 시동을 막 켰을 때 연료전지 내부에 남아있는 산소와 수소를 없애는 역할을 하며, 냉각수 온도를 조절해 시동이 잘 걸리도록 한다. 특히 실내 히터 용도로 사용되기 때문에 차량 내구성을 높이고 실내 쾌적화에 중요한 역할을 한다.

7. 전력 변환과 구동·제동 시스템

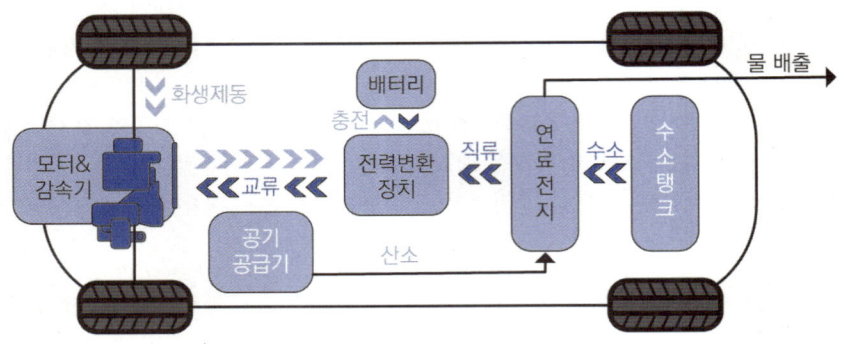

수소차 전력 흐름

위 그림은 다소 간단하게 그려져 있으나, 우리가 이해하고 숙지하기에는 유익하다 생각된다. 여기서 전력 변환 장치(MCU, LDC, BHDC, 고전압 정션박스)와 배터리(저전압, 고전압)를 세분화하면 보다 상세한 전력 변환 흐름도가 된다.

위 그림에서 표현되어 있지 않으나 전력변환장치에 속해 있는 MCU(인버터)는 구동모터를 제어하면서 회생제동 충전 토크를 제어 하는 역할을 하며, LDC(컨버터)는 저전압 12V전원을 공급과 보조배터리 충전을 담당한다. 또한 BHDC(컨버터, Bi directional High voltage DC-DC Convertet) 양방향 고전압 직류 변환장치는 고전압 배터리 전력 제어를 하는 장치로써 시동 시 고전압 공급과 스택에서 생성된 전기와 회생제동에 의해 만들어진 고전압 전기를 강하시켜 고전압 배터리로 충전하기도 하고, 고전압 배터리의 전압을 증폭시켜 모터 제어 장치(MCU)에 전력을 전송하여 구동모터에 전원을 공급하기도 한다.

수소차의 구동 시스템(동력전달)은 전기차와 크게 다를 것이 없다. 다만 전기차에서는 고전압 배터리의 전력만을 의지했으나, 수소차는 주행 중 스택에서 만들어진 전기를 고전압 배터리의 전력을 이용하지 않고도 그대로 사용한다는 것이다.

굳이 구동 시스템을 되짚어 본다면 ① 운전자의 가속페달, ② 스택 가동, ③ 구동 모터 작동, ④ 감속기 회전 토크 증대, ⑤ 휠(주행) 이라고 할 수 있다.

제동 시스템은 유압브레이크 제동과 회생 제동 시스템을 생각하면 된다. 유압브레이크는 내연기관 유압브레이크 방식과 같은 것인데, 회전하는 모터의 전원을 차단하고, 회전력에 따른 모터의 토크에 따라 유압의 적정 배분을 한다는 점에서 조금 차이는 있다. 회생제동(regenerative braking)은 감속 및 제동 시 구동 모터가 발전기 역할을 하면서 운동에너지를 전기 에너지로 바꾸어 고전압 배터리를 충전하는 것을 말한다. 수소 연료전지차의 제동력은 유압 제동력에 모터의 부하라고 보면 된다. 여기에 모터가 발전기로 전환되어 충전한다는 것이다.

수소 연료전지 자동차뿐만 아니라 구동 모터가 장착된 친환경 자동차의 경우에는 유압 제어와 모터제어가 동시에 적용된다. 유압 제어는 감압으로, 구동 모터는 회생제동과 모터 회전력 감소로 제동을 하게 된다. 2가지 제동 제어 시스템이 모두 적용되는 것인데, 이런 것을 협조 제어 시스템이라고 한다.

8. 환경 보존과 수소 연료전지 자동차

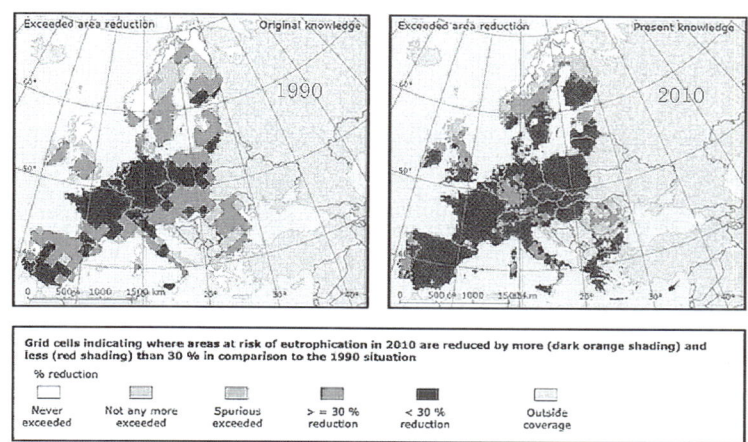

대기환경 오염 및 건강에 관한 Grid cells

온실가스에 의한 지구 온난화, 그리고 여름철 폭우, 겨울철 한파 등 이상 기온 현상과 전에는 없던 감염병 유행은 유해 배기가스로 인한 것이라는 것은 이제 누구나 알고 있다. 그러나 이러한 사회 인식에도 불구하고 우리 실생활에서 사라져야 할 플라스틱, 비닐 등은 배달문화, 1회용품 생활에 힘입어 더욱 많아지고 있는 건 어쩔 수 없는 현실로 받아들여지고 있다. 이렇게 사용하지 않으면 생산을 안 할 플라스틱과 비닐은 재활용(recycling)을 100% 하지 못하더라도 일부는 재활용하는데 우리는 동참하고 있다.

위 그림은 유럽 환경청에서 발표한 자료에서 발췌한 것으로써, 1990년 상황과 비교하여 20년 후 2010년에 토양의 부영양화 위험 지역(30% 미만 적색 음영)이 증가하는 것을 연구한 것이다. 즉, 대기로 방출되는 이산화황, 질소 산화물, 암모니아 배출량이 너무 많아져 초원과 식물, 호수에서 나타나는 과도한 양의 질소 발생을 의미하는 것으로써 대기 오염에 의한 지구 온난화로 물과 토양이 산성화되었다는 것이다. 즉 대기오염 물질에 노출된 상태(적색)가 매우 심각하다는 것을 말하는 것이다. 이미 2010년에 발표한 자료라 이렇다면 10년이 훌쩍 넘어선 지금의 우리 지구는 어떤 상태일까? 적색 음영이 많아졌을까? 적어졌을까? 이런 질문 자체가 이상하다. 당연히 부영양화된 토양의 정도가 더욱 넓어졌을 것이다.

그럼 우리 자동차는 어떨까? 자동차에서 뿜어져 나오는 유해 배출가스는 과거에 비해 자동차 생산 대수는 증가하였고, 유해 배출가스도 증가하고 있다. 이러한 온실가스로 인한 지구온난화 현상을 지연시키고, 근본적인 해결책을 찾아 몸살을 앓고 있는 지구의 대기 환경을 개선하기 위해, "친환경 자동차"라는 용어가 나왔고, 우리뿐만 아니라 전 세계가 함께 친환경 자동차 생산에 동참하고 있다.

친환경 자동차는 순수 전기차, 하이브리드차, 수소차 등 다소 다양한 종류로 구성되어 있다. 그러나 100% 친환경 자동차라는 것은 제작 공장에서의 생산 전부터 생산 후 도시에 나와 도로에서 주행하기까지 단 1%도 친환경에 반하지 않을 수 없다. 그러자면 돌과 나무로 자동차를 만들어야 한다.

수소 연료전지 자동차는 어떤 친환경 자동차 종류보다도 가장 친환경적인 특성을 지닌 자동차이다.

주행 중 대기 속에 있는 산소를 받아들여 고효율의 정화 기능을 거쳐 스택으로 옮겨진 후, 전기를 생산하고 결국 수소와 반응하여 인체에 무해 한 물만 배출해 내게 된다. 도심 속 오염물질을 정화하고, 인체에 무해 한 물을 만들어 내는 수소차가 가장 친화적이라는 것은 누구도 부인할 수 없는 것이다.

제4장 고전압 배터리

1. 고전압 개요(위험성, 감전영향, 화학 전지의 구분)

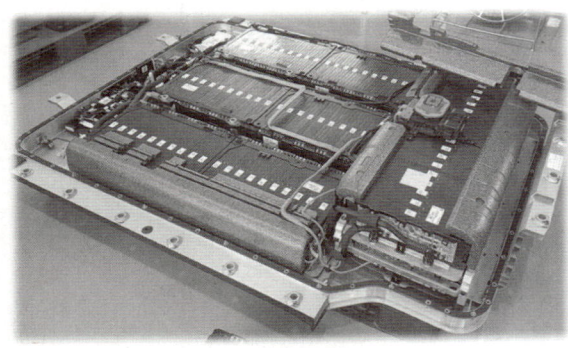
배터리 팩 오픈 상태

배터리 팩 오픈전 어셈블리 상태

대기환경 오염 및 건강에 관한 Grid cells

고전압 배터리가 위험하다는 것은 문득 피부로 와 닿지는 않으나 왠지 위험할 것 같은 생각이 든다. 현장에서 정비하는 정비사들은 가솔린 점화 플러그의 고압 배선에서 전해 오는 감전을 느껴본 적이 있어 그 찌릿함을 익히 알고 있기에 전기의 기본적인 상식이 없더라도 고전압의 위험과 인체에 전해지는 데미지(damage)를 충분히 이해하고도 남는다.

감전(electric shock)이란 사람의 몸 일부 또는 전체에 전류가 흐르는 현상으로 전류(A)의 크기, 시간, 경로에 따라 그 강도가 달라진다. 표에서와 같이 대체적으로 남성보다 여성의 최소 감지 전류가 작아, 작은 감전으로도 남성보다 데미지(damage)가 크다. 이러한 감전 사고를 예방하기 위해서 우리 생활에서는 누전 차단기를 설치하고 있고, 무엇보다 안전전압 이하로 사용하면서 감전 거리를 최대한 이격하여 유지하는 것이 바람직하다.

고전압 배터리는 보통의 400V 이상이다. 전류는 전압을 저항으로 나눈 값으로써, $V = I \times R$ 이라는 옴의 법칙에서 알 수 있다. 400V 이상의 고전압 배터리가 일반 12V 저전압 배터리와 비교할 때 얼마나 위험한지 한번 생각해 보자. 감전 전류가 얼마나 위험한가를 바로 알 수 있는 것으로, 예를 들어 고전압 배터리와 저전압 배터리를 만진 같은 시간, 장소, 환경 조건에서의 남성이 가지고 있는 신체의 저항은 5000Ω 이라 가정해 보았다. (5000Ω은 인체가 습하거나 물이 묻은 상태를 가정한 수치)

저전압 12V 배터리를 만졌을 때 이 남성에게 전해지는 전류는 0.0024A(12 ÷ 5000)이고, 고전압 400V 배터리를 만졌을 때는 0.08A(400 ÷ 5000)남성에게 전해진다. 즉 고전압 배터리를 만졌을 때 저전압 배터리보다 무려 약 33배 (0.08 ÷ 0.0024 = 33.33....)가 넘는 전류가 인체에 더 많이 전해지게 되어 전압이 높을수록 감전에 더욱 취약해지면서 위험하다는 것을 알 수 있다.

전류(A)와 인체에서 느끼는 감전 영향				
구 분	직류(A) −		교류(A) 60(Hz)	
감전의 영향	남자	여자	남자	여자
느낄 수 있음(최소 감지 전류)	0.0052	0.0035	0.0011	0.0007
고통이 없는 쇼크, 근육은 자유로움	0.009	0.006	0.0018	0.0012
고통이 있는 쇼크, 근육은 자유로움(가수 전류)	0.062	0.041	0.009	0.006
고통이 있는 쇼크, 이탈한계(불수 전류)	0.074	0.05	0.016	0.0105
고통이 격렬한 쇼크, 근육 경직, 호흡곤란	0.09	0.06	0.023	0.015
심실 세동의 가능성(통전시간 0.03초)	1.3	1.3	1.0	1.0

고전압 배터리를 탑재한 친환경 자동차의 정비를 할 때는 반드시 아래의 개인 보호장비 및 절연 처리가 된 특수 공구와 시설을 갖추고 작업에 임하여야 한다.

고전압 정비를 위한 개인 보호 장비

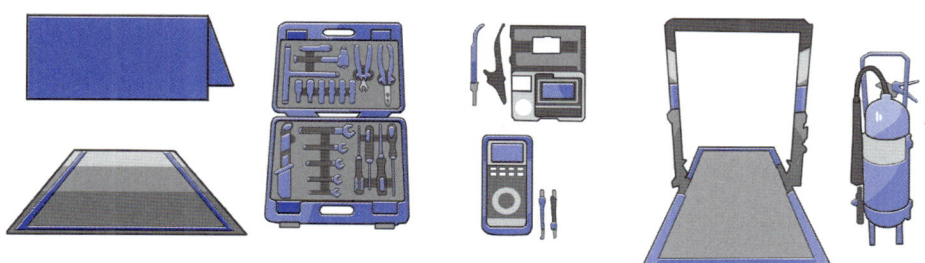

고전압 정비를 위한 장비 및 시설

감전(신경의마비)
- 인체의 신경 신호도 약한 전류에 해당하는데, 일정 세기 이상의 감전 전류가 흘러 들어오면 신경 신호가 무시되어 스스로 감전상태를 탈출할 수 없게 된다. 이러한 감전전류의 기준을 가수전류라고 하고, 상용 주파 교류 전류에서 6~9mA 정도이다. 220V에서 손가락 하나만 감전되는 경우는 떨어트릴 수 있는데, 전기가 손가락을 통해 고통으로 느껴짐과 동시에 즉각 몸통이 반사적으로 움직여 감전 상태에서 벗어나게 된다.

화학 전지는 크게 1차, 2차전지로 구분하고, 약간의 의미가 다른 화학에너지 반응이 전기에너지로만 변화되는 연료전지가 추가된다. 1차 전지는 쉽게 말해 방전(전기를 쓰는 것)은 되나 재충전하여 사용할 수 없는 것을 말하고, 2차전지는 충·방전이 모두 가능한 전기차와 수소차, 하이브리드차의 고전압 배터리(리튬이온의 리튬계, 니켈수소의 알칼리계)와 12V 저전압 리듐·알칼리계 배터리, 그리고 일반 내연기관의 12V 납산 배터리(산성계)를 말한다.

연료전지 같은 경우에는 수소 연료와 산소(산화제)가 만나 전기화학 반응을 일으켜 전기에너지를 생성하여 고전압 배터리를 충전하고 구동 모터를 회전시킨다. 그러나 감속 시 구동 모터의 회생제동 발전 전기에너지는 스택에서 받지 않는다. 이러한 점에서 연료전지는 조금은 다른 개념으로 생각해야 한다.

리튬이온 배터리

친환경 자동차의 고전압 배터리 뿐만 아니라 생활 가전제품(무선청소기, 핸드폰, 비상랜턴, 충전식 전동공구 등)에도 많이 쓰이고 있는 리튬이온 배터리는 다른 배터리 소재에 비해 가볍고 높은 에너지 밀도와 고용량, 고효율 구현이 가능하다.

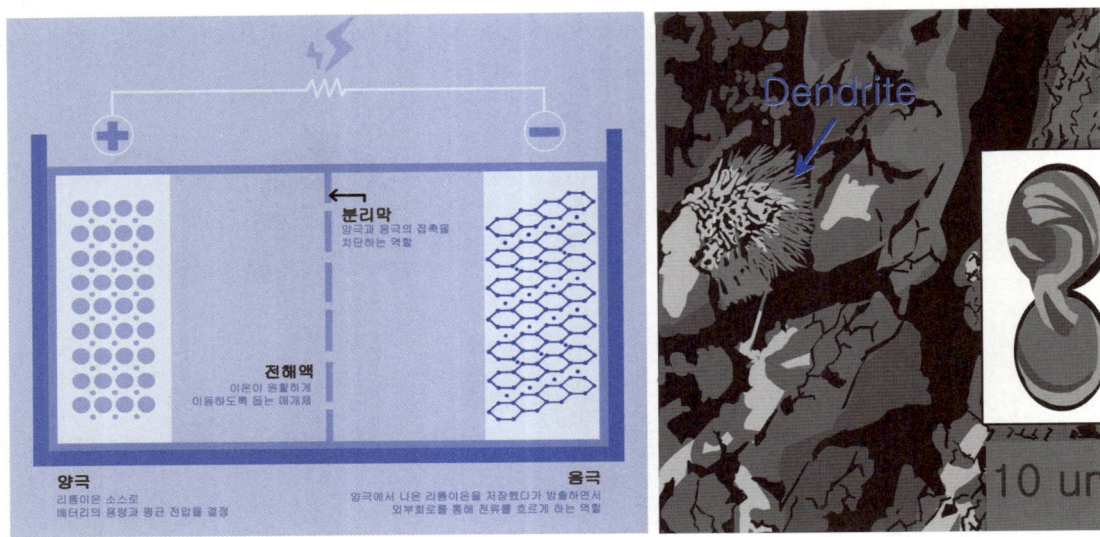

리튬이온 배터리 구성요소와 덴드라이트 현상

리튬이온 배터리는 위 그림에서와 같이 **양극, 음극, 전해액, 분리막**으로 크게 4개의 구성요소가 있다. 필수요소라고 해도 될 만큼 빠져서는 안 될 요소들이다.

4개 구성 요소를 다시 간단히 설명하면, 리튬이온 배터리의 용량과 전압을 결정하는 '양극'과 양극에서 나온 리튬이온을 가역적으로 흡수·방출하면서 외부회로를 통해 전류를 흐르게 하는 역할을 하는(전자를 도선으로 내보내는) 음극 활물질인 '음극', 리튬이온만을 이동시키는 '전해액', 그리고 양극과 음극이 서로 섞이지 않도록 물리적으로 막아주는 역할을 하는 것이 '분리막'이다.

하지만 리튬이온 배터리가 모두 장점만 있는 것은 아니다.

덴드라이트(Dendrite·수지상결정)는 리튬 배터리의 충전 과정에서 음극 표면에 쌓이는 나뭇가지 모양의 결정체를 말한다. 이는 리튬의 이동(음극↔양극)을 방해해 배터리 성능을 저하 시키고, 분리막을 훼손시켜 배터리 수명과 안전성을 떨어트리는 문제와 전지의 양극에 뿌리를 두고 무작위로 자라나며 너무 크게 자라면 양극과 음극을 분리하는 전극 사이의 디바이더를 뚫고 단락을 일으키고, 내부 단락이 일어난 전지는 기전력을 잃게 된다. 또한 전지를 가로질러 흐르는 전류가 급격히 증가하여 화재의 원인이 되기도 한다.

2. EV와 HEV의 고전압 흐름도

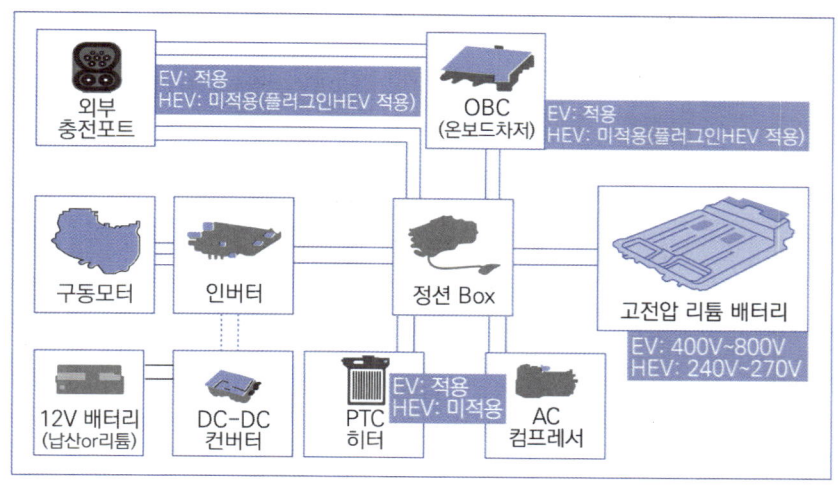

EV 고전압 흐름도 + HEV 고전압 흐름도

EV(순수 전기차)와 HEV(하이브리드 전기차)의 가장 큰 특징은 내연기관이 있고 없고 차이다. 내연기관이 있는 하이브리드 전기차는 에어컨과 히터가 기존의 내연기관 방식과 같아 EV에 적용되는 방식을 따를 필요가 없다. 외부 완속 충전 시 사용되는 OBC(on board charger)의 경우에도 별도의 외부 충전을 필요로 하는 EV와 PHEV(플러그인 하이브리드 전기차)에만 필요하고 주행과 감속기 충전하는 HEV에는 필요치 않다. 그 외 인버터, 컨버터, 구동모터 등으로 흐르는 고전압 라인은 같다. 또한 여기 그림에는 없으나 HEV의 HSG(hybrid starter generator)에도 고전압이 흐른다는 것을 추가하면 된다.

3. 고전압 차단(고전압 무력화)

정비 또는 사고 발생시 고전압을 차단하는 절차는 2차, 3차 사고를 방지하기 위해 매우 중요하다. 고전압 무력화 절차는 다음 5단계로 이뤄진다.

① 시동키 또는 버튼을 끈다.(점화스위치 off)
② 12V 저전압 보조배터리의 마이너스(-) 단자를 분리한다.
③ 절연 장갑 등 개인 보호 장비를 착용한다.

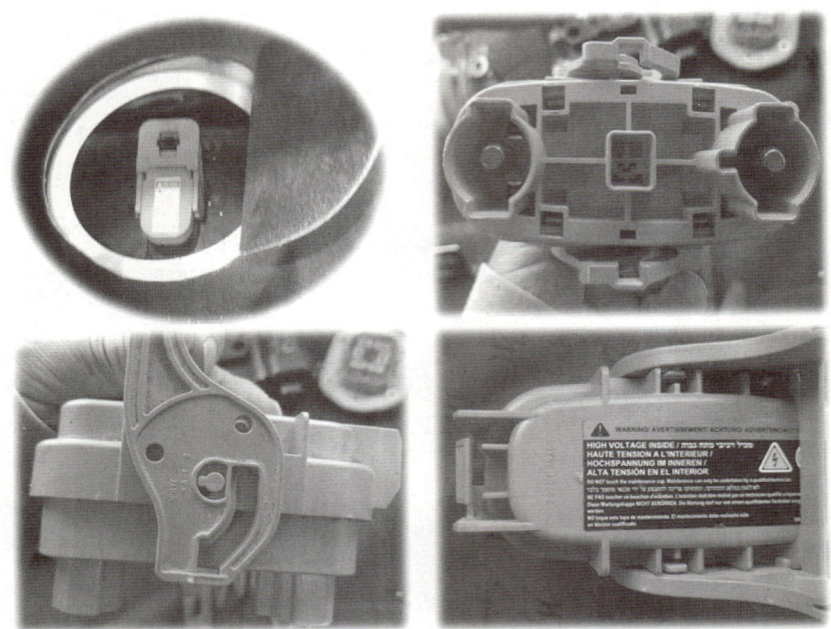

고전압 차단 세이프티 플러그

④ 고전압 차단 세이프티 플러그를 탈거한다. (탈거 후 차량에 보관하지 않고 작업자가 별도 보관)
⑤ 잔류 전압의 방전(커패시터 방전)을 위해 5분 이상 대기한다.

4. **고전압 배터리 교환(셀밸런싱, 냉각라인·배터리팩 기밀 테스트, 냉각수 보충·후 공기빼기)**

고전압 배터리 교환작업 전, 고전압 주의를 알리는 경고 팻말 설치부터 각종 개인 보호 장구와 절연 공구 등을 갖춘 후, 반드시 고전압 차단 무력화 단계를 실시(잔류 전압 소멸 5분 대기시간 포함)하고 교환작업에 들어가야 한다. 고전압 배터리팩의 세이프티 플러그와 PE(Power train Electronics 모터룸)룸에 있는 서비스 인터록 커넥터도 탈거한 후 작업에 들어간다.

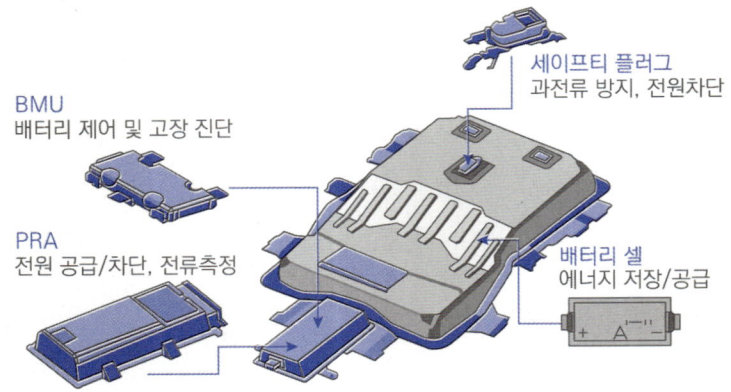

고전압 배터리 시스템 구성

고전압 배터리 교환 작업순서 중 먼저 탈거 순서를 정리하면,
① 작업자 안전 대책(안전보호구 착용, 절연 공구 및 화재진압 장비 준비)
② 고전압 차단 세이프티 플러그 및 서비스 인터록 커넥터 탈거
③ 리어 고전압 정션블록 커넥터 탈거
④ 전면 저전압 커텍터 탈거
⑤ 접지 볼트 탈거
⑥ 프론트 고전압 정션블록 커넥터 탈거
⑦ 냉각수 배출
⑧ 배터리 하단 중앙 관통볼트 탈거
⑨ 고전압 배터리 운반·제거용 테이블 리프트 설치
⑩ 배터리팩과 차체 연결 외곽 볼트 탈거
⑪ 테이블 리프트 하강하여 배터리팩 탈거

배터리팩을 탈거하여 안전한 작업 공간으로 이동 후 배터리팩 커버를 제거하고, 고장이 발생한 셀의 배터리 모듈을 교체한다.

모듈 교체 후에는 각 셀의 전압을 동일하게 맞춰주는 **셀 밸런싱 작업**이 필요하며, 모듈 교체가 없이 배터리팩 전체를 교환할 경우에는 셀 밸런싱 작업이 불필요하다. 셀 밸런싱 작업이 필요한 모듈 교체형 고전압 배터리 교환작업은 추가적으로 냉각라인 및 배터리팩 기밀 테스트와 배터리 장착 후 냉각수 보충 및 공기 빼기 작업이 필요하다.

고전압 배터리 교환 후 냉각수 공기빼기 작업

고전압 배터리팩은 이렇게 기밀 유지가 되어 있어 빗길 운행 및 차량의 침수 발생 시 외부에서 물이 침투하지 못하게 되어 있다. 이러한 방수 기능 외에서 외부 불순물이 유입되지 못하도록 방진 기능도 함께 갖고 있다. 이것은 전기·전자 기기의 방진·방수 기술 규격인 IP(ingress protection)등급과 같은 것으로써 한국 산업기술연구원 및 미국 전기공업회에서 정한 기준이다.

셀 밸런싱 작업
- 직렬로 연결된 고전압 배터리 셀 간의 전압 차이를 조정하여 맞추는 것

우리나라의 H사 전기차의 경우 IP 6 7 K 라고 등급을 정하였다면 여기서 "6"은 방진등급을 의미하며, "7"은 방수 등급을 의미한다. 방진 등급은 0~6까지, 방수 등급은 0~9까지이며, 또한 "K"는 영상 80℃까지의 고온과 100bar까지의 고압의 물을 분사하는 조건에서 약 30초간 방수가 가능하다는 뜻이다.

5. 고전압 충전(완속충전, 급속충전, 회생제동 충전)

고전압 배터리 충전에는 주행 중 충전과 외부 충전으로 나눌 수 있고, 주행 중 충전(자동차 자체 충전기술)에는 하이브리드 자동차의 HSG(hybrid starter generator)를 통한 충전과 수소 차량의 연료전지 스택(fuel cell stack)에 의한 전기 에너지 발생, 그리고 대부분의 친환경 자동차에 적용되고 있는 감속 시 구동 모터의 회생제동 충전을 말할 수 있다.

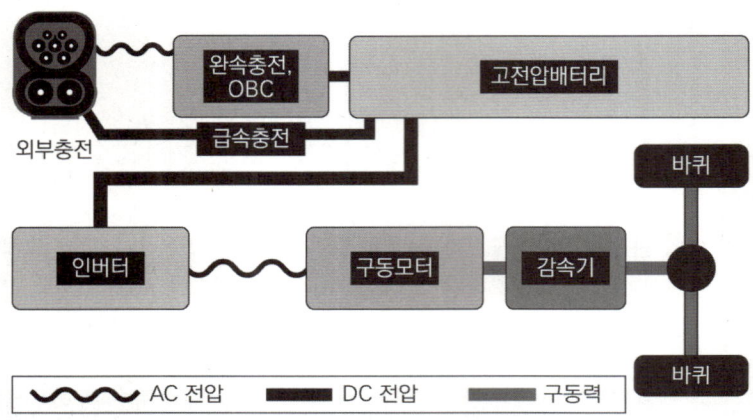

고전압 AC, DC 전력의 흐름

외부 충전은 우리가 흔히 아는 휴게소 및 관공서, 공공 기관 주차장 등에 비치된 급속충전과 아파트 주거지에서 볼 수 있는 완속 충전으로 나누어 볼 수 있다.

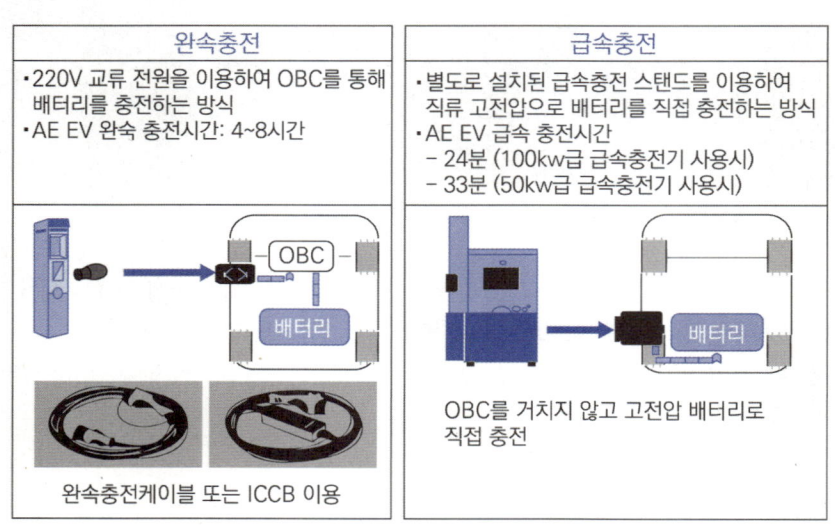

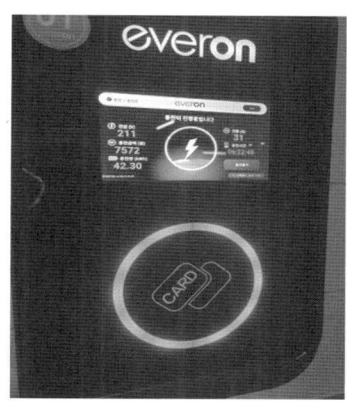 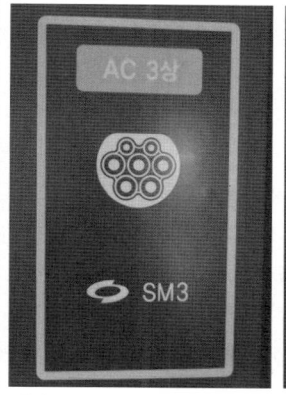 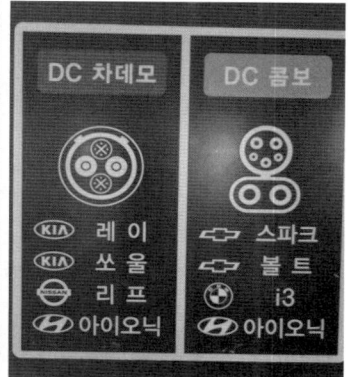

아파트 주거지역 완속 충전기

급속충전은 외부 충전 기기에서 DC 전압으로 충전되어 고전압 배터리로 바로 충전되는 것이며, 완속 충전은 외부 220V AC 전압이 OBC(on board charger)에서 DC 전압으로 변환하여 고전압 배터리로 충전되는 것으로써 충전 시간은 급속충전보다 길지만, 급속충전이 약 80% 충전 한계가 있는 것에 반해 많은 양의 전기(약100%)를 담을 수 있다는 장점이 있다. 아파트 및 주거지역에서 완속 충전기는 많이 볼 수 있다.

완속충전 방식		급속충전 방식		
Type 1 (단상)	Type2 (3상)	DC combo(Type 1)	DC combo(Type 2)	CHAdeMO
	유럽	북미	유럽	북미, 유럽, 내수
AC 240V 16/32A	AC 230V 16/32/63A	120A(50kw) 172A(100kw)		
CP(Control pilot)		PLC(Powe Line communication)		CAN(Controller Area Network)

충전기의 종류

제5장 자율주행 자동차

1. 자율주행 자동차 일반(개요, 단계 정의, 필요성, 동향)

자율주행(autonomous)의 역사는 20세기 초 미국에서 시작하여 군에서 군사 목적으로 자율 이동 수단 연구에 참여하면서 지속적으로 연구하는 계기가 되었다. 2016년 10월, 미국 콜로라도 주에서는 자율주행 트럭이 시속 88km로 50,000개의 캔맥주를 성공적으로 운반하였고 같은 해 스웨덴의 볼리덴 광산에서는 볼보사의 무인 트럭이 운행을 시작했었다. 자동차 부품 제조업체인 콘티넨탈과 마그나사의 자율주행 자동차 2대는 2017년 7월 31일 미국 일리노이, 위스콘신, 미시간, 오하이호 주 지역과 캐나다 온타리오 주에서 482km를 운행한 기록이 있다. 국내에서는 서울대학교에서 자율주행 자동차 '스누버'를 2015년에 개발하여 학교 안에서 20,000km 이상 시험 운행을 했었다. 2023년 8월부터는 미국 캘리포니아의 샌프란시스코에서 자율주행 무인 로보택시가 24시간 운행하고 있어, 더 많은 사회적, 과학적, 기술적 문제들이 도출되고 해결 방안들과 법적·제도적 장치들의 마련이 진행될 것으로 보인다.

또한 **자동차관리법 제2조(정의) 제1호의3**에서는 「"자율주행자동차"란 운전자 또는 승객의 조작 없이 자동차 스스로 운행이 가능한 자동차를 말한다.」라고 명시되어 있다.

사회 전반에 걸쳐 연결된 디바이스의 공통적인 네트워크와 클라우드 간의 통신을 쉽게 만드는 사물인터넷(IoT)을 시작으로 인공지능(AI), 빅데이터(Bigdata), 모바일(Mobile), 스마트카(Smart Car) 등의 관심이 쏟아지는 현대 사회는 그야말로 IT 천국이라 할만하다. 4차산업 기술 발전을 뛰어넘어 5차 산업 혁명으로 나아가는 현실에서 자율주행 자동차(autonomous vehicle)의 개발과 생산은 당연한 것으로 여겨지고 있다. 원치 않은 주행중 자동차 사고 발생 시 운전자의 의지로 사고 회피를 했던 다소 수동적인 기술에서 벗어나 첨단 기술에 힘입어 사고를 미연에 방지하고, 불가피한 사고 발생 시 탑승자와 보행자를 가장 안전하고, 보다 더 적은 손상을 주는 것을 자율주행 자동차 개발의 가장 중요 핵심 이유이다.

또한 평상시에는 첨단화되어가는 세계 추세에 발 맞추어 자동차에서 운전자를 포함한 탑승자 모두가 안전한 여가 생활을 즐길 수 있는 공간 창조의 목적과 대형 화물차량의 운송 시 발생하는 운전자 졸음운전 사고 예방, 원하는 시간, 원하는 장소에 모두가 정확히 도착하는 편안함을 자율주행 자동차는 추구하고 있다.

자율주행 자동차(autonomous vehicle) 발전 단계에 관해서는 앞서 이번 PART-05를 시작하는 도입 부분에서 아래 그림과 함께 언급한 바 있다.

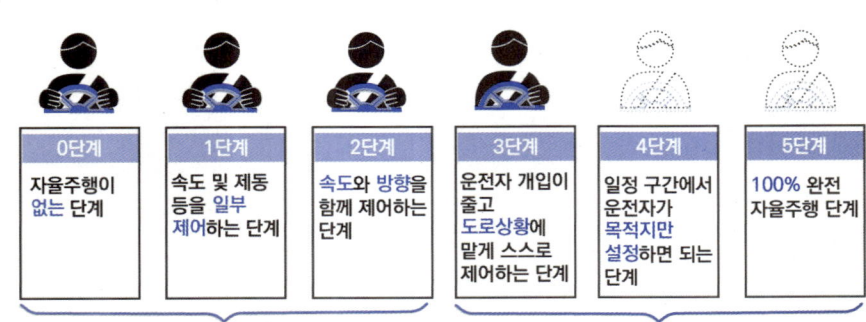

자율주행 단계 정의

자율주행 단계를 다시 정리하면,

- 0단계 : 자율 주행이 없는 단계
- 1단계 : 속도 및 제동 등을 일부 제어하는 단계로써, 스마트크루즈 컨트롤을 예로 들 수 있다. (운전자 보조)
- 2단계 : 속도와 방향을 함께 제어하는 단계로써, 고속도로 주행 보조 및 원격 스마트 주차 보조를 예로 들 수 있다. (부분 자동화, 발을 뗄 수 있음)
- 3단계 : 운전자 개입이 줄고 도로 상황에 맞게 스스로 제어하는 단계로써, 스스로 차로 변경 및 혼잡한 교통상황 시 자동으로 저속주행이 가능하다. (조건부 자동화, 손을 뗄 수 있음)
- 4단계 : 일정 구간에서 운전자가 목적지만 설정하면 운전자 개입 없이 자율주행 되는 단계로써, 시스템이 정해진 도로 조건하에서 자율주행 되는 것을 말한다. (고도 자동화, 눈을 감을 수 있음)
- 5단계 : 운전자의 개입 없이 시스템 자체가 100% 완전 자율주행 단계로써, 모든 도로와 조건에서 자율주행 되는 것을 말한다. (완전 자동화)

현재 세계는 자율주행·통신 기술을 기반으로 자동차 산업의 경계가 서비스 산업까지 확장되고 있고, 도심항공교통(UAM)을 비롯한 새로운 이동 수단이 출현하는 '모빌리티 혁명'이 일어나고 있다.

또한 차량의 주요 기능이 소프트웨어를 통해 구동되고, 자동차의 가치와 핵심 경쟁력이 하드웨어가 아닌 소프트웨어에 의해 결정되는 '소프트웨어가 중심인 차'(SDV, Software Defined Vehicle)로의 전환되고 있어 자율주행 자동차 개발 속도는 매우 빠르게 진행될 것으로 보고 있다.

얼마 전 정부에서는 2027년 완전자율주행(레벨 4) 상용화를 목표로 자율주행 차량 개발을 추진하고, 모빌리티 혁명에 대응하여 자율주행·커넥티드 기반 신산업을 창출한다고 발표한 바 있다. (2022.9.28. 산업자원부 "자동차 산업 글로벌 3강 전략")

2. 자율주행 자동차 구성 요소와 동작 원리(라이다, 레이더, 카메라, 초음파, V2X)

자율주행 자동차(autonomous vehicle)에 장착되는 대표적인 센서는 카메라, 레이더, 라이다 센서라고 앞서 이번 PART-05를 시작하는 도입 부분에서 언급한 바 있다.

다시 한번 주요 센서에 관해 정리해 보면,

카메라 센서는 이미지 처리 알고리즘을 위한 센서로 날씨와 주변 밝기에 따라 측정치가 불확실할 수 있다는 단점이 있고, 레이더 센서는 전자파를 이용(도플러 효과)하여 목표물의 속도와 정밀 측정이 가능하여 날씨와 주변 환경 조건에 많은 영향을 받지 않는다. 또한 라이다(LiDAR, Light Detection and Ranging)센서는 물체까지의 거리를 측정하는 센서로써 라이다의 광원에서 레이저 빔이 여러 방향으로 동시 발사가 가능하여 모든 지점의 거리를 동시에 측정하는 것이 가능하다.

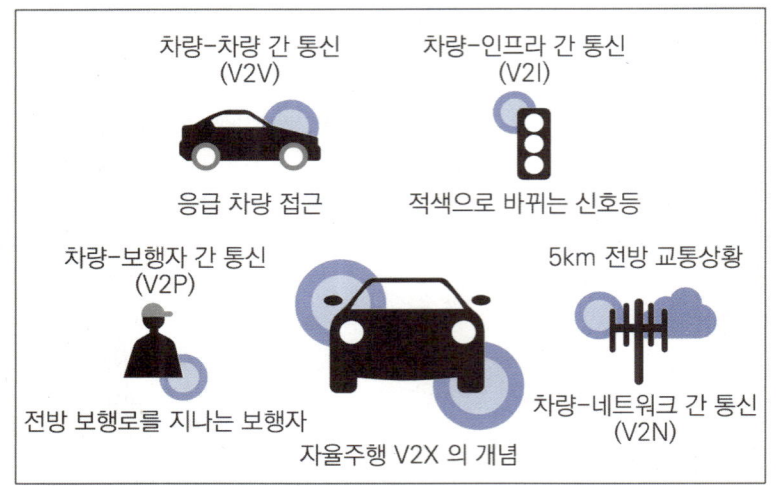

자율주행 V2X 의 개념

V2X(Vehicle to Everything communication, V2X communication)란, 자율주행 자동차가 유·무선망을 통해 다른 차량 및 도로 등 인프라가 구축된 사물과 서로 통신하며 정보를 교환하는 기술을 말하는데, V2X 기술은 자율주행 주요 센서들의 제약 조건에 대한 보완이 가능하다. 즉, 시야 제약 조건에 구애받지 않는 360° 인식 능력을 제공하고 있어 시야 확보가 어려운 교차로나 기상 악화상황에서도 더 멀리 볼 수 있도록 한다.

이렇듯 자율주행 자동차를 운행하기 위한 요소 기술은 매우 많으나 주요 내용을 다시 정리하면 다음과 같다.

항속 시스템(ASCC), 차선 유지 보조 시스템(LKAS), 자동 긴급 제동시스템, 주차보조시스템(자동 주차), 첨단운전자보조시스템, 지능형 교통 시스템(ITS), LiDAR (Light Detection and Ranging), 영상인식, 초음파센서, 3D 지도맵핑, IoT, V2X로 정리된다.

3. 인지·판단·제어 기술

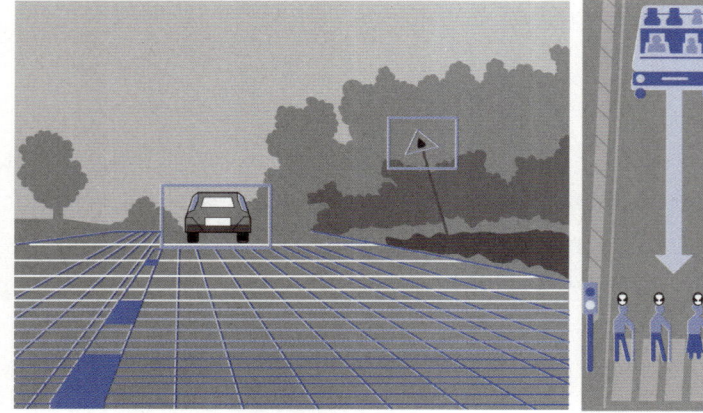

인지

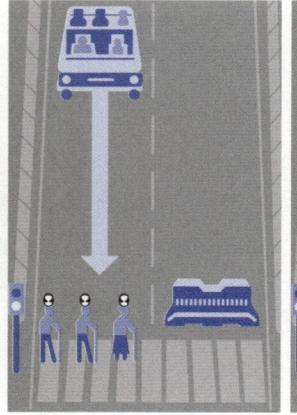 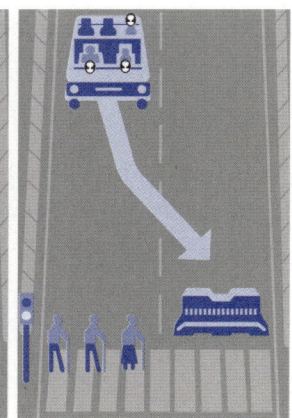

판단

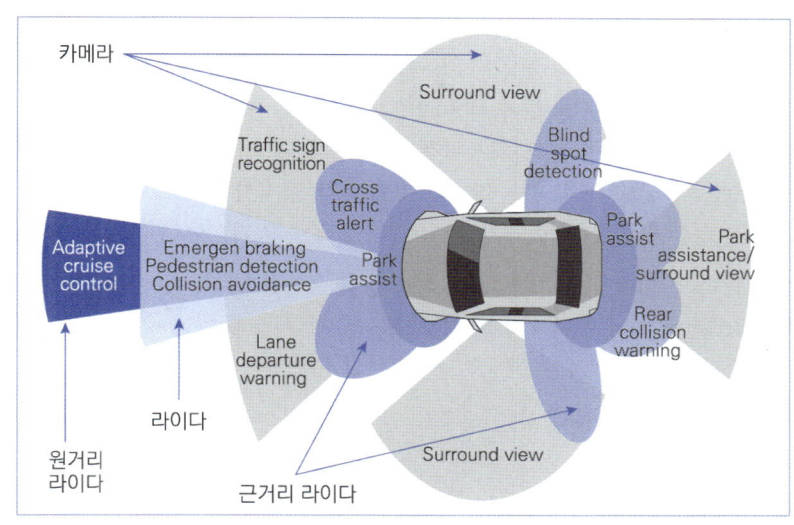

제어

자율주행 자동차를 위한 핵심기술인 <u>**인지·판단·제어**</u> 기술은 사람의 눈, 두뇌, 손으로 비유될 수 있다. 마치 사람이 눈을 이용해서 주변 사물을 인지하고, 두뇌를 이용해서 주변 상황을 판단하고, 손의 움직임을 통해서 물건을 옮기고 원하는 장소로 이동시키는 제어와 같기 때문이다.

이러한 자율주행 자동차의 인지·판단·제어 기술은 자동차에 에너지가 공급되는 순간부터 에너지 공급이 멈출 때까지 쉬지 않고 지속적으로 반복·수행해야 한다. 만약 인지·판단·제어 기술이 주행 중 멈추거나 불량이 생긴다면 바로 사고로 이어지게 될 것이다.

인지 기술은 카메라, 레이더, 라이다 및 여러 개의 센서 데이터를 종합한 센서 융합기술로 주변 환경을 인지하는 기술을 말하는데, 단순히 센서를 통해 데이터를 얻는 것만이 아닌 어떤 물체가 어떤 상태인지까지 인지하는 것으로써, 전방에서 달려오는 자동차의 시속까지 알아낸다. 또는 카메라 센서를 이용하여 교통 표지판, 차선을 인식하는 것도 인지 기술에 해당된다.

자율주행 자동차를 위한 인지 기술은 하나의 센서만을 이용하기보다는 여러 개의 센서 데이터를 통합하여 인지 기술의 정확도 및 성능을 높인다는 것이다.

주행 중인 자율주행 자동차의 현재 위치는 인공위성으로부터 신호를 받아 인식하는데, 이러한 기술을 GNSS(Global Navigation Satellite System)이라 하며, 내비게이션의 위치 기반인 GPS 센서가 대표적이다.

이렇듯 자율주행 자동차가 주위 환경이나 상황을 인식하는 인지 기능은 크게 4가지로 구분하여 아래와 같이 정리할 수 있다.
① 도로 환경 인식 기능
② 상황인식(신호등, 표지판) 기능
③ 동적 물체에 대한 정보 분류 기능
④ 자율주행 자동차의 위치 인식 기능

판단 기술은 목적지까지의 최단 경로를 결정하거나 주행 중 장애물 발견 시 정지, 차선변경 등을 결정하기 위해서 다양한 인공지능 알고리즘을 사용한다. 또한 그런 결정을 시기적절하게 수행하는 주요 판단기능은 다음과 같다.
① 긴급 상황 대처 기능(주행 중 돌발 상황 대처)
② 경로 설계 기능(주변 교통상황에 따라 차선변경 및 차량주행)
③ 차량 상태 판단기능(오류 발생 조치, 안전 부품의 기능 점검, 유사시 비상 정지)
④ 운전자 상태 판단기능(자율주행 지속 불가 시 운전자에게 주행 제어권 넘기기 위한 운전자 상태)

제어 기술은 상황에 따라 스티어링 휠, 가속, 제동 계통 등을 통제함으로써 자동차의 주행 경로 및 속도를 제어하는 기능인데, 주행 중 우회전을 하기 전에 적절한 속도 유지와 앞 차량과 거리 유지를 위해서 어느 정도로 감속해야 하는지를 판단하고 정확한 제어를 해야 한다.

제어 기술을 4단계로 구분하여 정리해 보면 다음과 같다.

1단계 제어는 제동·조향과 같은 단위 부품의 제어이며,
2단계 제어는 일정 수준의 속도나 가속도를 유지하는 기능제어,
3단계 제어는 경로 기반 제어와 통합 제어,
4단계 제어는 경로 설계, 상황 대처 기능과 같은 의사결정을 동반하는 제어이다.

자율주행 자동차의 레벨1 제어는 적응형 순항 제어시스템과 차선 유지 시스템이 있고, 레벨2 제어는 고속도로 주행 지원 시스템이다. 레벨 3 이상의 제어는 위의 4단계까지 모두 제어가 가능한 시스템이다.

4. 사이버 보안

자율주행차 및 커넥티드카(connected car, 인터넷 연결 자동차)의 미래 자동차의 사이버보안은 우리가 쓰는 개인 PC의 보안과 같은 개념이다. 즉, 각종 바이러스와 해킹으로부터 피해를 볼 수 있는 자동차가 점점 현실화 되어 가고 있다는 것이다.

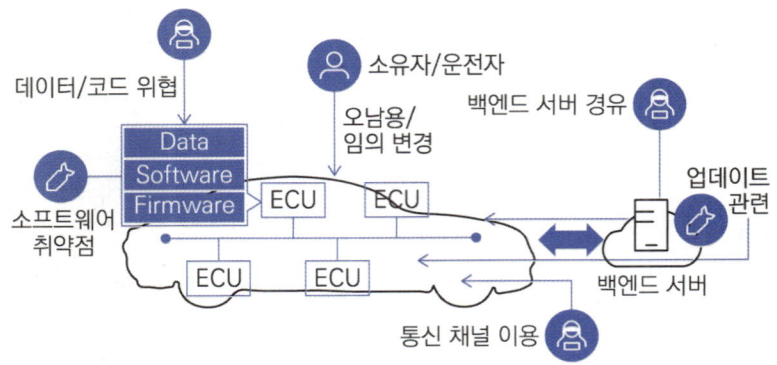

사이버보안 위협의 예

첨단 장치를 장착한 미래형 자동차는 AI 등 무선 센서(블루투스, 기타 통신)들의 송수신을 기반으로 만들어지기 때문에 보안을 무시할 수 없는 것이다. 만약 누군가 내가 운전하는 자율주행차와 커넥티드카 등 미래형 자동차를 운행 중에 핸들을 임으로 조작해서 내가 원치 않는 목적지로 주행하게 한다고 가정해 보면 끔찍한 일이 아닐 수 없다. 또한 내가 창문을 열지 않았음에도 우천시 누군가가 원격으로 창문을 열어 장난을 치거나, 주차 후에 내 자동차를

원격으로 조정하여 가지고 간다면 어떨까? 이런 황당한 사건들이 사이버 보안이 이뤄지지 않았을 때 얼마든지 발생할 수 있는 것이다.

> 실제 2012년 7월, 영국에서 당시 신형 BMW 자동차가 절도범에게 해킹돼 3분 만에 도난당했다. 절도범은 차량의 자가 진단장치(OBD-Ⅱ)에 스마트폰과 노트북을 연결해 스마트키를 복제한 후 자동차를 훔친 것이다.
>
> 2013년에는 네덜란드와 영국의 과학자들이 폴크스바겐, 포르쉐, 람보르기니 등 여러 자동차 브랜드를 해킹할 수 있는 방법을 보여주는 학술논문을 발표했다. 영국 고등법원은 이 논문을 읽어 보면 무선으로 차량을 해킹해 잠금해제하는 방법이 너무 쉽기 때문에, 즉시 이 논문의 추가 출판을 중단하라는 명령을 내렸다고 한다.
>
> 2015년 8월에 개최된 블랙햇 USA(Black Hat USA) 학술대회에서 미국 화이트해커 찰리 밀러(Charlie Miller)와 크리스 볼로섹(Chris Valasek) 등 두 사람은 피아트-크라이슬러사의 중형 SUV '지프 체로키(Jeep Cherokee)' 해킹을 시연했다. 두 사람은 지프 체로키에 탑재된 디지털 시스템을 해킹해 차량의 제어권을 탈취하고, 원격제어에 성공했다. 이 사건으로 피아트-크라이슬러는 해당 모델 140만대를 리콜하는 수모를 겪어야 했다.
>
> 2017년에는 현대자동차 블루링크 애플리케이션에 해커가 보안되지 않은 와이파이를 통해 침입, 사용자의 정보를 탈취하고 원격으로 시동을 걸 수 있는 취약성이 포함된 것이 드러난 바 있다.
>
> 2022년 1월에는 독일 사업가 데이비드 콜롬보(David Colombo)가 미국 테슬라의 전기차 25대를 원격으로 해킹했다. 콜롬보는 자신의 트위터에서 "전 세계 25대의 테슬라 자동차를 원격으로 해킹했다"고 밝혔다. 콜롬보는 이어 "테슬라 시스템의 소프트웨어 결함을 발견, 열쇠 없이 문과 창문을 열고, 자동차를 움직일 수 있다"며 "보안 시스템의 비활성화가 가능하고, 운전자 유무 확인, 음향시스템과 헤드라이트의 조작도 가능하다"고 언급했다.
>
> [2022. 9.27 보안뉴스_자동차 해킹 사례와 미래차의 보안위협 유형 분석 기사 발췌]

이러한 사이버 보안에 대한 대책으로 국토교통부는 자동차 보안센터, 자동차 보안 지원 및 대응 시스템, 자동차 보안 시험·평가 장비, 자동차 보안 전문 기구 등을 구축하는 사업을 추진 중에 있다.

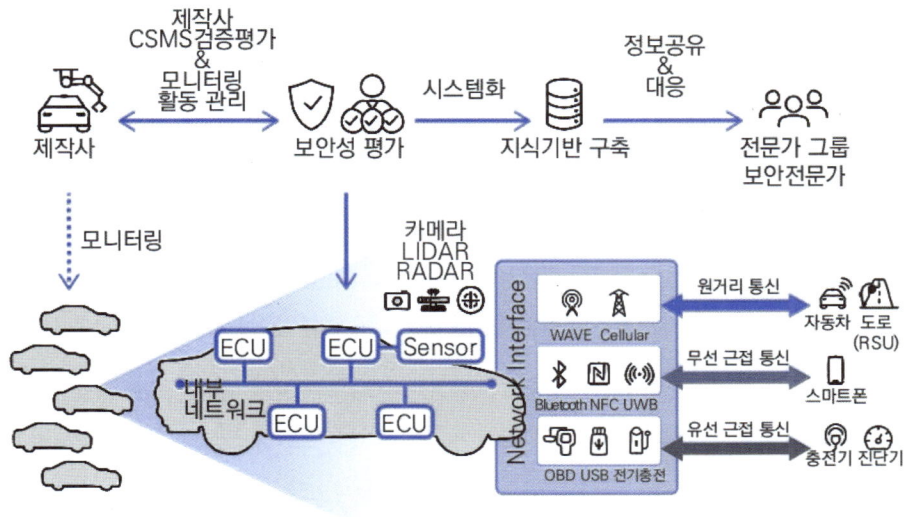

사이버보안 위협의 예

Black Hat
- 미국 라스베이거스에서 개최되는 세계 최대 정보 보안 콘퍼런스, Black Hat은 유명 해커 'Dark Tangent'로 알려진 Jeff Moss가 1997년 처음 시작했다.

자동차의 스마트키(SMK, smart key) 모듈은 무선에 의한 스마트기 인증이 있어야 작동을 하게 하는 일종의 보안 시스템이다. 도어 핸들 내부의 열고/닫힘 버튼, 브레이크 페달, 내·외부 안테나, SMK 등의 이상 발생시 경고 출력 제어를 하는 스마트키 모듈은 CAN통신을 통한 타 모듈과 정보를 공유하면서 정상적인 무선 인증의 경우에만 원활한 작동이 되도록 한다. 여기에 스마트키, 시동버튼, ESCL(electronic steering column lock, 전자식 조향핸들 잠금 장치) 등의 부수 장치들이 스마트키 모듈의 보안 체계를 뒷받침하여 보안 시스템을 구성하고 있는 것이다.

하나 더 예로 들자면 자동차 도난 방지 장치인 이모빌라이저다. 스마트키 ECU, 스마트키, 시동 버튼, 실·내외 안테나, 도어버튼으로 구성된 이모빌라이저 시스템은 스마트키 모듈로 전송된 키 신호를 수신받아 인증 후 전원 공급이 이뤄지고, 시동 버튼 신호에 따라 전원릴레이를 제어한다.

5. ADAS 종류(스마트 크루즈 컨트롤, 전방 충돌방지 보조, 차로 중앙 주행 보조, 고속도로 주행 보조, 차로 이탈 방지 보조)

ADAS(Advanced Driver Assistance System, 첨단운전보조장치)는 자율주행 자동차의 제작과 운행에 앞서 개발되어야 할 기술로써 자동차 주행과 관련한 편의 및 안전 시스템이다.

아래 그림과 같이 자동차가 충돌 위험에 직면했을 때, 운전자의 시각에 들어온 후 인지하고 브레이크 페달을 밟고 회피하려는 능동 안전(active safety) 구간과 운전자의 의지와 상관없이 사고로 이어지는 수동 안전(passive safety) 구간이 있다. 이러한 상황별 안전도에 관한 사항을 첨단 IT, 카메라, 라이다, 초음파센서 등을 이용하여 탑승자 상해를 최소화 하는 것이 ADAS(Advanced Driver Assistance System, 첨단운전보조장치)이다.

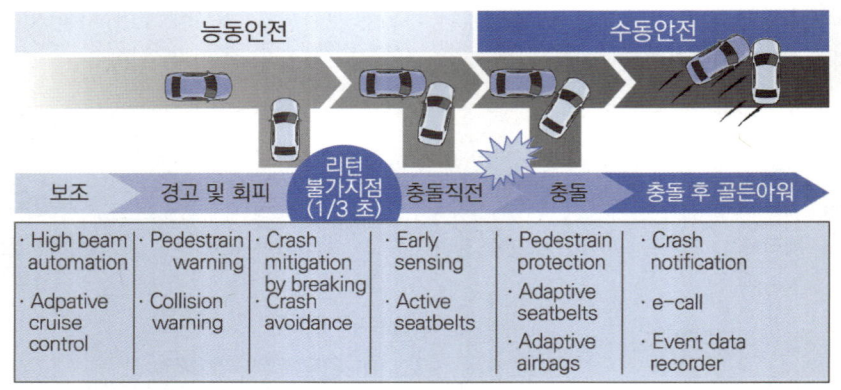

충돌위험 상황별 자동차 안전도 관련 운전자 대응

수많은 ADAS 기능을 모두 소개하는 것은 어려운 일이다. 여기서는 스마트 크루즈 컨트롤(SCC), 전방 충돌방지 보조(FCA), 차로 중앙 주행 보조(LFA), 고속도로 주행 보조(HDA), 차로 이탈 방지 보조(LKA)

가. 스마트 크루즈 컨트롤(SCC, smart cruise control)

스마트 크루즈 컨트롤은 주행 중에 전방 차량을 인식, 거리 유지, 설정 속도 유지 주행의 운전자 보조 ADAS 기능이다. SCC에서 SCC w/S&G(SCC with smart cruise control with stop&Go)로 발전하여 현재는 선행 차량이 정차하거나 재출발 시, 추돌 없이 거리를 유지하며 주행하는 것까지 기술 개발이 되어있다. 주요 센서는 전방 레이더와 카메라가 쓰이고 있으며, 룸미러 앞부분에 카메라, 그릴 또는 번호판 아래 범퍼 안쪽 중앙에 레이더 센서를 장착한다. 차간거리는 총 4단계로 설정되고 CAN통신이 적용되어 있다.

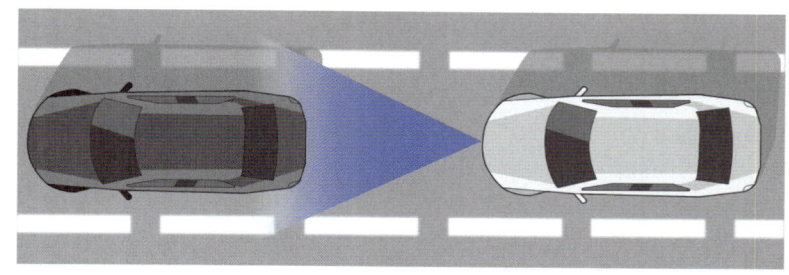

스마트 크루즈 컨트롤 ADAS

나. 전방 충돌 방지 보조(FCA, forward collision-avoidance assist)

전방 보행자 및 자전거, 차량, 기타 물건 등의 상해와 손상을 최소화하는 장치로써, SCC와 동일하게 전방 레이더와 카메라를 통해 인식하고 브레이크 제동을 하게 된다.

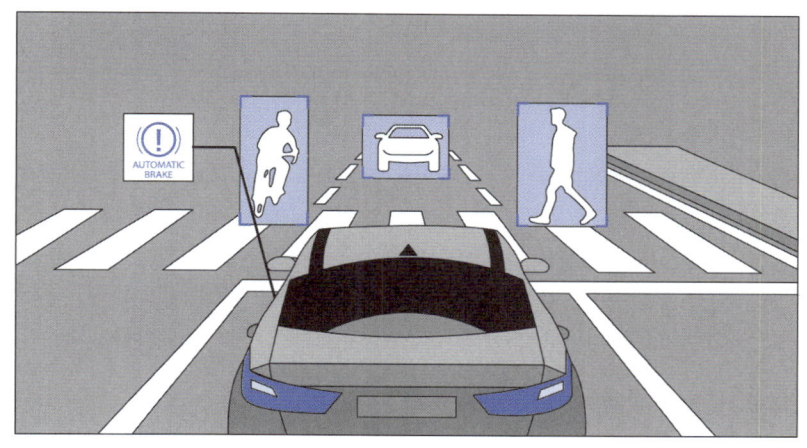

전방 충돌 방지 보조 ADAS

FCA는 충돌 위험 상황에 따라 3단계(시각, 청각인식 → 부분제동 → 급제동)로 경고와 브레이크 제어 동작을 실행하며, 1차 전방주의, 2차 추돌주의, 3차 긴급제동 순서로 계기판 화면에 경고상황이 표출되어 운전자가 인식할 수 있도록 이뤄진다. FCA 작동 중에는 ABS와 협조제어가 이뤄질 수 있으며, 전방에 차량과 충돌 방지 제어를 살펴보면, 80km/h를 기준으로 80km/h 이하까지는 급제동 되며, 80km/h 이상부터는 부분 제동으로 감속하면서 충돌 방지 시간을 확보하게 된다. 또한 전방에 차량이 아닌, 보행자와의 충돌이 예상될 경우에는 조금 더 낮은 속도에서 FCA제어가 작동하게 되는데, 65km/h이하 또는 66~85km/h, 그리고 85km/h 이상 시 단계별 브레이크 제어 상황이 다르다. 65km/h 이하에서는 경보와 급제동을 실시하고, 66~85km/h 에서는 시각 및 청각의 경보만 실행하고 2·3단계는 제어를 하지 않고 충돌 회피하도록 하게 한다. 85km/h 이상 시에는 모든 단계의 경고 및 제동 제어를 하지 않고 무조건 충돌 회피를 하도록 한다.

크루즈(cruise)
- '순항'이란 뜻. 일상용어로는 순조롭게 항해한다는 뜻이며 선박이나 항공기 뿐만 아니라 일이 순조롭게 진행되고 있다라는 의미로 비유적으로 쓰인다.

FCA 시스템 작동에는 주변 도로와 교통 환경, 스티어링휠의 임의 조향 또는 조향하지 않는 경우, 안개 또는 태양빛의 역광으로 인한 카메라의 작동 불가 상황, 레이더 커버의 불순물 오염 등 한계 상황이 있을 수 있어 이에 대한 기술 개발도 끊임없이 연구되고 있다.

FCA 기술은 점차 진화해 가고 있으며, FCA-JT(junction turning, 교차로에서 마주오는 차), -JC(junction crossing, 교차 차량), -LO(lane change/oncoming 추월 시 마주 오는 차), -LS(lane change side, 측 방향 접근차) 기술을 추가 적용하여 전방뿐만 아니라 여러 상황에서의 충돌 방지 시스템을 갖추어 가고 있다.

다. 차로 중앙 주행 보조(LFA, lane following assist, 차로 유지 보조)

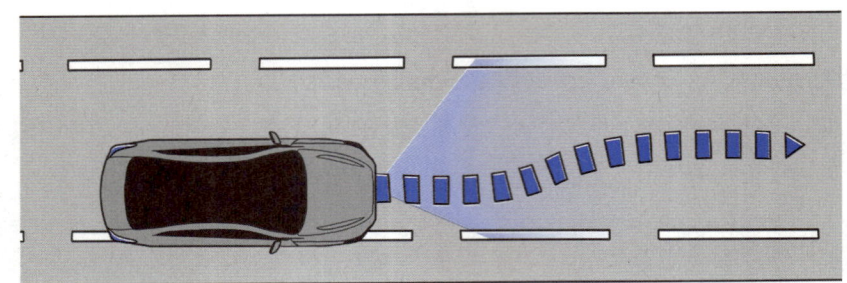

차로 중앙 주행 보조 ADAS

차선이 그려진 도로에서 차로 중앙에 주행하는 자동차가 유지되도록 제어하는 시스템으로써 양 차선을 모두 인식하여 차선 중앙에 주행하도록 제어하는 것은 기본이고, 도로 여건에 따라 차선이 흐리게 그려져 있거나, 노면위의 불순물(먼지, 물, 오염물질)로 인한 1개 차선만 인식할 경우에는 다른 쪽 차선을 가상의 차선으로 인식하면서 제어한다. 또한 양 차선을 모두 인식할 수 없을 때는 선행하는 자동차를 따라 제어하는 기능을 갖추었다. 이 시스템은 전방 카메라와 전동식 전자제어 조향장치(MDPS)를 주요 구성부품으로 장착하여 실행된다.

라. 고속도로 주행 보조(HDA, Highway Driving Assist)

자동차 전용도로 및 고속도로 주행 시 전방 차량과 차선을 동시에 인식하고 선행 차량과의 안전거리, 운전자가 설정한 속도를 유지하면서 차로 중앙으로 주행하도록 하는 시스템이다.

주요 시스템 구성은 전방 카메라, 전방 레이더, MDPS, ADAS Map(내비게이션)으로써, 고속도로 진입 시 현재 주행 중인 도로의 제한 속도를 인식하는 것이 기본 설정되어 있으며, 고속도로 제한 속도가 변경될 경우, SCC(smart cruise control)가 자동으로 속도를 변경하여 제어하게 된다.

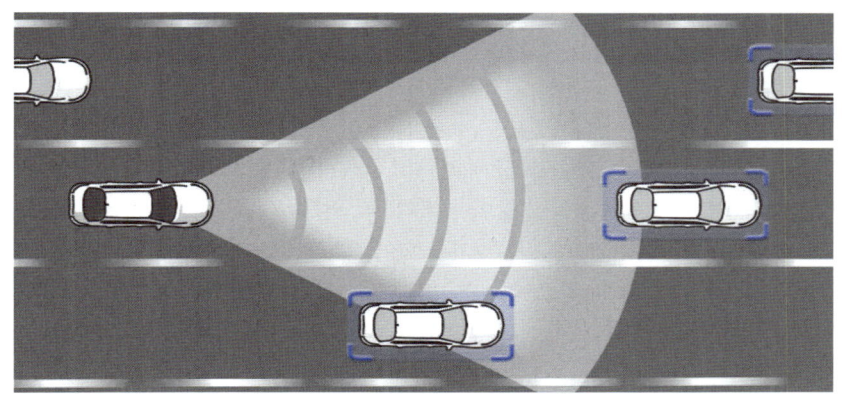

고속도로 주행 보조 ADAS

HDA 해제를 하기 위한 조건은 휴게소를 들어가거나, 톨게이트 500m 전·후 지점에서 경보음과 함께 클러스터에 안내 문자가 나오면서 해제된다. 일반적인 해제 조건(브레이크 페달 작동 시, 운전자가 직접 조향하여 차선 변경 시, 운전자가 직접 방향지시등 점등 시)은 동일하다.

마. 차로 이탈 방지 보조(LKA, lane keeping assist)

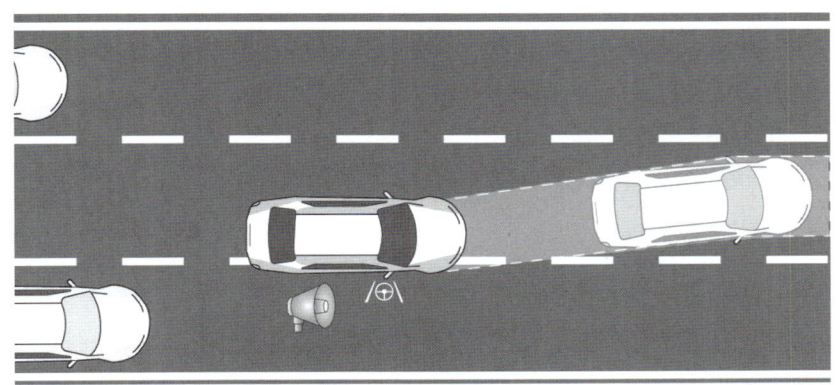

차로 이탈 방지 보조 ADAS

LKA(lane keeping assist) ADAS 시스템은 전방 카메라, MDPS, 클러스터이며,
주행 중 차선 이탈 시 경고음 또는 조향 보조 지원 CAN통신을 하여 안전 주행을 하도록 돕는 ADAS이다.

비슷하나 조향 보조가 빠진 이탈 시 경고만 하는 보조 시스템 LDW(lane departure warning, 차로 이탈 경고)와 구분하여야 한다. LKA에서 보다 발전된 시스템이 LKA-R, LKA-L 인데, 여기서 -R, -L은 언뜻 보면 오른쪽, 왼쪽으로 오인하기 쉬우나, 여기서 -R, -L은 Road edge(인도와 도로의 경계부 황색 실선), Lane(도로 노면 위 점선 또는 실선)을 의미한다. 그러나 커브 길에서 LKA는 일정 이상의 곡률 반경 보다 크게 되면 작동이 되지 않으며, 차량의 속도가 빠를수록 감지할 수 있는 차선의 곡률 반경 범위도 좁아지게 된다.

제6장 신재생 에너지와 바이오·에탄올·천연가스 자동차

1. 신재생 에너지

1830년대 말 농촌 지주계급 평균수명은 50~52세, 맨체스터/리버풀 공업도시 노동자 평균수명은 15~19세였고 임금을 낮추려고 어린이와 여성을 고용하는 공장 늘어나 비위생적 환경속에서 콜레라, 이질 등의 전염병 발생이 빈번했다. 농업사회의 필요 에너지는 동물, 풍력, 수력 등 자연의 힘이였고, 공업사회의 필요 에너지는 석탄, 석유 같은 화석연료에 있어 대기환경 오염과 함께 인간 생활 속 전염병도 커져 같던 것이다. 그로부터 거의 200년에 가까운 시간이 흐른 지금, 우리는 다시 자연의 힘을 얻어 보다 친환경적이고, 무한 에너지 환경으로 변화시키기 위해 정부와 사회가 공동 연구하고 있다.

「신재생에너지」란 신에너지와 재생에너지의 합성어로써, 관계 법령에는 **「신에너지 및 재생에너지 개발·이용·보급 촉진법(약칭 : 신재생에너지법)」**이 있으며, 제2조(정의)에 신에너지와 재생에너지에 관하여 아래와 같이 명시되어있다.

> **"신에너지"**란 기존의 화석연료를 변환시켜 이용하거나 수소·산소 등의 화학 반응을 통하여 전기 또는 열을 이용하는 에너지로서 다음 각 목의 어느 하나에 해당하는 것을 말한다.
> 가. 수소에너지
> 나. 연료전지
> 다. 석탄을 액화·가스화한 에너지 및 중질잔사유(重質殘渣油)를 가스화한 에너지로서 대통령령으로 정하는 기준 및 범위에 해당하는 에너지
> 라. 그 밖에 석유·석탄·원자력 또는 천연가스가 아닌 에너지로서 대통령령으로 정하는 에너지
>
> **"재생에너지"**란 햇빛·물·지열(地熱)·강수(降水)·생물유기체 등을 포함하는 재생 가능한 에너지를 변환시켜 이용하는 에너지로서 다음 각 목의 어느 하나에 해당하는 것을 말한다.
> 가. 태양에너지
> 나. 풍력
> 다. 수력
> 라. 해양에너지
> 마. 지열에너지
> 바. 생물자원을 변환시켜 이용하는 바이오에너지로서 대통령령으로 정하는 기준 및 범위에 해당하는 에너지
> 사. 폐기물에너지(비재생폐기물로부터 생산된 것은 제외한다)로서 대통령령으로 정하는 기준 및 범위에 해당하는 에너지
> 아. 그 밖에 석유·석탄·원자력 또는 천연가스가 아닌 에너지로서 대통령령으로 정하는 에너지

중질잔사유(重質殘渣油)
- 원유를 정제하고 남은 최종 잔재물로서 감압증류 과정에서 나오는 감압잔사유, 아스팔트와 열분해 공정에서 나오는 코크, 타르 및 피치 등을 말한다.

충주 청풍호 수상 태양광 에너지

보령 수상 태양광 에너지

경기시흥 시화 조력 발전소

2. 바이오 자동차

옥수수나 사탕수수 등 생물자원을 연료로 활용하는 것을 '바이오연료'라고 하며, 휘발유를 대체할 수 있는 것을 바이오 알코올이라 한다. 그리고 이러한 바이오 연료를 사용하여 주행하는 자동차를 바이오 자동차라 한다.

바이오에너지의 성장과 시장 전망은 매우 밝다. 우크라이나 전쟁으로 에너지 안보에 대한 중요성이 부각 되면서 석유 대체 바이오 에너지에 대한 관심도 높아지고 있다. 바이오에너지는 우리 일상생활과 불가분의 관계에 있는 에너지다. 또한 차세대 연료인 **수첨 바이오 연료**(HVO, Hydrotreated Vegetable Oil)는 2011년에 비해 36% 증가한 95억 리터로 가장 빠르게 성장하고 있으며, HVO는 식물성 유지(콩기름, 팜유 등)를 수소화 반응으로 전환하여 지속적으로 얻어지는 디젤과 유사한 연료이다.

바이오 연료 상업비행 성공한 스웨덴 브라텐스(BRA)의 항공기

실제 스웨덴 지역 항공사인 브라텐스(BRA)의 항공기가 2022년 6월 21일에 바이오 연료로 만들어진 지속가능한 항공연료(SAF)만으로 상업비행에 성공한 사례도 있다.

또한 세계 최초로 연간 약 4만톤 규모의 생활폐기물을 바이오에너지로 전환하는 사업에 미국 네바다주에 위치한 펄크럼 회사가 선도적으로 투자에 나선 바 있다. 생활폐기물 기반 합성원유생산 플랜트 사업에 우리나라의 일부 회사도 지분을 투자하는 등 바이오에너지 활용 가치는 날로 증가하고 있는 추세다.

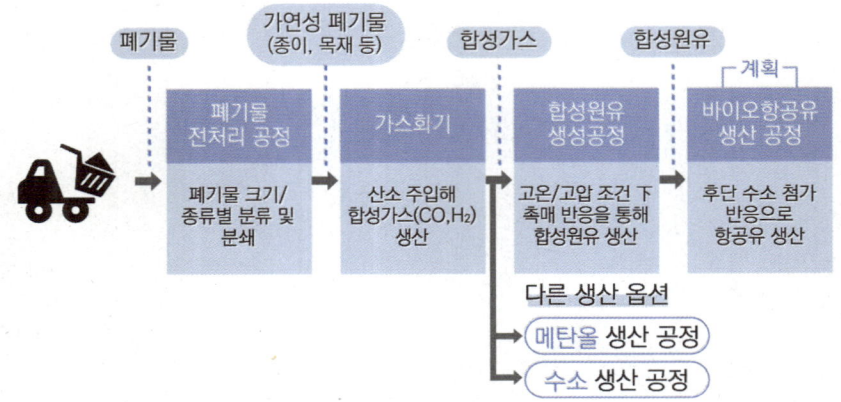

미국 펄크럼 생활 폐기물 시반 합성원유 바이오에너지 생산공정

- 생명공학기술(生命工學技術) 또는 바이오테크 놀로지(영어: bio technology, BT)는 사람의 유전자 DNA을 인위적으로 재조합, 형질을 전환하거나 생체기능을 모방하여 다양한 분야에 응용하는 기술 즉, 생명 현상, 생물 기능 그 자체를 인위적으로 조작하는 기술이다.

3. 에탄올 자동차

에탄올 자동차(alcohol vehicle)의 에탄올은 풍부한 천연가스와 석탄, 나무로 제조할 수 있으며, 옥탄가가 매우 높기 때문에 고압축 기관의 자동차로 적합하다. 그러나 옥탄가가 높아 가솔린과 비교할 때 2배 이상의 연료가 소비되고, 저온 시동성도 떨어지고, 연료 계통의 부품을 부식시키는 단점이 있다.

에탄올 디젤의 경우, 국내에서 자급이 가능한 바이오매스 자원과 폐식용유를 활용한다면, 석유계 연료를 대체할 수 있으며, PM, HC, CO 같은 대기오염 물질과 지구온난화 주 유해 배기가스인 이산화탄소를 크게 줄일 수 있다.

4. 천연가스 자동차

천연가스 자동차(NGV : Natural Gas Vehicle)는 메탄을 주성분으로 하는 석유계 연료 중에서 탄소량이 가장 적어 환경친화적 연료로써, 천연가스를 사용하는 자동차는 매연이 배출되지 않으며, 반응성 탄화수소(NMHC) 뿐만 아니라 일산화탄소(CO)의 배출량도 매우 낮다. 메탄은 비점이 −162℃로 낮기때문에 상온에서 기체 상태로 존재하며 옥탄가는 높으나 세탄가는 낮아 디젤 사이클보다 가솔린 오토사이클에 적합하다.

천연가스 자동차의 기본 구조는 내연기관 자동차(가솔린, 경유)와 같고, 연료 계통만 조금 다를 뿐이다. 연료인 천연가스는 고압(200kg/㎠)으로 압축저장 후, 압축된 가스는 연료 배관을 거쳐 감압밸브에서 사용압력으로 적절하게 감압된 후, 공기와 혼합되어 엔진의 연소실로 공급된다.

천연가스 자동차는 연료의 사용 형태에 따라

① 압축된 천연가스를 사용하는 압축천연가스(CNG)자동차,
② 액화 상태를 사용하는 액화 천연가스(LNG)자동차,
③ 천연가스를 연료 용기에 흡착·저장하였다가 사용하는 흡착천연가스(ANG)자동차로 구분된다.

압축천연가스(CNG)는 기체 상태로 봄베(저장탱크, 가스통)에 고압 충전하여 사용하고, 액화천연가스(LNG)는 −162℃의 액상으로 충전하여 사용한다는 점이 서로 다르다.

압축천연가스(CNG)의 단점으로는 용적이 커 봄베 장착에 따른 차체 중량이 증가하여 연비효율이 가솔린의 1/2 정도로 짧다는 것이다.

에탄올
- 에틸 알코올이라고도 부른다. 술의 주성분으로 주정(酒精)이라고도 부르는데, 영어 스피리츠(spirit)를 그대로 한역한 것, 간에서 아세트알데하이드를 거쳐 물과 이산화 탄소로 분해된다. 희석해서 섭취해도 큰 해가 없는 거의 유일한 유기용매다.

APPENDIX

부록

1. 최근 기출문제
2. 최근 기출문제 모범답안

1 최근 기출문제

기출문제 2025년 제48회

01 자동차 과급장치인 터보차저(Turbo Charger)와 슈퍼차저(Super Charger)의 작동원리를 각각 약술하시오. (10점)

02 전자제어 자동화 수동 변속 시스템 중 건식 방식 DCT(Dual Clutch Transmission)의 구조, 작동 원리, 장·단점에 대하여 서술하시오. (20점)

03 전자제어 에어 서스펜션(ECS: Electronic Control Suspension) 시스템의 구조, 작동원리, 특징에 대하여 서술하시오. (10점)

04 차량 경량화를 위하여 현재 적용되는 난용접성 이종소재의 기계적 결합의 종류 및 특징에 대하여 서술하시오.
(15점)

05 자동차의 보행자 안전(상해감소) 시스템으로 분류되는 AHLS(Active Hood Lift System)의 구조, 기능 및 작동원리에 대하여 약술하시오.
(10점)

06 수소 연료전지 전기자동차(FCEV: Fuel Cell Electric Vehicle)의 작동 원리 및 구동 단계와 장·단점을 서술하시오. (15점)

07 차량 후측방(사각지대) 감지 시스템(BSD: Blind Spot Detection System)과 차선 변경 보조시스템(LCA: Lane Change Assistant)의 구성, 기능 및 작동원리에 대하여 서술하시오.
(20점)

기출문제 2024년 제47회

01 전 차륜정렬(all wheel alignment)의 정의와 목적 및 차륜정렬 시 발생되는 장점을 5가지 이상 약술하시오. (10점)

02 차량자세제어장치(VDC: Vehicle Dynamic Control)를 정의하고, 구성 및 작동원리에 대하여 서술하시오. (20점)

03 외판패널 판금수리의 작업공정 3단계와 각 단계별 작업내용을 약술하시오. (15점)

04 전기자동차에서 저전압배터리(12V)의 충전되는 과정 및 기능에 대하여 약술하시오. (10점)

05 가솔린엔진에 적용되고 있는 듀얼연료분사시스템(dual fuel injection)의 기능 및 특징에 대하여 약술하시오. (15점)

06 자동차 전조등시스템 중 LED(Light Emitting Diode) 헤드램프의 특징 및 장점에 대하여 약술하시오. (10점)

07 자율주행자동차에 적용되는 첨단운전자보조시스템(ADAS: Advanced Driver Assistance System)의 개요를 설명하고, 카메라(Camera), 레이더(radar), 라이다(LiDAR)의 역할과 적용기술에 대하여 서술하시오. (20점)

기출문제 2023년 제46회

01 자율주행자동차는 인간의 개입 정도에 따라 자동화 단계를 5단계로 구분하고 있다. 각 단계별 특징 및 내용에 대하여 약술하시오. (10점)

02 자동차의 선회주행 시 발생되는 사이드 슬립 앵글(Side Slip Angle)을 정의하고, 선회 특성의 종류별로 현상 및 원인에 대하여 서술하시오. (15점)

03 전기자동차에 사용되는 고전압 배터리 시스템(Battery Pack)의 구성장치 종류 및 종류별 주요 기능에 대하여 서술하시오. (20점)

04 자동차 차체수리 작업에 사용되는 플라즈마 아크(Plasma Arc) 용접의 장점과 단점에 대하여 약술하시오.
(10점)

05 내연기관의 배출가스 후처리 장치 중 LNT(Lean NOx, Trap) 촉매 시스템의 구성요소와 정화원리, NOx 재생과정 및 탈황과정에 대하여 서술하시오.
(20점)

06 사고차량의 차체수리를 위한 충돌 손상분석의 4요소와 사용되는 계측기의 종류별 용도에 대하여 서술하시오.
(15점)

07 자동차의 상도도장에서 솔리드(Solid)도장, 메탈릭(Metallic)도장, 펄-마이카(Pearl-Mica)도장의 방법 및 특징에 대하여 약술하시오.
(10점)

기출문제 2022년 제45회

01 자동차 보수도장에서 중도 도료(Intermediate Coat)인 프라이머 서페이서(Primer Surfacer)의 기능과 역할에 대해 약술하시오. (10점)

02 첨단운전자 보조시스템(ADAS ; Advanced Driver Assist System)의 기능 중 LKA(Lane Keeping Assist)와 MDPS(Motor Driven Power Steering)의 작동 원리 및 이들의 상관관계를 약술하시오. (10점)

03 차체구조에서 볼트온(Bolt-on) 부품과 웰드온(Weld-on) 부품을 정의하고, 수리방법의 차이점에 대하여 약술하시오. (10점)

04 친환경 자동차에 사용되는 리튬이온 배터리의 개요 및 구성요소와 덴드라이트(Dendrite) 현상에 대하여 약술하시오. (15점)

05 조명가변형 전조등(Adaptive Front Lighting System)의 정의 및 주요기능과 제논-가스 전조등(Xenon-gas High Intensity Discharge)의 작동원리 및 구성부품에 대하여 서술하시오. (20점)

06 자동차 보디 컨트롤 모듈(BCM ; Body Control Module)의 정의와 주요제어 기능에 대하여 약술하시오. (15점)

07 전자식 주차 제동장치(EPB ; Electric Parking Brake)의 개요를 설명하고, 구성부품과 작동원리 및 주요기능에 대하여 서술하시오. (20점)

기출문제 2021년 제44회

01 자동차의 동력전달장치에서 차동장치(differential)의 기능과 원리에 대하여 약술하시오. (10점)

02 다음은 자동차 안전벨트(Safety Belt) 구성품을 나열한 것이다. 각 구성품의 기능을 약술하시오. (10점)
(1) 로드 리미터(Load Limiter)

(2) 프리텐셔너(Pretensioner)

(3) 텐션 리듀서(Tension Reducer)

(4) 프리 세이프 시스템(Pre-Safe System)

03 자동차의 차체 외부 광택(Polishing) 공정 및 작업 시 주의사항에 대하여 약술하시오. (10점)

04 전기자동차에서 사용하고 있는 회생제동장치의 작동원리 및 장단점에 대하여 서술하시오. (15점)

05 자동차의 경량화를 위해 사용되는 탄소섬유강화 플라스틱(Carbon Fiber Reinforced Plastic)의 특성과 차량에 적용한 사례에 대하여 서술하시오. (15점)

06 엔진의 밸브트레인 제어기술 중 CVVD(Continuously Variable Valve Duration)의 작동원리 및 특징에 대하여 서술하시오. (20점)

07 하이브리드 자동차에 적용되고 있는 하이브리드 통합제어유닛(HCU ; Hybrid Control Unit)의 주요 기능에 대하여 서술하시오. (20점)

기출문제 2020년 제43회

01 능동형 전자제어 브레이크(AHB; Active Hydraulic Brake)의 기술적 특징 및 작동과정에 대하여 서술하시오.
(20점)

02 하이브리드 자동차에 적용되는 HSG(Hybrid Stater & Generator)의 주요기능과 역할에 대하여 서술하시오.
(15점)

03 적응형 순항제어 시스템(ASCC; Advanced Smart Cruise Control)의 기술개요 및 시스템의 작동과정에 대하여 서술하시오.
(20점)

04 차체부식에서 녹의 종류별 발생 원인을 제시하고, 차체수리 과정에서 녹 발생을 억제할 수 있는 방법에 대하여 서술하시오.
(15점)

05 자동차 현가장치에서 독립식과 일체차축식을 구분하여 구조 및 특징에 대해 약술하시오. (10점)

06 도장작업 후 발생하는 결함 중 박리현상(peeling), 부풀음 현상(blister), 치핑현상(chipping), 초킹현상(chalking)의 정의와 발생 원인에 대해 약술하시오. (10점)

07 타이어 마모는 트레드 표면이 마모되는 현상으로 과도한 타이어 마모는 제동시 미끄럼 발생으로 결국 사고를 유발시키는 원인이 될 수 있다. 타이어 마모의 원인을 열거하고 트레드 편마모 경향의 종류 및 세부 요인들에 대해 약술하시오. (10점)

기출문제 2019년 제42회

01 가솔린엔진에서 연료탱크 내 증발가스 누출 감시장치의 구성부품을 나열하고, 연료증발가스 누출감시 원리와 고장 판정방법을 서술하시오. (20점)

02 전기자동차에서 아래에 제시된 주요부품으로 완속 충전과정과 방전(구동)과정의 순서를 나열하고, 각 부품의 역할에 대해 서술하시오. (단, 모터는 교류모터를 사용한다.) (20점)

〈주요부품〉
AC모터(AC 480V), 구동축, 바퀴, 변속기(감속기), OBCM(On Board Charger Module), PDU(Power Distribution Unit), 대용량 배터리(DC 480V), Inverter(인버터), 외부전원(AC 220V)

03 연료전지자동차(FCEV)의 스택(FC Stack)의 구성과 전기가 생성되는 원리를 서술하시오. (15점)

04 스폿(Spot) 용접된 손상패널을 교환할 때, 용접부위의 강도 확보를 위한 CO_2 플러그 용접공정에 대해 약술하시오. (10점)

05 타이어의 발열 원인과 히트 세퍼레이션(Heat Separation) 현상에 대해 서술하시오. (15점)

06 자동차 공조장치의 냉방사이클에 사용되는 1차 냉매와 2차 냉매의 종류와 특성을 약술하시오. (10점)

07 디젤매연여과장치(DPF : Diesel Particulate Filter)의 재생제어 조건과 과정에 대해 약술하시오. (10점)

기출문제 2018년 제41회

01 승용자동차에 적용되는 디스크 브레이크 시스템의 구성부품에 대한 기능을 설명하고, 드럼식과 비교하여 제동방식의 차이를 약술하시오. (15점)

02 자동차 보수도장에서 블렌딩(blending) 도장의 개요 및 작업방법에 대하여 약술하시오. (10점)

03 자동차 기관에 사용되는 EGR(Exhaust Gas Recirculation)밸브에 대한 정의, 장점과 단점, 작동원리, 비정상 작동 시 발생하는 현상에 대하여 서술하시오. (20점)

04 다음의 용어에 대해 약술하시오. (10점)

(1) 스탠딩 웨이브(standing wave) 현상

(2) 하이드로 플래닝(hydro planing) 현상

(3) 베이퍼 록(vapor lock) 현상

(4) 시미(shimmy) 현상

(5) 트램핑(tramping) 현상

05 HEV(Hybrid Electric Vehicle)에서 BMS(Battery Management System)의 주요 기능에 대하여 약술하시오.
(10점)

06 자동차 냉방시스템의 주요 구성부품을 설명하고 냉매가 변환(상변화)되는 과정을 약술하시오. (15점)

07 자동차의 센터필러에 사용되는 초고장력강(UHSS : Ultra High Strength Steel)의 정의와 수리장비 및 공구, 수리방법에 대하여 서술하시오.
(20점)

2 최근 기출문제 모범답안

기출문제 2025년 제48회

1. 자동차 과급장치인 터보차저(Turbo Charger)와 슈퍼차저(Super Charger)의 작동원리를 각각 약술하시오. (10점)

1. 터보차저 작동 원리
- 엔진에서 배출되는 배기가스의 압력(힘)을 활용하여 터빈을 회전시키고, 터빈과 연결된 컴프레서(압축기) 휠이 회전하면서, 외기(외부공기)를 흡기하여 압축한 후 엔진으로 고압의 공기를 공급한다.

2. 슈퍼차저 작동 원리
- 엔진 크랭크축의 회전력*을 직접 벨트 또는 기어로 전달받아, 엔진 상부에 위치한 압축기를 기계적으로 구동시켜 외기(외부공기)를 흡기하여 압축한 후 엔진으로 공급한다.

2. 전자제어 자동화 수동 변속 시스템 중 건식 방식 DCT (Dual Clutch Transmission)의 구조, 작동원리, 장·단점에 대하여 서술하시오. (20점)

1. 구조
- 2개의 독립적인 클러치 : 홀수단(1단, 3단, 5단 등), 짝수단(2단, 4단, 6단 등) 각각의 클러치가 있음
- 클러치 액추에이터 : 홀수단, 짝수단 관리 엑추에터로 구분
- 기어 액추에이터 : 수동변속기에서 운전자가 기어를 넣었다 빼는 과정을 수행함
- TCU(Transmission Control Unit) : 클러치의 분리, 연결에 관한 변속 제어
- 기어 세트 : 수동변속기와 유사한 구조의 다단 기어로 구성
- 출력 샤프트 : 2개의 클러치와 연결된 2개의 출력샤프트로 구성

2. 작동원리
- 홀수측, 짝수측 기어가 서로 동작(연결)과 동작대기(준비), 동작정지(해제)를 반복하며, 작동되는 원리임
- TCU 명령에 따라 빠르게 클러치가 분리되고 연결됨(변속충격 및 엔진 동력 손실 최소화)
- 기어 액추에터와 클러치 액추이터가 서로 TCU 신호에 따라 적정 속도에 맞는 기어 단수 선택을 하여 주행함

3. 장·단점
    - 비자동화 수동변속기(MT, manual transmission) 및 습식 DCT(Wet DCT)와 비교하여
    ① 장점
        - 기존 수동변속기의 연비와 유사하여 연비효율이 우수함
        - 전자식 제어로 빠른 기어변속이 가능하고 주행 질감이 좋음
        - 수동 변소기의 효율성과 자동변속기의 편의성을 모두 가지고 있음
        - 습식 DCT보다 부품이 단순하고 무게가 가벼워 차체 경량화에 더 좋음
        - 습식 DCT보다 가격이 저렴함
    ② 단점
        - 클러치부에 오일이 없는 방식으로 습식 DCT보다 열에 대한 대응이 비교적 낮음
          (정체 구간에서의 발열 대응 낮음)
        - 마찰열로 인한 클러치부의 마모가 습식 DCT보다 비교적 빠름
        - 고출력 대응에 있어 습식 DCT보다 부적합함

---

3. 전자제어 에어 서스펜션(ECS: Electronic Control Suspension) 시스템의 구조, 작동원리, 특징에 대하여 서술하시오. (10점)

1. 구조
    - 에어(공기) 스프링, 전자제어 유닛(ECU), 에어컴프레서, 에어탱크, 서지탱크, 에어밸브, 에어필터, 레벨링밸프, 체크밸브, 안전밸프, 차고센서, G센서, 모드선택스위치, 쇽업소버(Shock Absorber)

2. 작동원리
    - 차고 센서가 차량의 높이를 측정하고, 주행상황(속도, 코너링, 급가속, 급감속 등)에 따라 전자제어 유닛(ECU)이 분석함
    - 전자제어 유닛(ECU)이 종합한 정보를 기반으로 최적의 서스펜션 값 계산함
    - 계산된 최적의 값을 기반으로 에어 밸브, 공기 스프링 등을 작동시킴
    - 적정 차고 높이를 에어컴프레서 및 밸브 제어로 조절함
    - 에어 스프링에 공기를 공급하여 차고를 상승시키거나, 밸브를 열어 공기를 배출하여 차고를 하강 시킴
    - 목표한 높이에 도달 시 전자제어 유닛(ECU)은 밸브를 닫아 높이를 유지함

3. 특징(장점)
    - 승차감, 주행 안정성 동시 만족, 최상의 운전 조건 재현
    - 급제동, 급 출발 시 앞쪽 기울거나 뒤가 낮아지는 현상 방지
    - 급회전 시 차체 바깥쪽 기울어지는 현상 방지
    - 도로 조건, 속도에 따라 차량 높이 자동 조정
    - 차량 중량 증감 따라 차고, 수평 조절(승차감, 주행 안정성 유지)
    - 운전자 편의성 향상(별도 서스펜션 조작없이 최적의 차고 높이 자동조절)

4. 차량 경량화를 위하여 현재 적용되는 난용접성 이종소재의 기계적 결합의 종류 및 특징에 대하여 서술하시오. (15점)

1. 기계적 결합의 종류
- 볼트 결합(Screw Joining)
- 리벳 결합(Rivet Joining)
- 접착 결합(Adhesive Bonding)
- 하이브리드 결합(Hybrid Joining)
- 이종소재 결합기술(클린치 결합Clinching, Joining Technology) 또는 이종소재 성형기술(Forming Technology)

2. 특징
- 유지보수 및 분해 용이하나 결합부위에 하중이 집중될 수 있음(볼트 결합)
- 얇은 판재나 복합재료 접합에 효과적임(리벳 결합)
- 소재 구멍 뚫지 않고 결합이 가능하고, 이종 소재간의 접합 용이함(접착 결합)
- 구조 강도, 기밀성, 진동 흡수력 향상시키고, 장기적으로 내식성을 개선할 수 있으나, 공정이 복잡하고 비용이 증가됨(하이브리드 결합)
- 열 발생 없어 소재 변형 없고, 얇은 판재에 적합함(이종소재 결합기술)
- 별도의 결합 부품 없이 금형을 이용한, 이종 소재를 일체형으로 성형하여 생산성이 높고 차체 경량화에 탁월함(이종소재 성형기술)

5. 자동차의 보행자 안전(상해감소) 시스템으로 분류되는 AHLS(Active Hood Lift System)의 구조, 기능 및 작동원리에 대하여 약술하시오. (10점)

1. 구조
- 후드 hood (보닛 bonnet)
- 후드 리프트 액추에이터(Actuator)
- 보행자 감지 센서 : 레이더센서, 초음파센서, 카메라센서
- 충돌 감지 센서 : 접촉센서, 압력센서, 속도센서, 적외선센서, 카메라센서
- 전자 제어 장치(ECU, Electronic Control Unit)

2. 기능
- 보행자의 머리 또는 신체에 가해지는 충격 완화 시스템
- 보행자 보호를 위한 능동 안전 시스템
- UN 유럽경제위원회(UN/ECE)의 보행자 안전 규제 대응 시스템

3. 작동원리
- 보행자 및 충돌 감지
- 전자 제어 장치에서 감지된 신호 분석 및 작동 지시
- 후드 리프트 액추에이터 작동
- 후드 후방부(전면유리 앞부분) 상승, 후드 아래 공간 확보
- 보행자와 후드 충돌 및 충격 감소 후 시스템 재 설정(리셋)

---

6. 수소 연료전지 전기자동차(FCEV: Fuel Cell Electric Vehicle)의 작동 원리 및 구동 단계와 장·단점을 서술하시오. (15점)

1. 작동원리
- 수소저장 탱크에 저장된 수소가 연료전지(스택)으로 공급됨
- 스택에서 수소와 산소가 화학 반응으로 전기과 물이 생성됨
- 발생된 전기가 인버터를 거쳐, 구동모터로 공급됨
- 공급된 전기 에너지를 기반으로 각종 제어 유닛에 의해 가·감속하게 됨
- 긴급상황 발생시(충돌사고) 스택의 발전은 정지하고, 각종 고전압회로는 차단되며, 동시에 COD히터가 작동하여 잔류 전류를 모두 소모하게 됨

2. 구동단계
- 수소저장(수소탱크)
- 연료전지(스택)으로 수소 이동(공급)
- 스택 운전장치(BOP, balance of plant) 작동
- 스택 전기 발전(발생)
- 인버터에서 구동모터에 필요한 AC(교류) 전압 변환
- 구동 모터 및 감속기 작동을 거쳐, 구동륜(바퀴) 구동력 발생

3. 장·단점
① 장점
  - 운행 중 유해가스 없음
  - 스택 작동으로 발생한 물은 2차 사용이 가능(장비세척, 손세척, 음용)
  - 운행 중 주변 공기 정화 기능 우수함
  - 한 번 수소 충전으로 비교적 긴 주행이 가능(약 600~700km)
  - 전기차 충전과 비교할 때 짧은 수소 충전 시간(약 5분 내외)
  - 친환경 자동차의 대형화 적용이 가능함

② 단점
  - 친환경 자동차 중에서 비교적 높은 차량 가격
  - 수소 충전 인프라 부족으로 인한 운전자 불편

- 수소 생산, 저장 간의 안전사고 발생에 대한 시민 우려
- 수소 차종이 제한적이어서, 선택범위가 매우 좁음

> **7. 차량 후측방(사각지대) 감지 시스템(BSD: Blind Spot Detection System)과 차선 변경 보조시스템(LCA: Lane Change Assistant)의 구성, 기능 및 작동원리에 대하여 서술하시오.** (20점)

1. 차량 후측방(사각지대) 감지 시스템(BSD)
① 구성
- 레이더 및 초음파, 카메라 센서 (약 3~5m 범위 감지)
- 전자 제어 장치(ECU)
- 사이드미러 및 계기판 경고등(LED 인디케이터)
- 경고음, 진동(햅틱, Haptic) 스티어링 휠, 진동 시트 장치

② 기능
- 차선 변경 시 사각지대 차량과 충돌 방지
- 후진 시 후측방 접근 차량 감지 경고음 발생
- 주차 시 사각지대 장애물 충돌 방지

③ 작동원리
- 센서 감지: 지속적인 사각지대 영역 스캔/감지(차량, 물체, 사람 등)
- 전자 제어장치에서 수집된 정보 분석과 판단
- 전자 제어장치 분석 결과를 운전자에게 경고등, 경고음, 경고 메시지로 제공

2. 차선 변경 보조시스템(LCA)
① 구성
- 레이더 및 초음파 (약 30m 이상 거리 감지)
- 카메라 센서(전방, 측방)의 차선 인식 시스템
- 전자 제어 장치(ECU)
- 사이드미러 및 계기판 경고등(LED 인디케이터)
- 경고음, 진동(햅틱,Haptic) 스티어링 휠, 진동 시트 장치

② 기능
- 차선 변경 시 위험 상황 예방
  - 경고음, 경고등, 메시지 제공과 함께 스티어링 휠 도로 중앙으로 제어
- 차선 변경 지원
  - 운전자가 변경 차로 방향의 방향지시등 점등 시 차로 변경 가능 여부 판단/정보제공
- 차량 후측방 감지 시스템과 연동하여 차선 변경 가능 여부 판단 능력 강화

③ 작동원리
- 전방 카메라가 주행 차선 인식 (차선, 차량의 위치와 거리 인식)
- 운전자의 방향 지시등 점등 시 차선, 타 차량, 속도, 기타 도로 상황 분석 후 차선 변경 가능 여부 판단 후 운전자에게 정보 제공
- 차선 변경 가능 판단 시 운전자에게 정보 제공하여 안전한 변경 유도
  - 가·감속 제어, 스티어링휠 조작, 사이드미러 각도 변환 등의 안전한 차선 변경 시스템 보조

기출문제 2024년 제47회

1. 전 차륜정렬(all wheel alignment)의 정의와 목적 및 차륜정렬 시 발생되는 장점을 5가지 이상 약술하시오. (10점)

1. 정의
- 휠 얼라인먼트(wheel alignment) 즉 차륜 정렬이란 주행 중 바퀴의 방향, 위치, 차륜 상호간의 성능 유지를 및 향상을 위한 약속된 정렬 상태를 말한다.

2. 목적
- 주행 중 전륜의 직진성, 복원성, 방향성과 조향을 위한 조작력 경감을 위함이다.

3. 차륜 정렬 시 발생되는 장점 5가지
① 핸들 조작력을 가볍게 한다.
② 조향 핸들의 조작을 확실하게 한다.
③ 주행 안전성을 향상시킨다.
④ 조향 핸들에 복원성을 가져온다.
⑤ 직진성능을 향상시킨다.
⑥ 타이어 이상 마모를 방지하여 타이어 파손으로 인한 사고를 방지한다.

2. 차량자세제어장치(VDC: Vehicle Dynamic Control)를 정의하고, 구성 및 작동원리에 대하여 서술하시오. (20점)

1. 정의
- 능동적인 안전장치이며 사고를 예방하는 기술로써, 기존의 단순 ABS(Anti-lock Brake System)와 TCS(Traction Control System) 등이 포함되어, 주행 중 모든 전자 장치가 집약된 기술이다.
- 자동차가 주행 중 곡선 도로를 주행하다가 미끄러지게 되면, 주행 관성으로 인해 운전자가 원하지 않는 엉뚱한 방향으로 차체가 밀리게 된다.
- 이때 차체 자세 제어장치가 전자적으로 개입하여 각 차륜 별로 제동력을 제어하면서, 주행 중인 자동차의 차체를 바르게 유지토록 하는 시스템이다.

2. 구성 및 작동원리
- 휠 스피드 센서
  각 휠의 속도를 측정하여 구동 상태를 확인하고 자동차의 주행 속도를 파악하는 역할을 한다.
- 조향각 센서
  운전자가 스티어링 휠을 작동시킨(회전시킨) 각을 측정하여, VDC 컨트롤러는 이를 바탕으로 운전자가 어느 정도의 방향 전환을 원하는지 확인한 결과와 가속도 센서, 자이로센서의 측정치를 바탕으로 차량이 운전자가 의도한 방향대로 주행하는지 파악할 수 있다.
- 자이로 센서
  자이로 센서는 차량의 선회율을 감지하는 센서로써, 하나만 부착할 때도 있고 부위별로 5군데에 부착하는 경우도 있지만, 조향하는 방향에 따라서 선회하는 각도를 측정한다. 조향각 센서 데이터를 조합하여, 주행하는 자동차가 오버스티어 상태인지 언더스티어 상태인지를 판단한다.
- 가속도 센서
  가속도 센서는 차량 정 중앙부분에 단일 부품으로 장착되어 차체의 X, Y, Z축 기준 가감속에 대한 정보를 통해, 가감속 여부와 옆으로 밀리는 상황인지, 차량에 충격이 가해지는지를 판단할 수 있다.
- VDC 컨트롤러
  각 센서로 수집한 정보를 수집하여, ECU와 별개로 독립적으로 VDC 연산을 처리하거나 이미 VDC 프로세싱 기능이 있는 ECU에서 송신한 데이터를 바탕으로 ECU와 함께 작동, 차량에 탑재된 유압 분배 장치를 구동하는 역할을 한다.
- VDC 유압 분배장치
  VDC 컨트롤러에서 온 지령에 따라 각 바퀴의 유압 레벨을 제어하여, 특정 바퀴에만 가해진 제동력으로 운전가 원하는 적절한 조항력을 비틀림 토크를 통해 얻을 수 있도록 한다. TCS(TractionControlSystem)의 주요 제어 기능이 슬립컨트롤, 트레이스 컨트롤 기능이라면, VDC는 스핀과 언더스티어링 제어 등, 각 차륜별 제동력을 제어하여, 주행 중 곡선도로 및 미끄러지는 도로에서 관성으로 인한 차체의 밀림을 방지하는, 차체 자세를 전체적으로 제어하는 한층 진화된 기능이라 할 수 있다.

---

3. 외판패널 판금수리의 작업공정 3단계와 각 단계별 작업내용을 약술하시오. (15점)

1. 작업공정 3단계
   - 1단계 : 손상분석
   - 2단계 : 차체교정
   - 3단계 : 패널교환 또는 수리(용접) 및 방청

2. 단계별 작업내용
   - 1단계 : 손상분석
     - 충돌로 인한 크러쉬 포인트의 파손 여부 확인
       ① 구멍(hole), ② 곡면(킥업, 모서리), ③ 주름, ④ 단면적변화, ⑤ 겹쳐진 패널

- 차체 변형 형태 확인
  「스웨이(sway)」 좌·우 변형, 「새그(sag)」 상·하 변형, 「트위스트(twist)」 비틀림 변형, 「콜랩스(collapse, mash, 쇼트레일)」 찌끄러짐 변형, 「다이아몬드(diamond)」
- 데이텀과 센터라인을 중심으로 변형 형태 확인
  ① 데이텀 : 차체하부와 프레임에 평행한 가상면으로써, 바디의 상하 변형·파손분석
  ② 센터라인 : 평행한 데이텀을 위에서 아래로 수직면을 그어 데이텀의 중심을 가로지르는 세워진 평면선의 변형·파손분석
  ③ 레벨 : 센터링 게이지 수평 바의 수평 상태에 대한 차체 변형·파손분석
  ④ 치수와 길이 : 트램게이지를 활용한 대각선 방향, 크러쉬포인트 길이의 변형·파손분석
     (제작사 매뉴얼 참조)

- 2단계 : 차체교정
  - 차체 수정의 3요소를 적용한 차체 교정
    ① 계측 : 센터링 게이지, 트램 게이지 등을 활용하여 차체의 손상과 변형 치수를 정확히 확인한다.
    ② 고정 : 차체 움직임 방지와 비틀림, 회전모멘트 발생 억제, 견인 방향의 원활성을 위해 차량 하부 사이드 하단 부위로 앞·뒤 각각 2개소씩, 총 4개소를 고정한다.
    ③ 견인 : 사고 시 힘이 가해진 충격력의 반대 방향으로 다중 견인 방법으로 2개소 이상 견인하면서, 인장 중 발생하는 잔류 응력을 가열 또는 해머링으로 반드시 제거하여야 한다.
  - 차체교정의 효과
    패널의 수정(차체교정)은 교환 전에 비용의 절감과 작업시간 단축, 효과적인 원형 상태복원을 위해 이뤄진다. 반드시 수정 작업 후 교환해야 하는 것은 아니지만, 대부분은 패널교환 전에 패널의 부착 부위(볼트체결부, 용접부)의 수정이 이뤄져야 한다는 점에서 패널수정 작업은 모든 작업에 적용되고 있으며, 작업시간과 비용 절감 기여도가 매우 크다.

- 3단계: 패널교환 또는 수리(용접) 및 방청
  - 패널 교환 또는 수리(용접)
    ① 볼트로 체결된 부품의 경우 해당 패널만 주문하여 교환하되, 볼트 제거 시 체결부분의 변형으로 인한 체결 불량여부를 반드시 확인하고, 필요시 차체수정과 병행하여 교환한다.
    ② 볼트온 부품이 아닌 패널의 경우에는 해당 손상패널의 부품을 주문하여 최소한의 작업범위에 맞게 절단 후, 용접하여 교환한다.
  - 방청
    ① 금속 표면이 산화·부식되어 금속의 성실을 잃게 되는 것을 방지하는 것을 작업을 말한다. 자동차의 패널과 차체, 기타 실내에 있는 부품들도 금속으로 되어 있는 것이 많은 만큼 방청은 자동차의 수명을 연장하는 작업이라 할 수 있다.
    ② 방청 부품을 살펴보면 매우 다양하나 알루미늄 스프레이, 인너왁스, 언더코팅제(스프레이식, 건식), 바디 씰런트, 테이프형 씰런트가 있다. 「알루미늄 스프레이」는 패널 교환 또는 판금 작업 후, 보이지 않는 패널 내측 부분에 분사하는 형태로써 패널 내측의 소손 및 미도장 부분과 강판의 연마 부분에 분사하여 자동차의 내구성을 향상시키면서 방청 효과를 볼 수 있다.

4. 전기자동차에서 저전압배터리(12V)의 충전되는 과정 및 기능에 대하여 약술하시오. (10점)

1. 저전압배터리 충전 과정
① 외부 충전포트를 통한 급속/완속 충전으로 고전압 배터리가 충전된다.
② 고전압 배터리 충전후 고전압에서 정션박스(Junction Box)를 거쳐,
③ 로우DC-DC 컨버터를 지나 고전압을 저전압으로 변환 후,
④ 12V 저전압 배터리를 충전한다.

2. 저전압 12V 배터리 기능
전기자동차의 고전압을 12V로 전환시켜 주는 LDC(Low DC-DC converter)는 전기차의 고전압 배터리의 전압을 12V로 변환하여 전장 시스템에 전력을 공급하고 배터리를 충전하는 역할을 한다. 전기차의 고전압 배터리는 높은 전압을 사용하지만, 자동차의 전장 시스템은 낮은 전압을 사용하기 때문에 이것이 저전압 12V 배터리의 주요 기능이다.

5. 가솔린엔진에 적용되고 있는 듀얼연료분사시스템(dual fuel injection)의 기능 및 특징에 대하여 약술하시오. (15점)

1. 기능
- 가솔린 엔진에서 두 가지 연료 분사 방식을 결합하여 사용하는 시스템으로써, 연료 효율성과 배출가스 저감 효과를 가져온다.
- 일반적으로 직접 분사(Direct Injection, DI)와 간접 분사(Port Fuel Injection, PFI)로 나눌 수 있으며, 직접 분사는 연료를 실린더 내부에 직접 분사하고, 간접 분사는 흡기 포트에 연료를 분사하는 방식이다.
- 가속 시에는 직접 분사를 우선 적용하고, 저속 주행 시에는 간접 분사를 사용하여, 연료 효율성이 향상되고, 연비 개선과 엔진 성능을 최적화시키는 기능을 한다.

2. 특징
- 직접 분사 방식의 연료 분사 시에는 실린더 내부에 직접 분사하여 필요 이상으로 연료를 쓰지 않아 연료의 연소 효율을 높이고, 더 높은 압축비를 적용할 수 있어 연료 효율성 향상과 연비 개선에 기여한다.
- 흡기 포트에 연료를 분사하는 간접분사 방식은 흡기 밸브와 실린더 내벽을 청소하여 카본 침착 문제가 최소화하는 특징과 함께, 배출가스 저감에 기여한다. 간접분사 방식에서 효율성을 더욱 최대화하기 위해 듀얼 포트 인젝션 기술을 적용하기도 한다.
- 이러한 두 가지 분사 방식이 적용된 가솔린 엔진의 성능은 주행 조건에 따라 두 가지 분사 방식을 적절히 조합함으로써, 연료 품질 차이에서 오는 엔진 트러블을 해소하였다. 즉, 다양한 연료 품질 성능에 적응할 수 있게 됨으로써, 연료의 질에 관계 없이, 안정적인 연료 분사 성능을 가져오게 한다.

6. 자동차 전조등시스템 중 LED(Light Emitting Diode) 헤드램프의 특징 및 장점에 대하여 약술하시오. (10점)

1. 특징
- LED 램프는 에너지 소비가 적어 0.2~0.5%의 연비 개선 효과를 가져올 수 있으며, 일반 할로겐 램프와 비교할 때 이산화탄소 배출량이 적고, 수명이 반영구적이고 최대 150m까지의 조사거리를 확보하는 특징을 가지고 있다.
- 또한 LED 빛이 켜지고 꺼지기까지의 시간차가 거의 없는 빠른 점등 능력을 구비하고 있으며, 다양한 디자인은 물론, 다양한 빛의 색깔로 연출해 낼 수 있는 특징을 가지고 있다.

2. 장점
① 높은 밝기와 우수한 명암비를 유지하여, 야간 주행 시 시인성을 향상과 고휘도 LED일 경우 더 밝고 넓게 주행 도로를 비출 수 있다.
② 매우 높은 에너지 효율을 가지고 있어, 같은 밝기를 제공하면서도 기존 일반적인 조명보다 적은 전력 소모로 연료 효율성 향상을 가져올 수 있다.
③ 수명이 수천 시간에서 수만 시간에 달하여, 매우 긴 수명을 유지할 수 있어 교체주기가 길고, 이로 인한 부품의 유지 비용 절감을 가져올 수 있다.
④ 유해한 물질을 포함하지 않고 있어, 환경 유해 요소를 줄일 수 있다.
⑤ 순간적인 매우 빠른 점등 속도로 자동차의 방향지시등 또는 브레이크등과 같이 빠른 반응 신호 체계에 적합하다.

7. 자율주행자동차에 적용되는 첨단운전자보조시스템(ADAS: Advanced Driver Assistance System)의 개요를 설명하고, 카메라(Camera), 레이더(radar), 라이다(LiDAR)의 역할과 적용기술에 대하여 서술하시오. (20점)

1. 첨단 운전자 보조 시스템의 개요
- 자율주행 자동차가 유·무선망을 통해 다른 차량 및 도로 등 인프라가 구축된 사물과 서로 통신하며 정보를 교환하는 기술을 말하는데, V2X 기술은 자율주행 주요 센서들의 제약 조건에 대한 보완이 가능하다. 즉, 시야 제약 조건에 구애받지 않는 360° 인식 능력을 제공하고 있어 시야 확보가 어려운 교차로나 기상 악화상황에서도 더 멀리 볼 수 있도록 한다.
- 이렇듯 자율주행 자동차를 운행하기 위한 요소 기술은 매우 많으나 주요 내용을 다시 정리하면 다음과 같다. 항속 시스템(ASCC), 차선 유지 보조 시스템(LKAS), 자동 긴급 제동시스템, 주차보조시스템(자동 주차), 첨단운전자보조시스템, 지능형 교통 시스템(ITS), LiDAR (Light Detection and Ranging), 영상인식, 초음파센서, 3D 지도맵핑, IoT, V2X로 정리된다.
  - 차선 유지 보조 시스템 (LKAS) : 차량이 차선을 이탈할 경우 경고하고, 필요시 자동으로 차선 내로 복귀시켜 주는 기술
  - 자동 긴급 제동 시스템 (AEB) : 장애물이나 충돌 위험이 감지되면 자동으로 브레이크가 작동되어 사고를 예방하

는 기술
- 주차 보조 시스템 (PAP) : 자동으로 주차를 도와주는 시스템으로, 주차 공간을 감지하여, 차량을 자동으로 주차할 수 있게 하는 기술
- 차량 - 사물 간 통신 (V2X) : 차량과 주변 교통 인프라, 다른 차량 간의 정보를 교환하여 교통 상황을 개선하고 사고를 줄이는 기술

2. 카메라(Camera), 레이더(radar), 라이다(LiDAR)의 역할과 적용기술
   ① 카메라(Camera)
   - 역할
     - 이미지 처리 알고리즘을 위한 센서로 날씨와 주변 밝기에 따라 측정치가 불확실할 수 있다는 단점이 있으며,
     - 인간의 시각과 유사한 방식으로 도로, 교통 신호, 보행자, 차선 등을 인식한다. (시각적 인식)
   - 적용기술
     - 교통 신호 인식: 신호등의 색상을 감지, 신호에 따라 주행 결정을 하도록 정보를 제공함
     - 차선 감지: 도로에 도색된 차선 라인을 인식하여 주행하는 자동차가 차선 중앙에 유지하도록 함
   ② 레이더(Radar)
   - 역할
     - 전자파를 이용(도플러 효과)하여 목표물의 속도와 정밀 측정이 가능하여 날씨와 주변 환경조건에 많은 영향을 받지 않으며,
     - 레이더 원리는 전파를 발사하여 물체에 반사된 전파를 수신하고, 이 반사파를 분석하여 물체까지의 거리와 속도를 측정한다. 또한 물체의 이동 속도를 정확하게 측정하여 속도 감지역할도 수행한다.
   - 적용 기술
     - 앞차와의 거리를 유지하고 속도를 조절하는 적응형 크루즈 컨트롤 기술
     - 차량의 사각지대를 감지하여 안전성을 높이는 사각지대 모니터링 기술
   ③ 라이다(LiDAR)
   - 역할
     - 물체까지의 거리를 측정하는 센서로써 라이다의 광원에서 레이저 빔이 여러 방향으로 동시발사가 가능하여 모든 지점의 거리를 동시에 측정하는 것이 가능하여, 주변 환경을 3차원으로 정확하게 스캔하여 정밀한 3D 맵을 생성하는 역할을 한다.
   - 적용 기술
     - 주변의 물체를 실시간으로 감지하고, 충돌 위험을 미리 감지하여 운전 보조 시스템과 협력하여 차량의 충돌을 방지하는 기술
     - 고해상도의 3D 맵을 생성하여 차량의 주변 환경을 매우 정밀하게 인식하는 기술
     - 회전하는 레이저를 사용하여 넓은 영역을 스캔하는 스캐닝 기술 적용으로, 주변의 구조물과 장애물을 정확하게 인식하는 기술

> 기출문제 2023년 제46회

1. 자율주행자동차는 인간의 개입 정도에 따라 자동화 단계를 5단계로 구분하고 있다. 각 단계별 특징 및 내용에 대하여 약술하시오. (10점)

- 1단계 : 속도 및 제동 등을 일부 제어하는 단계로써, 스마트크루즈 컨트롤을 예로 들 수 있다. (운전자 보조)
- 2단계 : 속도와 방향을 함께 제어하는 단계로써, 고속도로 주행 보조 및 원격 스마트
- 주차 보조를 예로 들 수 있다. (부분 자동화)
- 3단계 : 운전자 개입이 줄고 도로 상황에 맞게 스스로 제어하는 단계로써, 스스로 차로 변경 및 혼잡한 교통 상황 시 자동으로 저속주행이 가능하다. (조건부 자동화)
- 4단계 : 일정 구간에서 운전자가 목적지만 설정하면 운전자 개입 없이 자율주행 되는 단계로써, 시스템이 정해진 도로 조건하에서 자율주행 되는 것을 말한다. (고도 자동화)
- 5단계 : 운전자의 개입 없이 시스템 자체가 100% 완전 자율주행 단계로써, 모든 도로와 조건에서 자율주행 되는 것을 말한다. (완전 자동화)

2. 자동차의 선회주행 시 발생되는 사이드 슬립 앵글(Side Slip Angle)을 정의하고, 선회 특성의 종류별로 현상 및 원인에 대하여 서술하시오. (15점)

1. 정의
   - 사이드 슬립 앵글이란, 선회주행 시 타이어가 향해 있는 방향과 실제로 이동하는 방향의 차이에서 발생하는 각도로써, 슬립 앵글이 작으면 코너링 포스도 작고, 슬립
   - 앵글이 크면 코너링 포스 역시 크게 된다.

2. 선회 특성의 종류별 현상, 원인
   ① 언더스티어 : 운전자가 주행하고자 하는 조향 선회 각보다 더 작은 조향각으로 선회주행하게 되어 회전반경이 크게 되는 현상으로, 앞바퀴 접지 능력이 감소하거나 잃게 되어 예상한 조향 능력에 비해 방향 전환이 잘되지 않아 발생한다.
   ② 오버스티어 : 운전자가 주행하고자 하는 조향 선회 각보다 더 큰 조향각으로 선회주행하게 되어 회전반경이 작게 되는 현상으로, 뒷바퀴에 원심력이 타이어 접지 능력을 초과하게 되면 발생한다.
   ※ 코너링 포스의 원리 : 선회 주행하는 자동차의 타이어가 원심력에 대항하여 미끄러지면서, 지면을 지지하는 힘은 타이어가 실제 진행하는 방향에 직각으로 작용하게 되는데, 이것을 코너링 포스라고 한다.

3. 전기자동차에 사용되는 고전압 배터리 시스템(Battery Pack)의 구성 장치 종류 및 종류별 주요 기능에 대하여 서술하시오. (20점)

① 배터리 팩 : 배터리 모듈을 연결한 고전압 배터리 전체를 말하고, 방진·방수 기능을 갖추고 있다.
② 배터리 모듈 : 배터리 셀을 직렬로 연결한 배터리 단위이다.
③ CMU : 셀 모니터링 장치로써, 전기적 에너지와 화학적 에너지 상호 변환하는 고전압 배터리 최소 구성단위인 셀을 셀 밸런싱으로 셀간의 전압편차가 생기지 않도록 셀을 동일 전압으로 매칭할 수 있도록 셀 정보를 제공하는 기능을 한다.
④ BMS : 배터리의 상태를 판단하고 관리·제어하는 것으로써, 전류, 전압, 온도를 측정하고, 배터리 가용 파워를 예측하고 과충전·과방전 예방과 배터리 보호를 위한 입·출력 에너지 제한값을 산출 후, 차량 제어기로 정보를 제공한다.
⑤ PRA : 돌입전류를 예방하는 프리차저 릴레이를 포함한 각종 배터리 시스템의 전원을 차단하고 연결하는 통합 릴레이 장치이다.
⑥ SOC : 사용 가능한 배터리 용량을 백분율(%)로 나타내는 것으로써, 배터리의 전류, 전압, 온도를 측정하여 SOC를 계산하고 적정 SOC 영역을 유지하도록 관리한다.
⑦ 안전플러그 : 배터리 팩의 고전압 회로를 수동 차단하는 기능을 한다. 주로 전기차 충돌 사고 시, 고전압 부품 정비 시 안전 플러그를 제거한다.
⑧ 냉각 라인 : 배터리 팩 최 밑단에 냉각수가 흐를 수 있도록 설치되어 배터리 열상승이 없도록 제한하고, 배터리가 적정 온도 상태에서 안정적으로 충·방전 될 수 있도록 한다.

4. 자동차 차체수리 작업에 사용되는 플라즈마 아크(Plasma Arc) 용접의 장점과 단점에 대하여 약술하시오. (10점)

1. 장점
① 용접부가 대기 상태에 노출되지 않아 기계적 성질이 좋다.
② 높은 에너지 밀도로 좁고 용입이 깊은 키 홀 용접이 가능하다.
③ 빠른 용접 속도와 안정적인 아크 발생을 한다.

2. 단점
① 용접할 모재의 표면이 깨끗하여야 한다.(청결도에 따라 용접에 영향이 크다)
② 설치 비용이 비교적 높다.

5. 내연기관의 배출가스 후처리 장치 중 LNT(Lean NOx Trap) 촉매 시스템의 구성요소와 정화원리, NOx 재생과정 및 탈황과정에 대하여 서술하시오. (20점)

1. 구성요소와 정화원리
① 구성요소
산화촉매(Oxidation Catalytic Converter), DPF(Diesel Particulate Filter), LNT(Lean NOx Trap), 탄화수소(HC)
② 정화원리
배기가스에 있는 질소산화물(NOx)을 일시적으로 흡장(occlusion) 한 후, 연료량이 많은 상태에서 연소(rich bum)하여 산소(O_2)를 환원하는 원리이다.

2. NOx 재생과정 및 탈황과정
① 재생과정
엔진 연소 시 배출되는 질소산화물(NOx) 흡장(occlusion) → 연료 추가 분사 또는 배기가스 재순환장치(EGR) 이용한 산화물질 남김 → 추가된 연료 또는 남게 된 산화물질이 NOx와 반응하여 산화·재생(Regeneration)됨
② 탈황과정
- DPF 재생을 위한 후분사 → LNT NOx 저감을 위한 후분사 → LNT 탈황을 위한 재 후분사
- 670℃ 이상의 매우 높은 온도에서 탈황을 위한 후분사가 이루어지기 때문에 DPF 재생을 다 하고 나서도 후 분사를 지속적으로 하게 된다. 이로 인한 후 분사량이 지나치게 늘어나게 되어 엔진오일에 경유가 혼합되는 경우, 마치 엔진오일이 비정상적으로 많아지는 현상과 잦은 연료 분사로 연비저하 등의 단점으로 작용한다.

6. 사고차량의 차체수리를 위한 충돌 손상분석의 4요소와 사용되는 계측기의 종류별 용도에 대하여 서술하시오. (15점)

1. 충돌 손상분석의 4요소
[파손점부터 차체 전반 힘의 확산 추적·확인부터 시작하여]
- 1차적인「외부 파손」- 육안으로 보이는 충돌점파손
- 2차적인「외부 파손」- 충돌점의영향으로 유리파손, 외부패널의변형파손
- 크러쉬포인트(crush point, weak point)
  - 충격에 의한「외부 파손」최대한 경감시키기 위해 충격 흡수 설계적 관점의 흡수점
  - ①구멍(hole), ②곡면(킥업,모서리), ③주름, ④단면적변화, ⑤겹쳐진 패널
- 「내부 파손」- 스웨이(sway, 사이드웨이), 새그(sag), 트위스트(twist),
- 콜랩스(collapse), 다이아몬드(diamond) 변형

2. 계측기
- 트램게이지(Tramgauge) : 대각선 방향의 차체 변형 확인
- 센터링 게이지(centering gauge) : 센터라인 변형 확인, 바디와 프레임의 비틀림 변형 측정, 프레임 상하 좌우 휨 측정

---

7. 자동차의 상도도장에서 솔리드(Solid)도장, 메탈릭(Metallic)도장, 펄-마이카(Pearl-Mica) 도장의 방법 및 특징에 대하여 약술하시오. (10점)

1. 솔리드 도장
   - 1코트(하도 도장 이후 바로 착색하여 도료를 도포하는 도장)
   - 반짝이는 소재가 전혀 들어가 있지 않는 단순 단색(빨강색, 검은색)

2. 메탈릭 도장
   - 2코트 (하도 도장, 착색안료+알루미늄입자, 클리어)
   - 솔리드 컬러에 은빛 알루미늄입자(분말소재)를 첨가하여 반짝이는 색상(메탈릭 블루/레드)

3. 펄-마이카 도장
   - 3코트 (하도, 중도 착색도료+펄안료or알루미늄 입자, 상도 펄안료, 클리어)
   - 마이카(운모) 미세 입자가 함유된 펄이 들어간 색상(전범위 색상에 적용된 펄안료)

기출문제 2022년 제45회

1. 자동차 보수도장에서 중도 도료(Intermediate Coat)인 프라이머서페이서 (Primer Surfacer)의 기능과 역할에 대해 약술하시오. (10점)

1. 기능(역할)
- 부착(상도 도료의 부착성 향상),
- 방청(부식방지),
- 씰링(상도 도료 용제가 하도에 침투되지 못하도록 구도막 차단),
- 외관 향상(도막의 두께 증가로 외부 이물질, 충격으로부터 보호),
- 메꿈(미세 요철부 제거 효과)

2. 첨단운전자 보조시스템(ADAS ; Advanced Driver Assist System)의 기능 중 LKA(Lane Keeping Assist)와 MDPS(Motor Driven Power Steering)의 작동 원리 및 이들의 상관관계를 약술하시오. (10점)

1. 작동원리
- 주행 조향 보조 시스템,
- 사고를 방지해 주는 주행안전 제공하는 차로이탈 방지보조 시스템
- 시속 60~180까지 작동(차종에 따라 200km/h까지 작동함)
- 운전자 강제조작 힘(약 2 N/m 정도)
- 차선유지보조 : 차선에 30cm 접근시 작동
- 능동조향보조 : 차선에 60cm 접근시 작동, 차를 더욱 중앙에 유지하기 위함
- LKAS는 LDWS 기능을 포함하고 있음
- MDPS와 C-CAN으로 제어함

> ※ 참고
> - 운전자의 주행편의 제공하는 차로유지보조(LFA) : 시속 0~200까지 작동, 차량이 자로 중앙에서 30cm만 벗어나도 작동(상시작동상태)
> - 사각지대 차량 경보를 울려주는 스마트BSD(후측방충돌회피지원시스템)과 ESC(차체자세제어시스템)작동시켜 회피(편제동 0.2g/차속 증가 시 감소됨)하는 제어 기능을 한다. (기존 BSD는 경보기능만 있었음)

2. LKA와 MDPS 상관관계
- 조향기어박스 전동기모터
- 회전각도 센서(조향각센서)
- 감속기구
- 회전력 센서

3. 차체구조에서 볼트온(Bolt-on) 부품과 웰드온(Weld-on) 부품을 정의하고, 수리방법의 차이점에 대하여 약술하시오. (10점)

1. 정의
- 볼트온(Bolt-on) : 볼트와 너트로 결합하는 것, 또는 결합 된 것을 말한다.
- 웰드온(Weld-on) : 용접으로 이어진 부품을 말한다.

2. 수리방법의 차이점
- (볼트온(Bolt-on) 부품)
  - 볼트로 탈부착이 가능한 모든 부품(타이어휠, 스티어링휠, 엔진, 변속기 등)으로써, 작업 공구를 이용한 부품을 탈거하여 교환하거나, 수리 후 재 부착 것
- (웰드온(Weld-on) 부품)
  - 주로 자동차 바디, 또는 차체 관련 부품(바디 패널류, 프론트 필러, 센터 필러, C필러)으로써, 용접된 곳을 절단하거나 연마하여 제거하고 탈거하고, 새 부품을 칫수에맞게 재단하여, 차체 성질에 맞는 용접(스폿, 플라즈마, 전기, CO_2)을 사용하여 부품을 완성 시키는 것

4. 친환경 자동차에 사용되는 리튬이온 배터리의 개요 및 구성요소와 덴드라이트(Dendrite) 현상에 대하여 약술하시오. (15점)

1. 리튬이온 배터리의 개요
친환경 자동차의 고전압 배터리 뿐만아니라 생활 가전제품(무선청소기, 핸드폰, 비상랜턴, 충전식 전동공구 등)에도 많이 쓰이고 있는 리튬이온 배터리는 다른 배터리 소재에 비해 가볍고 높은 에너지 밀도와 고용량, 고효율 구현이 가능하다.

2. 리튬이온 배터리 구성요소
양극, 음극, 전해액, 분리막으로 크게 4개의 구성요소로 되어 있으며,
- 양극 : 리튬이온 배터리의 용량과 전압을 결정
- 음극 : 양극에서 나온 리튬이온을 가역적으로 흡수·방출하면서 외부회로를 통해 전류를 흐르게 하는 역할(전자를 도선으로 내보내는)을 하는 음극활 물질
- 전해액 : 리튬 이온만을 이동시키는 역할
- 분리막 : 양극과 음극이 서로 섞이지 않도록 물리적으로 막아주는 역할

3. 덴드라이트(Dendrite, 수지상결정) 현상
- 리튬 배터리의 충전 과정에서 음극 표면에 쌓이는 나뭇가지 모양의 결정체를 말한다.
- 이는 리튬의 이동(음극↔양극)을 방해해 배터리 성능을 저하시키고, 분리막을 훼손시켜 배터리 수명과 안전성을 떨어트리는 문제와

- 전지의 양극에 뿌리를 두고 무작위로 자라나며 너무 크게 자라면 양극과 음극을 분리하는 전극 사이의 디바이더를 뚫고 단락을 일으키고, 내부 단락이 일어난 전지는 기전력을 잃게 된다.
- 또한 전지를 가로질러 흐르는 전류가 급격히 증가하여 화재의 원인이 되기도 한다.

---

5. 조명 가변형 전조등(Adaptive Front Lighting System)의 정의 및 주요 기능과 제논-가스 전조등(Xenon-gas High Intensity Discharge)의 작동 원리 및 구성 부품에 대하여 서술하시오. (20점)

1. 정의
자동차가 움직이는 진행 방향과 같이 움직이는 헤드램프 시스템

2. 주요기능
- 커브길에서 코너링 램프로 주행방향 좌측의 횡단보도를 건너는 보행자 확인이 용이하다.
- 직선길에서 일반헤드 라이트와 비교할 때 두배 이상 가시거리 확보가 가능하다
- 주행속도, 스티어링휠각도, 요(yaw) 센서에서 받은 신호를 근간으로 마이크로 전지모터가 정밀하게 헤드램프를 조절한다.
- 좌우헤드램프당 각각 약 15°씩 총 30°의 각도로 움직이면서 코너길 시야를 확보한다.
  저속(약30-40km/h)에서는 40° ~ 85°까지 비추는 고정식 램프가 점등되도록 한 차량도 있다.
- 마주오는 차의 눈부심 방지를 위해서도 좌측 헤드램프의 각도를 조절한다.

3. 제논-가스 전조등(Xenon-HID)의 작동원리
- 하이볼테이지 이그니터가 초기웜업에 필요한 약 2만볼트 이상의 전기를 공급하면,
- 발라스터(안정기)는 방전상태를 유지하고 안정적인 상태로 조절하면서, 벌브의 빛의 세기를 유지하면서 작동하게 된다.
- 약 4,500K 전후의 벌브 사용(낮시간 햇빛은 5,000K를 전후하는 색온도를 육안으로 확인. 형광등의 색온도가 4,000K정도, K단위는 켈빈임-색온도),
- 할로겐은 루멘수치가 낮기 때문에 3,000K 전후의 색온도 보편적 사용, HID는 루멘수치가 훨씬 높아 4,500K 전후의 색온도 사용, 가장 자연광에 가까운 빛 4,000~5,000K 정도로 유지
  (할로겐은 와트당 10~20lm, 제논램프는 와트당 40lm 정도의 밝기임)

4. 구성부품
- 하이볼테이지 이그니터 : 초기웜업에 필요한 약 2만볼트 이상의 전기를 공급
- 발라스터(안정기) : 방전상태를 유지하고 안정적인 상태로 조절(백열등 역시 방전식 램프이기 때문에 안정기가 사용)
- 벌브(전구)
- 하이로우 컨트롤러
- 배터리

6. 자동차 보디 컨트롤 모듈(BCM; Body Control Module)의 정의와 주요 제어 기능에 대하여 약술하시오. (15점)

1. 정의
자동차의 다양한 장치에 부품에 개별적으로 장착, 유닛 단위로 적용한 ECU들을 통합해 하나의 중앙제어장치로 통합 제어한 것 (개별 유닛을 모듈 형태로 통합해 컴퓨터의 중앙처리장치(CPU) 같은 역할을 하도록 한 것)

2. 주요제어기능
- 스캐너 통신 진단 기능
- 트렁크 열림 제어
- 감광식 룸램크 제어
- 리모컨 언록 타이머 제어
- 파워 윈도우 타이머 제어
- 점화 키홀 조명(스카트버튼 조명) 제어
- 간헐 와이퍼 제어 및 오토 와이퍼 제어
- 경고 부저 제어
- 뒷유리 및 앞유리 열선 타이머 제어
- 중앙집중식 도어록·언록 제어

7. 전자식 주차 제동장치(EPB; Electric Parking Brake)의 개요를 설명하고, 구성부품과 작동 원리 및 주요 기능에 대하여 서술하시오. (20점)

1. 개요
- 정차시, 주차시 자동차의 움직임을 제한하기위한 안전장치로써 일반적으로 제2 브레이크라고도 한다.
- 페달 또는 레버로 케이블을 당겨 파킹 브레이크를 작동시키는 대신 스위치 조작으로 모터 구동을 통해 파킹 브레이크를 작동함으로써 운전자 편의성 향상을 도모하는 시스템

2. 구성부품
- (케이블 플러 타입의 경우)
  - 주차케이블
  - 비상 해제 케이블
  - 브레이크슈(브레이크 라이닝)
  - 리턴스프링
  - 휠실린더
  - 드럼

- 주차 버튼(스위치)
- 제동력 감지 센서
- EPB ECU
- EPB 구동 모터
- (캘리퍼 일체형 타입)
  - 브레이크 패드
  - 캘리퍼
  - 피스톤
  - 디스크
  - 주차 버튼(스위치)
  - 제동력 감지 센서
  - EPB ECU
  - EPB 구동 모터

3. 작동원리
- 전자 신호를 통해 모터가 작동하여 제동하는 원리
- 케이블 풀러타입에 비해 구조 간단하고 힘의 손실 적다.

4. 주요 기능
- 정차 시, 주차 시 자동차의 움직임을 제한하기 위한 안전장치로써,
  1. 경사지 출발 시 미끄럼 방지 기능
  2. 자동 주차 제동 기능 선택 시, 주차 시 자동으로 작동되어 사고 예방 기능
  3. 기계식 사이드 브레이크 레버가 없어 차실내를 간소하고 넓게 하는 기능
  4. 주행 중 정차 시 자동 제동 기능 작동 시, 운전자 편의성 향상 기능
  5. 수동 주차 해제 기능(스위치를 당겨 해제)
  6. 자동 주차 해제 기능(변속레버 P단에서 R, N, D단 변속 시 자동 해제)
  7. 파킹 레이크 작동 시 계기판 브레이크 경고등 점등 기능

기출문제 2021년 제44회

1. 자동차의 동력전달장치에서 차동장치(differential)의 기능과 원리에 대하여 약술하시오. (10점)

1. 기능
- 자동차가 선회(곡선 주행, 180°유턴 등) 주행 시, 또는 직선 주행 중 노면 상태(요철, 험로)에 따른 좌·우 바퀴의 회전속도를 다르게 하는 장치로써, 차동기어를 중심으로 좌우 차축의 회전속도를 다르게 하여, 타이어와 노면 간의 미끄러짐을 방지하고 원활한 주행을 가능하게 한다.

2. 원리
- 차동기어의 속도를 100이라고 가정하면, 피니언 기어가 100이라는 속도의 약 80~90 정도로 느린 회전속도로 안쪽 구동륜에 전달하고, 바깥쪽 회전반경의 구동륜에는 100보다 빠른 속도의 약 101~110의 회전속도를 전달하여 원활한 선회능력을 확보하는 원리이다. 예를 들어 상하로 움직이는 2개의 래크 사이에 설치된 피니언을 위로 끌어올릴 경우, 무게가 같은 추를 양측 래크에 올리면 피니언은 회전하지 않고, 좌우 래크와 같이 올라가고, 추를 좌측 래크에만 올리면 좌우의 저항차로 인하여 피니언은 반시계 방향으로 회전하게 되고, 좌우 래크의 올라간 거리는 피니언 이동 거리의 2배 차이가 되는 원리이다. 각 주요 부품의 역할은 다음과 같다.
  ① 케이스(case) : 링 기어와 같이 회전,
  ② 피니언기어(pinion gear) : 선회 시 자전하며 공전, 직진 시 공전하는 기어
  ③ 사이드기어(side gear) : 좌우 액슬 축과 연결되는 기어

2. 다음은 자동차 안전벨트(Safety Belt) 구성품을 나열한 것이다. 각 구성품의 기능을 약술하시오. (10점)

(1) **로드 리미터(Load Limiter)**
- 충돌 직후 탑승자를 조였던 안전벨트의 장력을 약간 풀어주어 안전벨트 해제 시 사고 차로부터 탈출이 쉽도록 하고, 의식을 잃은 승객의 경우에는 호흡을 원활하게 하여, 사고후 2차 상해를 예방하는 장치

(2) **프리텐셔너(Pretensioner)**
- 차량 충돌 사고 시 탑승자의 상해를 최소화하기 위해 충돌 직전 탑승자의 신체를 시트에 확실히 고정시키는 안전 장치이다.

(3) **텐션 리듀서(Tension Reducer)**
- 탑승자가 안전 벨트를 착용했을 때 조여지는 압박감(갑갑함)을 감소 시키기 위해, 안전벨트 착용 후 일정 시간 경과 후 벨트 장력을 알맞게 유지할 수있도록 스프링 힘을 감소시키는 전기식 장력 감속 장치이다.

(4) 프리 세이프 시스템(PreSafe System)
- 급 브레이크, 위험한 스티어링 조작(급선회 : 강한 오버스티어·언더스티어) 등 사고 위험 감지 시, 수 초 내에 전자 제어 장치(브레이크 어시스트, ESP 시스템 등)에 관련 정보를 전송하면 선루프, 창문은 닫아주고, 탑승자의 좌석은 에어백 팽창 시 최적의 상태로 맞춰 탑승자의 부상을 최소화하는 장치이다.

3. 자동차의 차체 외부 광택(Polishing) 공정 및 작업 시 주의사항에 대하여 약술하시오. (10점)

1. 공정
① 폴리싱 전처리 작업
  - 프리워시, 본세차, 타르 등 기타 오염물 제거, 클레잉, 마스킹
② 먼지 제거 컬러 샌딩
  - 페인트를 도장면을 얇게 벗겨내 도장면을 고르게 하는 작업으로, 도장 표면의 눌러 붙은 먼지, 스크래치 등을 제거하여 새 차와 같은 반짝거림을 느낄 수 있게 하는 작업
③ 컴파운드 샌딩
  - 미세한 흠집, 녹 또는 지워지지 않는 기름때, 물 얼룩 등을 깨끗하게 제거해 주는 고성능 차량 흠집 제거 과정으로 더 고운 입자의 컴파운드를 사용해 점점 도장면을 평탄화하는 작업
④ 왁싱 코팅(도장보호)
  - 작업하면서 생긴 표면의 미세한 결 사이사이에 먼지나 산성비가 침투하면서 오히려 작업 전보다 더 큰 손상을 가져올 수 있어, 깎아 낸 도장 면을 보호막(왁싱코팅)으로 씌워 유지력을 높여주는 작업

2. 작업 시 주의사항
- 폴리셔 사용시 패드와 도장면의 수평을 유지하고, 폴리셔를 눌러서는 안된다.
- 폴리싱 작업 범위를 너무 크게 잡지 않는다.(몸을 움직이며 작업시 위험할 수 있음)
- 폴리싱 패드에 약제가 떨어지면 연마력이 떨어지고, 열이 발생할 수 있다.
- 패드는 여려개 준비하여 교체하거나, 세척하여 사용한다.
- 폴리싱 종료후 당일 코팅 작업을 하여 민감해진 도장면을 보호한다.

4. 전기자동차에서 사용하고 있는 회생 제동 장치의 작동원리 및 장·단점에 대하여 서술하시오. (15점)

1. 작동원리
- 감속, 제동 시 구동모터를 발전기로 활용하여 주행중인 차량의 운동에너지를 전기 에너지로 변환하여 고전압 배터리를 충전하는 원리
- 충전경로는 차량 감속 및 제동 시 바퀴(제동)→감속기→구동모터→EPCU→고전압배터리 순서로 고전압 배터리를 충전하는 원리

2. 장·단점
① 장점
- 주행 중 충전으로 인한 전비(km/kWh) 향상으로 주행 가능 거리 증가
- 구동모터 제동력 배분과 유압브레이크 라인의 으로 인한 브레이크 패드 수명 연장
- 브레이크 패드의 디스크 및 드럼 마찰과 타이어 노면 마찰로 인한 미세먼지(micro dust) 감소, 대기환경 보호에 효과적

② 단점
- 급감속을 동반한 회생제동 시스템 작동으로 후미 차량의 추돌사고 유발
- 회생 제동 작동 시 급감속으로 인한 운전 피로감 증가

5. 자동차의 경량화를 위해 사용되는 탄소섬유강화 플라스틱(Carbon Fiber Reinforced Plastic)의 특성과 차량에 적용한 사례에 대하여 서술하시오. (15점)

1. 특성
- 탄성률이 높아 차체 강성에 부합할 수 있는 재료이며, 전기를 통하는 도전성 재료로써, 자동차 전기·전자특성을 그대로 활용할 수 있으며, 같은 부피의 철과 비교할 때 무게는 약 70% 가볍고 강도·탄성 등 물성은 약 10배 우수하여, 차체 경량화 실현과 차체 인장강도를 10배 향상시킬수 있어 매우 효과적이다.
또한 탄소섬유를 이용한 차체 구조도 단순화할 수 있으며, 이미 사용된 탄소섬유강화 플라스틱을 다시 녹여 재 활용 할 수 있어 제작비 절감 및 친환경 소재로의 발전이 가능하다.

2. 적용사례
- (국내) 승용차의 루프 프레임, 보닛에 활용(소랜토, 스포티지 등)
- (국외) 실내 천장재, 차체에 활용(BMW i3, i8)

6. 엔진의 밸브 트레인 제어 기술 중 CVVD(Continuously Variable Valve Duration)의 작동원리 및 특징에 대하여 서술하시오. (20점)

1. 작동원리
- 앞서 개발된 VVT(Variable Valve Timing) 기술과 VVL(Variable Valve Lift) 기술을 모두 합쳐 놓은 원리로써 엔진의 밸브를 열고 싶을 때 열고, 닫고 싶을 때 닫을 수 있다.
- 편심의 원리를 이용하여 밸브를 동작시키는 캠의 열림량과 열림시간을 제어한 것으로, 캠이 바깥쪽 원의 궤적을 그리며 회전할 때는 큰 원을 그리게 되고, 밸브를 누르면서 지나가는 시간은 빠르고 짧게 된다. 반면 캠이 안쪽 원의 궤적을 그리며 회전하면 작은 원을 그리며. 밸브를 느리게 누르면서 늦게 지나가게 된다. 즉, 캠이 바깥쪽 원을 그리면 밸브를 지날때는 빠르고, 짧아 밸브 열림 시간도 짧아지게 되고, 캠이 안쪽 원을 그리면서 회전하며 밸브를 지날때는 밸브 열림 시간도 길게 되는 원리이다.

2. 특징
- 차량의 운행 상태에 따라 밸브가 열려있는 시간을 독립적으로 가변 제어하는 기술
- 엔진의 성능과 연비, 배출가스 저감 개선
- 흡기 밸브를 빨리 닫아 흡기 쪽 역류 혼합기 방지하여 체적 효율 향상
- 흡기 밸브를 늦게 닫아 압축 행정시 동력 소모를 적게 하여 연비 향상

7. 하이브리드 자동차에 적용되고 있는 하이브리드 통합제어유닛(HCU; Hybrid Control Unit)의 주요 기능에 대하여 서술하시오. (20점)

1. 주요기능
① 주행 모드 결정 기능
    EV 모드, 엔진 주행 모드, 엔진과 모터 두 동력원 주행 HEV 모드를 결정하고, 엔진에 의한 주행 시 HCU는 엔진 시동 시점과 엔진의 목표 운행 상태를 결정한다.
② 시스템 ON/OFF 기능
    시동 시 고전압 전원 상태, 차량 운행 조건, 주행과 관련된 각종 제어기 상태 등의 이상 여부를 체크 한다. 고장 시 시스템 전원을 차단하고 운행을 제한하며, 이상이 없을 시 HEV Ready로 출발이 가능하다
③ 고전압 배터리 SOC 제어 기능
    고전압 배터리의 충·방전량 결정과 적정 SOC 상태를 유지한다. 즉, SOC가 낮을 때, 전기모터 사용을 통제하여 고전압 사용량을 낮추고, 구동 모터에 의한 회생 제동과 엔진에 의한 발전을 하도록 통제한다.
④ 회생 제동 제어 기능
    차량의 상태를 고려한 회생 제동량 허용범위, 제동에 요구되는 전체 토크를 계산하여 실제 회생 제동량을 MCU로 송출한다.

⑤ 엔진 컨트롤 기능

　엔진 부하에 따른 속도와 토크를 컨트롤하여 ECU 제어로 엔진이 최적화된 작동 구간을 유지하게 한다.

⑥ 엔진 클러치 제어 기능

　HCU가 결정한 목표 유압을 TCU로 보내어 해당 솔레노이드의 전류를 제어하는 방식으로, 클러치의 동력 전달·차단·슬립 제어를 한다.

⑦ 12V 보조 배터리 제어 기능

　12V 필요 전원을 공급하기 위해 LDC(Low voltage DC-DC converter)의 출력전압을 가변 제어한다.

기출문제 2020년 제43회

1. 능동형 전자제어 브레이크(AHB; Active Hydraulic Brake)의 기술적 특징 및 작동 과정에 대하여 서술하시오. (20점)

1. 기술적 특징
- 구동 모터는 회생제동 기능, 모터의 전력 제어와 동시에 고 유압식 브레이크 시스템 적용된다.
  제동 시스템의 발전으로 특화된 AHB(active hydraulic booster)을 적용하여, 고압으로 유압을 제어(PSU, pressure source unit)하면서, 동시에 각 구동 휠의 전달되는 제동력을 통합적으로 제어하는 통합 브레이크 엑츄에이션 유닛(iBAU, integrated brake actuation unit)으로 제동 시스템이 구성된 것이다.
- AHB의 주요 부품을 살펴보면
  HPU(Hydraulic Power Unit) : 제동 시 필요 유압 생성, 마스터실린더 유압을 브레이크 라인 전체에 공급하는 회생 제동 제어 기능을 한다. 진공 부스터 사양의 브레이크 페달 조작 시 진공에 의해 배력되는 것과 같은 원리이다.
- BAU(Brake Actuation Unit) : HPU에서 발생된 압력을 VDC HEV를 거쳐 각 바퀴의 캘리퍼에 압력을 전달한다. 그리고 페달과 연결되어 운전자의 제동 요구량을 시스템에 적용하고, 제동감을 느낄 수 있게 한다.
- VDC(Vehicle Dynamic control) 모듈 : 기존에 적용된 VDC와 마찬가지로 ABS, TCS, VDC 기능을 한다.

2. 작동 과정
가. 제동 시
- HPU의 모터 펌프가 작동하면서 압력을 생성하고, HPU 밸브가 열려 마스터실린더로 형성된 압력을 보내면,
- 마스터실린더는 압력을 동반한 브레이크액을 VDC 모듈로 보내, 각 휠로 형성된 유압라인 압력을 공급하면서 브레이크 제어를 하게 된다.

나. 회생 제동 시
- HPU의 밸브의 유압을 감압 또는 증압시키는 데 있어 전류제어를 하는데, 제동 유압이 증압 될 때는 회생 제동력이 낮아지고, 반대로 제동 유압이 감압 될 때는 회생제동력이 높아지면서 회생 제동 충전 전기량도 높아지게 된다.

---

2. 하이브리드 자동차에 적용되는 HSG(Hybrid Stater & Generator)의 주요기능과 역할에 대하여 서술하시오. (15점)

1. 주요기능
① 시동 제어 기능 : HEV 모드로 전환할 때 엔진을 시동하는 기능이다.
② 엔진 속도 제어 기능 : 클러치로 모터와 엔진을 연결할 때 충격과 진동을 줄여주는 원리로써, 모터 주행 중

엔진 속도를 빠르게 하여 모터 속도와 엔진 속도를 동기화 시키는 기능이다.
③ 발전 제어 기능 : 고전압 배터리의 SOC(state of charge)가 저하될 경우, 엔진을 강제 시동하여 HSG가 전기를 발생시켜 고전압 배터리를 충전하는 기능이다.
④ 소프트 랜딩 제어 기능 : 주행 종료 후 시동을 끌 때 엔진의 진동을 줄이는 엔진 회전수 제어 기능이다.

2. 역할
- 시동역할 : 최초 시동 시 일반 내연기관의 시동모터 역할을 한다.
- 발전역할 : 내연기관의 발전기 역할을 한다.

---

3. 적응형 순항제어 시스템(ASCC; Advanced Smart Cruise Control)의 기술개요 및 시스템의 작동과정에 대하여 서술하시오. (20점)

1. 기술개요
- 주행 중에 전방 차량을 인식, 거리 유지, 설정 속도로 유지하는 운전자 편의를 위한 보조 ADAS 기능이다.
- SCC(Smart Cruise Control)에서 ASCC(Advanced : w/S&G, with smart cruise control with stop&Go)로 발전한 것으로, 선행 차량이 정차하거나 재출발 시, 추돌 없이 거리를 유지하며 주행하는기술이다.
- 주요 센서는 전방 룸미러 앞부분에 카메라, 그릴 또는 번호판 아래 범퍼 안쪽 중앙에 레이더 센서가 있다.
- 차간거리는 3~4단계로 설정되어 있으며, 주로 CAN 통신이 적용되어 있다.

2. 시스템 작동 과정
① 일정속도 이상(약20~30km/h)에서 운전자가 ASCC 작동 시작·설정한다.
② 선행 차량이 없을 경우, 운전자가 설정한 속도로 정속 주행한다.
③ 선행 차량이 나타났을 경우, 속도를 3~4단계로 점차 줄여가며 거리를 유지한다.
④ 선행 차량이 차선을 변경하여 없어졌을 경우, 다시 설정된 속도까지 가속하여 정속 주행한다.
⑤ 선행 차량이 정차할 경우, 일정 거리에서 정차하였다가 가속페달을 밟을 경우 출발한다.
단 긴 시간 동안 정차(약5~7분 이상) 시, ASCC 작동은 해제된다.(정지제어 기능)
⑥ 주행 중 설정 속도보다 운전자의 가속 의지가 더 많을 경우(더 빠른 속도를 원하여 가속페달을 밟을 경우) 운전자의 의지에 따라 가속되었다가, 다시 운전자가 가속페달에 발을 떼었을 때, 설정속도로 서서히 감속된다.(오버라이드 제어 기능)
⑦ ASCC 작동 중 운전자가 방향지시등을 점등하여 추월 의지를 보였을 경우, 거리 유지 목푯값을 줄이며, 약간의 가속과 함께 부드러운 추월이 되도록 돕는다.(추월지원 제어 기능)

4. 차체 부식에서 녹의 종류별 발생 원인을 제시하고, 차체 수리 과정에서 녹 발생을 억제할 수 있는 방법에 대하여 서술하시오. (15점)

1. 녹(rust)의 종류별 발생 원인
   ① 차체 접합 부위 등 손이 닿지 않아 방청·도장이 되지 않은 작은 틈새(캐비티, cavity)에서 시작되어 외부로 녹 번짐
   ② 겨울철 도로 제설 염분, 자갈, 돌 등 도로 환경 요인뿐만 아니라, 대기오염으로 인한 산성비, 철 성분과의 화학작용(산소와 습기의 반응)을 통해 녹이 발생할 수밖에 없는 자연적인 원인으로 인한 도장 표면의 손상 녹 발생
   ③ 주행 중 발생하는 돌 튕김(스톤 칩), 스크래치 또는 깊게 파인 흠집 등 생활 속에서 도장면의 손상으로 시작된 녹 발생
   ④ 사고 차 수리 과정에서 도장·방청 불량으로 인한 보수도장의 결함 녹 발생
   ⑤ 자동차 생산공정에서 발생 되는 제작 결함(설계, 배수처리, 아연도금, 씰링 불량)으로 인한 녹 발생

2. 녹 발생 억제 방법
   ① 상도 도막과 프라이머 도막 손상 시 응급 부분 도장 처리 후 보수도장 실시
   ② 도장 공정 시 건조시간을 준수하여 수분과 산소의 반응으로 인한 철 성분의 화학작용에 대한 예방
   ③ 눈에 보이지 않는 패널 안쪽(내부와 외부패널의 공간), 패널 접합 부분의 방청(방청제, 씰링) 처리
   ④ 아연도금강판, 알루미늄합금 등 부식 억제 재료를 사용한 자동차 차체 제작
   ⑤ 겨울철 도로 운행 후 제설 염분으로 인한 차체 세차

5. 자동차 현가장치에서 독립식과 일체 차축 식을 구분하여 구조 및 특징에 대해 약술하시오. (10점)

1. 독립식
   • 좌, 우 차축이 분할되어 독립적으로 움직이는 독립식 현가장치
   • 특징
   ① 시미현상이 적으며, 로드 홀딩 능력이 우수하여 승차감 좋다.
   ② 구조가 복잡하다.
   ③ 볼 이음부 마모 시 휠얼라인먼트가 틀어지기 쉽고, 타이어 편 마모가 크다.

2. 일체 차축 식
   • 좌, 우 차축이 일체형 구조로 되어있는 차축 식 현가장치
   • 특징
   ① 구조가 간단하다.
   ② 하중 지지 능력은 우수하나 승차감이 불량하다.
   ③ 앞바퀴가 좌우로 흔들리는 시미(shimmy) 발생이 쉽다.

6. 도장작업 후 발생하는 결함 중 박리현상(peeling), 부풀음 현상(blister), 치핑현상(chipping), 초킹현상(chalking)의 정의와 발생 원인에 대해 약술하시오. (10점)

1. 박리현상(peeling)
   - 정의 : 도장의 내부와 표면층의 부착력이 없어지면서 벗겨지는 현상
   - 발생원인 : 구도막 연마 불량, 도장 시 지문, 땀 등 오염 상태에서 도장, 서페이서 도장 후 먼지만 제거(표면 탈지 불량), 습도 높은 환경에서 도장, 부스 내 풍속이 너무 빠른 상태에서 도장

2. 부풀음 현상(blister)
   - 정의 : 도장면에 크고 작은 수포들이 부풀어 오르는 현상
   - 발생원인 : 중도와 상도 도막 사이에 물, 습기가 고여 있을 때, 패널의 안쪽과 외부쪽 온도차가 심할 때, 물 샌딩 후 건조가 안 되었을 경우

3. 치핑현상(chipping)
   - 정의 : 주행중 노면에서 올라오는 작은 돌 등 외부의 작은 조각 소재들이 도장면과 부딪치면서 벗겨지는 현상
   - 발생원인 : 서페이서 공정을 삭제했거나 희석도료 점도가 너무 낮은 경우, 패널 철판에 바로 상도 도장을 했을 경우, 건조불량

4. 초킹현상(chalking)
   - 정의 : 도장면의 광택이 상실 되면서 가루처럼 부서지는 현상
   - 발생원인 : 산성비로 인한 도막의 침식, 강한 자외선, 도료 저장 중 안료와 수지가 분리된 채로 도장, 안료와 수지 혼합 시 안료의 혼합비가 큰 경우

7. 타이어 마모는 트레드 표면이 마모되는 현상으로 과도한 타이어 마모는 제동 시 미끄럼 발생으로 결국 사고를 유발 시키는 원인이 될 수 있다. 타이어 마모의 원인을 열거하고 트레드 편마모 경향의 종류 및 세부 요인들에 대해 약술하시오. (10점)

1. 타이어 마모의 원인
   - 노면 품질이 저하된 도로 주행
   - 타이어 제작 시 수명 한계 초과
   - 타이어 공기압 부족
   - 적재 하중 초과 운행
   - 여름철 고온에서의 연속운행으로 인한 타이어 열화
   - 잘못된 운전 습관(급출발, 급제동, 급선회)

2. 트레드 편마모 경향의 종류, 세부 요인

① 타이어 한쪽만 편마모
- 한쪽 타이어의 이상 변형
- 좌우 공기압 편차로 인한 코너링 포스 영향
- 운전자 운전 습관(코너과속, 급회전 등)으로 인한 차체 무게중심의 편중

② 좌·우 타이어 모두가 편마모
- 좌우 타이로드 엔드 부품의 유격 발생 등 불량
- 좌우 넉클, 로어암 등의 부품 노후화로 인한 유격

③ 타이어가 부분적으로 마모
- 휠 밸런스 불량
- 허브 베어링의 유격으로 인한 타이어의 이상 회전
- 마모된 타이어의 해당되는 서스펜션, 쇼크 업소버(shock absorber)의 부품 노후화로 유격, 주행 진동 발생

기출문제 2019년 제42회

> 1. 가솔린엔진에서 연료탱크 내 증발 가스 누출 감시장치의 구성부품을 나열하고, 연료 증발 가스 누출 감시 원리와 고장 판정 방법을 서술하시오. (20점)

1. 구성부품
- 연료탱크 압력센서(FTPS), 캐니스터 닫힘밸브(CCV), 퍼지컨트롤솔레노이드밸브(PCSV), 증발 가스 제어 시스템

2. 누출 감시 원리
- 엔진 시동 초기 연료탱크 압력은 대기압과 같음, CCV열림, PCSV열림
- 엔진 공회전시 연료탱크 압력은 연료증발가스로 인해 상승하기 시작, CCV닫힘, PCSV닫힘
- 엔진 공회전 상태에서 서지탱크 진공압력에 따라 연료탱크 내부 압력으로 변화량으로 누출 감시

3. 고장 판정
- 자기진단상에 증발가스제어시스템의 소량 누출, 대량 누출 여부 판독
- PCSV 호스에 에어(Air)을 강제 주입 시켰을 때, 바람소리, 연료 냄새로 대량 누설 확인
- PCSV 진공압력을 걸어본후, 일정시간 유지 후 강제 구동 시 진공이 해제되지 않으면 고장(기밀유지 점검)
- 캐니스터, CCV, PCSV 각각의 규정 진공압력을 걸었을 때, 규정된 일정시간을 유지하지 않으면 고장
- 누설 의심 부위의 기밀상태 확인(비누거품)
- 연료 탱크 압력 센서값의 전압의 변화가 없을 때 누설로 판단
- 공회전 상태에서 연료캡을 열고 닫고를 반복했을 때 연료탱크 압력 센서값의 변화가 없으면 누설로 판단
- 캐니스터

2. 전기자동차에서 아래에 제시된 주요 부품으로 완속 충전 과정과 방전(구동) 과정의 순서를 나열하고, 각 부품의 역할에 대해 서술하시오. (단, 모터는 교류모터를 사용한다.) (20점)

〈주요부품〉
AC모터(AC 480V), 구동축, 바퀴, 변속기(감속기), OBCM(On Board Charger Module), PDU(Power Distribution Unit), 대용량 배터리(DC 480V), Inverter(인버터), 외부전원(AC 220V)

1. 완속 충전 과정
   - 외부전원(AC 220V) → OBCM → PDU → 대용량 배터리(DC 480V)

2. 방전(구동) 과정
   - 대용량 배터리(DC 480V) → PDU → Inverter → AC모터(AC 480V) → 변속기(감속기) → 구동축 → 바퀴

3. 부품의 역할
   - AC모터(AC 480V) : 3상 교류모터이며, 감속시 회생제동 역할, 제동시 브레이크 협조제어 기능을 수행한다.
   - 구동축 : 감속기에 전해지는 동력을 휠(바퀴)로 전달한다.
   - 바퀴 : 구동력의 최종 단계로써, 노면과 접촉하여 자동차를 움직이게 한다.
   - 변속기(감속기) : 구동모터의 힘을 받아 전진, 파킹, 차동기능을 하고, 후진 기능은 없다.
   - OBCM(On Board Charger Module) : 외부 220V 교류전압을 고전압 직류전압으로 변환시키는 역할을 한다.
   - PDU(Power Distribution Unit) : HPDU(High Voltage Power Distribution Unit)라고도 하며, 고전압 전원 배분을 하는 기능을 하고, 보조전원 공급장치로부터 전력을 공급 받아 전장부품과 등화장치에 전원을 공급한다.
   - 대용량 배터리(DC 480V) : 고전압을 충전(저장)하고 방전(소모)할 수 있는 2차 전지로써, 전기자동차의 에너지원이다.
   - Inverter(인버터) : 직류(DC)전압을 교류(AC)전압으로 전환시키는 역할을 한다.
   - 외부전원(AC 220V) : 현재 국내 가정용 전기형태로써, 완속 및 급속 충전 시 전원을 공급한다.

3. 연료전지자동차(FCEV)의 스택(FC Stack)의 구성과 전기가 생성되는 원리를 서술하시오. (15점)

1. 스택의 구성
- 스택은 수소와 산소를 확산, 분리시키하고, 전기 생산 후 다시결합을 유도하여 물은 만듦
- 전해질 막 : 전기를 생성하며, 백금,탄소 촉매를 사용함
- 분리판 : 냉각수 공급, 발생하는 전류 수집, 연료와 반응가스 공급, 구조적 지지 기능을 함
- 기체 확산층 : 반응 가스의 확산과 균일한 공급을 하는 기능을 함
- 가스켓 : 기밀유지 기능을 함

2. 전기 생성원리
- 수소(H_2)와 산소(O_2)의 화학 반응 통해 전기생산
- 수소와 산소가 만나 전기와 물을 생성하는 원리로 화학에너지를 전기에너지로 변환하여 높은 효율을 만드는 원리

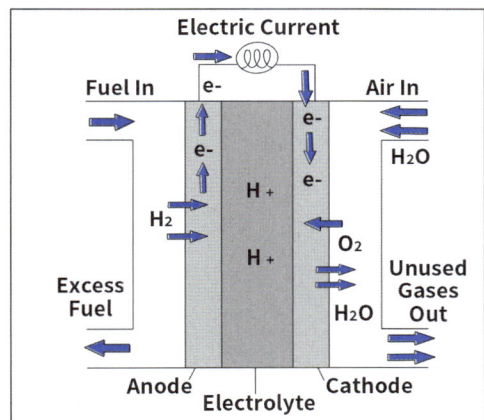

Anode (에노드, -극) : $H_2 \rightarrow 2H^+ + 2e^-$

Cathode (캐소드, +극) : $\frac{1}{2}O_2 + 2H^+ + 2e^- \rightarrow H_2O$

$O_2 + H_2 \rightarrow H_2O$ + 전기

4. 스폿(Spot) 용접된 손상패널을 교환할 때, 용접 부위의 강도 확보를 위한 CO_2플러그 용접 공정에 대해 약술하시오. (10점)

1. 용접공정
- 용접부에 일정한 간격으로 홀을 가공한다.
- 부품을 단단히 고정한다.
- 구멍을 메운다.

> ※ 참고
> - 「CO_2(MIG, metal inert gas arc welding)용접」은 전기를 이용하여 탄소가스와 용접 와이어를 이용하여 아크 발생을 시키면서 용접을 하는 것을 말하며, 용극식과 비용극식으로 구분한다.
> - 「CO_2용접」은 용접 전류가 매우 커서 용입이 깊고, 용접 속도도 매우 빠르게 할 수 있으며, 다소 저렴한 CO_2가스를 사용하면서 와이어와 함께 금속을 융접한다. 용접할 금속이 서로 밀착되어 있어야 용접의 효과를 극대화할 수 있어 바이스 플라이어 공구를 활용하여 금속을 서로 임시 접촉시켜 가용접 후 본용접에 들어간다.
> - PLUG용접 : 일반 용접을 할 수 없는 조건인 부위에, 하판을 용융하기 위하여 상판에 hole을 만들고 그 부위에 용접하는 방법이다. hole 경은 상판의 두께에 의해 결정하고, 하판에는 아크를 발생시켜야 한다. 차체판넬 상의 홀 경은 통상 8mm로 한다.

5. 타이어의 발열 원인과 히트세퍼레이션(Heat Separation) 현상에 대해 서술하시오. (15점)

1. 발열원인
- 공기압 부족, 과적재(하중 부하), 타이어의 능력을 초과한 주행속도, 외부온도의 고온(여름철 혹서기), 급가속, 급정지, 급선회, 긴 연속 주행시간, 타이어의 홈 깊이(트래드의 마모 심할 때), 타이어의 구조(러그 타입 타이어), 브레이크 시스템 불량으로 인한 열전달

2. 히트 세퍼레이션 현상
- 일반적으로 타이어 벨트는 타이어 내외부 발열 약 125℃까지 견딜 수 있으나, 타이어의 내부온도가 높아져 그 이상 발열이 있을 경우, 고무나 코드의 열화, 접착력의 저하가 심해지고, 발열에 의한 세퍼레이션(분리) 손상 현상으로써, 이상 발열로 인한 세퍼레이션(분리)현상을 히트 세퍼레이션(Heat Separation) 현상이라 한다.

6. 자동차 공조장치의 냉방사이클에 사용되는 1차 냉매와 2차 냉매의 종류와 특성을 약술하시오. (10점)

1. 종류
- 1차 냉매 종류 : 암모니아, 프레온
- 2차 냉매 종류 : 브라인, 냉각수

2. 특성
- 1차 냉매 특성 : 1차 냉매(직접 냉매)는 증발기가 직접 냉각시키는 냉각기인 직접팽창식 냉각기에 사용되는 냉매로써, 증발 또는 응축의 상변화 과정을 통하여 열을 흡수 또는 방출하는 냉매
- 2차 냉매 특성 : 2차 냉매(간접 냉매)는 먼저 액체를 냉각시킨 다음 그 액체를 이용하여 냉각 작용을 하는 '간접냉동법'에 쓰이는 냉매

7. 디젤 매연여과장치(DPF : Diesel Particulate Filter)의 재생제어 조건과 과정에 대해 약술하시오. (10점)

1. 재생 조건
- PM(미세매연입자)의 연소온도를 낮춘다.
  - 세륨 또는 금속화합물의 첨가제 첨가(연소온도 약 450~500℃로 낮춤)
  - 필터에 백금 코팅(연소온도 촉진, 촉매식 DPF)
- 배기가스 온도를 약 600℃ 이상 높여야
  - DPF 앞에 DOC(HC, CO를 줄이고 그 반응열로 배기가스 온도를 높이는 역할)
  - 버너를 이용해 강제로 필터를 연소(일부 대형 차량)

*DOC(Diesel Oxidation Catalyst)

2. 재생 과정
- DPF 필터 내에 일정량의 매연이 포집된다.
- 엔진에서 후 분사를 통해 고온의 배기가스 DPF로 전달되어, 모여있는 PM(미세매연입자) 태운다.
- 타다 남은 연료의 잔여물인 PM(미세매연입자)은 다시 가열·연소 후 소멸된다.

> ※ 참고
> - 먼저 배기가스 중의 PM(미세매연입자)이 필터 벽면(위에서 말한 세라믹 담체)에 포집됨.
> - 포집된 PM(미세매연입자)은 퇴적되고, 산화되어 CO_2, H_2O로 배출되면서 매연을 저감시키는 원리.
> - 배기가스에는 퇴적된 PM(미세매연입자)을 자체적으로 연소시킬 만큼 충분한 양의 산소가 포함되어 있고,
> - 이 연소 과정을 '재생'이라고 한다.
>   (연소 조건 = 재생 조건)

기출문제 2018년 제41회

1. 승용자동차에 적용되는 디스크 브레이크 시스템의 구성부품에 대한 기능을 설명하고, 드럼식과 비교하여 제동방식의 차이를 약술하시오. (15점)

디스크 브레이크(disc brake)는 회전하는 원판(disc)을 양쪽의 캘리퍼 피스톤이 브레이크 패드를 밀면서 제동하는 방식으로 일종의 외부 강제 수축식 제동방식이라고 보면 된다. 드럼에 덥혀 있는 내부에서 제동하는 드럼브레이크와 비교할 때 이 방식은 회전하는 원판에 외부로 노출되어 있기에 제동 시 열 방출이 매우 잘 되어, 잦은 제동으로 인한 베이퍼록 현상 및 페이드 현상을 방지하는 데 효과적이다.

1. 구성부품의 기능
- 브레이크 마스터실린더 : 브레이크 라인의 압력을 형성하고, 신속하게 압력을 없애는 기능
- 브레이크 부스터(마스터 백) : 브레이크 마스터 실린더의 유압을 높여주는 기능
- 브레이크 라인 : 브레이크액이 이동할 수 있도록 하는 유압·유체통로 기능
- ABS 모듈(ABS 타입의 경우) : 적정 유압 생성과 분배로 ABS 작동 기능
- 브레이크 캘리퍼 어셈블 : 피스톤 및 패드를 장착하고 회전하는 디스크에 제동력을 전가하는 기능
- 브레이크 디스크(로터) : 외부 노출 형식으로 바퀴와 함께 회전하며, 제동 시 캘리퍼디스크와의 마찰력에 의해 바퀴 회전수를 줄여 결국 차를 멈추게 하는 기능, 또한 휠 평형에도 영향을 준다.

2. 제동방식의 차이
드럼식과 비교하여
① 디스크가 대기에 노출되어 있어 방열성이 좋아 페이드 현상이 잘 일어나지 않는다.
② 자기 작동이 없어 제동력의 변화가 적고 제동 시 한쪽만 제동되는 편 제동 현상이 적다.
③ 물이나 진흙 등이 묻더라도 원심력에 의해 제동 효과 회복이 빠르다.
④ 구조가 간단하고 정비가 용이 하나, 가격이 다소 비싸다.
⑤ 패드는 큰 강도의 재질을 필요로 하고, 페달 조작력이 커야 한다.

2. 자동차 보수도장에서 블렌딩(blending) 도장의 개요 및 작업 방법에 대하여 약술하시오. (10점)

1. 개요
- 사고 패널의 도장 작업을 할 경우 인접 패널의 일부를 함께 도장하여 보수된 도장 부위가 자연스럽게 이어지듯, 기 도장색상과의 이색 현상이 없도록 하는 숨김(감춤)도장 기술로써,
- 도장면적을 최소화하면서, 어려운 조색 작업(색맞춤) 시간을 줄여 작업 효율을 높인다.
- 솔리드, 메탈릭, 펄 색상에 따른 블렌딩 도장 방법이 있다.

2. 작업 방법(퍼티 샌딩 제외 및 완료상태)
① 손상부위 확인, 색상측정 및 배합 확인 후 페인트 조색
② 시편작업
③ 마스킹 범위(패널경계부위) 설정 및 마스킹 작업
④ 도장범위 연마(단 낮추기, 베이스 도장 부위에서 주변으로 갈수록 고운 연마지 사용)
⑤ 탈지(수용성송진포) 작업
⑥ 프라이머 서페이서 작업
⑦ 건조(10~15분)
⑧ 연마(서페이서가 인접패널과 연결되는 부위는 고운 연마지 사용)
⑨ 탈지(수용성송진포) 작업
⑩ 베이스 코트(3~4회, 플래쉬오프타임 30초~1분)
⑪ 건조, 탈지(수용성송진포) 작업
⑫ 클리어코트
⑬ 혼합도료(클리어코트+브랜딩신너)를 사용 경계부 자연스럽게 녹여 연결
⑭ 블랜딩 신너 단독 페인팅
⑮ 건조
※ 에어라인 점검(수분제거, 공기압력 등), 스레이건의 토출량, 적정 공기압 맞추기

3. 자동차 기관에 사용되는 EGR(Exhaust Gas Recirculation)밸브에 대한 정의, 장점과 단점, 작동원리, 비정상 작동 시 발생하는 현상에 대하여 서술하시오. (20점)

1. 정의
- 내연기관에서 발생하는 대기오염 물질을 줄이기 위해 만들어진 장치로써, 배기가스 일부를 냉각시켜 일반공기와 함께 엔진의 연소실로 주입하여, 질소 산화물(NO_x)의 발생량을 줄이기 위해 사용되는 장치이다.

2. 장점, 단점
- 장점
  - 디젤 엔진에서는 산성비와 미세먼지의 원인이 되는, 질소 산화물(NO_x)의 발생량을 줄여준다.
  - 가솔린 엔진에서는 연소실 내부 온도를 낮춰, 가솔린 연료의 특성상 온도가 너무 높아져 생기는 노킹현상을 줄여준다.
- 단점
  - 배기가스 일부를 재연소하기에 신선한 산소양이 적어 연소에 악영향을 주는 경우가 있다. 이는 엔진 출력이 저하되고, 엔진 출력 저하로 인한 운전자의 악셀 개도량이 커져 연비도 감소하게 된다.
  - 배기가스 찌꺼기가 EGR밸브에 쌓여 막히게 되면, 외부 흡입 공기량이 더욱 줄어들어 배기가스로만 연소를 해야 하기에 연료를 소비가 급격히 많아져 경제적 손실이 커진다.

3. 작동원리
① 배기매니폴드를 흡기매니폴드로 연결(진공 또는 전기스템모터 제어)
② 배기가스와 신선한 흡입공기와 결합
③ 일정온도 도달시, 주행속도 증가시 작동
④ 감속시, 엔진 정지시 EGR밸브 닫힌채로 배기가스 흐름 방지

4. 비정상 작동시
- 연소실 온도가 상승하고 NO_x 발생량 증가
- 공회전시 RPM 이상 및 시동 꺼짐
- 저속시 울컥거림
- 가속 불량
- 압축공기와 연료 소모량이 맞지 않아 검은 매연 발생

4. 다음의 용어에 대해 약술하시오. (10점)

(1) **스탠딩 웨이브(standing wave) 현상**
- 마치 타이어가 물결치는 듯한 모양을 유지하는 것으로써, 차체 하중으로 노면과 접지된 타이어 부분을 변형시키고, 고속 주행 중 타이어가 탄성에 의해 회복되지 않고, 접지부분의 변형상태가 그대로 진행되면서 발생되는 현상

(2) **하이드로 플래닝(hydro planing) 현상**
- 타이어 트레드의 마모가 심하거나, 폭우로 인한 빗물의 양이 과도하여 주행 중인 자동차가 도로의 물을 타이어회전 방향 뒤쪽으로 배출하지 못하고, 마치 타이어와 지면 사이에 물을 경계로 한 수막으로 타이어가 물 위에 떠 있는 듯한 현상

(3) **베이퍼 록(vapor lock) 현상**
- 브레이크의 마찰열 상승으로 브레이크액이 끓어올라 밀폐된 유체라인에서 고온으로 인한 기포가 발생하고, 일종의 증기 폐쇄 현상이 브레이크 라인 내에 발생하면서 제동력이 급격히 떨어 현상

(4) **시미(shimmy) 현상**
- 횡 진동 현상이라고도 하며, 앞바퀴 정렬 및 타이어 공기압 또는 동적평형의 불량과 앞 현가장치의 심한 유격으로 인해 앞바퀴가 옆으로(가로로) 또는 조향 핸들은 좌우로 흔들리는 현상

(5) **트램핑(tramping) 현상**
- 타이어의 정적 불 평형이 원인이 되어 타이어가 노면과의 수직 상태에서 어느 한쪽이 무거워, 무거운 부분이 아래로 향하면 노면에 충격을 가하고, 무거운 부분이 위로 향할 때는 차체에 충격을 가하면서 마치 위아래로 튀는 듯한 진동을 주는 상하 진동(떨림) 현상으로, 휠홉(wheel hop)현상 이라고도 한다.

5. HEV(Hybrid Electric Vehicle)에서 BMS(Battery Management System)의 주요 기능에 대하여 약술하시오. (10점)

- 고전압 배터리의 모니터링과 제어 시스템으로써,
- 특히 고전압 배터리 냉각제어는 BMS 중 제어 중 매우 중요한 제어로써, 최적의 배터리 작동 온도를 유지하기 위하여 냉각팬을 이용한 배터리 온도 유지 시스템이다.
- 셀 밸런싱 기능은 배터리의 에너지 효율과 사용 가능한 에너지 용량 및 배터리 수명을 향상시키고자 충·방전 시 발생하는 각 셀 간의 전압 편차를 동일한 전압으로 만들어 주는 기능이다.
- 고전압 릴레이 제어는 고전압을 사용하는 부품의 전원을 통합 제어하여 고전압 고장으로 인한 안전사고를 예방하는 기능을 한다.
- 배터리 사용 가능 용량을 나타내는 SOC(%)양을 계산하여 적정 SOC영역 관리 기능을 한다.
- 차량측 제어 계통 이상, 전지 열화 등 배터리 시스템 고장을 진단하는 진단기능이 있다.

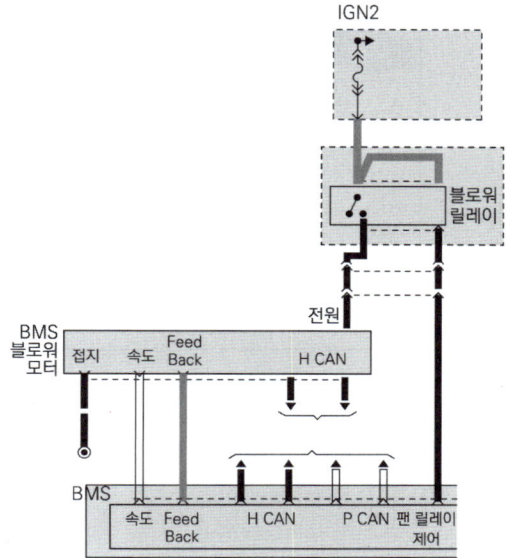

6. 자동차 냉방 시스템의 주요 구성부품을 설명하고 냉매가 변환(상변화)되는 과정을 약술하시오. (15점)

1. 주요 구성부품

- 압축기(콤프레샤) : 냉매를 고온·고압의 기체로 압축하는 역할, 압축된 냉매를 응축기(Condenser)로 보냄
- 응축기(콘덴서) : 압축기로부터 고온고압의 기체 냉매를 받아, 외부공기에 의해서 액체로 응축하여, 팽창밸브(Expansion Valve)로 보냄
- 리시버(수액기, 건조기) : 냉매 안에 있는 수분·이물질 제거, 냉매량 관찰, 압력 안전밸브 기능, 냉매를 일시 저장하여 액체 상태 냉매가 팽창밸브에 공급되도록 한다.
- 팽창밸브(익스팬션밸브) : 고온·고압의 액상 냉매를 저온·저압의 냉매로 변환, 냉방 부하에 따라 증발기 출구 온도 감지 후, 증발기로 유입되는 냉매량을 조절한다.
- 증발기(이베퍼레이터) : 팽창밸브에서 기체로 급격히 팽창된 냉매를 받아 저온·저압의 기체로 증발시키면서, 주위의 열을 흡수하며(빼앗으며) 냉풍을 얻게 된다.

2. 냉매 상변화 과정

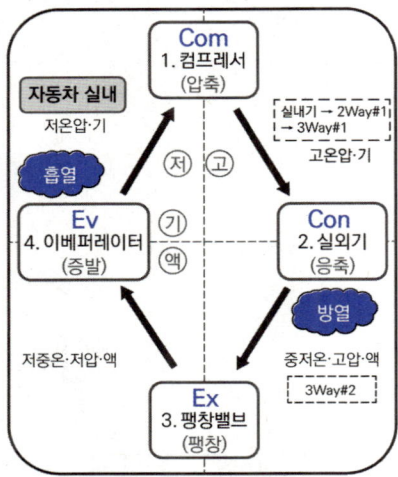

냉방시스템

3. 냉방시스템에 사용되는 센서

① 핀서모(pinthermo)
부특성 서미스터(ntc) 사용, 지속되는 냉방으로 증발기가 빙결되는 것을 방지, 증발기 코어의 온도를 감지, 약 0.5~1.0℃ 이하일 경우 A/C릴레이 출력 전원 차단(압축기 작동 정지), 약 3~4℃ 이상이 되면 A/C 릴레이가 작동하고 다시 압축기 작동.

② 실내 온도 센서
차량의 실내 온도를 감지하여 에어컨 ECU에 전달, 자동모드 시 블로워 모터 속도, 온도 조절 액추에이터 및 내·외기 전환 액추에이터의 위치 보정

③ 외기 온도 센서(AMC sensor)
외부 공기 온도를 측정하는 부특성 서미스터(NTC), 에어컨 ECU에 전달, A/C 온도·풍량 보정

④ 일사량 센서(photo sensor)
광기전성 다이오드를 내장하고 있어 별도의 센서 전원 없이, 발생 기전력에 따라 실내 온도와 풍량이 선택 온도에 근접하도록 보정, 자기진단을 통해 고장 검출이 되지 않는 센서로 전등 빛을 비추었을 때 약 0.8V의 기전력이 발생되면 센서는 정상이다.

⑤ APT(automotive pressure transduser)센서
연속적 냉매 압력 감지, 연비 향상과 더불어 변속감 향상, 냉매 압력에 따라 최적의(압축기, 냉각팬)제어를 위하여 ECU로 입력, 냉방장치가 정상 작동 중일 때 약 2.5V 의 전압 출력

> 7. 자동차의 센터필러에 사용되는 초고장력강(UHSS : Ultra High Strength Steel)의 정의와 수리 장비 및 공구, 수리 방법에 대하여 서술하시오. (20점)

1. 정의
- AHSS(Advanced High Strength Steels)로 표기하기도 하는 초고장력강은 연한 조직에 경한 조직(Martensite등)을 추가하여 강도를 높인 것으로써, 철 성분 중 높은 강도를 갖고 있는 철을 말한다.
- 590MPa(60kg/㎟)이상의 인장강도를 초고장력강으로 정의한다.

2. 수리 장비 및 공구
- 스포트커터드릴, 로터바
- 에어드릴링머신, 에어톱, 에어펀치
- 커터 그라인더
- 미그용접기
- 스폿용접기

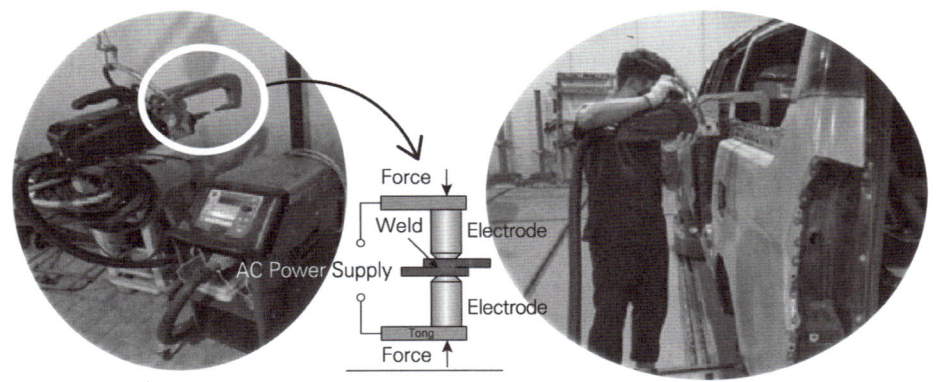

SPOT 용접기와 패널 스폿 용접 작업

3. 수리 방법
- 시트, 센터필러트림, 안전벨트, 후 도어, 실내매트, 커튼에어백,충격센서 등 탈거
- 센터필러상부 외판 절단
- 초고장력 스폿용접점제거
- 센터필러상하부 절단
- 사이드실 외부 절단
- 사이드실 스폿용접점제거(아랫쪽)
- 신품 준비(재단 작업)
- 센터필러내측 임시 고정
- 센터필러내측 패널 용접 작업

- 센터필러외판 패널 설치
- 부식방지 스프레이, 패널 접착제 도포
- 센터필러외측 임시 고정
- 센터필러용접 작업
- 사이드실 리인포스먼트용접
- 용접부프라이머도포
- 센터필러상부 접합
- 용접부프라이머도포
- 센터필러외측 상단 용접
- 연마, 맞춤 공정(닫힌 문 이음부등 확인)
- 수리작업 확인
- 도장, 인너왁스도포
- 세차

※ 주의사항
- 수리 시 패널 접착제 적용부위는 반드시 패널 접착제 적용후패널 용접을 해야 한다.-패널 접착제가 들어간 경우는 CO_2 용접을 해서는 안되고, 반드시 스폿용접으로 작업을 한다.-커튼 및 측면 에어백은 센터필러쪽에 충격감지 센서가 있어, 제작사 정비지침을 준수하여 오작동 조치를 하고 작업해야 한다.

※ 차체수리 공정

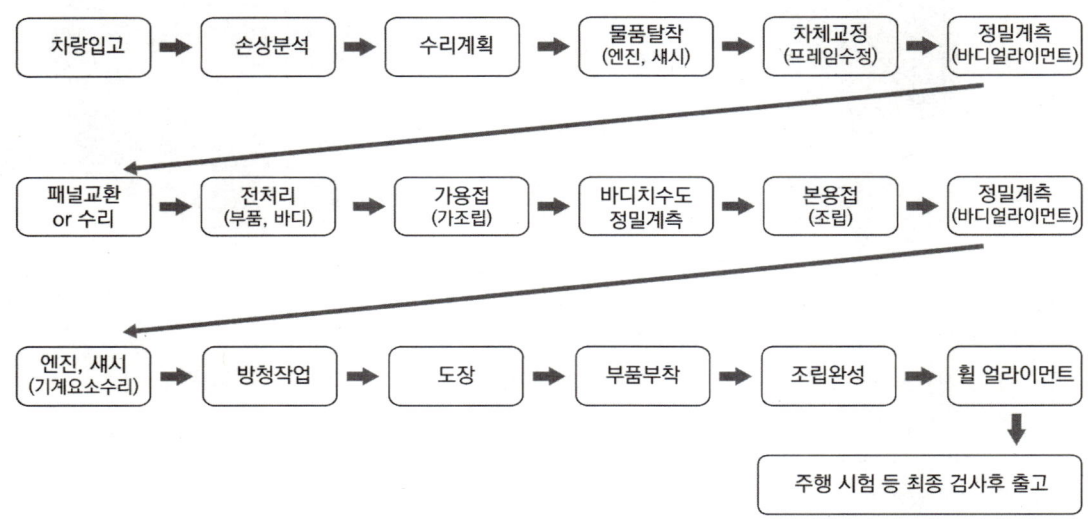

|참|고|문|헌|

Reference(자동차구조 및 정비이론과 실무)

1) EEA(European Environment Agency), Public articles, "Air pollution environment and health", October 18, 2012

2) Automotive Engineering(자동차공학), William H.CROUSE, Donald L.ANGLIN, Co-authored by Seonwoo Myeong-ho, Lim Hong-jae, Lee Ki-hyung, and Lee Jang-myeong, February 1, 2016

3) gsw.hyundai.com public data & gsw.kia.com public data

4) World Health Organization (WHO), Ministry of Health and Welfare, Korean Medical Association, "Contribution of the Environment to the Major Diseases of the Whole Population Group", 2004

5) Korea Water Resources Corporation K-water Sihwa Tidal Power Plant, Comparison of Annual Generation Capacity and Sihwa Tidal Power Plant View

6) Non-Life Insurance Association Professional Examination Vehicle Damage Appraiser Public Questions (2018-2025)

7) Articles and public data on eco-friendly vehicles published by the Ministry of Environment (some quotes)

8) KEPCO Electric Vehicle Charging Service Rapid Charger (Photos), Status of electric cars, charging stations, open chargers nationwide / koamav@koamav.com (Slow Charger Photos)

9) Electric, hydrogen, and hybrid vehicle systems produced by Hyundai Motor Company, Kia Motors, Chevrolet, Volvo, Audi, Volkswagen, Mercedes-Benz, and Peugeot (some quotes)

10) Quotations from past exam questions, solutions, and explanations for the Automobile Maintenance Technician, Vehicle Technician, and Automobile Maintenance Industry Engineer exams.

11) Photo of work by Hyundai Blue Hands, a local business operator, sheet metal painting department

12) Yoon Jo-hyun's master's thesis: A Study on the Strategic Deployment of Electric Vehicle Charging Infrastructure Based on Actual Usage Patterns, December 2017

저자소개

윤 조 현

약력

現)
- 이패스코리아 자동차분야 전임강사
- JH 자율주행 전기차 센터 대표
- 경기과학기술대학교 미래전기자동차과 겸임교수
- 인천 교육청 고교학점제 지역연계 꿈이음대학 주수업 강사
- 자동차 LCA전문기업 ㈜한국오토모티브 미래친환경자동차분야 TA
- 디지털 전환 교육기업, ㈜스마택트 미래모빌리티분야 TA
- 현대(종합)블루핸즈 서울시북부협동조합 Consultant/Part-time office manager
- 국토교통부, (사)한국미래친환경차서비스협회 이사
- 국토교통부, (사)한국자동차진단보증협회 친환경차분야 주강사

前)
- 청주지법 제천지원 자동차 사고 법원 감정인
- ㈜ H 손해사정 법인 대표
- 현대자동차 PYL 프로그램 현장정비 강사
- 카센터, 공업사, 튜닝샵, 육군특전사 현장정비 19년
- 삼성전자, ㈜멀티캠퍼스 "삼성 청년 소프트웨어 아카데미(SSAFY)" 교육 강사

보유자격

- 국민대학교 자동차산업대학원 자동차공학 M.S(전기차 시스템 연구실)
- 자동차 정비 기능장(2007)
- 직업능력개발 훈련교사 2급(차량정비, 2011)
- 자동차 정비 기사(2006)
- 자동차 검사 기사(2007)
- 자동차 진단 평가사 1급(2017)

저서

- 이패스 자동차 구조 및 정비 이론과 실무 (이패스코리아)
- 차량손해사정사 2차 사례 및 약술 문제풀이 (이패스코리아)

이패스 자동차 구조 및 정비이론과 실무

개정 2판 인쇄 | 2025년 11월 18일
개정 2판 발행 | 2025년 12월 2일

지 은 이 윤 조 현
발 행 인 이 재 남
발 행 처 (주)이패스코리아
          [본사] 서울시 영등포구 경인로 775 에이스하이테크시티 2동 1004호
          [학원] 서울시 종로구 청계천로 35 관정빌딩 6층
전   화 02-722-1149 팩스 070-8956-1148
홈 페 이 지 www.epasskorea.com
이 메 일 book@epasskorea.com
등 록 번 호 제318-2003-000119호(2003년 10월 15일)

※ 잘못된 책은 교환해 드립니다.
※ 교재 오류 및 수정사항은 홈페이지 고객센터로 접수해 주시기 바랍니다.
※ 이 책은 저작권법에 의해 보호를 받는 저작물이므로 무단전재와 복제를 금합니다.
본교재의 저작권은 이패스코리아에 있습니다.